现代经济与管理类规划教材

普通高等教育"十三五"规划教材

管理学原理与应用

主　编　崔宏秀　佟国光

副主编　李　超　张晓辉　刘佳禄

清华大学出版社

北京交通大学出版社

·北京·

内 容 简 介

本书是适应高等学校培养应用型人才，注重提升经济管理类专业学生管理能力的要求，本着"教师易教，学生易学，自修者易读，知识点易把握，能力提升有训练"的编写宗旨，力求"管理理论够用，重在能力提高"的原则，重点阐述了管理思想的发展、基本原理、职能、方法及应用。

本书以管理的七大职能为主线，涵盖管理学概述、管理思想的发展、管理的基本原理、决策、计划、组织、领导、控制、激励、沟通、创新等 11 章的内容。为了使学生更好地掌握管理学的基本知识，提高能力培养，达成既定学习目标，每章开篇设有教学目标和引导案例，章后提供了丰富的综合训练题，有很强的可操作性，难易适度，简明扼要。本书设计新颖，思想创新，符合时代要求，在一定程度上反映了管理学的前沿思想和方法。

本书是为高等学校经济管理类本科生、高职高专管理类学生编写的教材，同时可供各类教育培训机构作教材用，也可供从事实际管理工作的相关人员使用。

图书在版编目（CIP）数据

管理学原理与应用 / 崔宏秀，佟国光主编. —北京：北京交通大学出版社：清华大学出版社，2019.9（2022.12 重印）

（现代经济与管理类规划教材）

ISBN 978-7-5121-4027-1

Ⅰ. ① 管…　Ⅱ. ① 崔…　② 佟…　Ⅲ. ① 管理学–高等学校–教材　Ⅳ. ① C93

中国版本图书馆 CIP 数据核字（2019）第 179309 号

管理学原理与应用
GUANLIXUE YUANLI YU YINGYONG

责任编辑：许啸东

出版发行：清华大学出版社　　邮编：100084　　电话：010-62776969　　http://www.tup.com.cn
　　　　　北京交通大学出版社　邮编：100044　　电话：010-51686414　　http://www.bjtup.com.cn
印 刷 者：北京鑫海金澳胶印有限公司
经　　销：全国新华书店
开　　本：185 mm×260 mm　　印张：20　　字数：500 千字
版　　次：2019 年 9 月第 1 版　　2022 年 12 月第 2 次印刷
书　　号：ISBN 978-7-5121-4027-1/C · 215
印　　数：3 001～4 000 册　　定价：49.00 元

本书如有质量问题，请向北京交通大学出版社质监组反映。对您的意见和批评，我们表示欢迎和感谢。
投诉电话：010-51686043，51686008；传真：010-62225406；E-mail：press@bjtu.edu.cn。

前　言

　　管理活动是人类社会不可或缺的重要社会实践活动，人类在长期的实践活动中，积累了丰富的管理经验，形成了光辉灿烂的管理智慧和博大精深的管理思想。同时，管理又是一门科学。自19世纪末20世纪初以弗雷德里克·泰勒为代表的科学管理理论的诞生，经历了行为科学理论、管理理论丛林一直到现代管理理论，管理理论的发展演进中产生了理性主义和非理性主义两大思潮。进入到信息化社会后，管理理论与时俱进，又和互联网紧密结合在一起，形成一系列崭新的管理思想。可以说，管理理论已基本形成自身的理论体系，对管理实践起着巨大的指导和推进作用。本书正是在总结前人丰富的管理思想的基础上，结合管理实践热点难点问题，适应信息化时代的要求，吸收管理学界已有的研究成果，集所有参编者的智慧编写而成。

　　本书以管理职能为主线，共分为十一章，涵盖了管理学概述、管理思想的发展、管理的基本原理、决策、计划、组织、领导、控制、激励、沟通、创新等主要内容。每一章前面附有"教学目标"和"引导案例"，目的是引导学生准确地把握每章的学习重点；在每一章后面附有"综合训练题"，以便更好地运用管理学思维逻辑分析和解决实际问题。

　　本书以"教师易教，学生易学，自修者易读，知识点易把握，能力提升有训练"为编写宗旨，系统地体现了管理知识、管理素养、管理能力的完整性，使抽象的管理理论更加鲜活。具体体现在以下几点。

　　（1）在编写风格上更加简洁。本书从谋篇布局到语言阐述都力求简洁、平实，力争用有限的章节来高效、准确地阐述管理学知识体系，重点突出。

　　（2）在结构上进一步优化。本书核心是以管理的七大职能作为主线，辅之以管理学概述、管理思想及其发展和管理原理，高度契合了本书的主题，逻辑更加紧密。

　　（3）概念更加准确、清晰。概念是管理学的基础和管理思想的载体，概念准确性是一部教材成功的基础。我们在编写过程中，力求首先界定每个概念的准确含义，从而为理论阐释和学习讨论奠定坚实的基础。

　　（4）案例更加充分，具有针对性和时代性。全书根据不同章节的知识技能要求，设计了很多案例。开篇配有引导案例，章后配有分析案例。这些案例涉及的内容都是在管理实践中实际发生的成功或失败的典型事例，有很高的研究价值和借鉴意义，是提升学生发现问题、分析问题和解决问题能力的重要支点，也是本书的亮点之一。

　　（5）每一章后的综合训练题更加丰富和具有针对性。全书的综合训练题有600多个，是对相应章节中的重要概念、知识点和理论的强化。学生可在学完每章内容之后，对照这些综合训练题来检验自己的理解程度，引导学生带着问题学习，更好地达成学习目标。提升学生实践应用能力。这也是本书的另外一个亮点。

本书编写大纲由佟国光教授和崔宏秀副教授共同拟订，并经参编教师反复讨论修改，最后确定。各章的编写分工为：第一章、第五章、第八章由佟国光编写；第四章、第六章、第七章、第九章由崔宏秀编写；第十章由张晓辉、刘佳禄编写；第二章由李超编写；第三章由王美怡编写；第十一章由张慧敏、李京编写；最后由崔宏秀、佟国光对本书进行统稿和定稿。

本书在编写过程中参考和引用了部分国内外学者的著作、研究成果和相关文献，有些在书后的主要参考文献中列出，有的未能列出，在此谨向有关作者表示衷心感谢。

管理学涉及的知识面广泛，实用性强，管理实践发展迅速，由于作者水平的局限，加之查阅研究资料和调查研究不够，书中不足之处在所难免，欢迎广大同行和读者给予批评指正，以便我们在本教材的修订和再版时加以修改完善。

崔宏秀　佟国光

2019 年 5 月于长春

目 录

第一章 管理学概述 ·· 1

    第一节 管理的概念及其基本特征 ······················· 2

    第二节 管理的性质和职能 ···························· 10

    第三节 管理者的角色、技能、分类及职业化 ·············· 13

    第四节 管理学的研究对象和研究方法 ·················· 19

    综合训练题 ······································ 21

第二章 管理思想的发展 ··································· 27

    第一节 中外早期管理思想 ···························· 28

    第二节 古典管理理论 ······························ 36

    第三节 行为科学理论 ······························ 41

    第四节 现代管理理论 ······························ 44

    第五节 现代管理理论的新发展 ························ 48

    综合训练题 ······································ 51

第三章 管理的基本原理 ··································· 59

    第一节 管理原理的特征 ····························· 60

    第二节 系统原理 ································· 61

    第三节 人本原理 ································· 64

    第四节 责任原理 ································· 68

    第五节 效益原理 ································· 70

    第六节 动力原理 ································· 72

    第七节 和谐原理 ································· 74

    第八节 效应原理 ································· 76

    综合训练题 ······································ 79

第四章 决策 ··· 85

    第一节 决策概述 ································· 86

　　第二节　决策的分类 …………………………………………………… 92

　　第三节　决策的过程 …………………………………………………… 96

　　第四节　决策的方法 ………………………………………………… 100

　　综合训练题 …………………………………………………………… 107

第五章　计划 ………………………………………………………………… 115

　　第一节　计划概述 …………………………………………………… 116

　　第二节　计划工作原理 ……………………………………………… 119

　　第三节　计划的编制 ………………………………………………… 123

　　第四节　计划的组织实施 …………………………………………… 129

　　第五节　目标管理 …………………………………………………… 131

　　综合训练题 …………………………………………………………… 135

第六章　组织 ………………………………………………………………… 141

　　第一节　组织与组织工作 …………………………………………… 142

　　第二节　组织结构的类型 …………………………………………… 146

　　第三节　组织设计的原则和任务 …………………………………… 150

　　第四节　组织设计的内容 …………………………………………… 152

　　第五节　组织运行与变革 …………………………………………… 163

　　综合训练题 …………………………………………………………… 167

第七章　领导 ………………………………………………………………… 174

　　第一节　领导概述 …………………………………………………… 175

　　第二节　领导者和领导集体 ………………………………………… 179

　　第三节　领导理论 …………………………………………………… 186

　　第四节　领导艺术 …………………………………………………… 193

　　综合训练题 …………………………………………………………… 197

第八章　控制 ………………………………………………………………… 206

　　第一节　控制的内涵及实质 ………………………………………… 207

　　第二节　控制的类型 ………………………………………………… 209

　　第三节　控制的基本原则 …………………………………………… 215

　　第四节　控制工作的基本过程 ……………………………………… 218

　　第五节　控制的基本方法 …………………………………………… 220

　　综合训练题 …………………………………………………………… 224

第九章　激励 ………………………………………………………………… 232

　　第一节　激励概述 …………………………………………………… 233

第二节　内容型激励理论 …………………………………………… 237

第三节　过程型激励理论 …………………………………………… 241

第四节　行为改造型激励理论 ……………………………………… 243

第五节　激励的原则和方式 ………………………………………… 246

综合训练题 …………………………………………………………… 249

第十章　沟通 …………………………………………………………… 258

第一节　沟通概述 …………………………………………………… 259

第二节　正式沟通与非正式沟通 …………………………………… 261

第三节　沟通的原则和方法 ………………………………………… 267

第四节　有效沟通的障碍与克服 …………………………………… 272

第五节　组织角色与沟通 …………………………………………… 274

综合训练题 …………………………………………………………… 275

第十一章　创新 ………………………………………………………… 284

第一节　创新的概述 ………………………………………………… 285

第二节　创新的过程及形式 ………………………………………… 290

第三节　企业技术创新 ……………………………………………… 293

第四节　组织创新 …………………………………………………… 296

综合训练题 …………………………………………………………… 301

参考文献 ………………………………………………………………… 308

第一章

管理学概述

教学目标： 管理学是研究管理过程的普遍规律、基本原理和一般方法的科学，研究范围广泛，应用性很强。本章学习的重点是掌握管理的概念、特征；管理与环境；管理的性质和职能；管理者的角色和管理者必须具备的基本技能；管理学的研究对象和方法。通过上述内容的学习，了解管理实践发展的历史过程，认识科学管理的重要性，掌握管理学的基本知识，为以后各章学习奠定扎实基础。

 **引导案例**

海尔的腾飞

■ 崛起与发展

创立于 1984 年，崛起于改革大潮之中的海尔集团，是在引进德国利勃海尔电冰箱生产技术成立的青岛电冰箱总厂基础上发展起来的。在 CEO 张瑞敏"名牌战略"思想的引领下，海尔经过 30 多年的艰苦奋斗和卓越创新，从一个濒临倒闭的集体小厂发展壮大成为在国内外享有较高美誉的跨国企业。

2002 年海尔实现全球营业额 711 亿元，是 1984 年的 2 万多倍，跃居中国电子信息行业百强之首。截止到 2018 年，全球营业额 2 661 亿元，利税总额突破 331 亿元。

■ 海尔发展战略创新的三个阶段

1. 名牌战略阶段

在 1984 年到 1991 年名牌战略期间，别的企业上产量，而海尔扑下身子抓质量，7 年时间只做冰箱。

2. 多元化战略阶段

在 1992 年到 1998 年的多元化战略期间，别的企业搞"独生子"，海尔走低成本扩张之路，吃"休克鱼"，建海尔园，以无形资产盘活有形资产，成功实现了规模扩张。

3. 国际化战略阶段

在 1998 年至今的国际化战略阶段，别的企业认为海尔走出去是"不在国内吃肉，偏要到国外喝汤";而海尔坚持"先难后易""出口创牌"的战略,搭建起了一个国际化企业的框架。

■ 海尔的成功

美国《家电》杂志统计显示,海尔是全球增长最快的家电企业,并对美国企业发出了"海尔击败通用电气"这样的警告。

美国《财富》杂志选出在"美国以外全球最具影响力的 25 名商界领袖"中,其首席执行官张瑞敏排在第 19 位。张瑞敏登上了哈佛大学商学院讲台。2018 年诺贝尔经济学奖得主、纽约大学教授保罗·罗默表示,经济增长来自企业的创新,而海尔的成功是因为海尔致力于不断颠覆、不断发现新的创意,接纳并尊重所有生态系统的参与者。

上述案例说明了什么?

第一节　管理的概念及其基本特征

一、管理的概念

(一)不同时期管理学者对管理的诠释

管理自古有之。它渗透在人类的一切活动中,随着社会的进步,经济的发展,人类文明进步程度的不断提高,管理理论也有了迅速发展和飞跃,并在科技、工业、农业、交通、运输、建筑、商业、金融及政府、军队、学校、医院、慈善机构、宗教组织等社会生活各个领域发挥着巨大的指导作用。特别是在我国全面建设小康社会的今天,各种类型的企业不但要不断提高自己的经营管理水平,增强管理者的自身素质,强化内部管理,而且要随时注重研究外部环境的变化,实现企业管理的根本转变。有的学者形象地把管理看作是推动社会发展的两个巨轮之一,可见学习和掌握管理的基本理论、基本原则、基本方法,并在此基础上结合丰富多彩的管理实践,创造性地进行管理创新,实施有效的科学管理,凭借强劲的管理"翅膀"或飞跃低谷,达到成功的彼岸,或得到持续发展,再铸明天的辉煌,具有极为重要的意义。

学习管理,首先要了解什么是管理,其基本内涵是什么,管理的基本要素有哪些。管理实践和人类历史一样悠久,然而,对管理进行系统的研究,却是 19 世纪末 20 世纪初的事情。随着更多的人对管理科学的研究,人们对管理的认识也更加全面、更加深刻。从不同的角度出发,可以有不同的理解。从字面上看,管理有"管辖""处理""管人""理事"等含义,即对一定范围内的人员及事物进行安排和处理,是人们为了实现一定的目标而进行的自觉活动。长期以来,中外学者从不同的研究角度出发,对管理作出了不同的解释,其中较有代表性的有以下几种。

科学管理理论的创始人弗雷德里克·温斯洛·泰勒(Frederick Winslow Taylor)认为,管理就是"确切了解你希望工人干什么,然后设法使他们用最好、最节约的方法去完成它"。这一观点强调了管理对效率的意义和管理的目的性。

法国著名管理学家亨利·法约尔(Henri Fayol)最早在一般意义上概括了管理的含义。他指出管理是经营活动的一种活动,它包括计划、组织、指挥、协调和控制等五项职能。这是从管理的基本职能出发,说明什么是管理,以及在管理过程中管理者运用什么手段去管理的问题，同时也表明了"管理是一个过程"。

美国当代管理学家，决策理论的主要代表人物赫伯特·西蒙（Herbert Simon）认为"管理就是决策"。这一定义强调了决策在现代管理中的主导地位，说明了决策与管理的内在联系。

管理过程学派的创始人哈罗德·孔茨（Harold Koontz）认为，"管理就是设计和维持一种环境，使在这个环境工作的人们以尽可能少的支出实现预定的目标。"这里说明了管理是一种资源配置过程，也是一种服务，主要服务于组织成员。

当前，美国、日本及欧洲各国的一些管理学著作或教科书中，也对管理有不同的定义，比如：

① 管理就是由一个或更多的人来协调他人的活动，以便收到个人单独活动所不能收到的效果而进行的活动；

② 管理就是计划、组织、控制等活动的过程；

③ 管理就是筹划、组织和控制一个组织或一组人的工作；

④ 管理就是通过他人来完成工作。

上述定义可以说是从不同的侧面、不同的角度揭示了管理的定义，或者是揭示管理某一方面的属性，为我们全面了解管理提供了有益的帮助。

（二）教学上管理的概念

综合现代管理发展的趋势，我们认为对管理作如下定义能够较为全面概括其内涵和外延，即：管理是指一定组织中的管理者，在特定的环境下，为了实现某种既定目标，在有效利用组织各种资源的基础上，通过决策、计划、组织、领导、控制、激励、沟通等职能来协调他人活动，以实现预期目标的过程。准确理解管理的内涵还需要把握好以下四个方面。

（1）管理是为实现组织目标服务的，是一个有意识的、有目的进行的过程。管理是任何组织都不可或缺的，但绝不是独立存在的。管理不具有自己的目标，不能为管理而进行管理，而只能使管理服务于组织目标的实现。

（2）管理工作要通过综合运用组织中的各种资源来实现组织的目标。尽管管理涉及人、财、物、信息等诸多资源，但这些都是由人来控制的，也就是说，组织中人和物的关系最终表现为人与人的关系。决策的制定、计划的执行、组织的建立、控制的实施等管理活动都是人来执行，因此，人是管理第一的、最重要的资源。影响和管理人的行为，处理人与人之间的关系才是管理的核心。

（3）管理工作的过程是由一系列相互关联、连续进行的活动所构成的。这些活动包括决策、计划、组织、领导、协调、控制等，它们成为管理的基本职能。

（4）管理工作是在一定环境条件下进行的，有效的管理必须充分考虑组织内外的特定条件。

（三）管理活动得以实现的四个基本要素

1. 管理主体——管理者

管理者是一个社会组织或社会单位的若干首脑或负责人组成的群体。管理者因工作职位不同处于不同的管理层次上，如公司的经理、各部门负责人。

2. 管理客体——管理对象

管理对象是管理者施加影响并产生作用的人和事。企业的管理对象是其内在各种经营要素，如人、财、物、信息、时间、技术等组成的动态系统。

3. 管理手段——管理职能

管理职能是在一定技术经济条件下，在管理活动中反复出现的带有共性的管理活动的理论概括。管理职能也叫管理功能，是管理者对管理对象发生作用和影响的手段。管理的基本职能是组织、领导、用人、激励、预测、决策、计划和控制，它贯穿于管理活动的始终。

4. 管理目标

管理目标是管理主体借助于管理手段而达到的预期目的，它是管理活动的出发点和归宿。严格来说，管理是为了实现组织目标而进行的，力求促使组织有效地利用资源而达成组织的目标。具体可以从三个角度来全面地衡量管理促进组织目标实现的情况。

1）组织的产出目标

（1）产量与期限。产量是从生产多少产品或者提供多少服务项目角度来反映产出水平的。生产的产品数量可以用实物指标，也可以用货币指标（如产值、销售额等）来衡量。提供的服务数量，在实物指标上表现为处理了多少维修任务，接待了多少客户，答复了多少电话等，这些在价值指标上的表现就是完成了多少营业额。另外，任何产出都必须在规定的时间里完成才有意义。如交货期、工作期限等，离开了时间的规定，任何数量标准都将失去意义。

（2）品种与质量。无论是产品还是服务，都必须按照顾客对其需求的类别和特性来提供。因此，质量和品种是对产出的更内在、更本质的规定。对质量的测定可以通过产品的次品率、退货率、服务中的差错率及顾客的投诉等来反映。

（3）成本。要将资源转化为成果，最理想的要求是使产出的产量和质量控制在既定的成本花费之内。这种控制通常是建立在拨给一个单位的经费预算上的。

2）组织的效率与效果

组织的绩效目标是对组织所取得的成果与所运用的资源之间转化关系的一种更全面的衡量。组织的绩效高低，表现为效率和效果两大方面。

所谓效率，是指投入与产出的比值，例如设备利用率、工时利用率、劳动生产率、资金周转率以及单位产品成本等，这些是对组织效率性的具体衡量。由于组织所拥有的资源通常是稀缺的、有价的，所以管理者必须关心这些资源的有效利用。对于给定的资源投入，如果你能获得更多的成果产出，那么你就有了较高的效率。当然，对于较少的资源投入，你要是能够获得同样的甚至更多的成果产出，你便也有了高效率。

管理者仅仅关心组织活动的效率还是不够的，管理工作的完整任务必须是使组织在高效率基础上实现正确的活动目标，也就是要取得组织活动的效果。效果的具体衡量指标有销售收入、利润额、销售利润率、产值利润率、成本利润率、资金利润率等。

效果和效率是两个有联系但并不相同的概念。效率涉及的只是活动的方式，它与资源的利用相关，因而只有高低之分而无好坏之别。效果则涉及活动的目标和结果，不仅具有高低之分，而且可以在好和坏两个方向上表现出明显的差距。高效率是追求"正确地做事"，好效果则是保证"做正确的事"。

3）组织的终极目标

根据组织的性质不同，组织的终极目标可以有不同的表现形式。有一些组织以追求利润和资本保值增值为主要终极目标，这样的组织被称为营利性组织；另一些组织则以满足社会利益和履行社会责任为终极目标，这样的组织被称为非营利性组织。营利性组织终极目标的实现程度可以通过经市场检验的较为客观的绩效指标来衡量；而对非营利性组织来说，其终极目标的实现程度要依赖一些定性的和相对主观的指标加以衡量。但不论组织所要实现的终极目标有何差别，管理工作的使命基本上是一样的，即都要使组织以尽量少的资源而尽可能多地完成预期的合乎要求的目标。只有这样，才能称得上是有效的管理。

二、管理的基本特征

为了更全面地理解管理的概念，理解管理学研究的特点、范围和内容，我们还可以从以下几方面来进一步把握管理的一些基本特征。

（一）管理是一种社会现象或文化现象

只要有人类社会存在，就会有管理存在，因此，管理是一种社会现象或称文化现象。从科学的定义上讲，这种现象是否存在，必须具备两个必要条件：① 两个人以上的集体活动；② 有一致认可的、自觉的目标。管理是一种社会现象，即不同社会制度管理手段和方法体现出不同的形态；管理是一种文化现象，即不同的文化、不同的民族、不同宗教背景管理呈现不同的特点。

（二）管理的"载体"是组织

在人类社会生产活动中，人们总是或多或少地组织起来，通过管理以收到个人单独活动所不能收到的效果。所以，管理活动存在于组织活动中，或者说，管理的载体是组织。同时，任何组织活动，都需要有计划与目标。管理就是通过制定计划，确定目标，引导组织成员实现目标，收到组织成员协作的整体效果，去实现目标的。因为有组织活动的地方就有管理活动，就需要管理，所以，管理是具有普遍性的。同时，管理者的作用只能在组织中得到发挥。

（三）管理的主体是管理者

既然管理是让他人与自己一道去实现既定目标，管理者对管理的效果从而对组织的效果将承担主要责任。那么，管理者的责任究竟是什么呢？美国管理学者彼得·德鲁克（Peter. F. Drucker）通过 3 个层次对这一问题作了明确回答。

德鲁克认为，管理者的第一个责任是管理一个组织。组织是一个整体，为此，管理者应明确：我们的组织是什么，它的目标是什么，如何实现目标。只有如此，组织才能取得最大的效益，更好地服务社会。管理者的第二个责任是管理管理者。对管理者应该通过目标管理和自我控制进行管理，管理者应该培养其下属。管理者的第三个责任是管理工作和工人。主要是激励组织成员发挥其创造的热情，求得组织的最佳效果。

（四）管理的任务是用尽可能少的支出实现目标

管理的任务，同时也是管理者的任务是：设计和维持一种环境，使在这一环境工作的人们能够用尽可能少的支出，实现既定目标。在管理实践中，管理者的工作环境可能各不相同，所遇到的问题也不尽相同，但他们的任务是相同的。即在管理活动中，管理者都要承担计划、组织、人员配备、指导与领导、控制、沟通和激励等基本职能。为了更好地实现这些基本职能，一个组织通常分成上层主管人员、中层主管人员、基层主管人员三个层次，尽管各层次的管理者拥有的权利范围不同，处理问题的方式不同，担任的管理职务不同，但他们的基本职能是相同的。

（五）管理的核心是处理好各种人际关系

管理是让别人与自己一道去实现既定的目标，管理者的第二和第三个责任即管理管理者和管理工作与工人表明，管理者的工作或责任的很大一部分是与人打交道，这在指导与领导的职能中表现尤为充分。因此，善于协调处理错综复杂的人际关系，培植合作意识，树立共同目标，形成核心，是管理者必须具备的能力素质。

（六）管理工作的科学性与艺术性

科学是系统化的知识，科学方法应通过对事物的观察而对事物的本质作出判断，并通过继续不断的观察对这些本质的确切性进行检验。20世纪以来，管理知识逐渐系统化，并形成了一套行之有效的管理方法，尽管与自然科学相比，它还不够精确，但管理已成为一门科学是毋庸置疑的。

管理是一门艺术，这是强调管理的实践性，没有实践则无所谓艺术。像其他所有技艺一样，管理工作也要利用系统化知识，根据实际情况加以利用，以获得预期效果。这样做时，管理工作就是要谋划出一种有用的解决方法。艺术就是指达到某种预期效果的"诀窍"，这就是说，管理者在管理实践中，既要运用管理知识，又要发挥创造性，采用适宜措施，高效地实现目标。最富有成效的管理艺术是以对它所依据的管理理论的理解为基础的。管理学的艺术性特征显示了管理并不是简单、僵硬的制度、程序和方法，而是多变的富于美感的技巧。

管理者靠背诵管理原则、原理进行管理活动，如同医生靠背医书诊断疾病，建筑师靠公式设计建筑一样，必然是脱离或忽视实际情况的无效活动。这就是说，管理专业的学习不能培养出"成品"管理人员，但能为培养有效的主管人员在管理理论知识方面打下坚实的基础。相反，没有管理理论的人，进行管理活动时，必然靠经验，凭感觉，碰运气，难以取得有效的成果。美国哈佛商学院企业管理教授列文斯登先生，在他担任某研究所所长和曾任管理系统公司总经理期间，通过对数以百计获得工商管理硕士学位的人在实际管理工作中的情况的调查发现，他们在学校里或训练计划中的成绩同管理实践上取得的业绩之间并无直接联系。他说："如果学术成绩与事业上的成功相等，这个受过良好教育的经理确实是一位神话中的人物了。"这也进一步说明管理既是一门科学，又是一种艺术，有效的管理是两者的有机结合。

三、管理与环境

任何一个组织都不是独立存在、完全封闭的，而是存在于一定的环境中，并且受到环境的影响，在与环境的交互作用中谋求自身目标的实现。管理者要有效地实现管理目标，就必须了解组织存在的环境及其变化规律。

（一）管理与环境的关系

环境是组织生存的空间，是一切作用于组织的要素的集合体。环境的内涵既包括一般意义上的组织之外的物质条件和社会力量，即外部环境；也包括组织内部的各种影响因素，即内部环境。可以说，凡是对组织的存在与发展产生影响的内外因素，都是对环境研究的范围。

1. 环境的特点

一般来说，与组织和管理相关的环境具有以下基本特征。

（1）环境的复杂性。环境包括人的因素，也包括物的因素；既有竞争对手、供应商、销售商、替代产品、行业新加入者等微观层面的因素，也有政治、经济、技术、文化、自然条件等宏观层面的因素。这些因素以不同的方式综合地影响着管理工作，改变或制约着组织行为，最终影响着组织目标的实现程度。

（2）环境的相关性。环境因素往往不是单独对组织产生影响的，而更多的是综合作用于组织，产生复杂的影响。这是因为各种因素相互依存、相互制约。其中无论哪一方面的因素发生变化，都会直接或间接地引起其他因素的变化。管理者必须对环境的变化及其可能产生的影响作出正确的判断，利用有利条件，克服不利因素，实现管理目标。

（3）环境的可变性。环境是不断变化的，而每一个变化对于组织和管理都可能是机会或风险。影响组织发展的各种环境因素，有的呈隐性变化，一时不容易为人们察觉；有的呈突发性变化，使人措手不及。这就需要管理者加强预见性，及时掌握环境变化的趋势，及时调整自己的管理活动。

2. 环境与组织的关系

环境是所有组织赖以生存的条件，它们相互作用，相互影响，彼此依赖，密不可分。同时，环境既有有利的一面，也有不利的一面。

（1）环境是组织生存的土壤，为组织提供活动的基本条件。组织是个开放的系统，构成组织的要素都来自外部环境，而且不断地与环境进行物质的、信息的和能量的交换，组织才能得以生存和发展。从另一个角度看，环境在某种程度上也制约组织的生存和发展。资源的稀缺性及市场需求的相对有限性，使组织的发展受到制约。当环境无法提供组织所预期的条件时，组织的发展就会停下来或者转向其他的领域。

（2）环境的变化为组织的发展既提供机遇也带来风险。要求管理者善于顺应环境，抓住机遇，提高应对能力。

（3）组织要适应环境的要求，进行适当调整。环境的变化是必然的，一个组织要想持续地生存和发展，就要使自己有足够的环境适应能力，也就是要不断地调整自己，适应环境的需要。比如，在全球经济一体化的情况下，企业不能把眼光停留在国内市场或国内竞争对手上，那样就会越来越被动，在这样的环境下，企业就要学会进行国际化经营。

（4）组织在适应环境的过程中主动影响环境。也就是说，组织对环境的适应并不是被动的，也可以创造环境，使环境适应自己。

3. 环境与管理的关系

环境对管理的影响也是多方面的，不同的内外环境决定着管理的目标、手段、方法及管理的绩效。

（1）环境直接影响到管理绩效和管理方式。

① 环境对管理绩效具有决定性的作用。环境为组织存在与发展提供了必要的物质、信息和能量，如果这种资源的供应处于紧张或匮乏的状态，那么管理的绩效将会受到很大影响，甚至管理绩效不佳。

② 环境对管理的影响还体现在对管理方式的选择上。比如在工业革命鼎盛时期，环境尊奉科学和效率，企业以此为变革管理的突破口，科学管理理论和方法才得以诞生。20 世纪 80 年代以后，组织要素中人的价值被给予了相当的重视，尊重人，发挥人的主动性、以

人为本的管理理念和管理方式才成为管理的主流。

（2）有效的管理需要与环境的要求相适应。

有效的管理一定是符合环境趋势的管理，凡是逆潮流的管理活动必然受到来自社会和其他环境因素的制约，使其不能取得预期效果。尤其在当前，社会、法律、市场及公众对管理的要求和约束作用越来越大，任何管理已经不只是组织内部的事情了，也同时是全社会的事情。因此，增强管理的有效性首先就需要适应环境的要求。

（二）组织的外部环境

1. 组织的宏观环境

宏观环境主要包括社会环境、政治环境、经济环境、科学技术环境、自然环境等。这些环境毫无疑问会作用于任何一个组织，但同一个环境对不同的组织的影响力是有差别的。所以组织应该特别关注对自己影响力大的环境因素。这些环境因素组织无法控制，却是可以预见的。

（1）社会环境。社会环境的内容十分广泛，主要包括一个国家或地区的人口数量、年龄结构、受教育水平和职业结构、民族构成和特性等方面的基本情况，同时还包括生活习惯、宗教信仰、道德风尚、价值取向、历史及文化传统等人文因素。

（2）政治环境。政治环境是指与政治有关的一切要素的集合。主要涉及国家的政治制度、政权性质、党派关系及政府的政策、法律和规定等。这些因素对组织具有强制性的约束力，管理者只能去适应，通过提高对政治环境的感知性和预见性，使自己的行为符合国家利益、符合政府的政策和法律的规定，从而获得政府的支持和法律的保护。

（3）经济环境。组织所处的经济环境主要包括国家和地区的经济制度、经济结构、经济发展速度和水平、经济法律和经济政策，以及居民消费结构和水平、市场供求状况、社会基础设施建设等。经济环境是影响组织行为诸多因素中最关键、最基本的因素，相对于其他环境，经济环境的变动最频繁，变动一旦发生，其后果和波及面又相当大，很多经济指标的变动通常都会引发一系列的连锁反应，对组织的影响极大。所以，管理者必须时刻关注各种经济指标的变动，及时捕捉经济信息和政策，根据经济环境的变化，适时地调整自己的战略。

（4）科学技术环境。科学技术环境主要包括国家或地区及国际的科学技术发展水平，新技术、新设备、新材料、新工艺的开发和采用，政府的科技政策、科技管理体制和科技人才的状况等。科学技术是组织生存与发展的物质技术保证，管理者要提高管理效率，保持自身的竞争力，就必须重视科技环境的变化，及时吸收新技术、更新设备武装自己，加强对科技人才的开发，充分利用政府政策和社会科技资源提升组织自身的科技水平。

（5）自然环境。自然环境主要包括地理条件、气候条件和矿产、森林、水资源等自然状况。自然环境对组织的地理布局有着很重要的影响，优越的自然环境和恰当的布局是组织能否顺利发展的关键因素。

2. 组织的微观环境

任何组织总是在某个特定的领域内活动，在特定的行业或产业生存发展。微观环境是指对组织活动影响更为直接的产业环境，包括资源供应者、服务对象、竞争者、监督机构等。

（1）资源供应者。组织生存发展所需的各类资源都是从外部获取的，向组织提供各种所需资源的人或单位，就是组织的资源供应者，习惯上称为"供应商"。供应商提供的资源不仅包括设备、人力、原材料、资金，也包括信息、技术和服务等。供应商提供的资源的数量、质量、价格和可靠性，将直接影响到组织的运营质量、运营成本，最终影响到组织的最终目标的实现程度。从价值链的角度看，供应商和组织分别是一个有机价值链的两个组成部分，彼此依赖，不可分割。因此，组织会极力与供应商达成长期稳定的合作关系。在竞争日趋激烈的市场环境中，很多大的公司已经将供应商纳入自己的管理体系，在对供应商提出要求时，也给予一定的支持。这就是方兴未艾的供应链管理模式。

（2）服务对象。组织的生存发展过程是为个人或组织提供产品或服务的过程，如企业的客户、医院的病人、学校的学生、政府机构的社会公众等，如果一个组织没有了服务对象，也就失去了自身存在的基础。一个组织如果得不到自己服务对象的认可和支持，那么，它将面临消亡的可能。事实证明，无论哪类组织，管理者必须深入地了解服务对象的需求，针对服务对象的不同需求和特点，最大限度地满足他们，这种管理者才是成功的，这个组织才能生存和发展。

（3）竞争者。竞争者是指与本组织争夺资源或服务对象的其他人或组织。在买方市场的条件下，几乎任何领域都存在竞争者。在同一行业中，竞争对象的竞争力量是此消彼长。因此，要使本组织在同行业中立于不败之地，管理者对竞争对手的研究十分重要。对竞争者的研究一方面要着眼于其基本状况，如人员、技术、产品、市场和资金等，以摸清对方的实力，借鉴对手优于自己的地方，完善自身；另一方面要研究竞争者的发展动向，以做好应对准备，确定自己的竞争策略。

（4）监督机构。组织的活动要在国家法律、法规所规定的范围内进行，要以得到公众认可为前提。所以，就有了工商、税务、卫生检疫、物价、质检等政府授权依法对组织活动进行监管的机构。新闻媒体、消费者协会等社会组织，也代表社会公众和消费者，事实上履行着对组织的监督职能。因此，组织要注意保持与这些机构的良好关系，自觉接受它们的管理和监督。

（三）组织的内部环境

组织的内部环境是指存在于组织内部的各类资源要素及特定的文化因素，是决定组织存在与发展的根本性因素。如果说外部环境提供给组织的是机遇、风险或需要的话，那么内部环境提供给组织的就是通过自身的努力，实现机遇、规避风险或满足需要的可能性。组织的内部环境大致可分为物质环境和人文环境两大类。

1. 物质环境

任何组织的生存和发展都需要一定的物质条件，这些物质条件的拥有状况和利用能力，决定着组织活动的效率和规模。一般来说。组织的物质条件主要包括资金、技术、物资、设备、产品、办公场所等。

（1）资金。资金是一切管理活动的基础，它为组织的生存发展提供了必需的能量。所以，资金的筹措、使用，提高资金的使用效果，对管理目标的实现至关重要。

（2）产品。产品是组织将各种资源进行组合、加工的成果，是组织向外部环境交换出去的物质，包括商品和服务。产品是组织的命脉所在，能否进入下一个周期的组织活动及未来组织活动的规模，取决于顾客对产品的满意程度。质优价廉、符合顾客需要的产品及不断创新的产品，是组织发展的基础。因此，对产品的质量、性能及价格的管理是组织最基础、最重要的工作。

（3）物资、设备及办公场所。这三类要素是组织存在必不可少的物质条件。适宜的办公场所及良好的物资设备管理，不仅能够极大地节约组织的运营成本，还能为组织活动的开展提供必要的基础。因此，既要管好、用好现有的物资与设备，还要加强对物资、设备的技术改造和更新。

（4）技术。技术虽然并不总是以物质的形式出现，但技术最终是为产品服务的。技术是一种特殊的、提升效率的工具。技术不仅可以提高组织活动的效率、提升产品的质量，还可以降低消耗、节约成本，支持新产品的诞生。技术无论对哪种类型组织的发展都是关键要素。加强技术管理，不断推出实用的新技术、新方法，提高组织整体的技术水平，是管理者常抓不懈的工作。

2. 人文环境

人文环境是指因人而产生的特定的组织氛围，它由行为习惯、价值观念、风气、人员风貌、组织形象、组织文化等内在的无形要素构成，是环境的软件部分。在组织的内部环境中，物质环境是基础，人文环境是灵魂。人文环境直接影响着组织成员的行为，对成员的工作热情、积极性、敬业精神等形成一种环境引力，对外展示着组织的形象。物质环境的管理主要依靠制度和程序，人文环境的塑造更多地要靠管理者的感召和领导艺术。

第二节　管理的性质和职能

一、管理的性质

马克思对管理的属性作过精辟的论述，他在《资本论》中写道，凡是直接生产过程具有社会结合过程的形态，而不是表现为独立生产者的孤立劳动的地方，都必然会产生监督劳动和指挥劳动。不过它具有二重性。一方面，凡是有许多个人进行协作的劳动，过程的联系和统一都必然表现在一个指挥的意志上，表现在各种与局部劳动无关而与工厂全部活动有关的职能上，就像一个乐队要有一个指挥一样。这是一种生产劳动，是每一种结合的生产方式中必须进行的劳动。另一方面，完全撇开商业部门不说，凡是建立在作为直接生产者的劳动者和生产资料所有者之间的对立生产方式中，都必然会产生这种监督劳动。这种对立越严重，这种监督劳动所起的作用也就越大。

从马克思的论述中可以看出，管理既有同生产力、社会化大生产相联系的自然属性，又有同生产关系、社会制度相联系的社会属性。

管理的自然属性体现在两个方面。第一，管理是社会劳动过程的一般要求，管理之所以必要，是由劳动的社会化决定的。它是共同劳动得以顺利进行的必要条件。共同劳动的规模越大，劳动的社会化程度越高，管理也就越重要。这与生产关系、社会制度没有直接的关系。第二，管理在社会劳动过程中具有特殊的作用，只有通过管理才能把实现劳动过程所必需的各种要素组合起来，使各种要素发挥各自的作用。这也与生产关系、社会制度没有直接的联系。

管理的社会属性体现在管理作为一种社会活动，它只能在一定的社会历史条件下和一定的社会关系中进行。管理具有维护和巩固生产关系、实现生产目标的功能。管理的社会属性与生产关系、社会制度紧密相连。

管理的二重性是相互联系、相互制约的。一方面管理的自然属性不可能孤立存在，它总是存在于一定的社会制度、生产关系中。同时，管理的社会属性也不可能脱离管理的自然属性而存在，否则，管理的社会属性就成为没有内容的形式。另一方面，管理的二重性又是相互制约的。管理的自然属性要求具有一定社会属性的组织形式和生产关系与其相适应；同时，管理的社会属性也必然对管理方法和技术产生影响。

二、管理的职能

管理职能即管理的功能，在这个问题上，学者们的分歧不亚于他们在"管理的定义"问题上的分歧。在 20 世纪初，法国的亨利·法约尔在其著作《工业管理与一般管理》中写道，所有管理者都行使 5 种管理职能：计划、组织、指挥、协调和控制。到 20 世纪 50 年代中期，美国加州大学洛杉矶分校的哈罗德·孔茨和西里尔·奥唐内尔在其有关管理学的教科书中，把管理的职能划分为以下 5 种：计划、组织、人员配备、指导和控制。全书的结构安排基于这种职能划分，这种情况延续了 20 年。大多数当今流行的教科书仍是按照这一体系编写的，只不过在这些教科书中，管理职能有的被压缩为 4 种，有的被扩展为 7 种甚至更多。我们认为，任何管理工作都包括 7 种最基本的职能，即决策、计划、组织、领导、控制、激励和沟通。为了对管理学有个整体的了解，我们概要介绍一下管理的各项职能。

（一）决策职能

决策是人类社会的一项重要活动，它涉及人类生活的各个领域，诸如政治、军事、经济等。尽管决策对象在具体工作内容上有明显的区别，但就其本质来说则是相同的，即指管理者识别并解决问题及利用机会的过程。这个过程集中体现了人们在对客观事物全面、本质的认识基础上驾驭事物发展的一种能力。现代管理中的决策，是决策者在占有大量信息和丰富经验的基础上，确定目标，并借助于一定的手段、方法和技巧，对影响决策的诸因素进行分析研究，从多种可行性方案中作出选择和决定的活动。决策贯穿于管理工作的各个方面，是管理过程的核心，是执行其他各项管理职能的基础。从这个意义上讲，决策是管理的首要职能。

（二）计划职能

计划是把既定的目标进行具体安排，化为全体成员在一定时期内的行动纲领，并规定实现目标的途径、方法的管理活动。它是现代管理最重要、最基本的职能。

计划职能的实现是通过制订科学的计划和执行计划来实现的。因此，要通过调查研究，全面分析，搞好综合平衡，并在长期实践过程所取得的经验中找出规律性，从而保证计划的科学性和预见性。计划的形式是多种多样的，既要编制综合性计划，又要编制各项专题计划，并把计划指标层层分解落实。只有这样，才能把组织各方面的工作有机地组织起来，充分发挥计划的指导作用，实现决策所规定的目标。

（三）组织职能

组织是为了实现系统的共同任务和目标，对人们的活动进行合理分工和协作，合理配置和使用资源，正确处理人们相互关系的管理活动。其目的是把企业生产经营的各个要素、各个环节和各个部门，从劳动的分工和协作上，从上下左右的相互关系上，从时间和空间的联结上，都合理地组织起来，使劳动者之间及劳动者和劳动工具、劳动对象之间，在一定环境下，形成最佳的结合，从而使企业的生产经营活动能够协调地、有秩序地进行，不断提高生产经营活动的效益。

组织职能的内容主要有：确立合理的管理体制，建立合理的组织结构，正确划分管理层次，设置职能机构；按照业务性质，确定各部门的职责范围，并按所负责任给予各部门、各管理人员相应的权利；明确上下级之间的领导关系和相互间的协作关系；建立信息沟通渠道；正确挑选和配备各类人员；加强考核培训，实行合理的奖惩制度等。

（四）领导职能

领导是领导者通过指挥、指导、协调等去影响个人和集体活动以实现组织目标的过程。领导者可以产生于正式组织中或非正式组织中，正式组织的领导者拥有组织赋予他们的职位和职权，而非正式组织的领导者并没有组织赋予他们的职位和职权，而是靠自己的影响力自然形成的。领导的本质就是通过领导者与被领导者的相互作用，使组织的活动协调一致，并有效地实现组织目标。组织中的领导者可依据权利、责任大小不同分为高、中、低等不同层次，不管是哪一层次的领导者都要求具有优良的品质和高超的领导艺术，这样的领导集体才能带领组织成员去有效地实现组织目标。

（五）控制职能

控制亦称监督，即按照既定的目标、计划和标准，对企业生产经营活动各方面的实际情况进行检查和考察，发现差距，分析原因，采取措施，予以纠正，使工作能按原定计划进行，或根据客观情况的变化，对计划作适当调整，使其更符合实际。

控制职能与计划职能密不可分。计划是控制的前提，为控制提供目标和标准，没有计划就不存在控制；控制是实现计划的手段，没有控制，计划就不能很顺利实现。控制的目的在于保证企业实际的生产经营活动及其成果同预期的目标相一致，通过控制职能，把计划规定的任务和目标，转化为现实。

有效的控制，要提高预见性，要有长远观点。不仅要在偏差出现以后能够及时觉察到，并采取有效措施加以纠正，而且要尽量在重大偏差出现之前，能预见到问题将来可能发生而及时采取措施，把问题消灭在萌芽之中。控制要有全面观点，要从整体利益来实施控制，各个局部的控制目标要协调一致。控制要迅速及时，要建立完善的信息管理系统，加强信息的收集、分析和反馈等。

（六）激励职能

激励本来是心理学的概念。从心理学的角度看，人的行为是由动机所支配的，动机是由需要引起的，行为的方向是寻求目标、满足需要。激励的基本心理过程如图1-1所示。

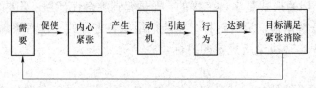

图1-1　激励的基本心理过程

图1-1表明当人产生需要而未得到满足时，会产生一种紧张的心理状态，在遇到能够

满足需要的目标时，这种紧张不安的心理就化为动机，并在动机的驱使下，向目标前进，目标达到后，需要得到满足，紧张不安的心理状态就会消除。随后，又会产生新的需要，引起新的动机和行为。

人的基本心理过程就是一个激励过程，通过有意识地设置需要，使被激励的人产生动机，进而引起行为，满足需要，实现目标。同样一个人，为何有时工作劲头十足，而有时心灰意冷？这就是人的心理变化。在管理学中，激励是指主管人员促进、诱导下级形成动机，并引导行为指向目标的活动过程。也就是说，激励是一种精神力量和状态，起加强、激发和推动作用，引导行为指向目标。主管人员应了解什么最能激励其下级，以及这些激励因素如何发挥作用，同时要研究如何促使被管理者产生某种特定的动机，如何引导他们拿出自己的全部力量来为实现某一目标而努力奋斗，并把这些认识体现在管理活动中，这样他们才有可能成为有效的管理者。

（七）沟通职能

沟通是指信息的传达与交流过程，目的是使客体对象作出相应的反应。良好的沟通十分必要，因为沟通直接影响着管理者的管理效果。沟通贯穿于决策、计划、组织、领导、控制和激励管理过程中，其有助于组织获取各方面信息而进行有效的管理。因为任何绝妙的想法、正确的决策和计划建议、有效的组织设计无不通过沟通得以实现。良好的沟通是指通过信息的传达与交流可以使组织内外各成员、各要素围绕组织目标行动一致。缺乏必要的沟通，组织内各部门、各环节的工作容易发生紊乱。沟通能够使组织成员之间、领导者与被领导者之间、管理者被管理者之间、组织外部利益相关者之间建立良好的人际关系。因此，掌握有效的沟通方法和技巧，克服沟通障碍是管理者的重要能力素质。

第三节　管理者的角色、技能、分类及职业化

一、管理者的角色与技能

管理者合格与否在很大程度上取决于上述 7 种管理职能的履行情况。为了有效履行各种职能，管理者必须明确以下两个问题：一是自己扮演什么角色。二是在扮演这些角色过程中，自己需要具备哪些技能。

（一）管理者的角色

根据亨利·明茨伯格的一项被广为引用的研究，管理者扮演着十种角色，这十种角色可被归纳为三大类：人际角色、信息角色和决策角色。

1. 人际角色

人际角色直接产生自管理者的正式权利基础，管理者在处理与组织成员和其他利益相关者的关系时，就在扮演人际角色。管理者所扮演的三种人际角色是代表人角色、领导者角色和联络者角色。

作为所在单位的管理者，必须行使一些具有礼仪性质的职责。例如，管理者有时必须出现在社区集会上，参加社会活动，宴请重要客户等。在这样做的时候，管理者行使着代表人的角色。

由于管理者对所在单位的成败负重要责任，他们必须在工作小组内扮演领导者角色。管理者和员工一起工作并通过员工的努力来确保组织目标的实现。

最后，管理者必须扮演组织联络者的角色。管理者无论是在与组织内的个人和工作小组一起工作时，还是与外部利益相关者建立良好关系时，都起着联络者的作用。管理者必须对重要的组织问题有敏锐的洞察力，从而能够在组织内外建立关系和网络。

2. 信息角色

在信息角色中，管理者负责确保和其一起工作的人具有足够的信息，从而能够顺利完成工作。管理责任的性质决定了管理者既是所在单位的信息传递中心，也是组织内其他工作小组的信息传递渠道。整个组织的人依赖于管理结构和管理者以获取或传递必要的信息，以便完成工作。

（1）监督角色。作为监督者，管理者持续关注组织内外环境的变化以获取对组织有用的信息。管理者通过接触下属来收集信息，并且从个人关系网中获取对方提供的信息。根据信息，管理者可以识别工作小组及组织的潜在机会和威胁。

（2）传播角色。作为传播者，管理者把重要信息传递给工作小组成员，管理者有时也向工作小组隐藏特定的信息，更重要的，管理者必须保证员工具有必要的信息，以便高效完成工作。

（3）发言人角色。管理者必须把信息传递给单位或组织以外的个人，例如，必须向董事和股东说明组织的财务状况和战略方向，必须向消费者保证组织在切实履行社会义务，必须让政府官员对组织的遵纪守法感到满意等。

3. 决策角色

在决策角色中，管理者处理信息并得出结论。让工作小组按照既定的路线行事，并分配资源以保证小组计划的实施。

（1）企业家角色。管理者对所发现的机会进行投资以利用这种机会，如开发新产品、市场开发、提供新服务或发明新工艺等。

（2）干扰对付者角色。一个组织不管被管理得多么好，它在运行的过程中，总会遇到或多或少的冲突或问题。管理者必须善于处理或解决问题，如平息客户的怒气，对员工之间的争端进行调解等。

（3）资源分配者角色。管理者决定组织资源用于哪些项目。

（4）谈判者角色。对所有层次管理工作的研究表明，管理者把大量的时间花费在谈判上。管理者的谈判对象包括员工、供应商、客户和其他工作小组。

（二）管理者的技能

根据罗伯特·卡茨的研究，管理者要具备三类技能。

1. 技术技能

技术技能就是指从事自己管理范围内的工作所需的技术和方法。如果是车间主任，就要熟悉各种机械的性能、使用方法、操作程序，各种材料的用途、加工工序，各种成品或半成品的指标要求等。如果是办公室管理人员，就要熟悉组织中有关的规章、制度及相关法规，熟悉公文收发程序、公文种类及写作要求等。如果是财务科长，就要熟悉相应的财务制度、记账方法、预算和决算的编制方法等。技术技能对基层管理者来说极为重要，因为基层管理者大部分时间都是从事训练下属人员或回答下属人员有关具体工作方面的问题，因而必须知道如何去做自己下属人员做的各种工作。具备技术技能，才能更好地指导下属工作，更好地培养下属，由此才能成为受下级成员尊重的有效管理者。技术技能对于中层管理者较重要，对于高层管理者较不重要。

2. 人际技能

人际技能是指成功地与组织单位中上、下、左、右的人打交道的能力，包括联络、处理和协调组织内外人际关系的能力，激励和诱导组织内工作人员的积极性和创造性的能力，正确地指导和指挥组织成员开展工作的能力。人际技能要求管理者，首先，要了解别人的信念、思考方式、感情、个性及每个人对自己、对工作、对集体的态度，并且认识到别人的信念、态度、观点与自己不一样是很正常的，承认和接受不同的观点和信念，这样才能与别人更好地交换意见。其次，要求管理者能够敏锐地察觉别人的需要和动机，并判断组织成员的可能行为及其可能后果，以便采取一定措施，使组织成员的个人目标与组织目标最大限度地一致起来。最后，要求管理者掌握评价奖励员工的一些技术和方法，最大限度地调动员工的积极性和创造性。许多研究表明，人际技能是一种重要技能，对各层次管理者都具有同等重要的意义。在同等条件下，人际技能可以极为有效地帮助管理者在管理工作中取得更大的成效。

3. 战略技能

战略技能是指对事物的洞察、分析、判断、抽象和概括的能力。管理者应看到组织的全貌和整体，了解组织的外部环境是怎样活动的，了解组织内部各部分是怎样相互作用的，能预见组织在社区中所起的社会的、政治的和经济的作用，知道自己所管部门或科室在组织中的地位和作用。分析和概括问题的能力是战略技能的重要表现之一。管理者要能够快速、敏捷地从混乱而复杂的动态情况中辨别出各种因素的相互作用，抓住问题的起因和实质，预测问题发展下去会产生什么影响，需要采取什么措施解决问题，这种措施实施以后会出现什么后果。形势判定能力是战略技能的又一表现。管理者通过对外部和内部形势的分析判定，预见形势将朝什么方向发展，是对自己有利，还是对自己不利，以便充分利用好形势发展组织的事业。同时，采取措施对付不利形势，使组织获利最多或损失最少。各种研究表明，出色的战略技能，可使管理者作出更佳的决策。战略技能对高层管理者来说尤其重要。

上述三种管理技能是各层管理者都共同需要掌握的，区别仅在于各层管理者所需掌握的三种管理技能的比例会有所不同。

二、管理者的分类

管理者是组织的心脏，其工作绩效的好坏直接关系着组织的兴衰成败。所以，美国管理大师德鲁克曾这样说："如果一个企业运转不动了，我们当然是要去找一个新的总经理，而不是另雇一批工人。"管理者对组织的生存发展起着至关重要的作用。那么，究竟用什么标准来划分管理者与非管理者？管理者的职责与作业人员有什么不同？我们可以从组织的横切面和纵切面来分辨各种类型的管理者。

（一）横切面角度

从横切面上的组织层次划分来看，组织的工作人员有如下四类。

1. 作业人员

作业人员指组织中直接从事实施和操作工作的人。例如生产第一线的工人，餐饮业的厨师和服务人员，学校的教师，政府机构的办事员，医院中为病人看病的医生，等等。这些人处于组织的最低层（称为作业层），不具有监督他人工作的职责。

2. 基层管理人员

亦称第一线管理者，他们处于作业人员之上的组织层次中，负责管理作业人员及其工作。在企业中，基层管理者可被称为领班、车间主任、工头或者工段长；在运动队中，这项职务是由教练担任的；而在学校则由教研室主任来担任。

3. 中层管理人员

他们是直接负责或者协助管理基层管理人员及其工作的人，通常享有部门或办事处主任、科室主管、项目经理、地区经理、产品事业部经理或分公司经理等头衔。这些人主要负责日常管理工作，在组织中起承上启下的作用。

4. 高层管理人员

他们处于组织的最高层，主要负责组织的战略管理，并在对外交往中以代表组织的"官方"身份出面。这些高层管理者的头衔有公司董事会主席、首席执行官、总裁或总经理及其他高级资深经理人员，以及高校的校长、副校长和其他处在或接近组织最高层位置的管理人员。

管理者所处的具体组织层次不一样，他们的头衔也各式各样，但他们的工作具有一个共同的特征，即都是同别人一起并通过别人使组织活动得以更有效地完成，因此，管理者在相当程度上也就是领导他人的人。

作业者与管理者尤其是基层管理者之间的界限区分有时并不是那么截然分明。比如，在实行民主式管理或参与式管理的组织中，作业者可能也是自己工作和他人工作的管理者。而在不少情况下，管理者也可能担任某些作业职责。如保险索赔监督员除了负责管理保险索赔部门办事人员的工作以外，还可能承担一部分办理保险索赔的业务工作；某医院的院长可能要亲自动手做一些危急病人的难度较大的外科手术等。但身为管理人员，应该明确，他们的主要工作应是促进他人做好工作而不是事必躬亲地去做工作，哪怕是自己最擅长的工作也要尽量委任他人去做，自己则要将主要精力集中在"管理"这些人及其工作上，并对这些人的工作好坏负有最终的责任。

作为管理者，不论他在组织哪一层次上承担管理职责，其工作的性质和内容应该基本上是一样的，都包括计划、组织、领导和控制几个方面。不同层次管理者工作上的差别，不是职能本身不同，而在于各项管理职能履行的程度和重点不同。比如，高层管理人员花在计划、组织和控制职能上的时间要比基层管理人员的多些，而基层管理人员花在领导职能上的时间要比高层管理人员的多些。即便是就同一管理职能来说，不同层次管理者所从事的具体管理工作的内涵也并不完全相同。例如，就计划工作而言，高层管理者关心的是组织整体的长期战略计划；中层管理者偏重的是中期、内部的管理性计划；基层管理者则更侧重于短期的业务和作业计划。

高层管理者应该与中层管理者的工作有重要的区别。日本松下电器公司的创始人松下幸之助有一段名言："当你仅有 100 人时，你必须站在第一线，即使你叫喊甚至打他们，他们也听你的。但如果发展到 1 000 人,你就不可能留在第一线,而是身居其中。当企业增至 10 000 名职工时, 你就必须退居到后面,并对职工们表示敬意和谢意。"这说明, 一个企业的规模扩大后,管理的复杂性随之增大,管理方面的职能分工相应深化,逐渐分化为制定大政方针的战略管理者和负责具体事物的日常管理者。

（二）纵切面角度

从组织的纵切面可把管理者划分为综合管理者和专业管理者两类。

1. 综合管理者

综合管理者指的是负责管理整个组织或组织中某个分部的全部活动的管理者。对于小型组织来说,可能只有一个综合管理者,那就是总经理,它要统管该组织中包括生产、营销、人事、财务等在内的全部活动。而对于大型组织(如跨国公司)来说,可能会按产品类别设立几个产品分部,或按地区设立若干地区分部,此时,该公司的综合管理者就包括公司总经理和每个产品或地区分部的总经理,每个分部经理都要统管该分部包括生产、营销、人事、财务等在内的全部活动,因此也是综合管理者。

2. 专业管理者

除了全面负责的综合管理者外,组织中还常常存在专业管理人员,也就是仅仅负责组织中某一类活动或业务的专业管理的管理者。根据这些管理者所管理的专业领域性质的不同,可以具体划分为生产部门管理者、营销部门管理者、人事部门管理者、财务部门管理者及研究开发部门管理者等。这些部门的管理者,可以泛称为生产经理、营销经理、人事经理、财务经理和研究开发经理等。对于现代组织来说,随着其规模的不断扩大和环境的日益复杂多变,管理工作的专业分工也变得日益重要。可以认为,专业管理人员是从组织纵切面细分的角度对管理者的分类,不同专业领域的管理者,在履行管理职能中可能会产生具体工作内容重点的差别,例如,同样开展计划工作,营销部门做的是产品定价、推销方式、销售渠道等的计划安排;人事部门做的是人员招募、培训、晋升等的计划安排;财务部门做的则是筹资规划和收支预算。它们在各自的目标及其实现途径的规定上都表现出很不一样的特点。图 1-2 为管理工作的专业分工。

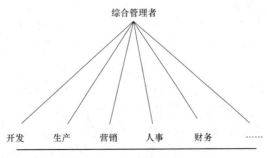

图 1-2　管理工作的专业分工

三、职业管理者的形成

管理工作是否谁都能干? 管理者是否需要像医生、律师或会计师一样成为职业工作者?尽管理论界目前对管理职业的认证还没有完全统一的看法,但从应用方面看,管理在现代社会中的地位已经迫使人们对从事这项工作的人的"专家"资格形成了比较确定的认识。历史上，美国西部铁路公司在19世纪中叶发生的两辆客车迎头相撞事故，促使该公司最早采用了由"支薪经理"来代替所有者行使管理职能的崭新的管理制度。从那时起，专职经理日益在管理上发挥着越来越重要的作用。不过，在所有者和管理者刚开始实现分工的年代里，管理工作还主要是由懂业务技术的"硬专家"来承担。随着社会的发展，仅由精通一门技术的专家来管理已不适应新形势的要求，所以逐渐演化为由工商管理学院培养出来的管理人才来实施管理。这类新的管理专家所具有的管理技能已经大大超出技术技能的范围，所以被称为"软专家"。

西方国家在19世纪中期以前，经济组织中所有权与经营权并未分离，管理职能没有完全独立出来，因此没有职业化的管理阶层（或称经理阶层、企业家阶层）。后来随着企业规模的扩大，管理工作的难度加大，使得有"财"无"才"的资本家感到力不从心，从而开始聘请有专门经营管理知识和技能、靠领取薪资作为主要收入来源的管理人才来代行管理之职。据调查，美国500家大公司的高级管理人员中有71.8%是工商管理专业毕业的，出身于工程技术和其他学科的仅占28.2%。法国A类公务员（业务类中属于领导职位的公务员）百分之百是法国国家行政学院的毕业生。各国的军事指挥官也越来越多地为军校毕业出来的。看来各行各业中管理工作的专业化，并逐步形成职业化的管理人才队伍，已是客观形势所趋。

管理工作要成为一项专门的职业，经理市场的发育就是一大先决条件。成熟的经理市场将优秀管理者的才能看作是一种稀缺商品，从而雇用这些管理人员的组织需要为这种稀缺商品付出相当高的价格（包括年薪工资、红利和股票期权等报酬）。杰出的管理人才，就像职业体育运动的超级明星一样，成为企业不惜重金争聘的对象。

四、现代管理的地位和作用

自从有了人类，就有了管理思想及管理行为。管理是人类共同劳动的产物，是社会生产所必需的。人类按照自己的物质生产与交换方式的发展，建立相应的社会结构，同时也产生一定的管理方式。随着社会生产力的发展，人类共同劳动的规模越来越大，分工协作越来越细，管理的作用也越来越明显。

20世纪30年代以来，尤其是第二次世界大战以来，科学技术突飞猛进，企业规模不断扩大，生产协作关系日益复杂，与社会联系更加广泛，企业间的竞争异常激烈。以经济与科技领域为例，20世纪30年代以来，出现了大科学、大工程、大企业。大科学是指各类学科协调，花费大量人力、物力、财力进行的科学研究项目，现代科学技术高度综合，像空间科学研究就需要火箭技术、电子技术、计算机技术、力学、热物理等学科配合，像这些研究项目，仅仅依靠一两个科研机构是无能为力的。如美国1942年的"曼哈顿工程"，动员了15 000名科技人员，耗费20亿美元，历时3年，制出了第一批原子弹。1961年美国又组织了阿波罗登月计划，发射的火箭"土星－5"，有560万个零部件，飞船也有300万个零部件，为了这项研究，前后动员了400万人，最多一年动员了42万人。参加研制的有200家公司，120所大学，花费了300亿美元，1969年终于实现人类第一次登月。

大工程是指诸如大型水利工程、地区性供电工程、超高层建筑工程等。如北欧电力网工程，它向北欧许多国家的2 000万居民和工业供电；在这个电力网中，有火力、水力、原子能等不同类型的发电站，每个电站包括许多发电机组。还有大量的变电站、纵横数千公里的输电配电线路，规模相当庞大。再比如中国的三峡工程、港珠澳大桥、南水北调工程等。

大企业是指规模庞大的联合企业，一般由主体工厂、分厂、研究和发展部、销售部、技术服务部等 5 大部分组成。职工数以万计，机构遍布全球。这样的大企业实际上是一个自成体系的"经济王国"。当前更是出现一种企业集合体。美国称为"利益集团"，日本称为"企业集团"，例如海尔集团、万达集团、绿地集团、一汽集团、中东集团等。

由于科技发展，社会活动或管理对象越来越多变，管理的复杂性和综合性更强，要求也越来越高。据美国参议院的资料，一项科学发现、发明转化为生产力的周期，第一世界大战前为 30 年，第一次和第二次世界大战之间为 16 年，第二次世界大战以后平均为 9 年。由于科学技术的进步，机器设备和工业产品的更新周期大大缩短。据统计，最近 10 年来发展起来的工业新技术，到今天有 30% 已经过时，而在电子技术领域中，这一比例已达到 50%，一种大规模集成电路的平均寿命仅为 5 年。有人估计，近 30 年出现的科学技术成果，远远超过了人类历史两千年的总和。这一切，都使经济、科技、政治、军事、社会生活等方面的形势变化多端。因此，大至一个国家或地区，小至一个企业，要发展，要生存，就必须在这种多变的形势下搞好管理工作。如企业的决策、预测、计划、市场需求、产品开发、顾客心理、投资决策等，显得极为重要。

日本是一个后起的经济发达国家，在许多领域明显超过美国，究其原因，是在经营管理方面取得的成功。20 世纪 50 年代初，日本企业引进了不少美国和欧洲的先进技术和设备，由于对科学的管理思想和管理方法重视不够，结果产品的成本、质量、生产率和利润等各项指标仍然落后于美国。从 20 世纪 50 年代末开始，日本总结了这方面的经验教训，认识到只引进先进技术，不改善管理不能充分发挥先进技术的作用。此后，日本向外国学习的过程中，绝大多数企业特别重视管理思想和管理方法的引进。一方面大量的翻译并研究美国、欧洲国家有关管理方面的著作，派人出国学习；另一方面又邀请国外专家来日本讲学，在整个企业界，政府部门和教育部门掀起了一个学习科学管理思想和管理方法的高潮。由于采取"引进技术与引进管理"并重的方法，自 20 世纪 60 年代初期以来，日本经济获得高速发展。日本从事管理的人数也大大增加，据统计，日本的工科毕业生有 20% 从事企业管理工作。日本能迅速跃居世界经济强国之列，是与有一支精明强干的经营管理队伍分不开的。日本人在总结自己的经验时指出："管理与设备，管理更重要，管理出效率，管理出质量，管理可以提高经济效益，管理为采用更先进的技术设备准备技术条件。"

综上所述，管理是随着社会经济和科学技术的发展不断进步和发展，管理在推进社会经济的发展中，发挥着巨大的作用。

第四节　管理学的研究对象和研究方法

一、管理学的研究对象

管理学是一门综合性的学科，它是一门系统地研究管理过程的普遍规律、基本原理和一般方法的科学。是以管理理论为研究对象的一门科学，因此，管理学也可称之为理论管理学。与理论管理学相对应的是应用管理学，即研究如何将管理理论与实践相结合，并应用于具体的企业管理和部门管理等。因此，管理学的研究是探索管理的基本理论和方法的研究，是学习和探索应用管理学的基础。

管理学的研究对象是以管理职能研究为轴线，既重视科学的古今中外管理思想和理论的继承与发扬，又重视新时期管理思想和理论的创新与发展。管理学不具体研究经济部门、军事部门、教育部门、行政部门的管理，也不具体研究农业企业、工商企业、交通运输企业等的管理，管理学是研究适合各种部门和企业的一般管理理论和方法。因此，管理学具有广阔的发展空间，在整个管理学科中处于基础和核心地位。

二、管理学的研究方法

管理学是一门综合性科学，它与经济学、社会学、心理学、政治学、数学、法学、哲学、统计学等有关。它吸取了这些学科的有关部分，因而管理学不仅研究范围十分宽广，而且研究方法也多种多样，主要包括六种研究方法。

（一）系统研究方法

系统是由各个部分组成的、具有特定功能的有机整体。按照系统理论的观点，世界是由大大小小的系统构成的，系统具有整体性、相关性、动态性、有序性等特点。系统研究方法就是把管理对象作为一个系统来研究，研究该系统的内部构成、运行及发展变化规律，研究该系统与其他系统之间的关系等。

（二）比较研究方法

比较研究方法是通过纵向、横向比较，发现异同，探索规律，找出事物结果所产生的原因，为指导管理活动提供依据。

（三）矛盾研究方法

矛盾研究方法是把事物矛盾的双方看成一个统一体，通过对矛盾的正面与反面、内因与外因、矛盾双方的辩证关系、矛盾的成因和发展趋势等进行分析，从而达到找出问题、分析问题、解决问题的目的。

（四）案例研究方法

在管理学中广泛地使用案例研究方法，即通过选取典型案例进行分析研究，归纳出经验、理论和规律，再用这些经验、理论和规律去指导实践。在运用案例研究方法时，要注意案例的代表性及搞清楚事物发生结果的前提、背景和条件。要运用辩证唯物主义和历史唯物主义的方法找出事物发展中的因果关系。

（五）试验研究方法

试验研究方法是使研究对象在特定的环境条件下，观察其实际发展结果，以寻求事物发展因果关系的一种研究方法。往往可采取改变研究对象的条件来观察其结果如何变化，这种试验称为比较试验。试验的时机、地点、范围、规模不同，对试验的结果会产生一定的影响。试验研究方法是一种用实践来检验理论、总结经验、发现规律的好方法，但在实际运用中应进行科学的组织、系统的观察，正确地组织试验活动。

（六）演绎研究方法

演绎研究方法是根据已经证明了公理、定理、规律来进行推理的一种研究方法。它是由一般到个别，由一般原理得出关于个别事实的结论的一种推理方法。演绎推理一般采取三段论式的形式，如"所有金属都导电，铁是金属，因此铁导电"，这就是一个三段论式。在演绎推理中，结论中的概念只能含有前提中已经有的概念，而不能改换概念；如果它的前提是正确的，在推理中又遵循推理的规则，那么结论也是一样正确的。

对以上研究方法要区别不同的研究对象、研究条件和特点而加以选用或综合运用。

综合训练题

一、单项选择题

1. 那些负责对整个组织作决策，并为整个组织制定计划和目标的人应定义为（　　）。

    A. 高层管理者　　　B. 中层管理者　　　C. 基层管理者　　　D. 专业管理者

2. 在与不合作的供应商进行谈判的时候，管理者扮演的是（　　）。

    A. 企业家角色　　　　　　　　　　B. 干扰对付者角色

    C. 资源分配者角色　　　　　　　　D. 谈判者角色

3. 对于基层管理者而言，最重要的技能是（　　）。

    A. 技术技能　　　B. 人际技能　　　C. 概念技能　　　D. 谈判技能

4. 对于高层管理者最重要，对于中层管理者较重要，对于基层管理者不重要的技能是（　　）。

    A. 技术技能　　　B. 人际技能　　　C. 概念技能　　　D. 谈判技能

5. 对于所有层次管理者都重要的技能是（　　）。

    A. 技术技能　　　B. 人际技能　　　C. 概念技能　　　D. 营销技能

6. 通常被描述为"做正确的事"的选项是（　　）。

    A. 管理　　　　　B. 领导　　　　　C. 效率　　　　　D. 效果

7. 管理的普遍性意味着（　　）。

    A. 所有的管理都采用相同的模式　　B. 有最好的管理模式

    C. 一切组织都需要管理　　　　　　D. 所有的组织可以采用相同的模式

8. 组织的管理者可分为基层、中层、高层三种，高层管理者主要负责制定（　　）。

    A. 日常程序性决策　　　　　　　　B. 长远全局决策

    C. 局部程序性决策　　　　　　　　D. 短期操作性决策

9. 管理人员促进、诱导下级形成动机，并引导行为指向目标的活动过程的管理活动叫（　　）。

    A. 控制　　　　　B. 激励　　　　　C. 领导　　　　　D. 决策

10. 管理者施加影响并产生作用的人和事称为（　　）。

    A. 管理手段　　　B. 管理主体　　　C. 管理客体　　　D. 管理目标

11. 在一定技术条件下，在管理活动中反复出现的带有共性的管理活动的理论概括称为（　　）。

A. 管理手段　　　　B. 管理职能　　　　C. 管理客体　　　　D. 管理目标

12. 从发生的时间顺序看，下列四种管理职能的排列方式，更符合逻辑的是（　　　）。

　　A. 计划、控制、组织、领导　　　　　　B. 计划、领导、组织、控制

　　C. 计划、组织、控制、领导　　　　　　D. 计划、组织、领导、控制

13. 与管理的社会属性紧密相连的是（　　　）。

　　A. 生产关系　　　B. 生产力　　　C. 经济基础　　　D. 上层建筑

14. 与管理的自然属性紧密相连的是（　　　）。

　　A. 生产关系　　　B. 生产力　　　C. 经济基础　　　D. 上层建筑

15. 把管理职能概括为计划、组织、指挥、协调、控制的管理先驱者是（　　　）。

　　A. 亨利·明茨伯格　　　　　　　　　B. 亨利·法约尔

　　C. 马克斯·韦伯　　　　　　　　　　D. 弗雷德里克·泰勒

16. 以追求利润和资本保值增值为终极目标的组织叫作（　　　）。

　　A. 正式组织　　　B. 营利性组织　　　C. 非正式组织　　　D. 非营利性组织

17. 以满足社会利益和履行社会责任为终极目标的组织叫作（　　　）。

　　A. 正式组织　　　B. 营利性组织　　　C. 非正式组织　　　D. 非营利性组织

18. 管理的科学性强调的是管理的（　　　），反对经验论。

　　A. 灵活性　　　B. 理论性　　　C. 规律性　　　D. 实践性

19. 管理的艺术性强调的是管理的（　　　），反对教条主义。

　　A. 灵活性　　　B. 理论性　　　C. 规律性　　　D. 实践性

20. 尽管组织各层次的管理者拥有权利和承担的责任不同，但在管理工作中运用的（　　　）是基本相同的。

　　A. 管理职能　　　B. 管理手段　　　C. 管理目标　　　D. 管理方式

21. 20 世纪初系统提出管理职能包括计划、组织、指挥、协调、控制的学者是（　　　）。

　　A. 亨利·法约尔　　　　　　　　　　B. 弗雷德里克·泰勒

　　C. 马克斯·韦伯　　　　　　　　　　D. 哈罗德·孔茨

22. 20 世纪 50 年代中期把管理职能概括为计划、组织、人员配备、指导和控制的学者是（　　　）。

　　A. 亨利·法约尔　　　　　　　　　　B. 弗雷德里克·泰勒

　　C. 马克斯·韦伯　　　　　　　　　　D. 哈罗德·孔茨

23. 把事物双方看作是一个对立统一体，通过对事物的正面与反面、内因与外因进行辩证分析，从而达到发现问题、分析问题和解决问题的目的的方法是（　　　）。

　　A. 案例分析法　　　B. 比较研究法　　　C. 矛盾研究法　　　D. 系统研究法

24. 通过纵向和横向比较，发现异同，探索规律，找出事物结果所产生的原因，为指导管理活动提供依据的方法叫作（　　　）。

　　A. 案例分析法　　　B. 比较研究法　　　C. 矛盾研究法　　　D. 系统研究法

25. 使研究对象在特定环境条件下，观察其实际发展结果，以寻求事物发展因果关系的研究方法叫作（　　　）。

　　A. 案例分析法　　　B. 试验研究法　　　C. 矛盾研究法　　　D. 系统研究法

26. 通过选取典型事例进行分析研究，归纳出经验、理论和规律，再运用这些经验理论和规律指导实践的方法叫作（　　）。

    A. 案例分析法　　B. 试验研究法　　C. 矛盾研究法　　D. 系统研究法

27. 根据已证明了的公理、定理、规律来进行推理的研究方法叫作（　　）。

    A. 案例分析法　　B. 试验研究法　　C. 演绎研究法　　D. 系统研究法

二、多项选择题

1. 管理学的研究方法主要有（　　）。

    A. 矛盾研究法　　B. 演绎法　　　C. 试验法　　　D. 案例研究法

    E. 系统研究法

2. 管理的特征主要有（　　）。

    A. 社会现象和文化现象

    B. 科学性和艺术性

    C. 管理的载体是组织

    D. 管理的核心是处理好人际关系

    E. 管理的任务是用尽可能少的支出实现目标

3. 按照组织的横切面可把管理者划分为（　　）。

    A. 作业人员　　B. 基层管理者　　C. 中层管理者　　D. 高层管理者

    E. 专业管理者

4. 按照组织的纵切面可把管理者划分为（　　）。

    A. 基层管理者　　B. 专业管理者　　C. 中层管理者　　D. 高层管理者

    E. 综合管理者

5. 管理学者罗伯特·卡茨认为，管理者应具备的基本技能有（　　）。

    A. 技术技能　　B. 人际技能　　C. 概念技能　　D. 综合技能

    E. 领导技能

6. 亨利·明茨伯格的管理者角色理论认为，管理者的角色包括（　　）。

    A. 人际关系角色　　　　　　B. 信息传播角色

    C. 决策制定角色　　　　　　D. 家长角色

    E. 企业家角色

7. 一项管理活动能够顺利进行必须具备的基本要素有（　　）。

    A. 管理者　　B. 管理对象　　C. 资金　　　D. 管理手段

    E. 管理目标

8. 衡量管理促进组织产出目标实现的情况的指标有（　　）。

    A. 产量与期限　　B. 销售额　　C. 品种与质量　　D. 效率与效果

    E. 成本支出

9. 管理的二重性是指管理的（　　）。

    A. 自然属性　　B. 实践性　　C. 艺术性　　D. 灵活性

    E. 社会属性

10. 管理是一种社会现象必须具备的必要条件是（　　）。

    A. 管理主体   B. 管理客体

    C. 两个人以上的集体活动   D. 管理手段

    E. 有一致认可的目标

11. 管理者扮演的人际角色是（   ）。

    A. 监督角色   B. 代表人角色   C. 领导者角色   D. 联络者角色

    E. 发言人角色

12. 管理者扮演的信息角色有（   ）。

    A. 代表人角色   B. 监督者角色   C. 传播者角色   D. 领导者角色

    E. 发言人角色

13. 管理者扮演的决策角色是（   ）。

    A. 企业家角色   B. 领导者角色

    C. 干扰对付者角色   D. 资源分配者角色

    E. 谈判者角色

14. 组织的内部环境大致可分为（   ）。

    A. 科技环境   B. 物质环境   C. 经济环境   D. 人文环境

    E. 行业环境

15. 一般来说，组织的物质条件主要包括（   ）。

    A. 人员   B. 资金   C. 产品   D. 物资、设备及办公场所

    E. 技术

16. 组织的宏观环境主要包括（   ）。

    A. 社会环境   B. 政治环境   C. 经济环境   D. 科学技术环境

    E. 自然环境

17. 组织的微观环境主要包括（   ）。

    A. 科学技术环境   B. 资源供应者   C. 服务对象   D. 竞争者

    E. 监督机构

三、问答题

1. 一项管理活动能够顺利进行必须具备哪些基本要素？

2. 管理有哪些基本特征？

3. 管理的基本职能有哪些？

4. 按照罗伯特·卡茨的观点，管理者应具备哪些技能？

5. 管理学有哪些研究方法？

6. 组织的宏观环境包括哪些要素？

7. 组织的微观环境包括哪些要素？

8. 按组织的横切面可把管理者划分为哪几类？

9. 组织的外部环境主要包括哪些要素？

10. 论述管理者的角色。

11. 管理者有哪些分类？他们在管理工作中的作用有什么不同？

12. 你对成功的管理者是怎么认识的？在工作上最有成绩的管理者，也会是在组织中提

升得最快的人吗？

四、案例分析题

【案例一】张鹏经理的困惑

张鹏是一家生产小型机械的装配厂经理，每天张鹏到达工作岗位时都随身带了一份列出他当天要处理的各项事务的清单。清单上有些是总部的电话中通知他所要处理的，另一些是他自己在一天多次的现场巡视中发现或者他手下报告的不正常的情况。

一天，张鹏与往常一样带着他的清单来到了办公室。他做的第一件事就是审查工厂各班次监督人员呈送上来的作业报告。他的工厂每天 24 小时连续工作，各班次的监督人员被要求在当班结束时提交一份报告，说明这次开展了什么工作，发生了什么问题。看完前一天的报告后，张鹏通常邀请他的几位下属召开一个早会，会上他们决定对于报告中所反映的每一个问题采取什么样的解决办法。张鹏白天也要参加一些会议，会见来厂的各方面的来访者。他们有些是供应商或者是潜在供应商的销售代表，有些则是工厂的客户。此外，有时也有一些来自地方、省市、国家政府机构的人员。总部职能管理人员和张鹏的直接上司也会来厂考察。当陪同这些来访者和自己的下属人员参观的时候，张鹏经常会发现一些问题，并将他们列入他那些待处理事情的清单中。张鹏发现自己明显无暇顾及长期计划工作，而这些工作是他改进工厂的长期生产效率所必须做的。他似乎总是在处理某种危机，他不知道哪里出了问题？为什么他就不能以一种不这么紧张的工作方式来工作呢？

根据案例回答以下问题。

（1）请你阐述一下管理职能、管理者技能的相关知识和原理。

（2）根据张鹏所处的组织层次，你能给张鹏所做的工作做一个怎样的分析和建议呢？

【案例二】培训部负责人辞职

北京公司张总工龄三十多年，在行业内也算是前辈，工作态度非常严谨仔细，对公司的组织培训工作非常重视，从培训课程内容的设置、培训讲师的选聘、培训酒店场地签订到培训证书的印制、培训现场条幅悬挂、培训期间餐饮订单等，事无巨细，从头抓到尾。尽管有专门的培训部，他还是事事亲为，并且经常蹲点于培训教室现场，中间还不时打断培训讲师，指正讲授内容。由于公司人员排队签字，他便不时召唤秘书奔走往返来培训现场办理公文、处理文件。

一次，张总突然指示培训部下周举办经销商销售顾问培训班和市场经理培训班，完全脱离培训工作实施规划。培训部不得不马上开始确定培训讲师、拟制培训日程表、商谈培训教室、拟定培训通知等事项。由于某种原因，报到实际人数没有达到理想状态，张总在培训现场果断将两个班合并为一个班举办，以节省开销。尽管前期已经安排妥当，培训讲师林教授也强调培训对象不同，培训内容侧重点不一样，最关键报到时间也不同，张总对此置之不理。结果经销商培训学员得知突然变更，怨声载道，全部怪罪培训部。张总竟然在众人面前大声斥责培训部负责人，为什么培训工作做得一塌糊涂。然后命令公司其他所有部门负责人到场蹲点，这下更热闹了，培训工作不光有张总亲自指导，各部门负责人也不时指东道西，甚至连总经理秘书也插手指挥。可想而知，一个简单的培训活动最终搞得乱七八糟。培训结束第二天，培训部门负责人打了辞职报告。

根据案例回答以下问题。

（1）培训部门负责人为什么会写辞职报告？

（2）公司管理者的角色定位是什么？

【案例三】田野购书的遭遇

田野是某大学的一位学生，为了准备全国英语六级考试，在A书城购买了一本历年英语六级考试全真试题，没想到等到做试题时，却发现该书缺页达40页之多。无奈，他只好找出购书时电脑打印的列有所有书名的付款小票，准备去调换一本。

到了书城，田野直接到总服务台说明了情况，营业员甲接过书和付款小票看了看，说："没问题，可以调换，请您直接到5层找服务员调换。"随即，田野来到5层，找到相应柜台营业员乙，营业员乙马上在书架上找，结果却发现该书一本也不剩了，于是对田野说："这本书已卖完了，不知道仓库有没有，你去找总台问。"此时，田野显得有些不耐烦了，问营业员为什么不能帮顾客联系解决问题，而要顾客楼上楼下来回跑。营业员乙一边抱怨，一边打电话给总台说："书架上已没有该书，请你们处理吧。"田野一脸无奈，只好再次跑下楼找总台。

没想到总台服务员甲查完电脑记录后，田野被告知，该书已经脱销了，现在出版社也没有书了。田野十分生气，本来想调换一本，结果自己楼上楼下跑，结果却是一本不剩，他要求退书。可是，营业员甲说："退书必须在购书的七日之内，您这本书是在8天前买的，我们不能给您退。"田野此时已气愤至极，买了一本缺了40页的书本来已经够恼火的了，专门来调换却没有书可调换。于是，他找到书城负责人理论说："我从你们书城买的书缺了40多页，我是来换书的，并不是想退书，可现在因为该书脱销，不能给我换书，我才退书的。"书城负责人不无遗憾地说："这是单位的规定，超过7天不能退，只能换。"田野据理力争道："如果因为我个人的原因在7天后要求退书，你们可以不退。现在不是因为我的原因，你们没有理由不给退。"书城负责人说："不是我们不给你换，是没书可换，我也没有办法，超过7天书城规定不予退书，要退，你找出版社去。"此时，围观的人越来越多，人们纷纷谴责书城负责人的做法。

根据案例回答以下问题。

（1）从案例的这一事件中，对该书城"超过7天不予退货，只能换"的规定，书城营业员、负责人始终坚持遵照执行，他们的做法有错吗？为什么？

（2）如果你是该书城负责人，对田野退书的要求，你认为该怎么处理？

第二章
管理思想的发展

教学目标：任何一门学科其理论体系的形成都有一个渐进的发展过程，管理学也一样。只有了解管理学发展过程，了解每一次理论演进的背景和取得的成就，才会在以后的理论与实践中少走弯路，才能在理论的大厦上再添新瓦。通过本章学习，使学生掌握中外早期的管理思想，古典管理理论，行为科学理论的代表人物及主要贡献；理解现代管理理论的主要流派及观点；了解当今管理理论与实践的新趋势。

 **引导案例**

两个企业老板的一天

（1）企业老板甲

下午1点钟，老板甲还没有吃午饭，今天的第36个电话响起。

财务总监电话请示：因为企业库存增大，占用很多资金，应该怎么办？

放下电话后，营销部经理敲门进来，手上拿着一摞用款单。有几个营销员要出差，请老板签字。另有某款PC机降价100元，请老板答复是否可以出售。

一个在企业工作了4年的业务员找到老板要求辞职，原因是对企业的薪酬制度不满意。老板甲和他谈完话，开始考虑：这个业务员走后，他手上的十几个客户怎么办？

这时，他忽然想起，今天晚上约请一位重要人物吃饭，还没有订地方，于是按铃请秘书进来，去安排今晚吃饭的地方。

财务经理急匆匆赶来请示：税务局明天要来查账，我们应该怎么应付？

……

老板甲一直忙到晚上12点，才拖着疲惫的身体回到家里，家人已进入梦乡。

（2）企业老板乙

老板乙坐在前往机场的专车上，浏览分布在全球各地的下属单位通过网络传来的财务分析报告和库存记录。此时，企业高管也都在各自的领域有条不紊地忙碌着。

运营总监正把刚刚制订的一份将存货期从7天压缩到5天的计划传给老板。

企业高级财务官刚刚从银行出来，随身带着收购某企业的 120 亿美元的贷款协议。

技术总监与市场总监正在探讨 3 天前研制出的一个新产品样机的上市前准备工作。

在企业的管理学院中，有 30 多名学员正在学习"高级管理培训课程"。

企业 9 位董事正在听取一家著名咨询公司为企业制定的进入新市场的战略投资报告。

资料来源：沈平，王丹. 管理学［M］. 北京：中国电力出版社，2015.

以上案例说明了什么问题？

第一节　中外早期管理思想

管理是一种文化现象，无论何种层次、何种规模的管理活动都离不开特定的历史条件和民族文化背景，管理思想也无不深深地镌刻着民族文化的印迹。因为时空和地域的差别，东西方管理思想和管理理论的发展呈现出完全不同的状态，因此，我们从东西两条线索来寻找管理学发展的轨迹。在东方，尤其是中国，较早地出现了管理思想，并且这些丰富而深刻的思想至今仍对中国乃至世界产生着深远的影响。系统的管理理论出现在西方，我们将按照古代、中世纪、工业革命三个时期的划分，介绍西方管理理论的发展过程。

一、中国早期管理思想

中华民族有着几千年的文明史，在浩如烟海的文史资料中蕴藏着极其丰富的管理思想。中国古代管理思想主要体现在先秦到汉代的诸子百家思想中，其中具有代表性的有儒家的德治、法家的法治、道家的无为而治和兵家的谋略等管理思想，它们能基本反映中国古代管理思想的特色。

（一）儒家管理思想

儒家是春秋末期最重要的思想学派，以孔子和孟子为代表，他们倡导利益一元化的管理体制，在"人性本善"的前提下提出了以仁为核心、以礼为准则、以和为目标、以仁政和德治为主要内容的管理思想模式，具体体现在以下三个方面。

1. 仁政的管理理念

"仁者，爱人"，孔子竭力主张"行仁德之政，因民之所利而利之"，管理活动要"以民为本"，把关爱民众作为统治民众的前提。孟子也指出"得民心者得天下"。这些言论虽然是站在统治阶级的立场而发，但强调的"民生为本"的思想蕴含着一定的管理智慧。

在孔子看来，管理一个国家首先要管理人，而人的管理又分为"正己"的自我管理和"安人"的社会管理两大部分。孔子十分强调管理者的"正己"在管理中的巨大影响，提出了"其身正，不令而行；其身不正，其令不从"的观点，认为"安人"必先"正己"。在此基础上，孔子针对如何平天下的问题，提出一个逻辑次序："身修而后家齐，家齐而后国治，国治而后天下平。"

2. 和与中庸的管理准则

孔子主张"礼之用，和为贵""君子和而不同，小人同而不和"，这里的"和"是协调、和睦的意思，指社会成员之间要建立良好的关系，但并不意味着要为了和睦而放弃原则。凡是无关原则的小事，要讲协调、重和睦，不要小题大做、破坏团结；凡事关重大的原则问题，则要坚持原则，不应苟同。孟子也指出，"天时不如地利，地利不如人和""得道者多助，失道者寡助。寡助之至，亲戚畔之。多助之至，天下顺之。以天下之所顺，攻亲戚之所畔，故君子有不战，战必胜矣"。

要做到"和"，孔子认为"中庸之为德也，其至矣乎"，即中庸作为实现道德的法则，是再好不过的。孔子主张要把握"过"和"不及"两个极端而用中庸之道去引导人们，这其实就是今天讲的合理和适度。因为管理的目的就是使人与物处于合理和适度状态，这才能发挥出最佳效益。

3. 义利与礼的管理手段

管理目标的实现有赖于恰当地运用管理手段。孔子主张"君子以义为上""君子以义为质""君子喻于义，小人喻于利"，这充分代表了孔子的义利观，即义应当成为人的内在本质，取义、尚义、重义、守义，先义而后利，是治国治民的重要条件。"行义以达其道""道之以政，齐之以刑，民免而无耻；道之以德，齐之以礼，有耻且格"，这实际上道出了儒家"德礼之治"的管理手段。儒家管理思想认为，单纯依靠政令、刑法等强制性的政治举措，实施惩罚性的管理手段进行管理，对于治民虽然可能有效，但并不会取得理想的效果，即使在短期内能够奏效，其作用也不会长期持续下去。而以道德教化贯穿管理过程，把重义轻利的价值观念灌输到民众的头脑中并化为其内心的自觉行为，就能达到控制民众思想和稳定社会秩序的目的。孔子极力主张用"礼"的规范来约束人们的行为。在古代，对于不同社会等级的人的言行，都有关于"礼"的明确规定，要求每一个人必须按照"礼"的规定来约束自己，要顺乎礼义、以礼制欲，必须把"礼"贯彻到自己的一切言行之中，做到"非礼勿视，非礼勿听，非礼勿言，非礼勿动"。这种"齐之以礼"的礼治就是用合乎"仁"的道德规范、行为准则和典章制度来进行管理的治理方式，从而实现社会管理的目标。

（二）法家管理思想

法家的管理思想是春秋战国时期建立在"人性本恶"的前提下，以法制、刑治为主要内容的管理思想体系，主要代表人物有商鞅、申不害、慎到、韩非子等。法家倡导的是"法""术""势"三位一体的极端专制的中央集权制，"法""术""势"是法家的主要论点。

"法"是指管理的法律制度，主要内容包括定法和执法两大部分，即制定和执行法律、政令。法家重视法律，而反对儒家的"礼"，认为法律有"定分止争""兴功惧暴"的作用，能约束百姓的行为。"法者，编著之图籍，设之于官府，而布之于百姓也""人生有好恶，故民可治也""明其法禁，必其赏罚"，由于人性的趋利避害，法家认为君王可以运用手中的权势惩罚违法之人，奖赏顺服王法的人，通过赏罚来督促百姓，也就是现在所说的有法可依、有法必依、违法必究。

"术"是指驾驭群臣、掌握政权、推行法令的策略和方式，即管理的策略手段。申不害建议君主应以"独视""独听""独断"的方式来统治国家。他认为，"独视者谓明，独听者谓聪。能独断者，故可以为天下主"。法家韩非子则提出了统治、管理之"七术"：众端参观，必罚明威，信赏尽能，一听责下，疑诏诡使，挟知而问，倒言反事。他还将其分为三大类：形名术、用人术和治奸术。"形名术，就是循名而责实"，也就是按照官职名分来追究他的实绩，用下属的言论去衡量他所做的事和取得的功效。关于"用人术"，韩非子提出"内举不避亲，外举不避仇"，应注意排除从众干扰，坚持任人唯贤，并对有功之臣给予激励。"治奸术"是用来防止君主统治权被削弱以致被篡夺的一系列策略,包括防微杜渐、任人毋重、以法治吏等。

"势"是指统治者的个人威势。它是指一种具有绝对权威的强制力,也就是至高无上的君主统治权,它强调营造一种号令天下、令行禁止的管理氛围。韩非子认为,"设法度以齐民,信赏罚以尽民能,明诽誉以劝沮,名号、赏罚、法令三隅。故大臣有行则尊君,百姓有功则利上,此之谓有道之国也"。这段话的意思是,靠设置法律制度来统一民众的行为,以赏罚有信来充分激发民众的才能,靠公开的赞誉或批判来鼓励善行或阻止作恶。把"名号、赏罚、法令"这三者结合起来使用,就可以形成一种"势",法家还认为"势"的成因不能仅仅归结为权力,还与当权者的人格形象有关,"人主者,天下一力以共戴之,故安;众同心以共立之,故尊。"这段话的意思是,作为君主,天下人齐心合力地拥护他,他的地位才能稳固;民众同心同德地推举、辅佐他,他的地位才尊贵。由此可见,法家所强调的"势",从表面上看是一种权势、威势,而本质上却是一种影响力。

（三）道家管理思想

道家是春秋战国时期诸子百家中重要的思想学派之一。老子是道家学说的创始人,著有《老子》一书,又称《道德经》。老子的思想体系不仅有着深远的哲学思想,还包含政治、经济、文化、军事诸多方面涉及社会及国家的管理思想。道家倡导"道法自然""无为而治",其以弱胜强、以柔克刚、以退为进等思想对中外管理思想的发展产生了深刻影响。

"道"是中国古代哲学的重要范畴,用以说明世界的本原、本体、规律或原理。在中国哲学史上,道的原始含义指道路、坦途,后来逐渐形成"道理"的义项,用以表达事物的规律性。这一变化经历了相当长的历史过程。春秋后期,老子最先把"道"看作宇宙的本原和普遍规律,认为万物都是由"道"派生出来的,成为道家的创始人。老子所说的"道"有三方面的含义,即道是先于天地的混成之物;道是存在于万物之中的普遍法则;道无形无象。他还高度概括了"道"的运动规律,提出"反者道之动""有无相生,难易相成,长短相形,高下相倾,音声相和,前后相随""曲则全,枉则直;洼则盈,敝则新;少则得,多则惑",意思是矛盾的任何一方面都不能孤立存在,而是互相依存、互为前提,对立面的互相转化是"道"的运动规律,物极必反。老子崇尚自然无为,认为人应该遵循道,也要做到无为。于是,"无为"就成为老子及道家管理的最高原则。

老子关于"道"的另外一个重要思想是"贵柔"。他提出,"兵强则灭,木强则折""天下之至柔,驰骋天下之至坚",意思就是说坚强的事物实际上是正在接近死亡的事物,柔弱的事物才有生命力,才是无坚不摧的。在自然界万事万物中,老子崇尚水,他认为"上善若水,水善利万物而不争,此乃谦下之德也;故江海所以能为百谷王者,以其善下之,则能为百谷王。天下莫柔弱于水,而攻坚强者莫之能胜,此乃柔德;故柔之胜刚,弱之胜强坚"。他认为水之所以能滋养万物,显示强大的适应性与生命力,恰恰是因为水能"守柔"且"上善"。理想中的圣人是道的体现者,他的言行类似于水,虽不见其形,却可以进入没有缝隙的东西中,处处谦让别人,处事有条不紊,很好地把握时机,将柔转化为刚、弱转化为强。由此,以静制动、以弱胜强、以柔克刚、以少胜多等也成为后来政治、军事方面的战略原则。

（四）兵家管理思想

《孙子兵法》是中国也是世界上最古老的军事理论著作,被外国誉为"东方兵学鼻祖"

"世界第一兵书"，纵观中外历史，《孙子兵法》不仅为战将所喜爱，也为商战专家所推崇。虽然商业竞争的最终目的不是去毁灭对手，但商业竞争与军事战争有许多相似之处，管理者们可以从中学到很多有关如何成功经营的思想。以《孙子兵法》为代表的兵家管理思想，以"谋略"为中心，讲"谋攻妙算"，讲"因变制敌"，对于现代管理者有一定的启发意义。

《孙子兵法》现存十三篇，即《计篇》《作战篇》《谋攻篇》《形篇》《势篇》《虚实篇》《军事篇》《九变篇》《行军篇》《地形篇》《九地篇》《火攻篇》《用间篇》。内容博大精深，揭示了战争的许多一般规律，具有朴素的唯物论和辩证法思想，蕴含着丰富的战略管理思想、竞争谋略和用人之道。

在第一篇《计篇》中，主要论述研究和谋划战争的重要性，通过战略运筹和主观指导能力的分析，以求得对战争胜负的预见，提出了"五事""七计""兵者，诡道也""攻其无备，出其不意"等军事原则；在第二篇《作战篇》中，主要论述物力、财力、人力与战争的关系，提出了"兵贵胜，不贵久"的速胜思想和"因粮于敌"的原则；在第三篇《谋攻篇》中，主要论述"上兵伐谋"的"全胜"思想，揭示了"知彼知己，百战不殆"的著名军事规律；在第四篇《形篇》中，主要论述战争必须具备客观物质力量，即军事实力，讲述"先为不可胜，以待敌之可胜"；在第五篇《势篇》中，主要论述在军事实力的基础上，如何正确实行作战指挥问题，通过灵活地变换战术和正确地使用兵力，造成锐不可当的有利态势。在第六篇《虚实篇》中，主要论述作战指挥中要"避实击虚""攻其必救""因敌而制胜"，具体讲述用"示形"欺骗敌人，调动敌人而不被敌人所调动。

在第七篇《军事篇》中，主要论述争取战场主动权的问题，提出了"兵以诈立，以利动，以分合为变""避其锐气，击其惰归"的军事原则；在第八篇《九变篇》中，主要论述根据各种战场情况灵活运用军事原则的问题，提出了"必杂于利害""君命有所不受"的思想；在第九篇《行军篇》中，主要论述行军、宿营和作战的组织指挥及利用地形地物、侦察判断敌情的问题；在第十篇《地形篇》中，主要论述地形的种类与作战的关系及在不同地形条件下的行动原则，还提出了"视卒如爱子"的观点；在第十一篇《九地篇》中，主要论述九种不同作战地区及其用兵原则，提出了"兵之情主速，乘人之不及，由不虞之道，攻其所不戒"的突然袭击的作战思想；在第十二篇《火攻篇》中，主要论述火攻的种类、条件和实施方法；在第十三篇《用间篇》中，从战略的高度论述了使用间谍的重要性及各种间谍的使用方法，提出先知敌情"不可取于鬼神""必取于人"的朴素唯物主义观点。

二、西方早期管理思想

（一）西方古代管理思想

在西方古代管理思想中，最具代表性的是古巴比伦的管理思想、古埃及的管理思想、古希腊的管理思想和古罗马的管理思想。早期的管理对象是国家、军队、部落、教会和家庭，也有对小规模、初级的经济活动的管理。

1. 古巴比伦的管理思想

古巴比伦在国王汉穆拉比的统治下，建立了强大的中央集权国家，由国王总揽国家司法、行政和军事权力。汉穆拉比发布的《汉穆拉比法典》是古代历史上著名的法典，全文共二百八十五条，其内容几乎无所不包。其中，提出了许多经营管理思想，如控制信贷、贵金属的存放和付给、货物的经营贸易、最低工资、会计和收据的处理、责任承担、生产控制、激励方式等。

2. 古埃及管理思想

古埃及建立了以法老为最高统治者的国家机构，法老之下设各级官吏，最高为宰相。各级官吏各有专职，实施分工管理。由宰相辅助法老处理全国政务、监督公共工程的兴建，大臣及地方官吏则管理财政、水利及地方事务。古埃及人用原始工具建造了举世闻名的金字塔，其工程之浩大、技术之复杂，至今仍让人惊叹不已，可见当时的组织管理水平已达到一定的高度。此外，在《圣经》中也记载了古埃及人的一些管理思想，如"领导者对未来要有所打算""你应该一视同仁，应该对认识你的人和不认识你的人，接近你的人和不接近你的人一视同仁"等，足以证明古埃及人在数千年以前就认识到计划的必要性，以及公正分权原则在管理中的重要意义。

3. 古希腊管理思想

在古希腊，当时的思想家对管理也有许多卓越的见解。大哲学家苏格拉底和亚里士多德曾指出公务管理和家务管理有共同性，从而肯定了管理的普遍性。苏格拉底还在历史上第一次揭示了"什么是管理"，他认为"管理是区别于技术和经验的一种技能"，这和现代关于管理职能的见解相当接近。另一位著名古希腊哲学家色诺芬则写成《家政论》一书，研究优秀的主人应如何处理自己的财产，并提出以财富是否增加作为判断家庭管理水平高低的标准。此后，柏拉图也对劳动分工原理作了阐述，他认为人的天赋是单方面的，只做适合其天赋的一种工作，而且在恰当的时机去做，他就能做得更多、更好而且更容易。

4. 古罗马管理思想

古罗马人继承与发扬了古希腊的管理思想，从一个小城市发展为一个庞大帝国，并统治了几个世纪，实行的是集权与分权相结合的统治方式。古罗马不仅确立了一个严格的体制和权力层次来保证各种国家职能的履行，而且在各军政机构之间进行了具体分工，对各地方官只授予内政方面的权力，至于驻扎在地方的兵力，则由中央统帅。由此可以看出，古罗马已经实践了现在我们所熟悉的集权与分权、有效管理幅度等管理思想。另外，古罗马天主教会在组织管理实践中也为有关权力的阶梯、职能的专业化、幕僚运用等管理理论研究做出了极为重要的贡献。美国管理学家孔茨和欧登列尔评价说："罗马天主教的组织，实为西方文化历史上最为有效的一种正式组织。"

（二）西方中世纪管理思想

中世纪的欧洲，生产力和商品生产有一定的发展，产生了所谓的"重商主义"。这一时期管理思想也有所发展。

1. 社会经济活动出现两种新型组织形式：行会和厂商组织

行会最早出现在 10 世纪的意大利，后来相继出现于法国、英国和德国，行会是城市手工业者为保障自身利益而成立的行业内部组织，它具有现代管理的某些雏形：首先，行会规定了一套等级制度，并与此相适应产生了一套人事等级，即"行东—帮工—学徒"；其次，行会对产品质量做了规定；最后，限制外来同行的竞争。

厂商组织：商人根据需要，购进原料，承包给手工业者或家庭去加工，然后收回并支付报酬。需求扩大，小生产者集中起来，工厂制度产生。这是最早的前店后厂的模式。

2. 威尼斯兵工厂的管理经验

15 世纪，威尼斯的许多兵工厂由于生产规模庞大，进而产生大量的会计、材料排列、工人纪律等问题，人们通过实践摸索出管理经验，并运用这些经验将问题解决。

威尼斯兵工厂早在当时就采取了成本会计制度，在生产部件和装配中实行流水作业、标准化管理。管理体现了互相制约和平衡，政府与工厂的关系是控制与授权经营的关系。威尼斯元老院派出的特派员和厂长们主要从事财务管理、采购和类似的职能工作，造船厂中各个巨大的作业部门由工长和技术顾问来领导。威尼斯兵工厂后来成为当时世界最大的兵工厂。

3. 尼可罗·马基雅维利的管理思想

尼可罗·马基雅维利（Niccolo Machiavelli，1469—1527）是意大利的政治思想家和历史学家。他出身于佛罗伦萨的没落贵族家庭，29 岁时在佛罗伦萨城邦政府中获得一个职位。由于他文笔很好，不久便出人头地，在 1512 年以前屡任要职，并曾作为非正式的使节被派到意大利的每一个重要城邦和一些国家去执行使命。他主张结束意大利的政治分裂，建立一个统一而强大的君主帝国，为了达到这个目的，可以不择手段，因此被人称为马基雅维利主义。这反映了新兴资产阶级的要求。当梅迪西家族于 1512 年在佛罗伦萨重新掌权时，马基雅维利失去了在政府中的职位，而后用其余生进行写作，他写作的范围很广，包括政治、历史、信件、剧本、诗等。其中最著名的有《罗马史论》《佛罗伦萨史》《君主论》（又译为《霸术》）等，他在这些著作中论述的与管理有关的原则可以概括为以下几点。

（1）要有群众支持。所有的政府，不论是君主制、贵族制或民主制，其持续存在都依赖于群众的支持。马基雅维利指出，权力是自下而上的，而不是自上而下的，即所谓权力接受论。君主可能通过武力或继承而登上王位，但要牢固地控制国家，就必须得到群众的支持。马基雅维利还指出，如果一位君王可以通过人民获得权力，就不应通过贵族获得权力。

（2）要有内聚力。要使国家能持续存在，必须要有内聚力。一个君王要想维持组织的统一，使自己的事业成功，就必须紧紧地抓住自己的朋友，仔细地注意和抚慰他们，利用他们。形成内聚力的一个关键因素是使人民清楚他们可以信赖自己的君王，知道君王期待他们做的是什么，即责任明确性原则。如果没有固定的法律而只有多变的政策，很快就会使整个国家陷于混乱。人民应该确切知道，如果犯了罪，无论过去有什么功劳，也无法逃避惩罚。君王应该到被征服的领土去访问和生活一段时间，以加强内聚力。

（3）要有领导方法。有两种类型的领导者（或管理者）：一种是自然型或天生型，另一种是后天获得领导技术的类型。年轻的君王要努力学习掌握领导（管理）的技术。但是，有些通过继承而获得权力的君王由于基本个性缺乏伟大领导者的吸引力，尽管受过训练，却永远不能成为一个能干的、成功的统治者。一个君王（或管理者）应该以自己为榜样来鼓励他的人民从事伟大的事业，特别是当他的国家受到敌人攻击时，他应该努力振奋人民的精神，使人民能够在君王的领导下准备从事战斗。君王应关注所有的集团，同他们打成一片，以自己的博爱和仁慈为他们树立榜样，但始终要维持尊严。君王应该奖赏那些有益于城市和国家的人，保证人民不会被剥夺自己的物品，以此来鼓励人民从事自己的职业和使命，他应该明智地识别忠诚于他的贵族和只是追求自己利益的贵族，能够认识这两种人并使他们有利于自己。

（4）要生存下去。任何组织的主要目的之一都是生存下去。一个君王应该像罗马人那样经常警惕着混乱状态，以便及时予以扑灭。当他的王国处于存亡关头时，一个君王有权采取严酷的措施，在必要时，抛开所有道德的借口，背弃任何已不再有用的誓言，为了实现生存的目的可以不择手段。

马基雅维利所提出的管理规则是为了君王能成功地管理一个国家，但同样适用于管理其他组织，所以对以后的管理思想发展有相当大的影响。

（三）西方工业革命时期管理思想

工业革命又称为产业革命，是指以资本主义的机器大工业取代手工技术为基础的工厂手工业的一场重大变革。工业革命使工业从农业中分离出来，社会上出现了一类新的组织——工厂。从 18 世纪中叶到 19 世纪，英、美、德、法等国先后开始并完成了工业革命，从而开创了生产力发展的新纪元。工业革命不仅仅是技术上的革命，也带来了专业化分工的发展和生产组织变革。为了破解工业革命带来的管理难题，一些学者从各自原有的学科出发，对管理进行了理论研究，提炼了先进的管理思想，代表人物主要有亚当·斯密、罗伯特·欧文、查尔斯·巴比奇、弗雷德里克·哈尔西等。

1. 亚当·斯密的管理思想

亚当·斯密是英国古典政治经济学家，他在 1776 年出版的《国富论》（全名为《国民财富的性质和原因的研究》）一书中系统地论述了国民财富的源泉和劳动分工对于提高劳动生产率、增加财富的重要意义。

亚当·斯密认为，劳动是国民财富的源泉。他同时指出，劳动创造价值是工资和利润的源泉。经过分析，他得出了"工资越低，利润越高；反之，工资越高，利润就会降低"的结论，揭示了资本主义经营管理的中心是增加剩余价值的本质。

亚当·斯密提出的分工理论和"经济人"（又称"理性经济人""实利人""唯利人"）观点对管理理论发展有重大影响。他认为人的行为动机根源于经济诱因，人都要争取最大的经济利益，工作就是为了取得经济报酬。劳动分工是提高劳动生产率的重要因素，具体表现在：劳动分工可以使人重复完成单项操作，从而提高劳动熟练程度，提高劳动生产率；劳动分工可以减少由于变换工作而损失的时间；劳动分工可以简化劳动，使劳动者的注意力集中在一种特定的对象上，有利于创造新的工具和改造设备。另外，他认为，人们在经济活动中追求的是个人利益，社会利益是由个人利益之间的相互牵制而产生的。这些内容后来成为西方科学管理理论的重要依据之一。

2. 罗伯特·欧文的管理思想

罗伯特·欧文是英国空想社会主义代表人物，也是一名企业改革家，被人们誉为"现代人力资源管理的先驱"。欧文的管理思想主要体现于人事管理方面的实践与理论中。为了改善由工业革命造成的苛刻的劳动条件，欧文提出了缩短劳动时间、禁止招收童工、设置工人教育设施和住宅、改善工人生产条件和生活条件等社会改良政策，并在自己的工厂里付诸实施。他认为，只要对雇员加以指挥，改善其目前的生产和生活条件，就可以提高 50%～100% 的生产率，从而使工厂雇主的收入大大增加；而如果把这些支出用于改善机器性能，则只能赚取 15% 的报酬。所以，应善待雇员，并提供培训，以免他们在生活上、精神上受到委屈。

3. 查尔斯·巴贝奇的管理思想

查尔斯·巴贝奇是英国剑桥大学的数学家、机械学家，也是计算机先驱，他曾用几年时间到英、法等国工厂了解和研究管理问题。他的代表作是 1832 年出版的《论机器和制造业的经济》。在该书中，查尔斯·巴贝奇通过研究时间和成本控制，分析了劳动分工使生产率提高的原因，提出了劳动分工、运用科学方法有效地使用设备和材料等观点。为了调动劳动者的积极性，查尔斯·巴贝奇提出了一种工资利润分享制以谋求劳资之间的矛盾调和。他认为，工人除了工资外，还应按工厂所创利润的百分比额外得到一部分奖金作为报酬。此外，查尔斯·巴贝奇还对实施管理的经理人员提出了许多建设性意见。例如，重视研究发展工作，应用时间研究技术，采用比较分析法分析企业机构的实际工作，根据基础的统计资料来确定所需，采用集权化的生产程序管理方法，厂址选择要邻近原料供应地，建立对人人有利的建议制度等。这些管理思想无论是在深度还是在广度上，都较前人或同代人有了较大的进步。可以说，他是科学管理思想和定量管理思想的先驱者。

4. 弗雷德里克·哈尔西的管理思想

弗雷德里克·哈尔西对管理的贡献体现在工资制度方面。1891 年，他向美国机械工程学会提交了一篇题为"劳动报酬的奖金方案"的论文。该论文指出了当时普遍使用的三种报酬制度的弊端：计时制对员工积极性的发挥并不能起到激励作用；计件制通常会由于雇主降低工资率而扼杀工人提高产量的积极性；利润分享制导致部门间良莠不齐，有失公允。据此，他设计提出了全新的工资奖金方案，即不管工人业绩如何，均可获得一定数额的计日工资。工人增加生产量，就可得到奖金，从而消除因激励工资而引起的劳资纠纷。工人奖金仅为超出部分的 1/3，即使工人增产 1 倍也不会使工资太高，雇主从中获益 2/3，因而就不会总想降低工资率。以工人过去的业绩为基准，旨在鼓励工人比过去进步。工人所要超越的是他本人过去的业绩，而不是根据动作和时间研究制定出来的标准。

5. 西方工业革命时期管理思想的特点

尽管这些先驱者从不同的角度提出了一些管理思想，但他们毕竟没有专门研究管理理论，因此他们的研究并没有形成一种系统化的管理理论体系。这也与当时社会普遍注重生产组织、减少浪费、增加产量、追求最高利润有关，人们关注的是具体方法而不是理论。在这一阶段，由于没有系统的管理理论作指导，管理工作呈现以下几个特点。

（1）管理的重点是解决分工与协作问题。当时的管理着眼于如何进行分工协作，以保证生产过程的顺利进行；或者着眼于怎样减少资金的消耗，提高工人的日产量指标，以取得更多的利润。管理的内容局限于生产管理、工资管理和成本管理。

（2）管理的方法仅凭个人经验。从农业国变成工业国意味着没有"管理阶层"，既没有普遍适用的有关如何进行工厂管理的知识体系，也没有共同的管理行为准则。因此，当时流行的是经验管理思想，管理工作的成败主要取决于管理者个人的经验、特点和工作作风。

（3）管理的主体即企业管理者由资本家直接担任。由于劳动三要素是由资本聚集起来的，拥有资本的工厂主自然而然成了企业管理者。随着企业的发展，越来越多的工厂主开始认识到，单凭自己的经验和直觉已经越来越难以胜任整个企业的生产经营管理工作，最好的办法是让那些具备管理才能的人来代替自己做一些管理工作。于是后期出现了厂长、监工、领班等特种雇佣人员。尽管如此，企业的总体管理还是由资本家亲自掌握。

第二节　古典管理理论

管理科学产生于 19 世纪末 20 世纪初，是随着资本主义工业的发展而逐渐形成和发展起来的。一般认为，管理科学是从美国管理学家泰勒开始出现的，至今历经古典管理理论、行为科学理论和现代管理理论三个发展阶段。当然，三个阶段并不是截然分开的，更不是前一阶段结束后，下一阶段才开始。事实上，各种管理理论的产生虽然有先有后，但在产生之后，却是并存发展，且相互影响，也存在着继续、借鉴关系。

古典管理理论主要是指以泰勒为代表的科学管理理论，以法约尔为代表的一般管理理论和以韦伯为代表的行政组织理论。

一、泰勒的科学管理理论

弗雷德里克·泰勒（Frederick Winslow Taylor 1856—1915），出生于美国宾夕法尼亚的杰曼顿。他的科学管理理论对资本主义社会产生了跨时代的影响，被称为"科学管理之父"，其代表著作有《工厂管理》《科学管理》等。

泰勒"科学管理"的核心目的就是提高工厂的工作效率，围绕这一核心目的，泰勒的科学管理理论包括八个方面的内容。

（一）劳动定额

泰勒经过长期观察，发现当时工厂中普遍存在着"磨洋工"的现象：工人在许多场合只干一个正常工作日工作量的 1/3～1/2。这极大地阻挠着工作效率的提高。他分析了这种"磨洋工"现象，认为原因是多方面的。首先是由于人的天性趋向于轻松随便，其次是由于人与人之间的关系而造成的错综复杂的思想和重重顾虑而引起的。那么如何减少工人消极怠工的念头和克服"磨洋工"的现象呢？泰勒认为必须切实地为某种工作规定出一个完成它的公正标准，即"合理的日工作量"，而在当时，无论是雇主或是工人，对于一个工人一天应该干多少活，都心中无数，雇主往往凭借一般的印象或经验来确定一个"合理的日工作量"，有很大的盲目性。为了解决这一问题，泰勒认为应该进行工时研究和动作研究。通过研究，剔除操作过程中多余动作，找出最好、最快的操作方法，并把用最好、最快的操作方法来完成每一个基本动作所需要的时间记录下来。然后把工作中每一个操作动作所需要的时间加在一起，再加上必要的休息时间和不可避免的其他延误时间，这样便科学地得出了完成该项工作所需的总时间，据此定出一个工人"合理的日工作量"。这便是劳动定额原理。这样，每个工人的工作至少在前一天就由资方完全计划好了，在大多数情况下，每个工人都会收到书面指示，其中详细说明他该完成的任务及操作方法，这就大大提高了工作效率。

（二）科学地培训"第一流"工人

泰勒认为，为了提高工作效率，就得使用第一流的工人。首先必须科学地了解工人。泰勒将工人分成两类，那些能干而又愿意干的工人称为头等工人；那些在身体条件上完全能够胜任工作但十分懒惰的工人称为二等工人。工人的劳动方法和劳动时间要根据头等工人的情况来确定。当然做到上述两点，还不能产生第一流的工人，那就需要对工人进行科学的教育、训练和培养，使他成为第一流的工人。由于过去的管理没有形成科学的理论体系，工人的操作方法都是由师傅带徒弟，采取一代传一代的方法进行。泰勒认为应该把工人一个个地交给一位称职的教师，用新的操作方法去培训，直到工人能连续而习惯地按科学规律（这是别人设计出来的）去操作，"就是把科学地选择、培训出来的工人结合在一起"造就"第一流的工人"。

（三）标准化管理

为了采用科学方法来提高工人的工作效率，除了研究制定科学的工作定额外，泰勒认为还应对工人使用的工具、机器及材料等进行改革，使之有一个科学的标准，这就是标准化管理。过去，工人的操作方法、使用的工具和设备只是根据自己或师傅的经验和习惯来确定的，工人工作和休息的时间，以及机器、设备的安排使用也是由管理者根据自己的判断或过去的记录确定的，没有科学依据。泰勒认为，必须用科学的方法对工人的操作方法、使用的工具、劳动和休息时间的搭配、机器的安排和作业环境的布置进行分析，消除不合理因素，把各种最好的因素结合起来，形成一种科学、标准的操作方式。通过经科学研究设计出来的标准化操作方式对工人进行培训。当然，同时亦应对机器和设备、工作环境进行标准化的使用和管理。这样便可以避免工人劳动力和机器效能的白白浪费，充分发挥工人和机器设备的潜能，使人（工人）、机（机器）的组合达到最佳工作状态，有效提高工作效率。

（四）刺激性工资制度

泰勒认为，不合理分配制度也是造成"磨洋工"的原因。为了鼓励工人努力工作，完成工作定额，泰勒提出了一种刺激性的工资制度——差别计件工资制。这是一种通过对工人在一定时间内所生产的产品数量或完成的作业量和预先规定的计件单价来计算其劳动报酬的工资形式，是一种与劳动成果紧密结合的较好的按劳分配制度，主要内容包括以下三个方面。

（1）制定科学的定额和标准。在每个工厂都设立一个定额制定机构，由它来设计各种工作，并把工作分解成各项要素，为每一要素制定出定额来。这样就把定额的制定，从以估计和经验为基础变为以科学为基础。

（2）按照工人完成定额的不同情况实行不同的工资率。如果工人的生产没有完成定额，就按低工资率付酬，同时还给予警告。如果工人的生产超过了定额，则按高工资率付酬，并且全部生产都按这个高工资率计算，以此来鼓励工人。

（3）把工资给"人"，而不是"职位"。工资的发放应该按工人的技能、积极性、可靠性来确定，而不应根据工人的工作类别来支付。通过这种差别计件工资制度，不仅有效地克服了工人"磨洋工"的现象，而且打破了分配上的平均主义，提高了工人工作的积极性和主动性。

（五）思想革命

泰勒认为，科学管理的实质是对一切企业或机构中的工人一次完全的思想革命——也就是这些工人在对待他们的工作责任、对待同事、对待雇主的一次完全的思想革命。同时，也是管理方面的工长、厂长、雇主、董事会在对同事、工人和对所有的日常工作问题责任上的一次完全的思想革命。没有工人与管理者双方在思想上的一次完全的革命，科学管理就不会存在。而这种思想革命有两个绝对需要具备的要素。

（1）劳资双方对盈余的思想态度的转变。双方不再把注意力放在盈余分配上，不再把盈余分配看作最重要的事情。他们将注意力转向增加盈余的数量上，使盈余增加到如何分配盈余的争论成为不必要。他们将会明白，当他们停止互相对抗，转为向一个方向并肩前进时，他们的共同努力所创造出来的盈利会大得惊人。泰勒认为当劳资双方用友谊合作、互相帮助来取代对立情绪、努力创造更多的盈余时，既能够增加工人的工资，又可以增加资方的利润。

（2）无论是厂长还是工人，对工厂内的一切事情，都要用准确的科学研究和知识来代替旧式的个人判断或个人意见。在当时的情况下，如果没有劳资双方思想上的这些变化，在工厂中执行科学管理方法、制度和措施实际上是不可能的。因此，思想革命又是科学管理理论得以贯彻实行的一个前提条件。

（六）计划与执行分离原理

当时，工厂中没有专门的计划管理部门研究工人应当干什么和如何干等问题，一切完全靠工人根据自己的经验决定，工人要对总的工作程序承担全部责任。泰勒认为，即使工人能十分适应于对科学数据的使用，但要他同时在机器与写字桌上工作实际上是不可能的，在大多数情况下，需要有一种人预先去计划，而由另一种人去处理工作。这便是计划与执行职能分离的原理。在这一原理指导下，计划部门的主要任务是：第一，进行调查研究，把工人掌握的传统知识、技能集中起来并使之系统化，以便为定额和操作方法提供科学依据。第二，根据调查研究的结果制定出有科学依据的定额和标准化的操作方法和工具。第三，拟订计划，发布指示和命令。第四，对执行情况进行有效的监督与控制。把计划职能与执行职能分开，从其直接意义上看实现了专业化，从而有利于提高工厂的工作效率。从深层的角度来看，把计划职能与执行职能分开，可以说是从组织结构的角度奠定了科学管理理论形成、推广和应用的基础。

（七）职能工长制

当时，工厂是"军队式"的组织结构形式，又称"全能工长制"。这是一种在组织中只有直线领导而没有职能分工的组织结构形式。在这种结构形式下，有关作业的一切命令都由厂长通过工长传达给作业人员，所以厂长和工长的工作极其繁杂。泰勒指出，在这种"军队式"组织中，工长为了圆满完成他的职责，则须具备以下几种素质：一是脑力；二是教育；三是专门知识或技术知识、手艺或体力；四是机智；五是充沛的精力；六是毅力；七是诚实；八是判断力或常识；九是良好的健康情况。要找到一个具有以上六七种乃至八种素质的人几乎是不可能的。而当时具有上述四种或五种素质的工长较多，为了让这样的工长能有效地进行管理，就要把管理工作分成几部分，使所有的管理者都应尽可能少地实施管理职能，如果有可能，一个管理者只负责某一特定的管理职能。这样工人必须接受几个不同职能的上级从各个不同方面发出的指示和命令。而每个具有特定管理职能的管理者，在其职能范围内，对所有的作业人员都有指挥和命令权。这就是职能工长制。它虽具有一些优点，但是破坏了命令统一的原则，容易造成各个职能工长之间的矛盾冲突，即出现多头领导和多头指挥的现象。因此，这种职能工长制没能推广，但为后来职能部门建立和管理的专业化提供了依据。

（八）管理的例外原则

泰勒认为，如果一个大企业的经理几乎被办公桌上汪洋大海似的信件和报告淹没，而且每一种信件和报告都要签字或盖章，那么这种情况是可悲的，但事实上这种情况并不是罕见的。如果实行例外原则，经理只接受那些经过压缩、总结过的而且总是属于对照性的报告，但这些报告包括管理上的一切要素在内，这样，只要几分钟就可以使经理全面了解事态的进展情况，并且腾出时间来考虑更为广泛的大政方针。可见，实行例外原则就是指工厂的高层管理者只集中精力处理生产经营中那些重大决策问题，而把那些经常出现、重复出现的"例行问题"的解决办法制度化、标准化，并交给工厂中的基层人员去处理。贯彻管理的例外原则，可以有效地使工厂的高层管理者从日常事务中解脱出来，关注工厂的重大经营决策问题。这也为以后管理上的分权化原则和实行事业部制等管理体制提供了依据。

二、法约尔的一般管理理论

亨利·法约尔（Henri Fayol，1841—1925），古典管理理论的主要代表人物之一。法约尔出生于法国一个资产阶级家庭，19 岁作为矿业工程师进入科芒特里 – 富香博公司，并在此度过了整个职业生涯，1888 年开始担任了 30 年的总经理以上的职务。法约尔 75 岁发表的主要著作《工业管理与一般管理》，是他一生研究成果的总结。

（一）组织管理理论

法约尔第一次明确区分了"经营"和"管理"的概念。法约尔认为"经营"和"管理"是两个不同的概念，企业无论大小，简单还是复杂，其全部活动都可以概括为六种，即计划活动、商业活动、财务活动、安全活动、会计活动、管理活动。其中，管理活动处于核心地位，并进一步将管理的要素划分为：计划、组织、指挥、协调和控制。

（二）法约尔的 14 项管理原则

法约尔在他的《工业管理与一般管理》一书中总结自己的工作经验，提出了一般管理的 14 条原则，具体如下。

（1）分工。劳动分工是各个机构和组织前进和发展的必要手段，可以提高生产效率，也可使工人的培训费用大为减少。

（2）权力与责任。权力和责任是相互的，有责任必须有权力，有权力就必然产生责任。

（3）纪律。任何组织要有效地工作必须要有统一的纪律来规范人的行为。法约尔认为，纪律的实质是遵守公司各方达成的协议。

（4）统一命令。一个员工在任何活动中只应接受一位上级的命令。否则，就会使权力和纪律遭到严重的破坏。

（5）统一领导。为达到同一目的而进行的各种活动，应由一位领导根据一项计划开展，这是统一行动、协调配合、集中力量的重要条件，"统一领导"和"统一指挥"的区别在于：人们通过统一领导来完善组织，而通过统一指挥来发挥人员的作用，统一指挥不能没有统一领导而存在，但并不来源于它。也就是说没有统一领导，就不可能有统一指挥，但是，如果有统一领导，也不足以保证统一指挥。

（6）个人要服从整体。法约尔认为，整体利益大于个人利益的总和。而人们的物质、贪婪、自私、懒惰、懦弱，总使人们把个人利益置于整体利益之上，必须与之作持久斗争。

（7）人员的报酬要公平。法约尔认为，报酬是人们服务的价格，报酬必须公平合理，尽可能使职工和公司双方满意，对贡献大和活动方向正确的职工要给予奖赏。

（8）集权。这条原则主要讨论了管理的集权与分权的问题。集权的程度应视管理人员的个性、道德品质、下级人员的可靠性及企业的规模、条件等情况而定。

（9）等级链。等级链即从最上级到最下层各层权力组成的等级结构。它是一条权力线，用以贯彻执行统一的命令和保证信息传递的秩序，一般情况下不能轻易违反。但它并不是最迅速的途径，所以在特殊情况下，为避免信息延误，法约尔设计出一种"跳板"，也叫"法约尔桥"，以便及时沟通。

"法约尔桥"指管理机构中，最高一级到最低一级应该建立关系明确的职权等级系列，这既是执行权力的线路，也是信息传递的渠道。在特殊情况下，为了克服由于统一指挥而产生的信息传递延误，法约尔提出可以在不同部门之间搭一个"桥"，使两个部门能够直接传递信息，这样既简单又迅速。如果这两个部门的上级授权他们各自的下属直接联系，下属把共同商定的事情及时向各自的上级汇报，那么等级链的原则就得到遵守，组织效率又能大大提高。

（10）秩序。秩序即人和物必须各尽其能。管理人员首先要了解每一工作岗位的性质和内容，使每个工作岗位都有称职的职工，每个职工都有适合的岗位。同时还要有条不紊地精心安排物资、设备的合适位置。

（11）平等。平等是由善意与公正产生的。平等就是以亲切、友好、公正的态度严格执行规章制度。

（12）人员保持稳定。最高层管理人员应采取措施，鼓励职工尤其是管理人员长期为企业服务。

（13）首创精神。这是人类最有力的刺激物之一。应尽可能去提倡、鼓励雇员们认真思考问题，具备创新的精神。

（14）集体精神。全体员工的融洽、团结可以使企业产生巨大的力量。他认为实现集体精神最有效的手段是统一命令，并且应该鼓励口头交流，反对滥用书面的联系方式。

法约尔与泰勒都属于古典管理理论的代表人物，但是由于生活的文化环境及工作经历的差异，泰勒的理论侧重于提高劳动生产率的问题，强调方法性，而法约尔则侧重于高层管理理论，强调原则性，他们的理论是具有互补性的。

法约尔的一般管理理论是西方古典管理思想的重要代表，后来成为管理过程学派的理论基础，也是以后各种管理理论和管理实践的重要依据，在企业和政府行政管理方面都产生了深远影响。就行政管理而言，美国行政改革运动的重要人物古利克和英国的厄威克对法约尔的理论作了推广，古利克在法约尔的五职能理论的基础上提出了著名的七职能理论，厄威克对古典管理理论进行了综合，1944 年出版了《行政管理原理》。法约尔一般管理理论的主要不足是他的管理原则缺乏弹性，有时实际管理工作者无法完全遵守。

法约尔提出的许多概念、术语和原理在现代管理学中普遍运用，同时管理能够走进大学讲堂，也得益于法约尔的卓越贡献。基于他在管理学上的突出贡献，后人称其为"管理过程之父"。

三、韦伯的行政组织理论

马克斯·韦伯（Max Weber，1864—1920）出生于德国一个有着广泛社会和政治联系的富裕家庭。他的学识非常渊博，对社会学、宗教、经济学和政治学都有着广泛的兴趣。韦伯毕生从事学术研究，曾担任过大学教授、主编、政府顾问和作家。他在学术上取得了巨大的成就，主要著作有：《经济史》《新教伦理和资本主义精神》《社会组织和经济组织理论》等。

马克斯·韦伯是与泰勒、法约尔同时代的另一位古典管理理论的代表人物。他提出了所谓理想的行政组织体系理论，从而被称为"组织理论之父"。

韦伯对组织问题的研究是从组织内部的权威关系问题开始的，又以此揭示出了不同组织所具有的特性。韦伯首先提出了一个基本的问题：个人为什么会服从命令，人们为什么会按他们被告知的方式去行事？为解答这一问题，他引入了"权威"这一概念。权威与权力是不同的，权力是无视人们反对强制使人们服从的能力；而权威则意味着人们在接受命令时是出于自愿。因此，在权威制度下，下级把上级发布的命令看作是合法的（也有些书把"权威"称之为"合法权力"）。

韦伯最终得出某些结论：在精确性、稳定性、严格的纪律性和可靠性等方面，理想的行政组织体系比其他形式都要优越……而且能够正式地应用于各种行政管理任务。他指出，大规模的组织在教会、国家、军队、政党、企业等各种组织中将有巨大的增长，这些大机构的发展需要有稳定、严格、精细、可靠的管理。这种需要将使行政组织体系作为任何一种大规模组织的中心因素，成为现代社会一切组织机构的典型。

韦伯把行政性组织看作是理想的组织形式（需要指出的是，对韦伯来说，"理想"并不是指合乎需要，而是指组织的"纯粹形式"，以区别于现实中的组织形式，现实中的组织形式往往是各种形式的混合）。他认为，理想的组织形式具有以下一些特点或原则。

（1）实现劳动分工。组织中每个成员的权力和责任都要有明文规定，并且把这些权力和责任作为正式职责而使之合法化。

（2）按照一定的权力等级使组织中的各种职务和职位形成责权分明、层层控制的指挥体系。在这个体系中，每个下级都处于一个上级的控制和监督之下，每个管理者不仅要对自己的决定和行动负责，而且要对下级的决定和行动负责。

（3）根据通过正式考试或教育培训而获得的技术资格来选拔员工，并完全根据职务上的需要任用。

（4）除了按规定必须通过选举产生的公职外，所有担任公职的人都是任命的，而不是选举的。

（5）行政管理者是"专职"的管理者，领取固定的薪金，有明文规定的升迁制度。

（6）行政管理者不是他所管辖的那个企业的所有者，而只是其中的工作人员。

（7）行政管理者必须严格遵守组织中规定的规则、纪律和办事程序。

第三节　行为科学理论

20世纪20年代，美国的工人和工会力量增强，普遍要求调节劳资和管理关系，人们不愿意接受传统组织理论的那种"领导与被领导"关系。而且，尽管科学管理思想在提高劳动生产率方面取得了显著的成效，但由于它片面强调对工人的严格控制和动作的规范化，忽视了工人的社会需求和感情需求，从而引起了工人的不满和社会的责难。行为科学理论正是在这种背景下应运而生的。

行为科学理论始于20世纪20年代，早期被称为人际关系学说，以后发展为行为科学。一般认为，行为科学理论产生的标志是著名的霍桑实验及梅奥的人际关系理论。

一、霍桑实验

乔治·埃尔顿·梅奥是美国著名的心理学教授、人际关系理论创始人，其代表作为《工业文明的人类问题》。在1924—1932年，以梅奥为首的一批学者在美国芝加哥西方电气公司所属的霍桑工厂就员工工作条件、工作环境、人际关系等与劳动生产率之间的相互关系，进行了长达8年的一系列实验，即"霍桑实验"。实验的全部过程分为四个阶段。

（一）照明实验

为了解工作条件对生产效率的影响，1924年11月开始了照明实验。实验者选择了一批工人，把他们分为两组，一组为实验组，一组为控制组。控制组一直处在正常照明强度下工作，而实验组变换不同的照明强度。起初，实验者设想增加照明强度可能会使产量提高，降低照明强度会使产量减少。但实验结果却出乎他们的预料。他们发现，当实验者的照明强度逐渐增加时，生产量增长了，但当照明强度下降时，产量仍以几乎相同的比例增长。更令人意外的是，控制组在照明强度一直不变的情况下，生产量几乎以与实验组相同的比例增长。为搞清原因，他们又重复进行了实验，最后确认，工作条件与劳动生产率之间并不存在线性的因果关系。显然，这与人们的常识相违背。因此，人们普遍认为实验失败了。正当他们准备放弃实验时，实验的组织者之一，西方电气公司的检查部主任彭诺克先生邀请到了哈佛大学的梅奥教授来主持实验，实验得以继续进行。

（二）继电器装配实验室实验

1927年4月，他们在分析前一段实验的基础上进行了继电器装配实验室实验，其目的仍是研究各种工作条件的变化所产生的影响，这次他们把工作条件变量增加了温度、湿度、工作时间、休息时间、奖励工资、管理监督制度等，并在实验室创造和保持一种友好的气氛。经过一段时间的实验，他们发现，工作间的休息可以减轻疲劳，从而增加产量。然而缩短每天工作时数和工作天数，产量反而会增加，再恢复原来的工作时数和天数，产量并没有减少。在探讨女工劳动生产率提高的原因时，他们提出了四种假设。

（1）由于工作时间缩短和安排了休息时间，减轻了身体的疲劳程度。

（2）安排休息时间一方面减轻了身体的疲劳，更重要的是也因此减少了工作的单调性。

（3）因为增加了实验女工的奖励工资，刺激了生产效率的提高。

（4）由于管理、督导方法的改进，使得员工的态度有所改善，从而增加了产量。

随后，他们又在其他小组进行了另外两组实验，实验的结果是：前三项假设都不是影响效率的直接因素，第四项可能是关键因素。于是决定进一步研究员工的态度及与员工态度有关的可能因素。于是又开展了一项大规模的员工访谈。

（三）访谈实验

这项遍及全厂的员工访谈从1928—1931年先后花了两年多的时间，共对21 000名员工进行了访谈，了解工人对工作环境、监工和公司的看法和意见，并研究工人的这些看法和意见如何影响生产率。在访谈中，他们采用让员工自行选择适当的话题，员工无所不谈，发泄了心中的闷气，感到高兴。

访谈中，收集了有关员工态度的大量资料，经过分析，了解到工人的工作绩效与他们在组织中的身份和地位及与其他同事的关系有密切联系。同时，这次大规模的实验还取得了意想不到的效果，在这次访谈实验以后，工厂的产量大幅度增加。研究者分析认为，这是因为工人长期以来对工厂实行的各项管理方法有许多不满，但无处发泄，而这次实验使工人发泄了心中的怨气，因而使产量大幅度增加。为了进一步对此结论进行更为系统的研究，实验团队又将研究工作推进到第四阶段。

（四）接线工作室观察实验

为了进行这一系统化的研究，研究人员决定选一个人数较少、工作又较为特殊的接线工作为研究对象。常识认为，员工工作绩效的高低是与他们的经济效益成正比关系，员工为获得较高的收入，会想办法用最高的工作效率来工作，并且效率高的员工会迫使效率低的员工提高效率。但研究者发现并非如此，实验小组内存在着一种默契，有一种无形的压力，制约着每一个人，使之不能突破一定的定额，否则，就会受到别人的冷遇或讽刺打击。所以，一个员工为了在他所工作的集体中站得住脚，就必须按集体定额来生产。同时，他们发现，对不同层次的管理者，工人有不同的态度，而且主管的层次越高，工人的顾忌越大。

这一实验说明，这个实验小组构成了一个复杂的社会组织，它有着一套严密的行为准则和比正式组织所要求的更高的共同感情，这就是所谓的"非正式组织"，这种非正式组织对内可节制、控制成员的行为，对外则保卫其成员，使之不受来自管理层的干预。

在对持续了八年之久的实验进行总结分析后，梅奥提出了人际关系理论。

二、人际关系理论的内容

霍桑实验的研究结果否定了传统管理理论对于人的假设，表明了工人不是被动的、孤立的个体，他们的行为不只受工资的刺激，影响生产效率的重要因素不是待遇和工作条件，而是工作中的人际关系。梅奥据此于 1933 年出版了《工业文明中的人类问题》一书，提出了与古典管理理论不同的新观点，构成了早期人际关系理论的主要内容，主要归纳为以下几个方面。

（一）工人是"社会人"

泰勒的科学管理以"经济人"理论作为背景，把人当成"会说话的机器"，认为工人工作积极性的高低主要取决于物质利益的多少，以此来实施管理；而梅奥认为工人不只是"经济人"，还是"社会人"，即工人除了有经济需求之外，还有社会和心理方面的需求，如友情、尊重、理解等。因此，管理者若能设身处地地关心下属，注意情感交流，工人的劳动生产率就会有较大幅度的提高。

（二）士气和情绪是影响效率的重要因素

工人的生产效率主要取决于与周围人群的人际关系和工人的工作态度。在影响生产效率的诸多因素中，工人的满意度处于首要位置，而生产条件、工资报酬只处于第二位。因此，管理者在组织中营造良好的工作氛围，让工人保持高昂的士气，对于生产效率的提高起着至关重要的作用。

（三）企业正式组织中存在"非正式组织"

正式组织是组织设计工作的结果和表现，是经由管理者通过正式的筹划，并借助组织结构图和职务说明书等文件予以明确规定的，具有严密的组织结构。在正式组织运作中，常常会存在一个甚至多个非正式组织。这种组织是未经正式筹划而由人们在交往中自发形成的社会关系网络，具有自发性、内聚性和不稳定性的基本特征。

（四）非正式组织与正式组织相互交错

非正式组织与正式组织相互交错并同时存在于一个单位、机构或组织之中，这是一种不可避免的现象。非正式组织可以用来作为改善正式组织信息沟通效果的工具，在有些场合中，还能满足成员心理上的需求和鼓舞成员的士气，营造一种特殊的人际关系氛围，弥补成员之间在能力和成就方面的差异，促进工作任务的顺利完成。当然，非正式组织也有消极作用，它在有些时候可能会和正式组织构成冲突，影响组织成员间的团结和协作，对正式组织的活动产生不利影响，妨碍组织目标的实现。因此，正式组织的领导者应善于因势利导，最大限度地发挥非正式组织的积极作用，克服其消极作用。

三、行为科学理论的内容

行为科学的研究大致可以分为两类：一类关注个体行为，另一类则关注组织和领导行为。在有关个体行为的研究中，比较有代表性的有马斯洛的"需要层次论"、赫茨伯格的"双因素理论"、奥尔德弗的"ERG 理论"、麦克利兰的"成就需要理论"、弗鲁姆的"期望理论"、亚当斯的"公平理论"、斯金纳的"强化理论"、麦克雷戈的"X-Y 理论"等。在有关组织与领导的研究中，德国心理学家勒温的"场动力理论"开启了对群体组织结构、领导方式的探究，而俄亥俄州立大学提出的"领导行为四分图"、布莱克和莫顿提出的"管理方格图"等则从另外的角度对领导行为展开了系统研究。行为科学理论可以归纳出以下几个共同观点。

（1）主张从人的需求出发，探索个体行为的规律，从而制定相应的管理政策和管理方法。虽然在构建理论方面，不同的学者进行了不同的归纳和总结，但他们都试图通过了解人的需求以及需求对群体行为的影响，来探索合适的激励方法，为调动人的积极性提供理论依据。

（2）这些观点均以心理学理论为依据，对个体行为进行解释，提出了通过改变动机来激励个体的方法。他们认为，刺激和反应之间存在中间变量而非直接联系，即需求和行为之间存在动机这一中间变量，改变动机能影响个体的行为。

（3）注重个体、群体和组织之间相互关系的研究，强调个体的行为不是孤立的，不能脱离群体和组织去理解行为，并试图找出个体行为与环境之间的关系。

行为科学学派的出现对管理学的发展具有深远的影响，不仅促成了组织行为学的诞生，而且成为人力资源管理的重要基础。然而，该学派的观点仍然存在一定的局限性，主要体现在：一是行为科学理论中虽有部分学者提到了"环境"，但采用的仍是一种封闭的组织观，将组织与外部环境割裂开来，只在组织内部的封闭环境中解释个体行为的规律；二是该理论过于强调人的因素而忽略了经济、技术等其他方面的因素，存在认知上的偏差；三是该学派注重实验分析和经验归纳的研究方法，但对于如何保证实验归纳结论的可信度、克服归纳结论的偶然性，还没有找到有效的解决方法。

第四节　现代管理理论

第二次世界大战后，社会经济发展中出现了许多新的变化：工业生产和科学技术迅速发展；企业的规模进一步扩大；企业生产过程自动化的程度空前提高；技术更新的周期大为缩短；市场竞争越来越激烈；生产社会化程度大幅提高；许多复杂产品和现代化工程需要组织大规模的分工协作才能完成。这些都对企业经营管理提出了许多新的要求，企业经营管理原有的理论和方法有些不能适应新形势的需要。因此，在古典管理学派和早期行为学派的基础上，出现了许多新的管理理论和方法，形成许多新的学术派别，包括管理过程学派、社会系统学派、决策理论学派、系统理论学派、经验主义学派、管理科学学派、权变理论学派等，这些理论同古典管理学派和行为科学的理论，在历史渊源和理论内容上互相影响，盘根错节。1961 年，美国管理学家哈罗德·孔茨把管理理论学派林立的情况比喻成"热带丛林"，并称之为"管理理论丛林"，我们主要介绍几个具有代表性的学派。

一、管理过程学派

管理过程学派又称管理程序学派、管理职能学派，它是在法约尔一般管理思想的基础上发展起来的。该学派推崇法约尔的管理职能理论，认为应对管理的职能进行认真分析，从管理的过程和职能入手，对企业的经营经验加以理性的概括和总结，形成管理理论，指导和改进管理实践。该学派的代表人物是美国的管理学家哈罗德·孔茨和西里尔·奥唐内尔。代表作是他们合著的《管理学》。

管理过程学派在西方很有影响力，其原因有两点。

（1）这个学派为管理理论和实践的发展提供了一个广阔的空间，认为管理的本质实际上就是计划、组织、指挥、协调和控制这样一些职能和过程，其内含既广泛又易于理解，一些新的管理概念和管理技术均可容纳在计划、组织及控制等过程之中。

（2）该学派认为，各个企业和组织所面临的内部条件及管理环境都是不同的，但管理的过程却是相同的。在企业与组织的实践中，可以通过对管理过程的研究分析，总结出一些基本的、有规律性的东西，这些有规律性的东西就是管理的理论与原理，反过来又可以指导管理的实践。该学派强调管理的基本职能，即管理的共同性，从而使人们在处理复杂的管理问题时得到启发和指导。

二、社会系统学派

社会系统学派是从社会学的观点来研究各种组织和组织理论的。这一学派把企业及组织视为一个人们可以有意识加以协调和影响的社会协作系统，其代表人物是美国的管理学家巴纳德。巴纳德出生于 1886 年，是近代对管理思想有卓越贡献的学者之一，他曾就读于哈佛大学，并在美国的电话电报公司和新泽西贝尔公司等著名大公司担任过高级管理职务。他将社会学用于管理的研究，在组织理论方面作出了杰出的贡献，其代表作是《经理人员的职能》。

巴纳德认为，组织是一种人的行为和活动相互作用的社会协作系统，只有依靠管理人员的协调，才能维持一个"努力合作"的系统。他认为管理人员有三个主要职能。

（1）制定并维持一套信息传递系统。

（2）促使组织中每个人都能作出重要的贡献，包括职工的选聘和合理的激励方式等。

（3）阐明并确定本组织的目标。

巴纳德对组织的存在和发展的基本条件也进行了精辟的阐述，认为一个组织要存在和发展必须具有明确的目标；组织成员要有协作的意愿；组织要有良好的沟通。这些思想构成了社会系统学派的理论基础。

三、决策理论学派

决策理论学派是在社会系统学派的基础上发展起来的。该学派的代表人物是美国的卡内基梅隆大学教授赫伯特·西蒙，他因为在决策理论方面的杰出贡献，曾获得过 1978 年的诺贝尔经济学奖。

该学派认为管理的本质就是决策。因此，管理理论主要应研究决策的问题，要研究制定决策的科学方法，以及合理的决策程序等问题。决策理论学派在社会系统学派理论的基础上，吸收了行为科学、系统学派的思想，并广泛结合现代数学及计算机等科学知识，形成了对管理实践进行科学的定量与定性分析相结合的崭新的、独特的管理体系，在西方管理理论界具有很大影响。

四、系统理论学派

系统理论学派是用系统科学的思想和方法来研究组织管理活动及管理职能。孔茨认为，系统的观点和系统理论的应用的确提高了管理人员对企业管理实践的全面认识和分析洞察力。但系统方法其实早就存在，很多极富经验和卓有成效的管理人员在他们的管理实践中早已习惯将其所遇到的企业问题与环境看成是有机联系的整体加以分析。系统学派的代表人物有理查德·约翰逊、弗里蒙特·卡斯特、詹姆斯·罗森茨韦克。他们三人合著的《系统理论和管理》一书，从系统概念出发，建立了企业管理的系统模式，成为系统理论学派的代表作。

系统理论学派认为，组织是一个由相互联系的若干要素所组成的开放系统，它具有系统的集合性、相关性、目的性和动态环境适应性，这些要素可以被称为子系统。系统的运行效果是通过各个子系统相互作用的效果决定的。组织不仅本身是一个系统，同时它又是社会系统的一个子系统，组织在与社会环境的相互作用中取得动态的平衡。如企业要从外部输入原材料、能源、信息及人力等资源，通过企业内部的转换，再向外部环境输出各种产品和服务，并通过内部和外部的信息交流不断进行自我调节，以适应环境。组织系统中任何子系统的变化都会影响其他子系统的变化。为了更好地把握组织的运行过程，就要研究这些子系统及其相互关系，研究它们如何才能构成一个完整的总系统。

系统理论和系统分析方法在管理中的广泛应用，极大地拓展了管理人员的思想和视野，提高了管理人员对管理所涉及各种相关因素的把握和分析能力。该理论在 20 世纪 60 年代最为盛行，但由于在可操作性方面的局限性，以后逐渐衰退，但这个学派的思想对管理理论的发展影响非常深远。

五、经验主义学派

经验主义学派又称案例学派，这个学派对管理理论的研究是通过对大量管理的实例和案例的研究，来分析管理人员在个别情况下成功及失败的管理经验，从中提炼和总结出带有规律性的结论，这样可以使管理人员能够学习到更多的管理知识与管理技能。管理不仅是科学，而且还是实践性很强的科学，因此，成功的管理不仅要靠科学，还要靠经验。该学派重点分析许多组织管理人员的经验，然后加以概括，找出他们成功经验中共性的东西，然后使其系统化、理论化，并据此向管理人员提供实际的建议。

经验主义学派的代表人物主要有欧内斯特·戴尔（Ernest Dale），其代表作有《伟大的组织者》《企业管理的理论与实践》，还有彼德·德鲁克（Peter Drucker），代表作有《卓有成效的管理者》等。

孔茨认为，经验主义学派从管理者的实际经验方面来研究管理，认为成功的组织管理者的经验是最值得借鉴的观点，具有一定的道理，但对管理的实践与经验千万不可绝对化，管理所面临的是一个十分复杂而又瞬息万变的环境，单凭对过去经验的研究是很不可靠的，甚至是危险的。因此，对过去经验的研究，应该以探索基本规律为目的，这样对管理的实践才具有更大的指导意义。

六、管理科学学派

管理科学学派又称数理学派或运筹学派。这一学派是第二次世界大战之后在泰勒科学管理理论的基础上发展起来的，代表人物是美国的学者伯法（E. S. Buffa），其代表作为《现代生产管理》。

管理科学学派的特点主要是运用各种数学方法对管理进行定量分析。该学派认为，管理可以通过制定和运用数学模型与程序来实现。管理的计划、组织、控制和决策等几个方面都可以用数学符号和公式进行合乎逻辑的计算和分析，求出最优的解决方案。主张减少决策的个人艺术成分和主观随意性，依靠建立一套决策程序和数学模型以增加决策的客观性和科学性。决策的过程就是建立和运用数学模型的过程。由于计算机在处理大量数据和信息方面具有绝对优势，该学派大力提倡使用计算机进行管理，以提高管理的效率。

现代企业管理中影响某一事物的因素错综复杂，建立模型后，计算任务极为繁重。计算机的使用可以快速地解决计算问题，使数学模型应用于企业管理成为可能。该学派还认为，各种可行的方案均应以经济效果作为评价的依据，例如成本、总收入和投资利润率等。但完全采用管理科学的定量方法来解决复杂环境下的管理组织问题是很不现实的，因为并非所有的管理问题都能定量化，如管理者在决策时知识经验的多少、心理因素及其魄力是难以定量化的。因此，在管理中正确地运用定量分析方法，将定量分析与定性分析相结合才是最有效的。但是，该学派提出的方法和观点大大增加了决策的客观性和科学性，在某些领域避免了定性决策的含糊性和随意性，意义十分重大。

七、权变理论学派

权变理论学派是 20 世纪 70 年代在西方形成的一种较新的管理思想学派。权变理论学派认为，在企业管理中没有一成不变、普遍适用的管理理论和方法，因为环境是复杂而多变的，例外的情况越来越多，以前的各种管理理论所适用的范围是十分有限的，管理方式或方法应该随着情况的不同而改变。为了使问题得到很好的解决，要进行大量的调查和研究，然后把组织的情况进行分类，建立模式，据此选择适当的管理方法。在管理中只有将理论与实践很好地结合起来、权宜应变地处理管理问题才是正确的态度和方法。权变理论学派的代表人物是英国的伍德沃德（Joan Woodward），其代表作为《工业组织：理论和实践》。

权变理论学派认为组织根据实际情况建立管理模式时应主要考虑组织的规模、工艺技术的模糊性和复杂性、管理者位置的高低、管理者的位置权利、下级个人之间的差别、环境的不确定程度等因素，这些影响因素是具体而实际的，只有根据这些因素的动态变化制定管理方案和调整方案，才能在更大程度上保证管理实践的成功。总之，要根据组织的实际情况来选择最好的管理方法才是正确的。但权变理论学派存在一个根本性的缺陷，即没有统一的概念和标准。虽然权变理论学派的管理学者采取案例研究的方法，通过分析大量案例，从中概括出若干基本类型，试图为各种类型确认一种理想的管理模式，但始终没有提出统一的概念和标准。

第五节　现代管理理论的新发展

进入 20 世纪 90 年代以来，以信息技术为代表的新技术革命引发了一场人类社会前所未有的社会、组织、文化、环境等方面的深刻变革，知识经济的到来、全球气候的变化、大数据时代的到来和共享经济的出现等新的发展动态，使组织的发展面临新的环境、机遇和挑战，对于管理也提出了新的要求，企业界和管理理论界因此掀起了新一轮的管理变革浪潮。在现代管理理论的基础上，管理科学又出现了许多新的管理理念、方法和模式。

一、学习型组织理论

20 世纪 90 年代以来，知识经济的到来，使信息与知识成为重要的战略资源，相应诞生了"学习型组织"理论。学习型组织理论是美国麻省理工学院教授彼得·圣吉在其著作《第五项修炼》中提出来的。彼得·圣吉认为，有两个加速的趋势在加速管理的变革：一是全球一体化的竞争增加了变化的速度；二是组织技术的根本变化促进了管理的变化。传统的组织设计是用来管理以机器为基础的技术；而新的组织设计是用来处理思想和信息的技术。从而认为，传统的组织类型已经越来越不适应现代环境发展的要求，现代企业是一个系统，这个系统可以通过不断学习来提高生存和发展的能力。这一理论的提出，受到了全世界管理学界的高度重视，许多现代化大企业乃至其他组织（包括城市），纷纷采用这一理论，努力建成"学习型企业""学习型城市"，中共中央提出建立"学习型政党"。

"学习型组织"的基本思想：未来真正出色的企业，将是能够设法使各阶层人员全心投入，并有能力不断学习的组织。这种组织由一些学习团队组成，有崇高而正确的核心价值、信心和使命，具有强韧的生命力与实现共同目标的动力，不断创新，持续蜕变，从而保持长久的竞争优势。彼得·圣吉提出的 5 项修炼如下。

（1）追求自我超越。指不断突破自己的成就、目标和愿望，给自己设定新的目标、愿望的过程。

（2）改善心智模式。指一个人在思想、心理、思维方式等方面比较趋于定型化，并且外显为习惯性的行为方式。由于过去的经历、习惯、所受教育、价值观等形成的固有的思维、认识方式和行为习惯，促使人们必须改变思考方式才能超越自己。

（3）建立共同愿景。指组织中所有成员持有共同的认识、愿望、使命并为之奋斗，大家心往一处想，劲往一处使，努力学习，追求卓越。

（4）开展团队学习。指充分发挥团队的智力，协调一致，为实现共同目标提升能力的过程。

（5）注重系统思考。它是 5 项修炼的核心，这是一个从全局出发的思考方式，它打破了过去那种局部的简单的单因果的思考方式，认为这个世界是一个系统，而且是相互联系、彼此影响的。

二、企业再造理论

企业再造是指针对企业业务流程的基本问题进行反思，并进行重新设计，以便在成本、质量、服务和速度等用于衡量当前企业绩效的重要尺度上取得显著的进展。1993 年，美国麻省理工学院教授迈克尔·哈默和詹姆斯·钱皮在其合著的《企业再造——企业管理革命的宣言书》中提出了企业再造的概念。他们通过考察企业发现，在许多绩效不佳的公司，企业的业务流程、政策和企业文化都妨碍了企业的工作效率。他们认为，在后工业时代，以任务为导向安排工作岗位的做法已经过时，应以流程为中心去安排工作，将最简单、最基本的操作重新连成协调一致的业务流程，进行企业再造。企业再造不是基于传统管理模式的渐进式改造，而是强调从根本上着手，实现从传统的工业产品链到信息价值链的转变，形成企业价值的增值过程。当然，这样的企业再造革命是建立在信息网络遍布企业内各部门的基础之上的。

三、边缘竞争理论

1998 年布朗与艾森哈特合作出版了《边缘竞争》一书。该书针对计算机行业的发展给企业和管理界带来的新的问题，提出了一个全新的战略管理理论。该理论吸收了环境复杂性理论（complexity theory）和进化理论（evolutionary theory）等前沿理论，并对分布于全球的12 家企业进行了实地调查和深入研究。

书中指出未来企业经营环境的主要特征是高速变化和不可预测性，因此，战略管理最重要的是对变革进行管理，这主要表现在三个方面：一是对变革做出反应；二是对变革做出预测；三是领导变革，即走在变革的前面，甚至是改变竞争的游戏规则。该书认为边缘竞争战略的成功实施需要相应的组织结构的支持，这种组织结构的特点是在固定式结构和松散式结构间寻求最佳的结合方式。

边缘竞争战略理论基本思想是：企业应该不断变革管理来构建和调整企业的竞争优势，根据一系列不相关的竞争力来彻底地改造企业优势。保持企业在无序和有序之间的微妙平衡。边缘竞争战略把"如何制定战略目标"和"如何实现战略目标"两个方面的内容紧密联系起来。不断地寻找新的战略目标及实现战略目标的方法，这种战略充分显示出提高业绩的关键动力就是应变能力。边缘竞争理论认为战略是公司不断调整组织结构形式，与该组织结构相适应采取半固定式的战略趋向的一种必然结果，半固定式的战略趋向是边缘竞争的战略方法与所谓的传统战略方法的最主要的区别。边缘竞争战略的五个基本要素：即兴发挥、互适应、再造、实践及时间节奏。

四、Z 理论

Z 理论（theory Z）是由日裔美国学者威廉·大内（William Ouchi）在 1981 年出版的《Z理论》一书中提出来的，其研究的内容为人与企业、人与工作的关系。这一理论的提出是鉴于美国企业面临着日本企业的严重挑战。Z 理论基本内容可以简述如下。

（1）管理体制应保证下情充分上达，应让职工参与决策，及时反馈信息。特别是在制定重大决策时，应鼓励第一线的职工提出建议，然后再由上级集中判断。

（2）基层管理者对基层问题要有充分的处理权，还要有能力协调职工们的思想和见解，发挥大家的积极性，开动脑筋制定出集体的建议方案。

（3）中层管理者要起到统一思想的作用，统一向上报告有关情况，提出自己的建议。

（4）长期雇佣职工整理和改进来自基层的意见，使工人增加安全感和责任心，与企业共荣辱、同命运。

（5）管理者要处处关心职工的福利，设法让职工们心情舒畅，造成上下级关系融洽、亲密无间的局面。

（6）管理者不能仅仅关心生产任务，还必须设法让工人们感到工作不枯燥、不单调。

（7）要重视职工的培训工作，注意多方面培养他们的实际能力。

（8）考核职工的表现不能过窄，应当全面评定职工各方面的表现，长期坚持下去，作为晋级的依据。

大内认为，任何企业组织都应该对它们内部的社会结构进行变革，使之既能满足新的竞争性需要，又能满足各个雇员自我利益的需要。

五、共享经济与共享管理

共享经济（sharing economy）是互联网时代的一种新的经济模式，又被称作分享经济、协同消费。在这种经济模式下，某些组织、机构或个人将自己所拥有的某种资源（可以是闲置资源，也可以是专门为共享而购置或制造的资源）的使用权有偿让渡给另外一些组织、机构或个人，以提高资源的使用效率，并由此获取回报，而使用者则通过分享他人的资源获取该资源的使用价值，有时可以创造出新的价值。因此，共享经济是一种实现资源共享、绿色消费和利益双赢的经济模式。共享经济模式产生了一系列新的管理问题，对共享经济体进行管理就叫作共享管理。

共享经济是在特定的背景下产生的，其主要的驱动力来自经济、环境和技术三个方面。在经济方面，1973 年阿拉伯国家大幅提升石油价格触发能源危机并波及国际经济，引发了全球经济危机，共享经济这一新的消费模式在这种经济背景下应运而生。为了应对汽油价格大涨带来的交通成本上涨，用以分摊汽车成本的私人汽车共享模式兴起，并持续至今。根据已有文献记载，英国早在 20 世纪 70 年代开始就流行汽车共享模式。目前，美国的 Uber（优步）公司作为全球汽车共享的领导者，其市场遍布全球 70 多个国家 200 多个城市。在我国，共享单车在国内各大城市已经兴起，并开始走出国门。在环境方面，21 世纪以来全球对环境保护问题日渐关注，民众的环保观念和绿色消费意识逐渐增强，从而进一步强化了共享消费的社会环境。例如，共享单车作为绿色出行工具，和公共交通形成无缝对接，对节能减排和低碳发展起到了良好的促进作用。此外，我国的新能源共享汽车也正在起步。在技术方面，互联网、移动通信、人工智能等新兴技术的快速发展为共享经济提供了良好的技术和平台支撑。由这些技术手段逐渐建立起来的交易双方信任关系，是支撑这种消费模式迅速扩张的基本条件。

同时我们也应该注意到，随着共享经济的兴起和共享时代的到来，相应的共享管理问题也涌现出来了。以共享单车为例，车辆乱停乱放、阻碍交通、车辆维修不及时、车辆分布不均匀、人为破坏单车、押金管理等问题让相关管理部门、共享单车公司、用户、居民等十分头疼。因此，共享管理已成为新经济模式下的新管理方向。

综合训练题

一、单项选择题

1.“以仁为核心，以礼为准则”是（　　　）学派的管理思想。

    A. 法家　　　　　　B. 道家　　　　　　C. 儒家　　　　　　D. 兵家

2. 春秋战国时期建立在“人性本恶”前提下的管理思想属于（　　　）学派。

    A. 道家　　　　　　B. 兵家　　　　　　C. 儒家　　　　　　D. 法家

3.“天下之至柔，驰骋天下之至坚”的提出者是（　　　）。

    A. 老子　　　　　　B. 韩非子　　　　　C. 孔子　　　　　　D. 慎到

4. 被誉为“东方兵学鼻祖”的是（　　　）。

    A.《六韬》　　　　B.《三略》　　　　C.《孙子兵法》　　D.《武经总要》

5. 苏格拉底和亚里士多德曾指出公务管理和家务管理有（　　　），从而肯定了管理的普遍性。

    A. 区别性　　　　　B. 共同性　　　　　C. 差异性　　　　　D. 重叠性

6. 亚当·斯密在《国富论》中系统地论述了国民财富的源泉和（　　　）对于提高劳动生产率、增加财富的重要意义。

    A. 劳动分工　　　　B. 人际关系　　　　C. 领导决策　　　　D. 创造价值

7. 被誉为“现代人力资源管理的先驱”的是（　　　）。

    A. 查尔斯·巴贝奇　　　　　　　　　B. 亚当·斯密

    C. 罗伯特·欧文　　　　　　　　　　D. 弗雷德里克·哈尔西

8. 为了调动劳动者的积极性，查尔斯·巴贝奇提出了（　　　），即工人除了工资外，还应该按工厂所创利润的百分比额外得到一部分奖金作为报酬。

    A. 社会改良政策　　　　　　　　　　B. 工资利润分享制

    C. 简化劳动规程　　　　　　　　　　D. 工人福利制度

9. 泰勒被称为（　　　）。

    A. 科学管理之父　　　　　　　　　　B. 组织理论之父

    C. 管理过程之父　　　　　　　　　　D. 行为科学之父

10. 为了鼓励工人努力工作，完成工作定额，泰勒提出了一种刺激性的工资制度——（　　　）。

    A. 合格率工资制　　　　　　　　　　B. 累计工时工资制

    C. 定额完成率工资制　　　　　　　　D. 差别计件工资制

11. 泰勒的刺激性工资制度认为应该把工资给“人”，而不是“（　　　）”，以打破分配上的平均主义。

    A. 管理层级　　　　B. 车间　　　　　　C. 职位　　　　　　D. 工厂

12. 在泰勒的科学管理理论中，每个具有特定管理职能的管理者，在其职能范围内，对所有的作业人员都有指挥和命令权，指的是（　　　）。

　　A. 军队式　　　　B. 全能工长制　　C. 工长负责制　　D. 职能工长制

13. 法约尔的（　　　）是西方古典管理思想的重要代表，后来成为管理过程学派的理论基础，也是以后各种管理理论和管理实践的重要依据，在企业和政府行政管理方面都产生了深远影响。

　　A. 科学管理理论　　　　　　　　B. 行政组织理论

　　C. 一般管理理论　　　　　　　　D. 行为科学理论

14. 马克斯·韦伯在管理学上的主要贡献是提出了（　　　）。

　　A. 理想的行政组织体系理论　　　B. 人际关系学说

　　C. 一般管理理论　　　　　　　　D. 行为科学理论

15. （　　　）的研究结果否定了传统管理理论对于人的假设，表明了工人不是被动的、孤立的个体，他们的行为不只受工资的刺激，影响生产效率的重要因素不是待遇和工作条件，而是工作中的人际关系。

　　A. 照明实验　　B. 霍桑实验　　C. 访谈实验　　D. 接线工作室观察实验

16. 把管理理论学派林立的情况比喻成"管理理论丛林"的管理学家是（　　　）。

　　A. 泰勒　　　B. 韦伯　　　C. 孔茨　　　D. 马斯洛

17. 法约尔的代表作是（　　　）。

　　A.《科学管理原理》　　　　　　B.《工业管理和一般管理》

　　C.《社会组织和经济组织理论》　D.《车间管理》

18. 泰勒认为，为提高劳动生产率，必须为工作配备（　　　）。

　　A. 合适的操作流程　　　　　　　B. 第一流的人员

　　C. 严格的规章制度　　　　　　　D. 适当的管理人员

19. 把企业及组织视为一个人们可以有意识加以协调和影响的社会协作系统的是（　　　）。

　　A. 管理过程学派　　　　　　　　B. 决策理论学派

　　C. 系统理论学派　　　　　　　　D. 社会系统学派

20. 决策理论学派认为管理的本质就是（　　　）。

　　A. 维护　　　　B. 决策　　　　C. 组织　　　　D. 协调

21. 用系统科学的思想和方法来研究组织管理活动及管理职能属于（　　　）。

　　A. 系统理论学派　　　　　　　　B. 决策理论学派

　　C. 管理过程学派　　　　　　　　D. 社会系统学派

22. 通过对大量管理的实例和案例的研究，来分析管理人员在个别情况下成功及失败的管理经验，从中提炼和总结出带有规律性的结论属于（　　　）。

　　A. 管理过程学派　　　　　　　　B. 决策理论学派

　　C. 经验主义学派　　　　　　　　D. 社会系统学派

23. 主要运用各种数学方法对管理进行定量分析是（　　　）的特点。

　　A. 管理过程学派　　　　　　　　B. 管理科学学派

C. 经验主义学派　　　　　　　　D. 社会系统学派

24. 在企业管理中没有一成不变、普遍适用的管理理论和方法，管理方式或方法应该随着情况的不同而改变是（　　）的观点。

A. 管理过程学派　　　　　　　　B. 决策理论学派

C. 经验主义学派　　　　　　　　D. 权变理论学派

25. 权变理论学派存在一个根本性的缺陷，即没有（　　）。

A. 实践的环境　　　　　　　　　B. 统一的概念和标准

C. 代表著作　　　　　　　　　　D. 考虑组织的实际

26. 学习型组织理论是美国麻省理工学院教授彼得·圣吉在其著作（　　）中提出来的。

A.《系统理论和管理》　　　　　　B.《国富论》

C.《第五项修炼》　　　　　　　　D.《工业组织：理论和实践》

27. （　　）是指针对企业业务流程的基本问题进行反思，并进行重新设计，以便在成本、质量、服务和速度等用于衡量当前企业绩效的重要尺度上取得显著的进展。

A. 企业再造　　B. 系统管理　　C. 边缘竞争　　D. 学习型组织

28. （　　）由日裔美国学者威廉·大内提出，其研究的内容为人与企业、人与工作的关系。这一理论的提出是鉴于美国企业面临着日本企业的严重挑战。

A. 企业再造　　B. Z 理论　　　C. 边缘竞争　　D. 学习型组织

29. 企业再造理论认为，在后工业时代，以任务为导向安排工作岗位的做法已经过时，应以（　　）为中心去安排工作，将最简单、最基本的操作重新连成协调一致的业务流程，进行企业再造。

A. 考核　　　　B. 沟通　　　　C. 管理　　　　D. 流程

30. 互联网时代的一种新的经济模式，又被称作分享经济、协同消费的是（　　）。

A. 绿色经济　　B. 网络经济　　C. 共享经济　　D. 互联网经济

二、多项选择题

1. 下列属于中国古代管理思想学派的有（　　）。

A. 儒家　　　　B. 道家　　　　C. 法家　　　　D. 兵家

E. 纵横家

2. 西方古代管理思想主要包括（　　）。

A. 古印度管理思想　　　　　　　B. 古巴比伦管理思想

C. 古埃及管理思想　　　　　　　D. 古希腊管理思想

E. 古罗马管理思想

3. 意大利政治思想家和历史学家马基雅维利的管理思想主要内容包括（　　）。

A. 要有群众支持　　B. 要有内聚力　　C. 要有领导方法　　D. 要生存下去

E. 要保证组织利益

4. 西方工业革命时期管理思想的特点包括（　　）。

A. 管理的重点是解决分工与协作问题

B. 管理的核心是提高劳动生产率

C. 管理的方法仅凭个人经验

  D. 管理的主体即企业管理者由资本家直接担任

  E. 管理的客体是一线工人

5. 霍桑实验表明（ ）。

  A. 工人是"社会人"

  B. 士气和情绪是影响效率的重要因素

  C. 企业正式组织中存在"非正式组织"

  D. 非正式组织与正式组织相互交错并同时存在

  E. 工人是"经济人"

6. 属于管理过程学派的代表人物有（ ）。

  A. 孔茨   B. 欧文   C. 巴贝奇   D. 奥唐内尔

  E. 泰勒

7. 法约尔认为管理活动是企业全部活动的核心，他将管理要素划分为（ ）。

  A. 计划   B. 组织   C. 指挥   D. 协调

  E. 控制

8. 社会系统学派代表人物巴纳德认为管理人员的主要职能包括（ ）。

  A. 制定并维持一套信息传递系统

  B. 维护组织人际关系

  C. 促使组织中每个人都能作出重要的贡献

  D. 阐明并确定本组织的目标

  E. 保证组织经营利润

9. 决策理论学派在社会系统学派理论的基础上，吸收了（ ）的思想，并广泛结合现代数学及计算机等科学知识，形成了对管理实践进行科学的定量与定性分析相结合的崭新的、独特的管理体系。

  A. 管理过程学派   B. 行政组织理论

  C. 行为科学   D. 一般管理理论

  E. 系统学派

10. 系统理论学派是用系统科学的思想和方法来研究组织（ ）。

  A. 管理活动 B. 管理系统 C. 管理职能 D. 管理人员

  E. 管理制度

11. 系统理论学派认为，组织是一个由相互联系的若干要素所组成的开放系统，它具有系统的（ ），这些要素可以被称为子系统。

  A. 统一性 B. 集合性 C. 相关性 D. 目的性

  E. 动态环境适应性

12. 管理科学学派提出的方法和观点大大增加了决策的（ ），在某些领域避免了定性决策的含糊性和随意性。

  A. 客观性 B. 相关性 C. 复杂性 D. 科学性

  E. 适应性

13. 彼得·圣吉提出的 5 项修炼内容包括（ ）。

A. 追求自我超越　　　　　　B. 改善心智模式

　　C. 建立共同愿景　　　　　　D. 开展团队学习

　　E. 注重系统思考

　　14. 边缘竞争理论认为未来企业经营环境的主要特征是高速变化和不可预测性，因此，战略管理最重要的是对变革进行管理，这主要表现在（　　　）。

　　A. 追求自我超越　　　　　　B. 对变革做出反应

　　C. 对变革做出预测　　　　　　D. 开展团队学习

　　E. 领导变革

　　15. 边缘竞争战略的基本要素是（　　　）。

　　A. 即兴发挥　　　B. 互适应　　　C. 再造　　　　D. 实践

　　E. 时间节奏

三、问答题

1. 儒家的管理思想具体体现在哪些方面？

2. 西方古代管理思想中最具代表性的有哪些？

3. 如何概括尼可罗·马基雅维利在著作中论述的管理原则？

4. 请概述西方工业革命时期管理思想产生的背景。

5. 西方工业革命时期管理思想有哪些特点？

6. 泰勒认为应该如何科学地培训"第一流"工人？

7. 法约尔一般管理理论的 14 项管理原则包括哪些内容？

8. 韦伯认为理想的组织形式应该具有哪些特点？

9. "霍桑实验"全部过程的四个阶段分别是什么？

10. 行为科学理论可以归纳出哪些共同观点？

11. "管理理论丛林"代表性的学派有哪些？

12. "学习型组织"的基本思想是什么？

四、案例分析题

【案例一】秦国的管理思想

　　秦王国在统一战争期间的总人口不过 500 多万，但是却长期负担着一支超过 60 万人的常规军（史书上称秦"带甲百万"），在当时的生产条件下，秦军后勤供应的压力之巨大是不难想象的，然而秦国还是完成了这一任务。

　　墓葬中记载法律的竹简上说：播种的时候，水稻种子每亩用二又三分之二斗；谷子和麦子用一斗；小豆三分之二斗；大豆半斗，如果土地肥沃，每亩撒的种子可以适当减少一些。

　　各县对牛的数量要严加登记。如果由于饲养不当，一年死三头牛以上，养牛的人有罪，主管牛的官吏要惩罚，县丞和县令也有罪。如果一个人负责喂养十头成年母牛，其中的六头不生小牛的话，饲养牛的人就有罪，相关人员也要受到不同程度的惩处。

　　农户归还官府的铁农具，因为使用时间太长而破旧不堪的，可以不用赔偿，但原物得收下。由此可见，秦国是采用国家权威来对耕作进行如此细致的管理。秦法已经深入到秦国人民生产生活的各个角落。正是通过这样细致的管理和严格的责任制，秦军的看似不可完成的后勤负担才得以完成。

这种严格的责任制在秦军的兵器生产中也有体现。

为一支"带甲百万"的军队提供装备，秦国的兵工业面临的压力并不弱于后勤粮草供应的压力，考古发现，所有秦军使用的剑、弩、戈等兵器，不论在何地、何时，由何人制造，其规格都是一致的，即秦军的兵器使用的是"标准化"制度制造的。在兵马俑出土的秦兵器上，发现了很多人名，经过分析总结，发现这是一种四级的分层责任制度。相邦（即丞相）是全国所有兵器工厂的总监，工师（即厂长）负责一个工厂的兵器生产，丞（相当于车间主任）负责工厂中某一类兵器的生产，最基层的工匠直接制造一件件兵器。

吕不韦（秦国相邦）在《吕氏春秋》中提到"物勒工名"，意思是，器物的制造者要把自己的名字刻在上面，这是一种责任制度，这种责任制度与对失职有严厉惩罚的秦法结合起来，每个责任人都要把自己的工作做好，工师要兢兢业业地检查每件兵器，工匠则在加工的时候严格依据标准来进行制造。这样，在前线上每个士兵使用的都是经过多层筛选的最优的兵器，而且具有同样良好的质量。

根据案例回答以下问题。

（1）本案例反映了我国古代哪种管理思想？

（2）你认为该管理思想和西方哪种管理思想比较接近。

【案例二】海尔的流程再造

海尔的流程再造主要体现在两方面：一是商业模式的转型，就是从原来的传统商业模式转型到人单合一双赢模式；二是企业的转型，就是从单纯的制造业向服务业转型，从卖产品向卖服务转型。海尔商城提供的定制化服务是海尔向服务型企业转型的体现。海尔在其他制造企业还在"卖库存"的时候，转向"卖服务"，走在行业发展前沿。海尔的流程再造，颠覆了传统的企业运作模式。

（1）人单合一双赢模式。

海尔依靠互联网在第一时间了解用户需求，然后安排生产，展开营销，将传统的"先产品、后市场"模式转变为"先市场、后产品"模式，从根本上解决供需矛盾，也使企业与市场的互动更加良性。"人"是指企业的员工，"单"表面上是指订单，本质上是指用户，包括用户的需求、用户的价值，也就是把员工的价值与用户联系在一起。"双赢"指员工不根据完成任务的多少和好坏拿钱，而是由员工为用户创造的价值决定。"人单合一双赢"是为了适应互联网时代的要求提出的，因为传统的管理以企业为中心，而互联网时代以用户为中心，这是两者的本质区别。海尔利用互联网打造了一个平台，让员工在这个平台上满足用户需求，并根据信息系统提供的数据来判断员工的价值，这是海尔"人单合一双赢"模式的诞生条件。海尔利用互联网进行"人单合一双赢"的管理创新，颠覆了传统的管理模式，让用户决定生产，打造了真正意义上的企业竞争力。

（2）"正三角"变为"倒三角"。

与"人单合一双赢"模式相匹配的，是海尔实施的企业内部组织架构调整，即由传统的上级命令下级的"正三角"模式转变为上级为下级提供资源支持的"倒三角"模式。为了让一线员工掌握更多的主动权，海尔将组织架构颠倒过来，让领导为员工"服务"，让员工组成自主经营体，针对市场需求进行灵活决策，形成了著名的"倒三角"模式。海尔企业内部提出了两个"零"的概念：一个"零"是内部的"零"，指员工与领导之间协同的零距离；另一个"零"是指企业与用户之间的零距离。只有这两个零结合起来，企业所有员工才能高度团结，为用户创造价值。海尔把八万多名员工变成两千多个自主经营体，实际上是将市场机制引入企业内部，让企业内有小企业，所有的小企业目标一致：为用户服务。这些小企业自负盈亏，为自身创造价值的同时也为整个公司带来利益。所有的资源都直接给到一线员工，以便提升他们的产品生产和服务能力，从而为用户创造最大的价值。海尔的自主经营体有三条准则，即端到端、同一目标、倒逼体系。"端到端"是指一线经理从客户的需求出发，到客户需求得到满足为止；"同一目标"是指全体员工的目标一致，不同部门之间紧密协作；"倒逼体系"是指根据目标，所有部门承担相应的任务，必须按时按量完成。

（3）"自组织"理论。海尔在自主经营体的基础上，又创造了"自组织"理论，海尔的每个自主经营体都是一个自组织，有一套完整的运作理念和运作方式。"自组织"是指在外部环境无序化的状态下，组织能够自动感应外部的变化，并做出正确的反馈。海尔的"自组织"理论包括自创新、自驱动、自运转。自创新是指找准战略，设定目标；自驱动是指找到路径，实现目标；自运转是指建立体系，优化目标。这三者之间相互联系，相辅相成。为了激励"自组织"的员工，海尔特别划分了AB类员工，即能够在机制的引导下自创新、自驱动、自运转，持续创造AB类产品、用户的员工。AB类产品是指既给用户创造了价值，又给企业带来了高增值的产品；AB类用户是指对海尔忠诚度高、多次购买海尔产品并将海尔产品推荐给身边的人的用户。海尔还提出了"自主挣薪"的概念，让员工自己决定自己的薪酬，只要为用户创造了足够的价值，就可以拿到高薪。每一位海尔人都要填三张表格，即损益表、日清表、人单酬表。根据这三张表格，员工可以享受相应的待遇。海尔对自主经营体的要求是：缴足公司利润，挣够市场费用，自负盈亏，超利分成。依靠自组织模式，海尔使每一位员工的能力发挥到极致。

根据案例回答以下问题。

（1）请结合管理学知识分析海尔的流程再造的优势体现在哪些方面。

（2）产生的条件有哪些？

【案例三】Airbnb 公司首次盈利

Airbnb 公司是一个旅行房屋租赁社区，即一个联系游客和有待出租空房房主的服务型网站。Airbnb 公司成立于 2008 年 8 月，总部位于美国加利福尼亚州旧金山市，拥有用户房客数 6 000 多万个，房源数 200 多万个，遍及全球 192 个国家 34 000 多个城市。用户可通过网站、手机或平板电脑发布、发掘和预订世界各地的独特房源。2010 年，Airbnb 公司的服务业务难以置信地增长了 800%，被《时代周刊》称为"住房中的 eBay"（eBay 是一个可让全球民众上网买卖物品的线上拍卖及购物的著名网站，总部位于美国加利福尼亚州圣荷塞市）。2015 年 12 月 Airbnb 公司确认完成 15 亿美元的新一轮融资，估值升至 255 亿美元，成为全球第三大创业公司，仅次于 Uber 和小米。2016 年 12 月 7 日，Airbnb 宣布正式进入我国内地市场。2017 年 3 月 21 日，公司的中文名称确定为"爱彼迎"，2017 年 1 月 27 日，Airbnb 公司首次盈利，公司营业额增长超过 80%。这标志着公司的共享经济发展步入了可持续增长的轨道。

根据案例回答以下问题。

（1）请问 Airbnb 公司的发展体现了现代管理理论的何种动向？

（2）Airbnb 公司的经营模式属于哪种经济模式？

（3）这种经营模式面临哪些管理问题？

第三章

管理的基本原理

教学目标： 管理原理是对管理工作的实质内容进行科学分析总结而形成的基本原理，它是对现实管理现象的抽象，是对各项管理制度和管理方法的高度综合与概括，对一切管理活动具有普遍的指导意义。通过本章学习，使学生理解管理原理的概念和主要特征；掌握每个管理原理的内容，运用管理的基本原理分析企业中出现的各类问题；了解各个效应原理的内容，在实际生活中加以运用。

 **引导案例**

佛祖的管理之道

去过庙的人都知道，一进庙门，首先是弥勒佛，笑脸迎客，而在他的北面，则是黑口黑脸的韦陀。但相传在很久以前，他们并不在同一个庙里，而是分别掌管不同的庙。弥勒佛热情欢乐，所以来的人非常多，但他什么都不在乎，丢三落四，没有好好管理账务，所以依然入不敷出。而韦陀虽然管账是一把好手，但成天阴着个脸，太过严肃，搞得人越来越少，最后香火断绝。

佛祖在查香火的时候发现了这个问题，就将他们俩放在同一个庙里，由弥勒佛负责公关，笑迎八方客，于是香火大旺。而韦陀铁面无私，锱铢必较，则让他负责财务，严格把关。在两人的分工合作中，庙里一派欣欣向荣的景象。

其实在用人大师的眼里，没有废人，正如武林高手，不需名贵宝剑，摘花飞叶即可伤人，关键看如何运用。

以上案例说明了什么问题？

第一节　管理原理的特征

一、管理原理的主要特征

（一）客观性

管理原理是对管理的实质及客观规律的表述。因此，它与管理工作中所确定的原则有严格区别。原则是根据对客观事物的基本原理的认识引申而来的，是人们规定的行动准则。原则的确定固然应以客观真理为依据，但是有一定的人为因素，为了加强其约束作用，一般带有指令性和法定性，是要求人们共同遵循的行为规范，人们违反了规定的原则要受到群体组织的制裁。而原理则是对管理工作客观必然性的刻画，原理之"原"即"源"，是原本、根本的意思，原理之"理"即道理、基准、规律。违背了原理必然会遭到客观规律的惩罚，承受严重的后果，但在群体组织上不一定有某种强制反应。在日常的管理工作中，我们既要认识原理与原则的区别，又要注意两者之间的联系。在确定每项管理原则时，要以客观真理为依据，尽量使之符合相应的原理，同时，要以指令或法令的形式来强化原则的约束作用，加强管理原理的指导作用，从而获得满意的管理效果。

（二）概括性

管理原理所反映的事物很广泛，涉及自然界与社会的许多领域，包括人与物的关系、物与物的关系及人与人的关系。但它不是现象的罗列，不反映管理的多样性。例如，国民经济包括许多门类，每个门类又分许多部分，每个部分又分许多行业，每个行业又包括许多企业，每个企业又各自有其自身的特点，即使同一类型企业，它们的产品品种、企业规模、技术装备水平、人员构成、建厂历史、厂址地理位置与自然环境、社会环境等，相互之间也不可能完全一样，因而每个企业结合自身的特点具有个完全相同的管理方式和方法，即企业管理活动呈现多样性。但是，管理原理对这些不同的企业都是适用的，具有普遍的指导意义。因此，管理原理是对包含了各种复杂因素和复杂关系的管理活动客观规律的描绘；或者说，是在总结大量管理活动经验的基础上，舍弃了各组织之间的差别，经过高度综合和概括而得出的具有普遍性、规律性的结论。

（三）稳定性

管理原理不是一成不变的，它会随着社会经济和科学技术的发展而不断发展。但是，它也不是变化多端和摇摆不定的，而是相对稳定的。管理原理和一切科学原理一样，都是确定的、稳固的，具有"公理的性质"。不管事物的运动、变化和发展的速度多么快，这个确定性是相对稳定的。因此，管理原理能够被人们正确认识和利用，从而指导管理实践活动取得成效。

（四）系统性

管理原理中的系统原理、效益原理、人本原理、责任原理组成了一个有机体系，它不是各种烦琐的概念和原则的简单罗列，也不是各种互补相关的论据和论点的机械组合，而是根据管理现象本身的有机联系，形成一个相互联系、相互转化的完整的统一体。管理的实质，简单来说就是在系统内部，以人为本，通过确定责任来实现一定的效益。

二、研究管理原理的意义

管理原理，是现实管理现象的一种抽象，是大量管理实践经验的升华，它指导一切管理行为，即对于做好管理工作有着普遍的指导意义。

（一）掌握管理原理有助于提高管理工作的科学性，避免盲目性

管理原理是不可违背的管理的基本规律。实践证明，凡是遵循这些原理的管理，都是成功的管理，反之都有失败的记录。例如，我国有很多企业存在管理混乱，职工的积极性不能充分发挥，企业经济效益很差，甚至大量亏损的情况。出现这种后果，其原因虽然复杂，但认真分析一下，都是与违背管理原理分不开的。认识管理原理之后，实践就有了指南，建立管理组织、进行管理决策、制定规章制度等就有了科学依据。

（二）研究管理原理有助于掌握管理的基本规律

管理工作虽然错综复杂、千头万绪、千变万化，但万变不离其宗。各类管理工作都具有共同的基本规律，管理者只要掌握了这些基本规律，面对任何纷繁杂乱的局面都可胸有成竹，管理得井井有条。这也就是许多成熟的管理者在各种迥然不同的管理岗位上都能取得成功的原因。在现实生活中许多管理者是通过自己的管理实践，经历漫长的积累过程，才一点一滴逐渐领悟到管理的基本规律。通过学习管理原理能加速人们掌握管理基本规律的过程，使人们更快地形成自己的管理哲学，以应对瞬息万变的世界。

（三）对于管理原理的掌握有助于迅速找到解决管理问题的途径和手段

依据组织的实际情况，建立科学合理的管理制度、方式与方法，使管理行为制度化、规范化，使管理的许多常规性工作有章可循、有规可依。这样，领导者就可从事务堆中解脱出来，集中精力进行对例外事项的管理，即使领导者更换，系统运作仍可照常顺利进行。

第二节　系统原理

任何社会组织都是由人、物、信息组成的系统，任何管理都是对系统的管理，没有系统，也就没有管理。

一、系统的含义

所谓系统，是指由相互作用和相互依赖的若干要素结合而成的具有特定功能的有机整体。在管理中是否应用系统原理，是传统管理与现代管理的分水岭。任何现代社会组织都可视为一个系统或某一大系统中的子系统。现代管理将管理对象视为一个特定的系统，管理是合理配置组织资源以达到组织目标的过程，这种追求资源最优配置以取得最佳整体效应的过程正是系统原理的思想实质。

二、系统的特征

（一）目的性

任何一个人工系统都应有明确的目的，不同的系统有不同的目的，同一个系统在不同的时期其目的也不相同。目的不明确的管理系统，必然出现管理的混乱。

在现代管理系统中常常存在着多种目标的系统，这种多目标的系统常导致目标间的矛盾，这就需要管理者要从主要目标出发，统筹兼顾，妥善处理，以达到整体目标最优。

（二）整体性

系统的整体性特征要求管理的目的是实现系统的整体目标。系统的整体目标应与各要素或子系统（体现为组织内各个不同部门或组织成员个人）的分目标相互协调，以实现系统的整体功能大于各组成部分的功能之和。

（三）相关性

系统内各要素之间相互依存、相互制约的关系，就是系统的相关性。因此，在管理系统中，如需要调整某一政策，采取某一种措施时，必须考虑到这些步骤的采取会对各种相关因素产生什么影响，同时采取预防消极作用发生的配套措施，保证预期目的的实现。

管理要素之间的相关关系，视其作用的结果而言，可分为正相关与负相关两类。一方得到加强，相关方也同时加强的是正相关；一方得到加强，另一方却减弱的是负相关。管理的目的是要取得整体加强，因此要对各种管理要素进行协调，对相关关系进行控制。

（四）层次性

任何管理系统，都具有一定的层次结构，都是由众多的子系统和子子系统所组成，系统本身也从属于更高层次的大系统，呈现出上小下大的金字塔结构。由于系统的层次性特点，系统向上可以逐层综合，向下可以逐级分解。每一个层次，都各有自己的明确目标、职责权利，发挥着各自的功能。

系统的层次要求各子系统及要素各在其位，各司其职，各负其责，以保证系统整体运转的有效性。

（五）动态适应性

任何系统都处在一定的环境中，环境就是该系统所从属的一个更大的系统。系统和环境之间发生各种形式的"输入"与"输出"联系，离开了环境，系统就无法维持。一个系统只有与外部环境经常保持物质、能量和信息的交换，才能适应外部环境的变化，获得自身的生存和发展。

三、系统优化原理

系统优化，即在系统分析的基础上，追求整体效应，找出最优的行动方案，以最少的消耗，实现系统功能的最大化。系统优化的实质，是放大被管理系统的功效，即整体功能大于各部分功能简单相加之和，即实现"1+1＞2"。系统优化的目的就是追求管理系统的整体最优。

系统优化原理对于我们正确处理局部与整体的关系，科学设置系统的组织结构，正确制定管理决策，指导管理实践活动，具有重要意义。在管理活动中，应合理安排系统中要素的秩序，使之相互协调，减少"内耗"，使系统在要素数量不变的情况下，提高整体的功能，达到以最少的投入实现最大产出的目的。

四、整分合原理

现代高效率的管理必须在整体规划下明确分工，在分工的基础上进行有效的综合，这就是整分合原理。泰勒曾指出：在详细了解一个工作如何完成并如何分解成一个个基本要素的基础上，对劳动加以适当的组织，就能提高效率。

所谓"整"就是整体。管理要以整体目标为前提，根据整体目标要求，进行科学分工，这样才能事半而功倍。所谓"分"就是分工。这是管理工作的重要方法，在整体目标指导下，进行科学分解，合理分工，建立岗位责任制，使各项工作规范化、标准化。所谓"合"就是合作。做到分工不分家，以取分工合作之效。要树立全局观念，克服本位主义思想，各部门、各环节之间要密切联系，相互协作。

整分合原理中的整体观点是大前提，不充分了解整体及其运行规律，分工必然是盲目的；但分工又是关键，没有分工的整体就谈不上合作，就不能构成职责清晰的现代有序系统；合作是手段，它保证分工的有效性与高效性，达到系统的整体性。

五、封闭原理

封闭原理，又称闭环原理。它是指在任何系统内，其管理手段必须构成一个连续封闭的回路，才能形成系统的有效管理活动。

管理应该封闭，不封闭就无法取得成效。在现实生活中，管理的开口现象比比皆是，因而达不到预期目的。如立了法没有人执法；有了制度没有人检查执行；授予了权力却没有对权力的有效监督；"上有政策，下有对策"就是因为政策不完善、不封闭，有空子可钻。

管理出现开口，就要设法加以封闭，封闭以后，由于情况的发展变化，又会出现新的开口，这样就要进行再封闭。管理在不断的开口、封闭，再开口、再封闭过程中发展和完善；政策在不断的完善、调整、修正中提高。所以，封闭是相对的，而不是绝对的。

封闭有事前封闭、事中封闭和事后封闭。最理想的是事前封闭，可以防患于未然。但情况是复杂的、环境条件是变化的、制约因素是多样的，不可能样样做到事前封闭，这就有赖于在事情发生时或发生后进行封闭，"亡羊补牢"也是有益的。

封闭的类型有组织封闭、制度封闭和技术封闭等。

股份制企业的组织系统是一个组织封闭系统。它的最高权力机构是股东大会，常设机构是董事会，实行董事会领导下的经理负责制，为对董事会及经理的工作情况进行监督，还设有监事会，因而组成了一个封闭的组织系统。

企业里制定的劳动合同制度、财务制度、考勤制度等，都属于制度封闭，运用这些制度，可以促进企业工作的顺利进行和取得良好的效果。

数控机床、安全装置、计算机控制等，运用各种技术进行的封闭，是技术封闭。技术封闭是自动化的重要条件。

六、反馈原理

反馈原理，是指管理中心根据反馈信息，通过与原有目标的比较、分析、判断、再发出新的信息，不断循环往复及时调整、控制系统的运动，使系统内部条件适应外部环境的变化，以实现系统目标。整个信息反馈的过程如图 3-1 所示。

要实现灵敏、正确、有力的反馈，除了应建立有效的反馈系统结构外，还要获得反馈信息，为此，管理者要有高效率的信息处理机构，使反馈信息接受集中、灵敏，整理分析及时，判断正确，以充分发挥反馈的控制作用。

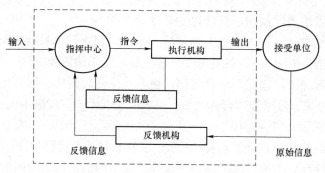

图 3-1　信息反馈图

第三节　人　本　原　理

人是社会的主体，一切社会活动都是通过人来进行的。现代管理的核心是人，人既是管理的主体，又是管理的客体，离开了人，就不存在管理。"人本管理"是与"以物为中心"的管理相对应的概念，它要求理解人、尊重人、充分发挥人的主动性和积极性。

一、基本观点

无论是科学技术的进步、财富的创造，还是社会生产力的发展、社会经济系统的运动，都离不开人的服务、人的劳动和人的管理。管理是人类的一种社会活动，一方面，管理是为人类社会的发展而服务，也就是服务于人的；另一方面，管理中的各项要素和管理过程中的各个不同环节，都需要人去掌握和推动。因而，在现代管理中，要求把人的因素放在第一位。人本原理就是以人为中心的管理思想，西方管理学曾把它表述为"3P"理论，即企业是以人为主体组成的（of the people），企业是依靠人进行生产经营活动的（by the people），企业是为人的需要而进行生产的（for the people）。概括来说，人本原理就是指在管理活动中把人的因素放在第一位，充分调动人的积极性和创造性，为包括组织内部成员在内的人类社会发展而服务。

二、对人的认识

对人的认识不同，决定了如何对人进行管理。人本管理实际上是在全新认识人的基础上发展形成的管理原理与方法。

（一）受雇人

在资本主义初期的企业里，工人不过是一个受雇佣的人，不过是一个会说话的工具。在当时管理者的眼里，这些工人全是些好吃懒做、游手好闲、好逸恶劳、推一推动一动、没有一点责任心的恶人，如果不加以严格管理、不予以处罚、不加以看管，这些人就会偷懒、破坏、甚至会闹事。于是在当时的企业里制定了许多在今天看来是不人道和不可思议的管理条文和管理措施。这样一种对雇佣工人的看法和管理方式，被后来的管理学家总结为"X 理论"。在这样一种对雇佣工人的看法下，工人工作的一切积极性都被抹杀，管理者与被管理者的人际关系十分紧张，工人把其工作只视为糊口的手段，不满与反抗时常在企业中爆发。

（二）经济人

随着现代化大生产的发展，科学管理学说在 19 世纪末和 20 世纪初开始风行，人们开始接受科学管理中关于工人是"经济人"的假设，开始意识到工人生产积极性对生产效率的影响。

泰勒认为：企业家的目的是获取最大限度的利润，而工人的目的是获取最大限度的工资收入，因此工人工作积极性的背后是经济动机，假如在能够判定工人工作效率比往常高多少的前提下，给工人一定量的工资鼓励，会使得工人努力工作，服从指挥，接受管理。结果是工人得到实惠即工资，而企业主们则增加了收入，也方便了管理。

这样的管理方式比传统的"受雇人"模式下残酷地将工人当作会说话的工具来严加管束的管理方式要先进，更符合人性。

（三）社会人

20 世纪 30 年代的"霍桑实验"纠正了人们对员工的"不过是一个经济动物"的偏见，证实了工资、作业条件、生产效率之间没有直接的相关关系，认为企业员工不单纯是"经济人"，而是一个社会存在的人，即"社会人"，并由此推出了一系列针对社会人的管理方式方法，引发了对人管理的新革命。"社会人"不仅要求在社会上寻求好的收入，他们还有社会需要，因此如果能够满足员工的这种需要，使其获得在组织工作的最大满足感，则其情绪就会高涨，情绪越高积极性也越高。

（四）自我实现人

人本管理的核心是人能够自我有效地管理，因此人本管理实际假设人是追求"自我实现"的社会人。正因为人们追求自我实现，才可能自己对自己进行约束与激励。这一假设很大程度上是依赖于心理学家马斯洛的"需求层次"理论。实际上，心理学、行为学早已证明，当人们在做他们自己十分感兴趣的事情时，其投入和效率才是真正一流的。

三、基本原则

人本管理原理所要研究和解决的主要问题就是在管理实践中如何体现以人为本的思想，使人性得到最完善的发展。其主要原则如下。

（一）能级原则

"能级"是物理学的概念：原子中围绕原子核运转的电子，只能处在一系列连续的、分立的稳定状态，这些状态分别都有一定的能量，但数值各不相同，按其大小排列，就像梯级一样，故称之为能级。管理学借用这一物理学概念，用以说明组织和人都具有能级。能级原则，是指人的能级应同岗位能级相符，人的能级应同职务能级相称，把不同能级的人安排在相应的岗位上，予以相应的职务，以实现人尽其才，各得其所。能级原则的主要内容有以下内个方面。

1. 建立稳定的组织形态

管理的组织系统从上至下一般可分为四个层次，如图 3-2 所示。最高层是决策层，是组织的领导核心，决定该系统的大政方针；第二层是管理层，运用各种管理职能贯彻大政方针；第三层是执行层，执行管理指令，直接调动和组织人力、物力、财力；最基层是作业层，从事操作以完成各项具体任务。稳定的组织应当是正立的三角形，上面小而下面大，表示既有精干的领导核心，又有宽厚的基础，为人才的合理使用及组织高效率的运转提供了组织条件。而倒立的三角形等形式的组织是不稳定的组织，管理层次混乱，职务岗位不清，工作效率低，管理的不同组织形态如图3-3所示。

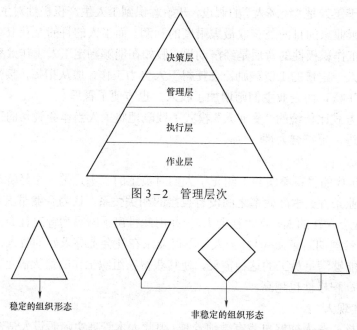

图3-2　管理层次

图3-3　管理的组织形态

2. 人才能级同层次能级相符

各个管理层次的能级不同，它们对人才的素质和知识能力结构的要求也就不同。以企业管理人员来说，管理层次越高，则越强调经营决策能力，管理层次越低，就越要掌握具体业务。依据能级原则，应当尽可能使管理人才能级同层次能级相符，决策层应由经营决策能力和组织协调能力强的人任职，操作层则应由熟悉生产过程，掌握较多生产技术的人任职。

3. 人才能级同职务能级相符

在一个企业中各种职位的能级不同，它们对人才的素质、知识结构、能力水平的要求也就不同。指挥人员应具有高瞻远瞩的战略眼光、出众的组织才能，善于识人用人，善于判断、决断，有很强的事业进取心；参谋人员必须思想活跃、敏锐，知识兴趣广泛，接受新事物快，综合分析能力强，敢于直言，只有求实精神，没有欲望；监督人员必须敢于坚持原则，作风正派，办事公道，广泛联系群众；执行人员应忠实可靠，善于领会上级指令，掌握较多的生产技术，具有任劳任怨的实干精神。

（二）民主参与原则

民主参与原则指职工参与管理，这是现代企业发展的必然要求，也是实现管理现代化的必要条件。在第二次世界大战之后，有很多工业发达国家实行职工参与企业管理，即企业主及上层管理人员，通过一些制度和组织形式，让中、下层管理人员和一般职工有提出意见，包括参与决策的机会，这样不仅可以集思广益，提高企业决策的正确性，而且更重要的是增强了员工的归属感，激发了员工的工作积极性。目前，在工业发达国家流行的职工参与企业管理的形式多种多样，这里重点介绍四种比较常见且有效的形式。

1. 员工参与式管理

参与式管理从日本公司开始，经过各国企业的学习和创造，可以说已经是一种成熟的管理方法。参与式管理强调通过员工参与企业的管理决策，使员工改善人际关系，发挥聪明才智，实现自我价值；同时，达到提高组织效率，增长企业效益的目标。根据日本公司和美国公司的统计，实施参与管理可以大大提高经济效益，一般都可以提高 50% 以上，有的可以提高一倍至几倍。增加的效益一般有 1/3 作为奖励返还给员工，2/3 成为企业增加的资产。

员工参与式管理的形式很多，如职工建议制度、目标管理制度、生产线责任体制、自我管理制度、评审和选举制度、意见调查制度等。

2. 质量圈

质量圈的理论基础是全面质量管理（TQM）。质量与企业的每一员工都有关系，全面质量管理存在于企业管理的全过程。

质量圈是由 8 个到 10 个员工和管理者组成的共同承担责任的一个工作群体。他们定期会面（常常是一周一次）讨论质量问题，探讨问题的成因，提出解决建议及实施纠正措施。他们承担着解决质量问题的责任，对工作进行反馈并对反馈进行评价，但管理层一般保留建议方案实施与否的最终决定权。当然，员工也并不一定具有分析和解决质量问题的能力。因此，质量圈的思想也包含对参与的员工进行培训，向他们传授群体沟通技巧、制定各种质量改进策略、测量和分析问题的技术等。

质量圈起初在美国使用，20 世纪 50 年代传到日本，被日本企业极深入地予以实施，从而生产出了低成本高质量的产品，并在与美国企业的竞争中获胜。20 世纪 80 年代以来，欧洲、北美、亚洲等企业都大力实施质量圈活动，倡导员工参与企业管理，激发员工工作积极性。

3. 员工持股计划

20 世纪 80 年代以来，越来越多的企业开始拟订并实施员工持股计划。员工持股计划在西方被作为一项员工福利计划，员工获得的股票是福利的一部分。从资本的意义上来说，员工持股计划使员工成为企业的所有者。实践也证明，员工持股计划的实施的确能够激励员工更努力、更主动地工作。一项研究对 45 个采用员工持股计划的公司和 238 个传统公司进行了比较，结果表明：在员工满意感和销售增长方面，采用员工持股计划的公司都要优于传统公司。

随着我国市场经济的发展，员工持股计划也渐渐成为一些高科技公司留住人才、激励员工的有效方式。但是，员工真正需要的并非是心理上体验做主人翁的感觉。也就是说员工除了仅仅具备财务股份外，还需要被定期告知企业的经营状况并拥有对公司的经营施加影响的机会。只有具备了这些条件，员工才会对他们的工作更满意，对其在公司中的身份更满意，并积极地去做好工作，为公司赢得更大的效益。

4. 员工代表参与

员工代表参与的含义是普通员工并不直接参与企业管理决策，而是由一小群员工的代表进行参与决策。在西方，很多国家都通过某种形式的立法，要求企业实行员工代表参与制度。他们实行代表参与的目的是在企业内重新分配权利，把劳方放在和资方、股东更为平等的地位上。在西方企业中，最常见的代表参与方式是工作委员会和董事会代表。但是，实践证明，代表参与对员工的整体影响是非常有限的。

（三）权责利对等原则

为充分发挥员工的积极性，不同的岗位能级应有不同的权力、物质利益和精神荣誉。所以只有在其位，谋其政，行其权，尽其责，取其酬，有奖有贬，才有利于激发人的积极性。

第四节　责　任　原　理

管理是追求效率和效益的过程。在这个过程中，要挖掘人的潜能，就必须在合理分工的基础上明确规定这些部门和个人必须完成的工作任务和必须承担的与此相应的责任。

一、明确每个人的职责

挖掘人的潜能的最好办法是明确每个人的职责。分工，是生产力发展的必然要求。在合理分工的基础上确定每个人的职位，明确规定各职位应担负的任务，这就是职责。所以，职责是整体赋予个体的任务，也是维护整体正常秩序的一种约束力。它是以行政性规定来体现的客观规律的要求，绝不是随心所欲的产物。

职责不是抽象的概念，而是在数量、质量、时间、效益等方面有严格规定的行为规范。表达职责的形式主要有各种规程、条例、范围、目标、计划，等等。

一般来说，分工明确，职责也会明确。但是实际上两者的对应关系并不这么简单。这是因为分工一般只是对工作范围作了形式上的划分，至于工作的数量、质量、完成时间、效益等要求，分工本身还不能完全体现出来。所以，必须在分工的基础上，通过适当方式对每个人的职责，作出明确规定。

1. 职责界限要清楚

在实际工作中，工作职位离实体成果越近，职责越容易明确；工作职位离实体成果越远，职责越容易模糊。应按照与实体成果联系的密切程度，划分出直接责任与间接责任，实时责任和事后责任。例如，在生产第一线的，应负直接责任和实时责任，而在后方的部门和管理部门，主要负间接责任和事后责任。其次，职责内容要具体，并要作出明文规定。只有这样，才便于执行、检查与考核。

2. 职责中要包括横向联系的内容

在规定某个岗位工作职责的同时，必须规定同其他单位、个人协同配合的要求，只有这样，才能提高组织整体的效率。

3. 职责一定要落实到每个人

只有责任落实到每个人，才能做到事事有人负责。没有分工的共同负责，实际上是职责不清、无人负责，其结果必然导致管理上的混乱和效率的低下。

二、职位设计和权限委授要合理

列宁曾说："管理的基本原则是一定的人对所管的一定的工作完全负责。"问题是，怎样才能做到完全负责，一定的人对所管的一定的工作能否做到完全负责，基本上取决于三个因素。

（一）权限

明确了职责，就要授予相应的权力。实行任何管理都要借助于一定的权力。管理总离不开人、财、物的使用。如果没有一定的人权、财权、物权，任何人都不可能对任何工作实行真正的管理。职责和权限虽然很难从数量上画等号，但有责无权，责大权小，许多事情都得请示上级，由上级决策、上级批准，当上级过多地对下级分内的工作发指示、作批示的时候，实际上等于宣告此事下级不必完全负责。所以，明智的上级必须克制自己的权力欲，要把下级完成职责所必需的权限全部委授给下级，由他去独立决策，自己只需在必要时给予适当的帮助和支持。

（二）利益

权限的合理委授，只是完全负责所需的必要条件之一。完全负责就意味着责任者要承担全部风险。而任何管理者在承担风险时，都自觉或不自觉地要对风险与收益进行权衡，然后才决定是否值得去承担这种风险。为什么有时上级放权，下级反而不要？原因就在于风险与收益不对称，没有足够的利益可图。当然，这种利益，不仅仅是物质利益，也包括精神上的满足感。

（三）能力

这是完全负责的关键因素。管理是一门科学，也是一门艺术。管理者既要有生产、技术、经济、社会、管理、心理等各方面的科学知识，又需要有处理人际关系的组织才能，还要有一定的实践经验。科学知识、组织才能和实践经验这三者构成了管理能力。在一定时期，每个人的时间和精力有限，管理能力也是有限的，并且每个人的能力各不相同。因此，每个人所能承担的职责也是不一样的。有的人能挑 100 斤重物，有的人只能挑 50 斤重物。只能挑 50 斤重物的人硬要他挑 100 斤重物，其结果只能导致他或者依靠上级，遇事多多请示，多多汇报；或者主要依赖助手，遇事就商量和研究；或者凑合应付，遇事上推下卸，让别人去干。这样，也不可能做到完全负责。

职责和权限、利益、能力之间的关系遵守等边三角形定理，如图 3-4 所示。职责、权限、利益是等边三角形的三条边，三者之间的关系是等量的，彼此相互联系。能力在其中起到支撑作用，能力不可过小，也不可过大，以免形成"挑不起"职责的后果。

图 3-4 等边三角形定理

三、奖惩要分明、公正而及时

人无完人，但人总是向上的。对每个人的工作表现及绩效给予公正而及时的奖惩，有助于提高人的积极性，挖掘每个人的潜力，从而不断提高管理成效，及时引导每个人的行为朝着符合组织需要的方向变化。

对每个人进行公正的奖惩，要求以准确的考核为前提。若考核不细致或不准确，奖惩就难以做到恰如其分。因此，首先要明确工作绩效的考核标准。有成绩、有贡献的人员，要及时予以肯定和奖励，使他们的积极行为维持下去。奖励有物质奖励和精神奖励，两者都是必需的。如果长期埋没人们的工作成果，就会挫伤人们的积极性。过时的奖赏会失去其本身的作用和意义。

及时而公正的惩罚也是必不可少的，惩罚是利用令人不喜欢的东西或取消某些为人所喜爱的东西，改变人们的工作行为。惩罚可能引致挫折感，从而可能在一定程度上影响人的工作热情，但惩罚的真正意义在于杀一儆百，利用人们害怕惩罚的心理，通过惩罚少数人来教育多数人，从而强化管理的权威。惩罚也可以及时制止这些人的不良行为，以免给企业造成更大损失。

为了做到严格奖惩，要建立健全组织的奖惩制度。使奖惩工作尽可能地规范化、制度化，是实现奖惩公正而及时的可靠保证。

第五节　效益原理

人类的任何实践活动都会产生一定的结果，其中对人类生存发展产生影响的结果，称为效果；对人类生存发展带来好处的效果，人们习惯地称之为效益。管理的最终目的，是要通过一系列的管理活动，使其为人类创造效益。

一、效果、效率与效益

效益、效果与效率既相互联系、又相互区别。

（一）关于效果

所谓的效果是指由投入经过转换而产出的成果，其中有的是有效益的，有的是无效益的。如，有的企业生产的产品虽然质量合格，但它不符合社会需要，在市场上卖不出去，积压在仓库里，变成废弃物资，这些产品是不具有效益的。所以，只有为社会所接受的效果，才是有效益的。

（二）关于效率

所谓的效率是指单位时间内所取得的效果的数量，反映了劳动时间的利用状况。在实践中，效益与效率并不一定是一致的。如某企业花费巨额投资来增加技术设备以提高生产率，如果实际结果使单位产品生产的物化劳动消耗的增量超过了活劳动的减量，从而导致生产成本增加，就会出现效率提高而效益降低的现象。

（三）关于效益

所谓效益是有效产出与投入之间的一种比例关系。广义的效益概念包括经济效益、社会效益与生态效益三个部分。三者之间是密切相关的，它们之间的相关关系可以是正相关，也可以是负相关，有时两种相关同时存在。管理的任务在于寻求三者的优化组合，尽量使其处于正相关状态，以获得三者的统一和取得最好的整体效益。

1. 经济效益

所谓经济效益，是指在市场经济条件下，人们通过各种经济活动，取得的产出大于投入的那部分新创价值。追求良好的经济效益不仅是企业积累资金，自我发展，进行扩大再生产，改善职工生活福利条件的需要，而且也符合市场经济持续发展的基本经济规律要求，这是无可非议的。但是，经济效益的取得，有时会与社会效益和生态效益产生矛盾，所以必须正确对待。

2. 社会效益

所谓社会效益，是跳出企业范围，从全社会的角度，衡量某项经济活动对社会进步、国民经济发展，以及社会生产力的提高等方面产生的影响。社会效益与企业的经济效益，从根本上说应该是一致的。但是当有的企业从局部利益考虑问题，或者采取不合理、不合法的手段获取经济效益时，二者就会产生矛盾，这是应该引起注意和尽量避免的。

3. 生态效益

所谓生态效益，是指人们的社会活动对生态环境产生的影响。对人类生存条件变化产生的影响，有利于人类生存环境改善，使生态环境进入良性循环，这是我们追求的目标；反之，促使生态环境破坏，造成恶性循环的现象应当尽力避免。生态环境的改善与破坏是衡量生态效益好坏的标准。生态效益与经济效益、社会效益处理得好时能取得一致。但是往往由于人口压力、资源不足，以及资源的过度消耗、人类活动能力的加强，造成对环境的污染，使三者产生矛盾，这是个不容忽视的问题。

二、追求效益应遵循的规律

（一）关注管理主体的劳动效益与所创造的价值

由于管理系统是一个人造系统，它基本是通过管理主体的劳动所形成的按一定顺序排列的多方面多层次的有机系统。虽然有许多的因素相互交织，但每一种因素均通过管理主体的劳动而体现，因此，管理效益的直接形态是通过经济效益而得到表现的。综合评价管理效益，当然必须首先从管理主体的劳动效益及所创造的价值来考虑。

（二）管理主体的战略思想占有重要地位

在现代管理中，采用先进的科学方法和手段，建立合理的管理机构和规章制度是非常必要的。但更重要的是一个管理系统高级主管所采取的战略，这是带有全局性的问题。因为管理只解决如何"正确地做事"，战略才告诉我们怎样"做正确的事"，前者是效率的问题，后者是效果的问题。组织如果战略错误，局部的东西再好，也毫无意义。所以虽然影响管理效益的因素很多，但组织主体的战略思想正确与否占有相当重要的地位。

（三）局部效益必须与全局效益协调一致

一方面全局效益是比局部效益更重要的问题，如果全局效益不好，局部效益提高就难以持久；另一方面，局部效益是全局效益的基础，没有局部效益的提高，全局效益的提高也是难以实现的。局部效益与全局效益是统一的，有时又是矛盾的。因此，当局部效益与整体效益发生冲突时，管理必须把全局效益放在首位，做到局部服从整体。

（四）追求长期稳定的高效益

企业每时每刻都处于激烈的竞争中，如果企业只满足于当前的经济效益水平，而不谋求创新与发展，就会随时落伍甚至被淘汰。所以管理者必须有远见卓识和创新精神，着眼于未来，不能只追求眼前的经济效益。只有不断增强企业发展的后劲，积极进行企业的技术改造、产品开发和人才开发，才能保证企业有长期的、稳定的、较高的经济效益。

（五）树立正确的效益观

企业要讲究效益，但要正确地对待效益；企业要追求利润，但要获取合法的利润；企业要讲究经济效益，但要在不损害社会效益和生态效益的前提下取得经济效益。同时，在现代企业管理中，企业效益不应单纯包括货币化的经济价值，还应包括非货币化的价值，如品牌、商誉、人力资本、社会资本等。

第六节　动力原理

动力是指推动工作、事业前进和发展的力量。管理必须有强大的动力，才能推动管理系统有效运转，并实现管理目标。管理动力是驱使人们不断前进的一种内在力量。管理者必须正确运用各种动力，以持续调动人的积极性。动力是管理的源泉，又是一种制约因素。没有它，管理就不能有序地运行。

一、动力的种类

管理的动力依据其性质不同可以分为物质动力、精神动力、信息动力。

（一）物质动力

物质动力是由物质利益引发的动力。辩证唯物主义告诉我们，物质是第一性的，物质的存在决定人们的意识。物质是人类赖以生存的基础，良好的物质生活是人类潜力得以发挥的必要条件。人要生存，就要解决温饱问题，解决温饱离不开物质。物质动力是促进企业生产力发展，维持企业正常运行的根本动力，管理者必须重视运用物质动力。激发物质动力的方法，通常采用奖金、福利、提级、加薪、改善物质生活条件和减轻劳动强度等。

物质动力是一种十分重要的管理动力，但也不是万能的，过分强调物质动力将会产生不良后果，造成"一切向钱看""无钱不办事"的现象，因此还要充分发挥其他两种动力的作用。

（二）精神动力

精神动力是指由人的思想、信仰、精神等因素激发出来的力量。人是唯一有精神意识的动物，正确运用精神动力，可以弥补物质动力的不足。在艰苦条件下，运用精神动力，激发员工的积极性和主动性更为有效。

物质动力是基础，精神动力是支柱。精神动力是人们较高层次的需要，物质生活水平越高，文化程度越高，精神方面要求越多，精神动力的作用就越大。因此，提高人们的文化水平，进行理想、道德教育，满足个人爱好、追求等，就会更有利于提高人的积极性，推动组织各方面活动的开展。

（三）信息动力

信息动力是一种获取知识、资料、情报消息等的动力。人们通过对信息的收集、加工、处理和交流，看到自己的不足，找出自己的努力方向，进而形成一种经常性的动力。人们为获得知识，就会产生一种求知欲动力；为探索自然界的奥秘，就会有一种追求科学真理的动力。

信息作为一种动力，来源于信息差。一个国家或地区，长期处在封闭状态，不与外界进行信息交流，就会安于现状，闭关自守。加强与外界的联系，增加信息交流，经常了解世界形势的变化，学先进，赶先进，就会产生一种驱动力，这就是信息动力。对于一个企业来说，信息是竞争的基础，前进的动力。作为一个企业家，必须不断搜索信息、捕捉信息、分析和运用信息。但是，在运用信息动力时，要注意信息量的适度。信息量过多，可能导致行动无所适从。管理上的某些失策，往往来自信息的混乱和信息量过大造成的错误判断。

二、运用动力原理的原则

（一）综合、协调运用各种动力

对于每一个管理系统而言，三种动力是同时存在的；在不同的管理系统中，三种动力必然有差异甚至有巨大的差异。即使同一管理系统，随着时间、地点、条件的变化，三种动力的比重也会有变化。管理人员要调动人的积极性，就需要掌握人的动力方向，运用好三种动力，以引导人们按既定的目标而努力。同时，还要洞察和掌握三种动力的变化，及时调整激励措施，使组织健康而稳定地发展。

（二）重视合力的作用

三种动力不是孤立地起作用的，各种动力的发挥依赖于三种动力的相互配合。因此，管理人员在运用动力原理时，一方面必须做到三种动力的协调统一，形成合力作用；另一方面，还要正确处理个体动力与群体动力的关系，个体动力与群体动力是对立统一体，没有个体动力就没有群体动力。管理人员在尊重每个个体动力的基础上，使其与群体动力方向保持一致，以形成更大的群体动力。

（三）选择适当的激发方式

动力的发挥和作用，取决于动力的激发方式和激发程度。若方式选择恰当，则动力的激发程度就高，动力作用就显著；方式选择不当，则作用小。例如，在应用物质动力时，一味地进行奖金、福利的刺激，效果就可能逐步减弱，甚至出现"攀比"现象，从而产生坏的影响；在运用精神动力时，激发的方式若一直采用发奖状、光荣榜等，便不能起到应有的作用，甚至会使人感到厌恶；运用信息动力时，用"政治任务"往下压或靠行政命令来传达布置，用得多了，人们就会缺乏敏感，从而刺激程度减弱，也就不能形成动力。所以，必须正确选择和运用各种动力的激发方式，这样才能有效地激发动力。

三、管理系统的动力激励机制

（一）改革物质激励模式

物质激励的主要形式有正负激励两种，发放工资、津贴、福利等为正激励；罚款等为负激励。

1. 实行公正的差别奖励

管理者必须对成员一视同仁，按统一标准奖罚，必须反对平均主义，平均分配奖励等于无激励，实践表明，差别奖励可使奖金与工作态度的相关度达到80%。管理者应该明白，一个人对他所得的报酬是否满意不只是看其绝对数，还要进行社会比较看相对数。

2. 奖金与工资分别发放

把工作所得和额外贡献区别对待，使成员有所感受。

3. 建立制度保障

将事前制定好的物质奖惩标准公之于众，形成制度并稳定下来，避免随意性，增强员工对企业的信任感，减少不必要的内耗。

（二）完善精神激励模式

精神激励是在较高的层次上调动员工的积极性，其激励程度大，维持时间长。

1. 目标激励

把组织目标与个人目标结合起来，宣传两者的一致性，使员工对组织产生强烈的感情和责任心。

2. 工作激励

管理者应较多地考虑如何使工作本身更富有挑战性，给员工一种自我实现感和成就感，使其在工作中能充分表现出自己的才能，从而得到满足。

3. "参与管理"激励

员工都有参与管理的要求和愿望，管理者应该创造和提供一切机会让成员参与管理，以调动其积极性。通过参与，形成成员对组织的归属感和认同感，从而进一步满足成员自尊和自我实现的需求。

第七节 和 谐 原 理

《辞海》对"和谐"一词的解释是"协调"，《现代汉语词典》对"和谐"一词的解释是"配合得适当和匀称"。中国古代经典把各种关系的协调和连贯一致比喻为像悦耳的音乐一样"和谐"。总体而言，"和谐"是指事物、事情协调地生存和发展的状态。

一、中国传统哲学的和谐思想

中国古代管理思想中的和谐观强调统一，主张协同，追求和谐的境界，使有着矛盾和差异的双方协调地共处于一个统一体之中，构成和谐而又充满生机的世界。

（一）以和为贵

中国古代管理思想的和谐观首先体现了"以和为贵"的人际关系准则。孟子"天时不如地利，地利不如人和"的思想，他指的"人和"，就是指内部的团结、和睦。《孙膑兵法·篡章》列举用兵得胜的五条："得主未制，胜。知道，胜。得众，胜。左右和，胜。量敌计险，胜。"他把取得下级兵将的支持和兵将和睦团结，作为用兵取胜五个条件中的两个。《荀子·五霸》中有"上不失天时，下不失地利，中得人和，而百事不废"，《孙子兵法》中有"上下同欲者胜"，这些思想都说明了消除内部冲突和矛盾，取得内部团结的重要性。丰田佐吉在创建丰田纺织公司时，他经营管理的座右铭是"天，地，人"三字，强调"和为贵"，即来自孟子"天时不如地利，地利不如人和"的思想。和谐传统思想不仅强调人与人之间的和谐，还特别强调人与自然的和谐，讲究"天人合一"。这里的"天"指的是自然界的客观规律，要求人与自然的和谐相处，要求因势利导，顺应自然，与自然相通相依，协调一致，和谐共处。

（二）和而不同

和谐思想强调各方面的协调，并不是指各方面的完全一致，而是指各方"和而不同"。孔子《论语·子路》中说："君子和而不同。" 意思是说，君子和谐相处却不盲目苟同，和谐以共生共长，不同以相辅相成，这种和谐和包容，体现的是中华文化"海纳百川，有容乃大"的博大胸怀。和而不同，才能在和谐中相互吸收对方的长处，实现共同的发展，促进新的和谐。也正是在这种文化观的指导下，中华民族形成和谐相处的局面，与此同时，各民族都有相互吸收对方文化的优点，"和而不同"形成五十六个民族多姿多彩的文化。如果"以和为贵"是讲的统一性，则"和而不同"是指的差异性。这种和谐观在管理行为上的具体表现为：阴阳互补、五行反馈、刚柔相济、动态平衡、中庸和谐，达到人与人，人与自然的和谐平衡。

无论是中国还是西方，古代还是现代，人们都在孜孜不倦地探索着和谐的理念。在某种意义上说，和谐已成为人类永恒的追求。

"和谐"的理念，所涉及的领域主要有 4 个方面：其一，身心和谐——关于人自身的形体与精神之间的和谐；其二，人际和谐——关于人与人之间相互关系的和谐；其三，群己和谐——关于人与社会之间相互关系的和谐；其四，天人和谐——关于人与自然之间相互关系的和谐。由此可以看出，任何一方面的和谐都是以人为主体，以人为中心的和谐。

二、和谐原理与组织发展

（一）组织内部和谐

组织内部的和谐是组织和谐最基础和最重要的部分。要达到组织内部的和谐，需要组织的管理者具有协调的观念，引导组织成员具有全局性的协调观念，使个体的行为符合组织目标。必须坚持"和而不同"的原则，充分尊重事物之间的差异性，善于处理各种错综复杂的矛盾。从组织结构、生产实施过程、利益分配、人力资源的配置等各个方面进行协调，保持组织内部的和谐。

（二）组织与外部利益相关者的和谐

罗宾斯认为，利益相关者是环境中受组织决策和政策影响的任何有关者。它包括政府、工会、顾客、供应商、所在社区及公众利益集团。利益相关者作为受组织决策和行为影响，同时又影响组织决策和行为的个人与团体，构成了组织环境的基本方面，其利益愿望和权利从根本上决定着组织的存在和发展。因此，有效地管理与利益相关者的关系，承担起对利益相关者的社会责任，保持组织与利益相关者关系的和谐，是和谐原理所要处理的重要问题。

（三）组织与外部环境的和谐

组织外部环境是指组织所处的地理、经济、政治、人文等方面的环境。与外部环境的和谐是组织的战略问题，这种和谐虽然不直接影响组织的各种活动，但它间接影响组织的生存与发展。因此，组织需要与外部环境保持同步，即应该保持对外部环境变动的观察和研究并随时从环境出发对自身的行为进行改造和制定决策，以便更好地适应环境影响，使组织达到可持续发展的目标。

第八节　效　应　原　理

效应，是指在有限环境下，由一些因素和一些结果构成的一种因果现象，多用于对一种自然现象和社会现象的描述，效应一词使用的范围较广，并不一定指严格的科学定理、定律中的因果关系。在管理学中，我们会经常遇到各种原理和效应，而且在考试中有些也是会经常出现的，这些看着眼熟的原理和效应，很多时候就会成为我们成功路上的一道道的坎，今天我们就来看看有哪些会经常出现的原理效应。

一、蝴蝶效应

蝴蝶效应是指在一个动力系统中，初始条件下微小的变化能带动整个系统的长期的巨大的连锁反应。这是一种混沌现象。任何事物发展均存在定数与变数，事物在发展过程中其发展轨迹有规律可循，同时也存在不可测的"变数"，往往还会适得其反，一个微小的变化能影响事物的发展，说明事物的发展具有复杂性。

美国气象学家洛伦兹 1963 年在一篇提交纽约科学院的论文中分析了这个效应。"一个气象学家提及，如果这个理论被证明正确，一只海鸥扇动翅膀足以永远改变天气变化。"在以后的演讲和论文中他用了更加富有诗意的蝴蝶。对于这个效应最常见的阐述是："一只南美洲亚马孙河流域热带雨林中的蝴蝶，偶尔扇动几下翅膀，可以在两周以后引起美国得克萨斯州的一场龙卷风。"其原因就是蝴蝶扇动翅膀的运动，导致其身边的空气系统发生变化，并产生微弱的气流，而微弱气流的产生又会引起四周空气或其他系统产生相应的变化，由此引起一个连锁反应，最终导致其他系统的极大变化。他称之为混沌学。当然，"蝴蝶效应"主要还是关于混沌学的一个比喻。不起眼的一个小动作却能引起一连串的巨大反应。这句话的来源，是这位气象学家制作了一个计算机程序，这个程序可以模拟气候的变化，并用图像来表示。最后他发现，图像是混沌的，而且十分像一只张开双翅的蝴蝶，因而他形象地将这一图形以"蝴蝶扇动翅膀"的方式进行阐释，于是便有了上述的说法。

现代管理中流行这样一句话："思路决定出路，细节决定成败。"细致化管理是管理规范化的一个重要环节，也是未来管理的方向。其目的是要求管理者必须注重过程，因为没有缜密的过程，管理者对企业的管理就不能得到一个好的结果，难免因小失大。

二、鲶鱼效应

鲶鱼效应是指采取一种手段或措施，刺激一些企业活跃起来投入市场中积极参与竞争，从而激活市场中的同行业企业。其实质是一种负激励，是激活员工队伍的奥秘。

挪威人喜欢吃沙丁鱼，尤其是活鱼。市场上活鱼的价格要比死鱼高许多。所以渔民总是千方百计地想办法让沙丁鱼活着回到渔港。可是虽然经过种种努力，绝大部分沙丁鱼还是在中途因窒息而死亡。但却有一条渔船总能让大部分沙丁鱼活着回到渔港。船长严格保守着秘密。直到船长去世，谜底才揭开。原来是船长在装满沙丁鱼的鱼槽里放进了一条以沙丁鱼为主要食物的鲶鱼。鲶鱼进入鱼槽后，由于环境陌生，便四处游动。沙丁鱼见了鲶鱼十分紧张，左冲右突，四处躲避，加速游动。这样沙丁鱼缺氧的问题就迎刃而解了，沙丁鱼也就不会死了。这样一来，一条条沙丁鱼欢蹦乱跳地回到了渔港。这就是著名的"鲶鱼效应"。

然而，"鲶鱼效应"的运用是有前提的。如果鲶鱼的数量不加以控制，全是鲶鱼的话，整个团队就会出现"个个是条龙、整体是条虫"的现象，形成"鲶鱼副效应"。因此，"鲶鱼效应"的合理运用要经过科学评估与运作，要将其放在整个企业人力资源管理开发中全盘考虑。从这个角度看，作为"渔夫"的管理者，除控制鲶鱼的有效数量外，更要针对不同"鱼"因材施教。对于那些生性活跃、思维敏捷的"鲶鱼"型员工，在给予他们广泛发挥空间与施展平台的同时，更要注重其良性沟通、影响力的塑造；对于那些生性安逸、因循守旧的"沙丁鱼"型员工，要通过带动、约束、教育驱使其运动，激发能量，同时加强他们与"鲶鱼"型员工的合作，从而共建一种活跃、良好、具有凝聚力和建设性冲突的团队氛围。

三、破窗效应

破窗效应是指环境中的不良现象如果被放任存在，会诱使人们仿效，甚至变本加厉。

美国斯坦福大学心理学家菲利普·津巴多于 1969 年进行了一项实验，他找来两辆一模一样的汽车，把其中的一辆停在加州帕洛阿尔托的中产阶级社区，而另一辆停在相对杂乱的纽约布朗克斯区。停在布朗克斯的那辆，他把车牌摘掉，把顶棚打开，结果当天就被偷走了。而放在帕洛阿尔托的那一辆，一个星期也无人理睬。后来，津巴多用锤子把那辆车的玻璃敲了个大洞。结果呢，仅仅过了几个小时，它就不见了。

以这项实验为基础，政治学家威尔逊和犯罪学家凯琳提出了一个"破窗效应"理论，认为：如果有人打坏了一幢建筑物的窗户玻璃，而这扇窗户又得不到及时的维修，别人就可能受到某些示范性的纵容去打烂更多的窗户。久而久之，这些破窗户就给人造成一种无序的感觉，结果在这种公众麻木不仁的氛围中，犯罪就会滋生、猖獗。

我们日常生活中也经常有这样的体会：桌上的财物，敞开的大门，可能使本无贪念的人心生贪念；对于违反公司程序或廉政规定的行为，有关组织没有进行严肃处理，没有引起员工的重视，从而使类似行为再次甚至多次重复发生；对于工作不讲求成本效益的行为，有关领导不以为然，使下属员工的浪费行为得不到纠正，反而日趋严重。

四、木桶效应

木桶效应是由美国管理学家彼得提出的，说的是由多块木板构成的水桶，其价值在于其盛水量的多少，但决定木桶盛水量多少的关键因素不是其最长的板块，而是其最短的板块。这就是说任何一个组织，可能面临的一个共同问题，即构成组织的各个部分往往是优劣不齐的，而劣势部分往往决定整个组织的水平。

若仅仅作为一个形象化的比喻，"木桶效应"可谓是极为巧妙和别致的。但随着它被应用得越来越频繁，应用场合及范围也越来越广泛，已基本由一个单纯的比喻上升到了理论的高度。由许多块木板组成的"水桶"不仅可以代表一个企业、一个部门、一个班组，也可以代表某一个员工，而"水桶"的最大容量则象征着整体的实力和竞争力。

对于一个企业来说，最短的那块"板"其实也就是漏洞的同义词，必须立即想办法补上。

如果把企业的管理水平比作三长两短的一只木桶，而把企业的生产率或者经营业绩比作桶里装的水，那影响这家企业的生产率或绩效水平高低的决定性因素就是最短的那块板。企业的板就是各种资源，如研发、生产、市场、营销、管理、品质等。为了做到木桶"容量"的最大化，就要合理配置企业内部各种资源，及时补上最短的那块"木板"。如果具体到人力资源管理的问题上来说，又可以将木桶视为人力资源管理的绩效，木桶的板则分别代表人力资源规划、工作分析与职位设计、人员的招募甄选和雇用、发展培训、绩效管理、薪酬管理、企业文化等各方面内容。所以，木桶有大小之分，木桶效应也有整体和局部之分，我们所要做的事情就是找到你自己的桶，然后找到那块最短的板，加高它。

但是，要想完全克服最薄弱的环节是不可能的，一根链条总有最弱的环节，强弱本来就是相对而言的。问题在于你能承担这个弱点到什么程度，一旦它已成为阻碍你工作的瓶颈，就必须设法解决了。

五、首因效应

首因效应是由美国心理学家洛钦斯首先提出的，是指最初接触到的信息所形成的印象对我们以后的行为活动和评价的影响，它反映了人际交往中主体信息出现的次序对印象形成所产生的影响。在社会认知中，个体获得对方第一印象的认知线索往往成为以后认知与评价的重要根据。首因效应的影响作用可以在一定程度上得到控制。首因效应的产生与个体的社会经历、社交经验的丰富程度有关。如果个体的社会经历丰富、社会阅历深厚、社会知识充实，则会将首因效应的作用控制在最低限度；另外，通过学习，在理智的层面上认识首因效应，明确首因效应获得的评价，一般都只是在依据对象的一些表面的非本质的特征基础上而做出的评价，这种评价应当在以后的进一步交往认知中不断地予以修正完善，也就是说，第一印象并不是无法改变，也不是难以改变的。

首因效应实际上指的就是"第一印象"的影响。第一印象效应是一个妇孺皆知的道理，为官者总是很注意烧好上任之初的"三把火"，平民百姓也深知"下马威"的妙用，每个人都力图给别人留下良好的"第一印象"……心理学家认为，第一印象主要是性别、年龄、衣着、姿势、面部表情等"外部特征"。一般情况下，一个人的体态、姿势、谈吐、衣着打扮等都在一定程度上反映出这个人的内在素养和其他个性特征，不管暴发户怎么刻意修饰自己，举手投足之间都不可能有世家子弟的优雅，因为文化的浸染是装不出来的。

但是，"路遥知马力，日久见人心"，仅凭第一印象就妄加判断，"以貌取人"，往往会带来不可弥补的错误。《三国演义》中凤雏庞统当初准备效力东吴，于是去面见孙权。孙权见到庞统相貌丑陋，心中先有几分不喜，又见他傲慢不羁，更觉不快。最后，这位广招人才的孙仲谋竟把与诸葛亮比肩齐名的奇才庞统拒于门外，尽管鲁肃苦言相劝，也无济于事。众所周知，礼节、相貌与才华绝无必然联系，但是礼贤下士的孙权尚不能避免这种偏见，可见第一印象的影响之大。

六、马太效应

马太效应是指强者愈强、弱者愈弱的现象，反映的社会现象是两极分化，富的更富，穷的更穷。马太效应，名字来自圣经《新约·马太福音》一则寓言："凡有的，还要加倍给他叫他多余；没有的，连他所有的也要夺过来。"表面看起来"马太效应"与"平衡之道"相悖，与"二八定则"类似，但是实际上它只不过是"平衡之道"的一极。早在公元前500多年，中国古代哲学家老子就已经提出类似的思想："天之道，损有余而补不足。人之道则不然，损不足以奉有余"。"马太效应"正是老子思想中的"人之道"思想，而"天之道"可用国家整体意志来比喻，国家意志表现为削弱范围内强的个体，补足其他弱势个体，两者正好是既对立又统一的，广泛应用于社会心理学、教育、金融及科学领域。

马太效应揭示了一个不断增长个人和企业资源的需求原理，是影响企业发展和个人成功的一个重要法则。对企业经营发展而言，马太效应反映出来的道理是：要想在某一个领域保持优势，就必须在此领域迅速做大。当在某个领域成为领头羊时，即便投资回报率相同，也能更轻易地获得比弱小的同行更大的收益。而若没有实力迅速在某个领域做大，就要不停地寻找新的发展领域，才能保证获得较好的回报。

七、晕轮效应

晕轮效应又称"光环效应"，是指当认知者对一个人的某种特征形成好或坏的印象后，他还倾向于据此推论该人其他方面的特征。本质上是一种以偏概全的认知上的偏误。晕轮效应越来越多地被应用在企业管理上，其对组织管理的负面影响主要是体现在各种组织决策上。最早是由美国著名心理学家桑戴克于20世纪20年代提出的。他认为，人们对人的认知和判断往往只从局部出发，扩散而得出整体印象，也即常常以偏概全。一个人如果被标明是好的，他就会被一种积极肯定的光环笼罩，并被赋予一切都好的品质；如果一个人被标明是坏的，他就被一种消极否定的光环所笼罩，并被认为具有各种坏品质。这就好像刮风天气前夜月亮周围出现的圆环（月晕），其实呢，圆环不过是月亮光的扩大化而已。

心理学家戴恩做过一个这样的实验。他让被试者看一些照片，照片上的人有的很有魅力，有的无魅力，有的中等。然后让被试者在与魅力无关的特点方面评定这些人。结果表明，被试者对有魅力的人比对无魅力的赋予更多理想的人格特征，如和蔼、沉着等。

有时人们抓住的事物的个别特征并不反映事物的本质，可人们却仍习惯于以个别推及一般、由部分推及整体，势必牵强附会地误推出其他特征。随意抓住某个人或好或坏的特征就断言这个人或是完美无缺，或是一无是处，都犯了片面性的错误。同样，在日常生活中，由于对一个人印象欠佳而忽视其优点的事，举不胜举。晕轮效应往往产生于自己对某个人的了解还不深入，也就是还处于感、知觉的阶段，因而容易受感、知觉的表面性、局部性和知觉所带来的选择性影响，从而对于某人的认识仅仅专注于一些外在特征上。有些个性品质或外貌特征之间并无内在联系，可我们却容易把它们联系在一起，断言有这种特征就必有另一种特征，也会以外在形式掩盖内部实质。如外貌堂堂正正，未必正人君子；看上去笑容满面，未必面和心慈。简单把这些不同品质联系起来，得出的整体印象必然是表面的。

综合训练题

一、单项选择题

1. 某种客观事物的实质及运动的基本规律是指（　　）。

   A. 理论　　　　　B. 原理　　　　　C. 定理　　　　　D. 方法

2. 由相互作用和相互依赖的若干要素结合而成的具有特定功能的有机整体是指（　　）。

　　A. 体系　　　　　　B. 系统　　　　　　C. 制度　　　　　　D. 体制

3. 系统优化，即在系统分析的基础上，追求（　　），找出最优的行动方案，以最少的消耗，实现系统功能的最大优化。

　　A. 部分效应　　　　　　　　　　　B. 整体效应

　　C. 部分效应与整体效应相结合　　　D. 局部效应

4. 现代高效的管理须在整体规划下分工明确，在分工的基础上进行有效的综合，这是（　　）。

　　A. 系统原理　　B. 系统优化原理　C. 整分合原理　　D. 封闭原理

5. 构成系统的基本成分是（　　）。

　　A. 要素　　　　B. 联系　　　　　C. 结构　　　　　D. 功能

6. 系统具有随着环境的改变而改变其结构和功能的能力，从系统的特征上看具有（　　）。

　　A. 层次性　　　　B. 目的性　　　　C. 适应性　　　　D. 整体性

7. 现代管理的整分合原理首先要立足于（　　）。

　　A. 整体　　　　B. 分工　　　　　C. 综合　　　　　D. 有序

8. 管理要以（　　）为前提，根据（　　）要求，进行科学分工，这样才能事半功倍。

　　A. 整体目标，部分目标　　　　　B. 整体目标，整体目标

　　C. 部分目标，部分目标　　　　　D. 部分目标，整体目标

9. 人本原理讲求和解决的核心问题是（　　）。

　　A. 人的主动性　　B. 人的创造性　　C. 人的积极性　　D. ABC

10. 职责和权限、利益、能力之间的关系遵循等边三角形定理，（　　）是三角形的三个边，它们是相等的。

　　A. 权限、利益、能力　　　　　　B. 职责、权限、利益

　　C. 职责、权限、能力　　　　　　D. 职责、利益、能力

11. 单位时间所取得的效果的数量是指（　　）。

　　A. 效益　　　　B. 效果　　　　　C. 效率　　　　　D. 效用

12. 由投入经过转换而产出的成果是指（　　）。

　　A. 效果　　　　B. 效益　　　　　C. 效用　　　　　D. 效率

13. 有效产出与投入之间的一种比例关系是指（　　）。

　　A. 效率　　　　B. 效果　　　　　C. 效益　　　　　D. 效用

14. 效益表现的最直接形态是（　　）。

　　A. 社会效益　　B. 经济效益　　　C. 管理效益　　　D. 战略效益

15. 推动工作、事业前进和发展的力量是指（　　）。

　　A. 能力　　　　B. 动力　　　　　C. 效力　　　　　D. 原动力

16. 在较高的层次上调动员工的积极性，其激励程度最大的是（　　）。

　　A. 物质激励　　B. 精神激励　　　C. 目标激励　　　D. 榜样激励

17. 在市场经济条件下，人们通过各种经济活动，取得的产出大于投入的那部分新创价值是指（　　）。

    A. 社会效益　　　　B. 生态效益　　　　C. 经济效益　　　　D. 文化效益

18. 由人的思想、信仰、精神等因素发出来的力量是指（　　）。

    A. 信息动力　　　　B. 精神动力　　　　C. 物质动力　　　　D. 精神激励

19. 事物、事情协调地生存和发展的状态是指（　　）。

    A. 稳定　　　　　　B. 和睦　　　　　　C. 协调　　　　　　D. 和谐

20. 认为利益相关者是环境中受组织决策和政策影响的任何有关者的是（　　）。

    A. 泰勒　　　　　　B. 罗宾斯　　　　　C. 法约尔　　　　　D. 彼得·德鲁克

二、多项选择题

1. 管理原理的主要特征有（　　）。

    A. 客观性　　　　　B. 主观性　　　　　C. 概括性　　　　　D. 稳定性

    E. 系统性

2. 系统的特征有（　　）。

    A. 目的性　　　　　B. 整体性　　　　　C. 相关性　　　　　D. 层次性

    E. 动态适应性

3. 运用人本原理的原则的有（　　）。

    A. 动力原则　　　　B. 能级原则　　　　C. 民主参与原则　　D. 权利对等原则

    E. 激励原则

4. 管理的组织系统从上至下一般可分为四个层次，分别是（　　）。

    A. 决策层　　　　　B. 管理层　　　　　C. 基础层　　　　　D. 执行层

    E. 作业层

5. 能级原则的主要内容有（　　）。

    A. 建立稳定的组织形态　　　　　　　　B. 人才能级同层次能级相符

    C. 人才能级同技能能级相符　　　　　　D. 人才能级同职务能级相符

    E. 人才能级同水平能级相符

6. 民主参与原则的主要形式有（　　）。

    A. 员工参与式管理　　　　　　　　　　B. 质量圈

    C. 员工持股计划　　　　　　　　　　　D. 员工代表参与

    E. 员工参与表决

7. 责任原理要求（　　）。

    A. 权利尽可能集中，管理者必须加强对企业的控制

    B. 明确每个人的职责

    C. 职位设计和权限委授要合理

    D. 管理者要尽可能授予下属权利，以激发积极性

    E. 奖惩要分明，公正而及时

8. 职责界限要清楚，一般来说，生产第一线的，应负的责任有（　　）。

    A. 直接责任　　　　B. 间接责任　　　　C. 实时责任　　　　D. 事后责任

E. 事前责任

9. 管理的动力依据其性质不同可分为（　　　）。

A. 物质动力　　　B. 精神动力　　　C. 能动动力　　　D. 信息动力

E. 创新动力

10. 物质激励的基本原则是（　　　）。

A. 完善工资制度　　　　　　　　　B. 实行公正的差别奖励

C. 奖金与工资分别发放　　　　　　D. 建立制度保障

E. 以人为本

11. "和谐"的理念，所涉及的领域主要有四个方面，其中包括（　　　）。

A. 精神和谐　　　B. 身心和谐　　　C. 人际和谐　　　D. 群己和谐

E. 天人和谐

12. 反馈原理指管理中心根据反馈信息，通过与原有的目标进行（　　　）、（　　　）、（　　　），再发出新信息，不断循环往复及时调整、（　　　）系统的运动，使系统内部条件适应外部环境的变化，以实现系统目标。

A. 比较　　　B. 分析　　　C. 判断　　　D. 输出

E. 控制

13. 运用动力原理的原则有（　　　）。

A. 综合、协调运用各种动力　　　　B. 重视合力作用

C. 选择适当的激励方式　　　　　　D. 改善物质激励模式

E. 完善精神激励模式

14. 广义的效益概念包括（　　　）。

A. 经济效益　　　B. 文化效益　　　C. 社会效益　　　D. 生态效益

E. 激励效益

15. 对人性的认识包括对（　　　）的认识。

A. 受雇人　　　B. 经济人　　　C. 雇主　　　D. 社会人

E. 自我认识人

三、问答题

1. 研究管理原理有哪些意义？

2. 作为系统，其基本特点有哪些？

3. 如何理解系统的整分合原理？

4. 简述人本原理的主要内容。

5. 能级原则的主要内容是什么？

6. 如何理解责任原理？责任原理的本质是什么？

7. 怎么区分效果、效率及效益？追求效益应遵循哪些规律？

四、案例分析题

【案例一】伦迪汽车分销公司的管理

伦迪汽车分销公司是一家新成立的企业，下设若干销售门市部。

公司刚成立时，为具体体现民主管理，制定了若干责任制度，运转尚属顺利。随着时间

的推移，员工中相互推诿的事情时有发生，但在处理这种事情时，又说不清谁应承担责任，以致有的事情就不了了之。为了推进民主管理，公司力争让下属参与某些重要决策。他们引进了高级小组制度，从每一个销售门市部挑选一名非管理者，共挑出五人，公司主管人员每月与他们开一次会，讨论各种问题的解决方法和执行策略。尽管如此，人们的积极性并没有充分地调动起来。

经过两年的经营，公司的营业收入有了一定的增长，但企业的税前利润增长不快，第二年比第一年只增长 1.8%。这给主管人员带来很大的苦恼。

根据案例回答以下问题。

（1）公司制定了责任制度，却又出现责任不清，请分析什么原因。

（2）请你对公司经济效益增长慢的原因作简要分析。

【案例二】比亚迪的人本管理

比亚迪股份有限公司成立于 1995 年，是一家在香港上市的高新技术民营企业。目前，比亚迪在全国范围内，已在广东、北京、上海等地建立了生产基地，总面积达到 700 多万平方米，并在美国、欧洲等地区开设分公司，现有员工 22 万人左右，资产达 400 亿元。在比亚迪，王传福一直实施着"人本管理"的理念。他尊重人才，给下属机会，并尽最大可能给员工创造发展的平台。王传福认为"知识信息和人才是企业的战略资源"。

王传福的万人工程师队伍，大都是刚毕业不久的年轻大学生。他不迷信海归专家，也不喜欢请"空降兵"，他更喜欢用自己培养的大学生："中国的学生多聪明，他们缺的只是机会。"王传福的用人观不仅是说出来的，而且表现在实际的工作中。现在王传福直接领导的 7 个副总裁中，绝大部分是从学校一毕业就进入比亚迪的，比亚迪汽车销售总经理夏治冰就是其中的一个代表。

比亚迪汽车销售总经理夏治冰是 1998 年北京大学金融专业的毕业生。他还清楚地记得，那一年王传福亲自到北大来招聘，当时的比亚迪还只是一个名不见经传的小企业，而且企业人数不到 2 000 人，可是王传福就是敢于第一个吃螃蟹，他是第一个敢进北大招聘的民营企业家。在招聘面试过后，王传福请大家吃饭，夏治冰和他的很多同学还是第一次碰到这样招聘的企业，饭桌上王传福谈的全是想怎么把比亚迪做大做强，希望同学们能参与到这个事业中来。也许是被王传福的激情感染，很多同学纷纷加盟比亚迪。

事实证明，同学们当年的决定是正确的，他们不仅选对了行业，也选对了老板。夏治冰进比亚迪后，发现锂电池事业部只有几十人，他的工号是第 72 号，今天光这个事业部就有 2.6 万人。那一年之后，应届毕业生开始以每年翻几番的数量进入比亚迪，到 2006 年，毕业生的招聘数量已达到 4 000 人。王传福相信刚毕业的学生，并尽最大可能给他们施展才华的机会。

在比亚迪位于上海松江的汽车工程院，3 000 多名汽车工程师中，90% 是 2004 年以来毕业的年轻大学生。如果是在国企，他们首先要拧一年的螺丝钉、清理一年车间才可能开始摸车。如果是在外企，可能还只是一个试车员。但在比亚迪，他们一上来接触的就是整车项目，什么核心技术都能接触，对比亚迪的 F3、F6 核心技术更是烂熟于心。

比亚迪每年在上海外高桥保税区花几千万元购买全球最新的车型，让这些年轻大学生们来拆，拆完之后要写总结、写报告，车子则报废。各种新车上市一台，买一台，其中不乏宝马、奔驰、保时捷这样的名车。一些年轻的研发人员不敢轻易拆卸新车，特别是名贵车型。王传福知道了，二话不说用钥匙把自己的进口奔驰划破，然后说："现在你们可以去拆我的车了。"

人本管理不仅表现为重视员工和调动员工的积极性，还表现在发展员工、为员工谋利益等深层次的要求上。实现信息化过程中的人本管理，要求全方位、深入地贯彻这些以人为本的思想和要求。如果问王传福：什么事是他创业13年来觉得最难的?他的回答就是如何发挥人的主动性。"在比亚迪，人是每一个关键节点、每一种战略打法的最终执行者。对工人，高压、高薪的结合可以对效率起到立竿见影的作用，但对于知识结构高、价值观和自尊心都很强的工程师这一套是不管用的。只有通过建立文化认同感，让他们追随你的理念。"王传福说。

一个领导者要让你的下属追随你，形成一个凝聚人心、催人奋进、具有强大吸引力的领导核心，仅仅依靠体制和职务赋予的权力是远远不够的，还应该建立在由领导者宽广的胸怀、完美的领导艺术、高尚的人格魅力等方面构成的领导权威之上，王传福正是用他博大的胸怀和非凡的智慧凝聚着比亚迪十几万的员工，创造着一个又一个奇迹。

俗话说"有什么样的领导者就有什么样的团队"，领导者是团队的灵魂，一个团队的最显著的特征往往是其领导者的性格的折射。王传福正是一直在以个人的魅力影响着他的团队，带领着自己的团队不断壮大，不断地走向胜利和辉煌的。

根据案例回答以下问题。

（1）结合案例，如何理解人本原理？

（2）比亚迪是如何应用人本原理的？具体体现在哪些方面？

（3）作为全球知名的企业，比亚迪关心公司内部员工的做法有何意义？

第四章

决　策

教学目标：决策是管理工作的基本要素之一，是管理的核心。可以说，整个管理过程都是围绕着决策的制定和实施展开的。决策是实施其他管理职能的前提和基础。通过本章学习，使学生掌握决策的分类、决策的过程、掌握定量决策的基本方法并熟练地应用；理解决策的概念及特征、决策的基本要素、定性决策的方法；了解决策的依据与原则、决策的影响因素。

 引导案例

开发新产品与改进现有产品

袁之隆先生是南机公司的总裁。南机是一家生产和销售农业机械的企业，2007 年产品销售额为 3 000 万元，2008 年达到 3 400 万元，2009 年预计销售额可达 3 700 万元。每当坐在办公桌前翻看那些数字、报表时，袁先生都会感到踌躇满志。

这天下午又是业务会议时间，袁先生召集了公司在各地的经销负责人，分析目前和今后的销售形势。在会议上，有些经销负责人指出，农业机械产品虽有市场潜力，但消费者的需求趋向已有所改变，公司应针对新的需求，增加新的产品种类，来适应这些消费者的新需求。

身为机械工程师的袁先生，对新产品研制、开发工作非常内行。他听完了各经销负责人的意见之后，心里便很快算了一下，新产品的开发首先要增加研究与开发投资，然后需要花钱改造公司现有的自动化生产线，这两项工作约耗时 3～6 个月。增加生产品种同时意味着必须储备更多的备用零件，并根据需要对工人进行新技术的培训，投资又进一步增加。

袁先生认为，从事经销工作的人总是喜欢以自己业务方便来考虑，不断提出各种新产品的要求，却全然不顾品种更新必须投入的成本情况。而事实上公司目前的这几种产品，经营效果还很不错。结果，他决定不考虑新品种的建议，目前的策略仍是改进现有的品种，以进一步降低成本和销售价格。他相信，改进产品生产流程、提高产品质量并开出具有吸引力的价格，将是提高公司产品竞争力最有效的法宝。因为，客户们实际考虑的还是产品的价值。尽管他已作出了决策，但他还是愿意听一听顾问专家的意见。

根据案例回答以下问题。

1. 你认为该企业的外部环境中有哪些机会与威胁？

2. 如果你是顾问专家，你会对袁先生的决策如何评价？

第一节　决 策 概 述

人们在生活中经常要面对决策，在某些情况下，人们可以自动地作出决策或按程序作出决策，如人们从熟悉的地点到熟悉的目的地去，很少在可供选择的方案中进行有意识的比较，而代之以经验性决策。这类建立在经验基础上的决策，在管理活动中被大量运用。但是，在管理实践中，由于决策目标、可利用的资源及组织内外部环境的复杂多变，有的问题需要决策者借助决策模型和数学工具进行周密、全面的分析权衡，以实现对未来不确定性的管理，提高管理的正确性。但有的问题也可以通过运用决策者的历史经验和主观判断来完成。

一、决策的概念及特征

（一）决策的概念

"决策"一词通常有名词和动词两种含义。从名词角度来理解，所谓决策（decisions），就是指人们做出的决定、选择或抉择。从这个概念推演开来，动词意义上的决策（decision–making）很容易被理解为人们在不同方案中所进行的抉择。在管理学研究中，决策是作为"决策制定过程"来理解的，而不仅仅指选择方案即作出决定、抉择的那一时刻的行为。所以，决策就是人们为了达到一定目标，在掌握充分的信息和对有关情况进行深刻分析的基础上，用科学的方法拟定并评估各种方案，从中选出合理方案的过程。

对于这一定义，可作如下理解：第一，决策是一种自觉的有目标的活动。决策是为了解决某个问题，为达到一定目标而采取的决断行为。第二，决策是一个过程。不能把决策仅仅理解为"瞬间"做出的决定，而应把它理解成一个过程。决策总是决策者先经过调查预测确定行动目标，然后围绕目标制定若干方案，再经过比较分析，最后作出最优方案的抉择。所以，决策是由决策者一系列相互关联行为所构成的过程。

（二）决策的特征

从决策的概念出发，作为一项科学的决策必须具备以下几个基本特征。

（1）目标性。即决策必须有一个既定的目标，没有目标，决策就失去了标准和依据。决策的目标可能是单一的或多个的，前者称为单目标决策，后者称为多目标决策。

（2）可行性。组织决策的目的是指导组织未来的活动。组织的任何活动都需要利用一定资源。缺少必要的人力、物力和技术条件的支持，理论上非常完善的决策方案也只会是空中楼阁。因此，决策方案的拟定和选择，不仅要考察采取某种行动的必要性，而且要注意实施条件的限制。组织决策应该在外部环境与内部条件结合研究和寻求动态平衡的基础上来制订。

（3）选择性。决策必须具有若干个可行方案以供选择，如只有一个方案，就无从选择；没有选择，就没有决策。因此，拟定尽可能多的可行方案以供选择是进行科学决策的重要条件。

（4）实施性。决策方案必须付诸实施。不准备实施，就无须决策，一个管理决策是否正确往往只能在实践中才能得到检验。

（5）过程性。决策是一个过程，而非瞬间行动。决策的过程性特点可以从两个方面去考察：首先，组织决策不是一项决策，而是一系列决策的综合。只有当这一系列的具体决策已经制定，相互协调，并与组织目标相一致时才能认为组织的决策已经形成。其次，这一系列决策中的每一项决策，其本身就是一个包含了许多工作、由众多人员参与的过程，从决策目标的确定，到决策方案的拟定、评价和选择，再到决策方案执行结果的评价，这些诸多步骤构成了一项完整的决策。决策不是指作出选择或抉择的那一瞬间，而是一个"全过程"的概念。决策过程实际上是包括了许多步骤的工作。

（6）动态性。决策的动态性，首先，与其过程性相联系，决策不仅是一个过程，而且是一个不断循环的过程。作为过程，决策是动态的，没有真正的起点，也没有真正的终点。其次，决策的主要目的之一是使组织的活动适应外部环境的变化。然而，外部环境是在不断发生变化的，决策者必须不断监视和研究这些变化，从中找到组织可以利用的机会，并在必要时作出新的决策，以便及时调整组织的活动，从而更好地实现组织与环境的动态平衡。

二、决策的基本要素

决策由决策的有关人员、决策对象、决策信息、决策理论与方法、决策结果五个基本要素构成。

（一）决策的有关人员

1. 决策者

决策者的经验与素养会直接影响决策的科学性，他在决策活动中起决定性作用。决策者的素养、创造性与经验水平是决定决策成败的关键。一般而言，决策者应注意从以下几个方面提高自己的素质。首先，要善于使用思想库，既要善于启发、引导其他有关决策人员发表意见，又要尽量听取不同意见，从中吸取有用的方法。目前许多企业都采用不同方法来进行决策，如头脑风暴法。其次，要善于进行信息处理。决策者在面对大量信息的情况下，需要掌握一定的技术和思维判断能力，正确分析和处理信息，去伪存真、去粗取精，提高决策的准确性。再次，要善于处理客观标准与主观标准的关系。决策者应按科学的程序办事，尽可能地使用量化的价值量（如利润、成本、产量等指标）来分析方案的优劣，但在方案的选择中，也不能完全忽视主观的、难以量化的因素（如未来经营不确定性的存在、项目人员的素质等）对决策的影响。最后，决策者要善于及时调整和纠正决策失误。一项决策的正确与否要经过实践检验才能确定，由于决策者掌握的信息不完全、经验不足及环境变化等原因，很可能导致出现决策失误的现象，重要的是决策者应能及时发现并适时对方案进行调整和纠正。

2. 其他影响决策的人员

尽管决策者直接决定决策过程及结果，但决策并非决策者的个人主观行为，其他人员也会影响决策的正确性和方案未来实施过程中的效果。其他影响决策的人员包括决策者的上级、同事、下属、有关监督人员、观察人员等。决策者的上级对决策的态度，决策者对该项决策的权力和责任是否一致，决策是作为个人决策还是集体决策的结果等因素，都会影响有关决策行为。决策者的同事及下属在决策中的影响主要体现在决策方案的提出阶段，能否激发决策群体的创造性和想象力，充分考虑各种可行方案，是实现决策全面优化的关键。监督及观察人员对决策的影响主要体现在方案实施后的调整中，观察人员为决策方案的进一步优化提供建议和意见。

（二）决策对象

决策对象一般是指可调控的具有明确边界的特定系统。因为只有在可调、可控的范围内，决策才能被贯彻和执行，否则只能是纸上谈兵。

（三）决策信息

决策信息既包括决策对象系统内部的信息，又包括决策系统外部所需的信息。对于决策来说，对信息的要求是准确、及时、系统、经济、简明。达到上述要求的信息在决策中才能起到重要的作用和符合决策的要求。

（四）决策理论与方法

决策理论与方法，即要求决策者要运用正确的决策理论与方法进行决策。随着学术研究和实际发展需要的不断增加，决策理论与方法已越来越详细、具体和复杂多样，这就要求决策者要根据不同的决策对象、决策任务、决策要求加以选择运用，而不能生搬硬套。

（五）决策结果

每一个决策结果可能是正确的，也可能是错误的。因此对决策结果要进行分析和科学的检验，然后才能把认为是正确的决策加以贯彻、执行，在决策执行中还要进行不断的信息反馈，以便追踪决策执行的情况。严格来说，检验决策是否正确的最终标准只能是实践结果，但是为了避免损失，在决策付诸实施之前也可通过一些检验方法来判断决策是否科学。

三、决策的依据与原则

（一）决策的依据

管理者在决策时离不开信息。信息的数量和质量直接影响决策水平。这要求管理者在决策之前及决策过程中尽可能地通过多种渠道收集信息作为决策依据。但这并不是说管理者要不计成本地收集各方面的信息。管理者在决定收集什么样的信息、收集多少信息及从何处收集信息等问题时，要进行成本—收益分析。只有在收集的信息所带来的收益（因决策水平提高而给组织带来的利益）超过为此而付出的成本时，才具有经济合理性。

所以我们说，适量的信息是决策的依据，信息量过大固然有助于决策水平的提高，但对组织而言可能是不经济的，而信息量过少则使管理者无从决策或导致决策达不到应有的效果。

（二）决策的原则

决策遵循的是满意原则，而不是最优原则。对决策者来说，要想使决策达到最优，必须具备以下条件，缺一不可。

（1）容易获得与决策有关的全部信息。

（2）真实了解全部信息的价值所在，并据此拟定出所有可能的方案。

（3）准确预测每个方案在未来的执行结果。

但现实中，上述这些条件往往得不到满足。具体来说有下列原因。

（1）组织内外的很多因素都会对组织的运行产生不同程度的影响，但决策者很难收集到反映这些因素的一切信息。

（2）对于收集到的有限信息，决策者的利用能力也是有限的，从而决策者只能拟定数量有限的方案。

（3）任何方案都要在未来实施，而未来是不确定的。人们对未来的认识和影响十分有限，从而决策时所预测的未来状况可能与实际的未来状况不一致。

现实中的上述状况决定了决策者难以作出最优决策，只能作出相对满意的决策。

四、决策的影响因素

决策是为组织的运行服务的，而组织总是在一定的环境下运行的，所以决策首先受到环境的影响。在其他条件相同的情况下，环境的不同会导致不同的决策行为。具体来说，环境的稳定性、企业所面对的市场结构类型及买卖双方在市场中相对地位的变化等都会对决策产生影响。决策作为一个过程，是在组织中完成的。决策所针对的是组织内部产生的问题或组织面临的机会，最终选择的行动方案是在组织内部实施的并且需要消耗组织的资源，所以决策还受到组织自身因素的影响。现实中，面对相同的环境，不同组织表现出很大的行为差异就是一个很好的依据。具体来说，组织文化、组织的信息化程度及组织过去对环境的应变模式等都会对决策产生影响。由于决策的对象是组织在运行过程中产生的问题，问题的性质成了环境与组织自身因素以外的第三个影响决策的因素。问题的重要性与紧迫性都会对决策产生影响。影响决策的最后一个因素是决策主体，无论作为个体，还是作为群体，决策者的心理与行为特征均会左右决策。具体来说，个人对待风险的态度、个人能力、个人价值观及决策群体的关系融洽程度等都会影响到决策。

需要指出的是，上述四大类影响因素并不是割裂的，而是相互联系的。有时候，问题的出现完全是环境变化使然，如国家紧缩银根会使企业资金吃紧；鼓励创新的组织文化可能会催生组织成员的冒险精神。

（一）环境因素

1. 环境的稳定性

一般来说，在环境比较稳定的情况下，组织过去针对同类问题所作的决策具有较高的参考价值，因为过去决策时所面临的环境与现在差不多。有时，今天的决策仅是简单地重复昨天的决策。这种情况下的决策一般由组织的中低层管理者进行。

而在环境剧烈变化的情况下，组织所要作的决策通常是紧迫的，否则可能被环境淘汰；同时过去的决策借鉴意义也不大，因为已经时过境迁。为了更快地适应环境，组织可能需要对经营活动的方向、内容与形式进行及时的调整。这种情况下的决策一般由组织的高层管理者进行。

2. 市场结构

如果组织面对的是垄断程度较高的市场，则其决策重点通常在于：如何改善生产条件，如何扩大生产规模，如何降低生产成本等。垄断程度高容易使组织形成以生产为导向的经营思想。

如果组织面对的是竞争程度较高的市场，则其决策重点通常在于：如何密切关注竞争对手的动向，如何针对竞争对手的行为作出快速反应，如何才能不断向市场推出新产品，如何完善营销网络等。激烈的竞争容易使组织形成以市场为导向的经营思想。

3. 买卖双方在市场的地位

在卖方市场条件下，组织作为卖方，在市场居于主动、主导地位。组织所作的各种决策的出发点是组织自身的生产条件与生产能力，"我生产什么就向市场提供什么""我能生产什么就销售什么"。

而在买方市场条件下，组织作为卖方，在市场居于被动、被支配的地位。组织所作的各种决策的出发点是市场的需求情况，"市场或用户需要什么我就生产什么""消费者主权""用户就是上帝""顾客永远是对的"等意识被融入决策中。

（二）组织自身的因素

1. 组织文化

在保守型组织文化中生存的人们受这种文化的影响倾向于维持现状，他们害怕变化，更害怕失败。对任何带来变化（特别是重大变化）的行动方案会产生抵触情绪，并以实际行动抵制。在这种文化氛围中，如果决策者想坚持实施一项可能给组织成员带来较大变化的行动方案，就必须首先勇于破除旧有的文化，建立一种欢迎变化的文化，而这谈何容易。决策者会在决策之前预见到带来变化的行动方案在实施中将遇到很大阻力，很可能招致失败。在保守型文化中的人们不会轻易容忍失败，因而决策者就会产生顾虑，从而将有关行动方案从自己的视野中剔除出去。其结果是，那些旨在维持现状的行动方案被最终选出并付诸实施，进一步强化了文化的保守性。

而在进取型组织文化中生存的人们欢迎变化，勇于创新，宽容地对待失败。在这样的组织中，容易进入决策者视野的是给组织带来变革的行动方案。有时候，他们进行决策的目的就是制造变化。此外，组织文化是否具有伦理精神也会对决策产生影响。具有伦理精神的组织文化会引导决策者采取符合伦理的行动方案，而没有伦理精神的组织文化可能会导致决策者为了达到目的而不择手段。

2. 组织的信息化程度

信息化程度对决策的影响主要体现在其对决策效率的影响上。信息化程度较高的组织拥有较先进的信息技术，可以快速获取质量较高的信息；另外，在这样的组织中，决策者通常掌握着较先进的决策手段。高质量的信息与先进的决策手段便于决策者快速作出较高质量的决策。不仅如此，在高度信息化的组织中，决策者的意图易被人理解，决策者也较容易从他人那里获取反馈，使决策方案能根据组织的实际情况进行调整从而得到很好的实施。因此，在信息时代，组织应致力于加强信息化建设，借此提高决策的效率。

3. 组织对环境的应变模式

通常，对一个组织而言，其对环境的应变是有规律可循的。随着时间的推移，组织对环境的应变方式趋于稳定，形成组织对环境特有的应变模式。这种模式指导着组织今后在面对环境变化时如何思考问题，如何选择行动方案等，特别是在创立该模式的组织最高领导尚未被更换时，其制约作用更大。

（三）决策问题的性质

1. 问题的紧迫性

如果决策涉及的问题对组织来说非常紧迫，急需处理，则这样的决策被称为时间敏感型决策。对于此类决策，快速行动要比如何行动更重要，也就是说，对决策速度的要求高于对决策质量的要求。战场上军事指挥官的决策多属于此类。组织在发生重大安全事故、面临稍纵即逝的重大机会时，以及在生死存亡的紧急关头所面临的决策也属于此类。需要说明的是，时间敏感型决策在组织中不常出现，但每次出现都给组织带来重大影响。

相反，如果决策涉及的问题对组织来说不紧迫，组织有足够的时间从容应对，则这样的决策可被称为知识敏感型决策，因为在时间宽裕的情况下对决策质量的要求必然提高，而高质量的决策依赖于决策者掌握足够的知识。组织中的大多数决策均属于此类。对决策者而言，为了争取足够的时间以便做出高质量的决策，需要未雨绸缪，尽可能在问题出现之前就将其列为决策的对象，而不是等问题出现后再匆忙做决策，也就是将时间敏感型决策转化为知识敏感型决策。

2. 问题的重要性

问题的重要性对决策的影响是多方面的：① 重要的问题可能引起高层领导的重视，有些重要问题甚至必须由高层领导亲自决策，从而得到更多力量的支持；② 越重要的问题越有可能由群体决策，因为与个体决策相比，在群体决策时，对问题的认识更全面，决策的质量可能更高；③ 越重要的问题越需要决策者慎重决策，越需要决策者避开各类决策陷阱。

（四）决策主体的因素

1. 个人对待风险的态度

人们对待风险的态度有三种类型：风险厌恶型、风险中立型和风险爱好型。可以通过举例来说明如何区分这三种类型。假如你面临两个方案：一个方案是，不管情况如何变化，你都会在 1 年后得到 100 元收入；另一个方案是，在情况朝好的一面发展时，你将得到 200 元收入，而在情况朝坏的一面发展时，你将得不到收入，情况朝好的一面发展和朝坏的一面发展的可能性各占一半。试问你更愿意要哪个方案。如果选择第一个方案，那么你将得到 100 元确定性收入；而如果选择第二个方案，那么你将得到期望收入 $200 \times 0.5 + 0 \times 0.5 = 100$（元）。如果你宁愿选择第一个方案，那么你就属于风险厌恶型；如果你宁愿选择第二个方案，你就属于风险爱好型；如果你对选择哪个方案无所谓，你就属于风险中立型。可见，决策者对待风险的不同态度会影响行动方案的选择。

2. 个人能力

决策者个人能力对决策的影响主要体现在以下方面：① 决策者对问题的认识能力越强，越有可能提出切中要害的决策；② 决策者获取信息的能力越强，越有可能加快决策的速度并提高决策的质量；③ 决策者的沟通能力越强，他提出的方案越容易获得通过；④ 决策者的组织能力越强，方案越容易实施，越容易取得预期的效果。

3. 个人价值观

组织中的任何决策既有事实成分，也有价值成分。对客观事物的描述属于决策中的事实成分，如对组织外部环境的描述、对组织自身问题的描述等都属于事实成分。事实成分是决策的起点，能不能作出正确决策很大程度上取决于事实成分的准确性。对所描述的事务所作的价值判断属于决策中的价值成分。显然，这种判断受个人价值观的影响，决策者有什么样的价值观，就会作出什么样的判断。也就是说，个人价值观通过影响决策中的价值成分来影响决策。

4. 决策群体的关系融洽程度

如果决策是由群体作出的，那么群体的特征也会对决策产生影响。我们此处仅考察决策群体的关系融洽程度对决策的影响：① 影响较好行动方案被通过的可能性。在关系融洽的情况下，大家心往一处想，劲往一处使，话往一处说，事往一处做，较好的方案容易获得通过。而在关系紧张的情况下，最后被通过的方案可能是一种折中方案，未必是较好的方案。② 影响决策的成本。在关系紧张的情况下，方案可能长时间议而不决，决策方案的实施所遇到的障碍通常也较多。

第二节　决策的分类

决策在组织中是具有普遍性的活动，但决策活动因管理层次、管理部门及决策者风格的不同而不同。因此，可以按不同的原则和标准对决策活动进行分类。

一、按决策的时期长短分类

按照决策的时间划分，可以把决策分成长期决策和短期决策。

长期决策是指有关组织今后发展方向的长远性、全局性的重大决策，又称长期战略决策，如投资方向的选择、人力资源的开发和组织规模的确定等。

短期决策是为实现长期战略目标而采取的短期策略手段，又称短期战术决策，如企业日常营销、物资储备及生产中资源配置等问题的决策都属于短期决策。

二、按决策的范围和影响程度分类

按决策的范围和影响程度分类，可以把决策分为战略决策、战术决策和业务决策三类。

（一）战略决策

战略决策是所有决策问题中最重要的，是涉及组织大政方针等重大事项的决策活动，是有关组织全局性的、长期性的、关系到组织生存和发展的根本性决策。它包括组织资本的变化、国内外市场的开拓与巩固、组织机构的调整、高级经理层的人事变动等。

战略决策一般需要经过较长时间才能看出决策结果，所需解决的问题复杂，主要是协调组织与组织环境之间的关系。决策过程所需考虑的环境变化性较大，往往并不过分依赖复杂的数学模式及技术，而是定量分析和定性分析并重，对决策者的洞察力、判断力有很高的要求。在战略决策中，找出关键问题比利用复杂计算更为有效。因此，必要时，可以借助组织外部人员（如咨询顾问等）对战略性决策方案进行设定和分析。

（二）战术决策

战术决策又称管理决策，是组织在内部范围内贯彻执行的决策，属于执行战略决策过程中的具体决策。主要包括设备更新的选择和新产品定价等方面。

战术决策旨在实现组织内部各环节活动的高度协调和资源的合理使用，以提高经济效益和管理效能。战术决策不直接决定组织的命运，但决策行为的质量，将在很大程度上影响组织目标的实现程度和组织效率的高低。战术决策是每个管理人员的日常工作内容，它依赖于管理人员的经验和综合研究方法，也可使用计算机和数学模型辅助决策。

（三）业务决策

业务决策又称执行性决策，是涉及组织中的一般管理和工作的具体决策活动，直接影响日常工作效率。主要包括：工作任务的日常分配与检查、工作日程（生产进度）的监督与管理、岗位责任制的制定与执行、企业的库存控制、材料采购等方面。

业务决策是组织所有决策中范围最小、影响最小的具体决策，是组织中所有决策的基础，也是组织运行的基础。业务决策是组织中大多数员工经常性的工作内容。通常，业务决策的有效与否，很大程度上依赖于决策者的经验和常识，包括使用少量的模型和计算机。

当然，在组织中，三类决策活动的界限并非是明确清晰的，应按具体情况加以分析和鉴别。在传统上，决策者是由管理者担任，但目前随着分权程度和劳动者参与决策程度的提高，情况发生了很大变化，相当一部分的业务决策已转由有一定工作自由度的作业人员进行。此外，从日本的经验来看，作业人员和基层管理者参与战略决策、战术决策，也不失为一个好办法。这一方法能大大减少基层人员对决策结果的抵触情绪，简化决策完成后的宣传工作，更快地推动决策方案的贯彻实施。作业人员参与决策、管理民主化，是提高管理效率和决策有效性的重要途径。

三、按决策的思维过程分类

按决策的思维过程分类，组织决策有程序化决策与非程序化决策两种。

程序化决策是按预先规定的程序、处理方法和标准来解决管理中经常重复出现的问题，又称重复性决策、定型化决策、常规决策。例如，物资订货、日常生产技术管理等，这类决策总是可以通过规则和标准操作程序来简化决策工作。在一般组织中，大约80%的决策可以归为程序化决策。

非程序化决策则是为解决不经常重复出现的、非例行的新问题所进行的决策。这类决策又称为一次性决策、非定型化决策或非常规决策，它通常是有关重大战略问题的决策，如新产品开发、组织结构调整、企业合并或分立等。由于非程序化决策无先例可循，因此更多地依赖于决策者个人的知识、经验、直觉判断能力和解决问题的创造力等。

四、按决策的主体数量分类

从决策主体数量来看，组织的决策可以区分为个体决策与群体决策。

个体决策的决策者是单个人，所以也称个人决策。群体决策的决策者可以是几个人，一群人甚至扩大到整个组织的所有成员。

个体决策与群体决策各有优缺点，两者都不可能适用所有情况。相对来说，群体决策的主要优点是：第一，提供更完整的信息。"两人的智慧胜于一人"是一句常用的格言。一个群体将带来个人单独行动所不具备的多种经验和不同的决策观点。第二，产生更多的方案。因为群体决策拥有更多数量和种类的信息，他们能比个人制定出更多的方案。当群体成员来自于不同专业领域时，这一点会更为明显。例如，一个由工程、会计、生产、营销和人事代表组成的群体，将制定出反映他们不同背景的方案。第三，增加对某个解决方案的接受性。许多决策在作出最终选择后却以失败告终，这是因为人们没有接受解决方案。但是如果让受到决策影响或实施决策的人们参与了决策制定，他们将更可能接受决策，并更可能鼓励他人也接受它。第四，提高合法性。群体决策制定过程是与民主思想相一致的，因此人们觉得群体制定的决策比个人制定的决策更合法。

当然，群体决策的效果如何也受到群体大小、成员从众现象等的影响。要是决策群体成员不能够真正地集思广益，都以一个声音说话，那决策的质量就难以得到提高。再者，从决策群体的规模来看，参与制定决策的人员越多，提出不同意见的可能性越大，群体就需要花更多的时间去协调，从而达成相对一致的意见。这样，群体决策的效率就比较低。因此，组织在决定是否采用群体决策方式时，必须考虑其决策质量和可接受性的提高足以抵消其决策效率方面的损失。

五、按决策解决问题的性质分类

从决策的起点看，可把决策分为初始决策与追踪决策。

初始决策是零起点决策，它是在有关活动尚未进行从而环境未受到影响的情况下进行的。随着初始决策的实施，组织环境发生变化，这种情况下对组织活动方向、内容或方式的重新调整就是追踪决策。因此，追踪决策是非零起点的决策。

如果说初始决策是在对组织内外环境的某种认识基础上作出的，追踪决策则是由于这种环境条件发生了变化，或者是由于组织对环境特点的认识发生了变化而引起的。显然，组织中的大部分决策都属于追踪决策。

六、按决策问题的可控程度分类

按决策问题的可控程度可以把决策分为确定型决策、风险型决策和不确定型决策三类。

确定型决策是指在稳定（可控）条件下进行的决策。在确定型决策中，决策者确切知道自然状态的发生，每个方案只有一个确定的结果，最终选择哪个方案取决于对各个方案结果的直接比较。这种决策比较容易作，只要比较各个方案所能达到的结果，从中择优选取即可。

风险型决策也称随机决策，在这类决策中，自然状态不止一种，决策者不能知道哪种自然状态会发生，但能知道有多少种自然状态及每种自然状态发生的概率。决策时存在着风险，因此称为风险型决策。

不确定型决策是指在不稳定条件下进行的决策。在不确定型决策中，决策者可能不知道有多少种自然状态，即便知道，也不能知道每种自然状态发生的概率。因此，不确定型决策一般只能靠主观概率判断来作出决策。

七、按决策者的知觉分类

决策者的决策风格在很大程度上决定最终作出决策的质量。按决策者在决策过程中对存在问题和决策需要的知觉水平，可以将决策分为最优化决策、满意决策、隐含偏爱决策和直觉决策四类。

（一）最优化决策

要实现最优化决策，必须满足以下一系列假设：① 目标取向。最优化决策假定不存在目标冲突。不论决策是选择要进入的市场，还是决定今天是否上班，或挑选合适的人选填补工作空缺，它假定决策者只有一个自己最希望达到的意义明确的单一目标。② 所有选项为已知。最优化决策假定决策者可以确定所有的选择标准，并能列出所有的可行性方案。它假定决策者有足够的能力对标准和备选方案进行评估。③ 偏好明确。它假定决策标准和备选方案的价值可以数量化，并能以决策者的个人偏好来排序。④ 偏好稳定。除了目标和偏好

明确外，它假定具体的决策标准是恒定的，分配给它们的权重也是稳定的，不随时间而变化。因此，不同时间的标准和备选方案应相同。⑤ 最终选择效果最佳。理性的决策者将选择评估分数最高的方案。根据最优化决策的程序而选取的最有利的解决方案将带来最大效益。

很显然，最优化决策带有很大的局限性，上述假定不可能完全满足。例如，决策者的决策目标往往是多个，且互相矛盾；可行方案和实施结果可能是可知的，也可能是事先无法预测的；有关决策信息不可能全部搜集完毕，而且个人处理信息的能力也会限制对信息的有效利用；方案的抉择带有一定个人和组织地位的偏见和好恶。最重要的是，有不少方案的讨论和选择有一定的时间限制，并应同时考虑方案的费用和经济性。因此，最优化决策仅仅是一种理想的状态，在企业决策中，往往不能完全遵循最优化的原则进行。

（二）满意决策

西蒙提出了满意决策的理论，认为合理的和经济的标准都无法确切地说明决策过程，并提出决策过程的满意原则。

满意决策的实质是当面对复杂问题时，决策的做法是把问题降低到易于理解的水平。因为人类信息加工能力的局限性使得决策者不可能吸收并理解最优化决策所必需的所有信息，决策者只能在有限的范围内进行活动，决策者不是捕捉问题的所有复杂方面，而是抽取其中的重点，并在此基础上构建简化的模型，然后，决策者在简化的模型范围内理性地选择行动方案。

对于决策者而言，一旦确定了某一个问题，个体便开始搜寻标准和备选方案，但所列出的标准却可能不够详尽彻底。决策者会确定一个有限的列表，其中包括一系列显而易见的选项。大多数情况下，它们主要是一些熟悉的标准和经过验证的解决办法。一旦确定了这些有限的备选方案，决策者就对方案进行考查和评价。考查同样也不是综合全面的，即并非所有的备选方案都经过细致评估，只有某一备选方案与当前有效的选项之间差异相对较小时才考虑它。决策者以熟悉而习惯的方式考虑备选方案，直到他确定了一个令人满意的方案。决策者满足于第一个"足够好"的解决办法，而不再继续搜索最优选项。第一个达到了"足够好"的方案使搜寻工作结束，之后决策者就可以实施这一可接受的方案。

满意决策的过程中应注意的一个问题是：在确定选择哪一个方案时，备选方案被考虑的顺序非常重要。如果决策者使用最优化模型，则所有的备选方案按照编好的等级由高到低全部列出，由于考虑到所有备选方案，因此在评估它们时最初的顺序无关紧要。每一种潜在的解决办法都会得到充分彻底的评估，但满意决策并非如此。假设某一个问题有不止一种解决办法，满意决策模型的选择则是决策者遇到的第一个可接受的方案。由于决策者使用的模型简单而有限，他们一般以明显的、熟悉的、距离现实不远的备选方案为开始。因此，那些最接近于现实并达到标准的解决办法最有可能被选中。这有助于解释为什么人们在选择备选方案时很少与过去的决策有太大的差异。

（三）隐含偏爱决策

隐含偏爱模型最初是由麻省理工学院管理系的研究生们在工作时发现并提出来的，主要用于处理复杂而且非常规的决策问题。决策者并不是理性而客观的，在决策过程的早期，他隐含地选择了一个偏爱方案，但决策者并不因此而结束搜索工作。事实上，决策者本身也不一定意识到自己已经选择了一个隐含偏爱方案，因而还会继续确定其他备选方案，只不过其余的过程实际上都带有偏见，成为决策证明练习的过程，即通过此后的过程使决策者确信他的隐含偏爱方案确实是恰当的选项。证明的过程其实只是客观的假象，这一过程中，决策者为确保偏爱选择的成功，在标准和目标的权重分配上会出现很多知觉和解释的失真。如果隐含偏爱模型起作用，则在决策者愿意承认自己作出决策之前，对新方案的搜寻工作早已结束。

（四）直觉决策

近年来直觉决策受到人们越来越多的关注，专家们不再不假思索地认为依赖直觉进行决策是非理性的或无效率的。人们越来越认识到，理性分析被过分强调了，在某种情况下，依赖于直觉会提高决策水平。

研究表明，管理者最有可能使用直觉决策方法的情况包括：① 不确定性水平很高时；② 几乎没有先例可循时；③ 难以科学地预测变量时；④ 事实极为有限时；⑤ 事实不足以明确指出前进道路时；⑥ 分析性资料用途不大时；⑦ 当需要从几个可行方案中选择一个，而每一个方案的评价都很接近时；⑧ 时间有限，但又有压力要作出正确决策时。

决策者使用的直觉决策方法有两种：其一，是在决策过程之初使用直觉。在决策开始时使用直觉，决策者试图回避对问题的系统分析。他让直觉自由发挥，努力产生不同寻常的可能方案和新方案，这些方案一般是从过去资料分析和传统行事方式中产生不出来的，这能提高决策过程中的创造性，从更广的视角来观察问题和开发解决方案。其二，是在决策过程接近结束时使用直觉。在整个决策过程中，决策者依赖于确定和分配决策标准的权重，以及对备选方案的开发与评估时进行的理性分析。此后，决策者便停止了分析过程，目的是为了"睡眠决策"，即将方案的决策推迟，待一两天以后再作出最终选择。

第三节　决策的过程

决策作为管理的一种活动，包括了一定的步骤和程序，一般决策的过程大致可分为识别问题与机会，确定决策目标，搜集信息、科学预测，设计方案，优选方案，实施方案，跟踪评估七个过程。这种划分是相对的，既可简化步骤，也可具体细分，有的分三大步骤，有的分八个阶段，虽然具体过程不尽相同，但其逻辑顺序和科学要求基本是一致的。决策的整个过程如图4-1所示。

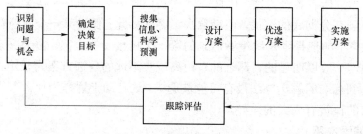

图4-1　决策的整个过程

一、识别问题与机会

决策者必须知道需要什么行动，因此决策过程的第一步是诊断问题或识别机会。管理者通常密切关注处在其责任范围内的相关数据与信息。实际状况与所预期状况的差异提醒管理者潜在的机会或问题的存在。识别问题与机会并不总是简单的，因为要考虑组织中人的行为。有些时候，问题可能埋藏在个人过去的经验、组织复杂的结构或个人和组织因素的某种混合中，因此，管理者必须特别注意要尽可能精确地评估问题和机会。而另一些时候，问题可能简单明了，只要稍加观察就能识别出来。

评估机会和问题的精确程度有赖于信息的精确程度，所以管理者要尽力获取精确的、可信赖的信息。低质量的或不精确的信息不仅白白浪费掉大量时间，也使管理者无从发现导致某种情况出现的潜在原因。

即使收集到的信息是高质量的，在解释的过程中也可能发生扭曲。有时，信息持续地被误解或有问题的事件一直未被发现，这些都使得信息的扭曲程度加重。大多数重大灾难或事故都有一个较长的潜伏期，在这一时期，有关征兆被错误地理解或不被重视，从而未能及时采取行动，导致灾难或事故的发生。

即使管理者拥有精确的信息并正确地解释它，处在他们控制之外的因素也会可能对机会和问题的识别产生影响。但是，管理者只要坚持获取高质量的信息并仔细地解释它，就会提高作出正确决策的可能性。

二、确定决策目标

发现问题后，接着就要确定目标。所谓目标，是指在一定条件下，根据需要和可能，在预测的基础上所企求的终极要求，或决策所要获得的结果。

确定目标是决策中的重要一环，目标一错，失之毫厘，谬以千里。明智的决策者有这样的体会："目标一旦定好，决策问题已经解决一半。"确立目标要注意以下几个问题。

（1）要有层次结构，建立目标体系。目标是由总目标、子目标、二级子目标从总到分、从上到下组成的一个有层次的目标体系，是一个动态的复杂系统。大文豪托尔斯泰说："要有生活目标，一辈子的目标，一段时期的目标，一个阶段的目标，一年的目标，一个月的目标，一个星期的目标，一个小时的目标，一分钟的目标，还得为大目标牺牲小目标。"决策目标固然不必分得这样细，但必须有总有分，目标之间相互衔接，使整体功能得到有效发挥。

（2）目标是可以计量其成果、规定其时间、确定其责任的。

（3）要规定目标的约束条件。如把产值、利润增长一倍作为目标，同时要规定在产品的品种、结构、质量、规格符合一定的前提条件下来完成。执行的结果如不符合这些条件，那么即使产值、利润的计划已经完成，也不算达到了目标。约束条件主要有资源条件、质量规格、时间要求及法律、制度、政策等限制性规定。

（4）建立衡量决策的近期、中期、远期效果的三级价值标准，建立科学价值、经济价值及社会价值指标，并进行综合权衡，以构成价值系统，以此作为评价标准。

（5）目标的确定，要经过专家与领导的集体论证。

三、搜集信息、科学预测

搜集与决策有关的经济、技术、社会等各方面的信息，是进行科学决策的重要依据。信息量的大小、正确与否，直接影响到决策的质量。要想在决策上不失误，必须有丰富可靠的信息来源、迅速的信息传递、准确的信息研究，这是决策科学化的重要物质技术基础。没有一批定量的数据，就不可能为决策作出定性分析。因而，要尽可能大量占有信息。信息来源，一方面是统计调查资料；另一方面是预测资料。搜集信息要符合以下要求。

（1）信息必须具有完整性，凡与目标要求有关的直接或间接信息，都要尽可能搜集齐全。

（2）信息必须具有可靠性，要有依据，要具有时间、地点、对象的连续性要求，数字要准确无误。

（3）对信息要作系统分析，着重从事实的全部总和、从事实的联系去掌握事实，从事物的发展中全面估计各种对比关系，以保证掌握信息的科学性。

（4）对一些不确切的问题或疑难问题，要召集专家及有关人员进行集体会诊，以作出定性分析和概率估计。

做好预测工作，是确定目标和搜集信息两个阶段都十分必要的事情。

科学的决策要有科学的预测。科学决策需要的科学依据包括经济依据、现状依据、预测依据。对事物的过去和现状进行定量、定性分析是重要的，但还是不够的。决策是在今后执行的，分析历史和现状是为了预测未来。没有科学的预测，就没有科学的决策。我国过去一些决策上的失误，其中一个重要原因，就是科学依据不足，尤其缺乏预测依据。只有通过科学的预测从而获得决策所必要的未来发展的信息，才能有可靠的科学依据。

四、设计方案

一旦机会或问题被正确地识别出来，管理者就要提出达到目标和解决问题的各种方案。拟定可替代的方案要比从既定方案中进行选择更为重要。如果备选方案的制定存在缺陷，那么，决策就很难达到优化或满意化。数量不止一个的可行方案的拟定，奠定了选择的基础，所以，它们常被称作"备选"方案。

备选或替代方案产生的过程，可大致分为以下步骤：首先，在研究环境和发现不平衡的基础上，根据组织的宗旨、使命、任务和消除不平衡的目标，提出改变的初步设想；其次，对提出的各种改进设想加以集中、整理和归类，形成内容比较具体的若干个可以考虑的初步方案；最后，对这些初步方案进行筛选。修改和补充以后，对留下的可行方案作进一步完善处理，并预计其执行的各种结果，如此便形成了有一定数量的可替代的决策方案。可供选择的替代方案数量越多，被选方案的相对满意程度就越高，决策质量就越有保障。为此，在拟定备选方案阶段，组织要广泛发动群众，充分利用组织内外的专家，发动他们献计献策，以产生尽可能多的改变设想和形成尽可能多的备选方案。

五、优选方案

决策过程的第五步是确定所拟定的各种方案的价值或恰当性，并确定最满意的方案。在实际决策工作中，方案的拟定、比较和选择往往交织在一起，因为方案的拟定不是一次性完成的，而是需要渐进地、不断地加以补充和完善。某一个较好的方案通常都是在与其他方案的比较中，在受到其他方案的启发下形成的。这个过程说明了决策步骤的不可分割性。决策者要进行选择，首先要了解各种方案的优点和缺点。为此，需要对不同方案进行评价和比较。比较评价的主要内容有以下几个方面。

（1）方案实施所需的条件是否已经具备，建立和利用这些条件需要组织付出何种成本。

（2）方案实施能给组织带来何种长期和短期的利益。

（3）方案实施中可能遇到的风险及活动失败的可能性。

根据上述方面的比较，就可辨别出各方案的差异和相对优劣。在此基础上进行决策时，要从能产生综合优势的角度来选择方案，并且要准备好环境发生预料中的变化时可以启用的备用方案。制定备用方案的目的，是对可预测到的未来变化准备充分的必要措施，以避免临时仓促应变可能造成的混乱。

在此基础上，管理者就可以作出最后选择。尽管选择一个方案看起来很简单，只需要考虑全部可行方案并从中挑选一个能最好地解决问题的方案，但实际上做出选择是很困难的。由于最好的选择通常建立在仔细判断的基础上，所以管理者必须仔细考察所掌握的全部事实，并确信自己已获得足够的信息。

六、实施方案

选定方案之后，紧接着的步骤就是实施方案。管理者要明白，方案的有效执行需要足够数量和种类的资源作保障。如果组织内部恰好存在方案执行所需要的资源，那么管理者应该设法将这些资源调动起来，并注意不同种类资源的互相搭配，以保证方案的顺利执行。如果组织内部缺乏相应的资源，则要考虑从外部获取资源的可能性与经济性。

管理者还要明白，方案的执行将不可避免地会对各方造成不同程度的影响，一些人的既得利益可能会受到损害。在这种情况下，需要管理者善于做思想工作，帮助他们认识这种损害只是暂时的，或者说是为了组织全局的利益而不得不付出的代价，在可能的情况下，管理者还可以拿出相应的补偿方案以消除他们的顾虑，化解方案在执行过程中遇到的阻力。

管理者更应当明白，方案的实施需要得到广大员工的支持，需要调动他们的积极性。为此，需要做以下三方面的工作：① 将决策的目标分解到各个部门与个人，实行目标责任制，让他们树立起责任心，感受到组织赋予他们的压力；② 管理者要善于授权，做到责权对等，相关主体拥有必要的权利，便于其完成相应的目标；③ 设计合理的报酬制度，根据目标的完成情况对相关主体实施奖惩，以充分调动他们的工作积极性。通过以上三方面的工作，能够实现责、权、利三者的有效结合，确保方案朝着管理者所期望的路线演进。

七、跟踪评估

即使是一个优化方案，在执行过程中，由于主客观情况的变化，发生这样那样与目标偏离的情况也是常有的。因此，必须做好反馈和跟踪评估工作。对方案执行效果的跟踪评估是指将方案实际的执行效果与管理者当初所设立的目标进行比较，看是否出现偏差。如果存在偏差，则要找出偏差产生的原因，并采取相应的措施。具体来说，如果发现偏差的出现是由于当初考虑问题不周到，对未来把握不准，或者所拟定的方案过于粗略（也就是说，偏差的发生与决策过程中的前六个步骤有关），那么管理者就应该重新回到前面六个步骤，对方案进行适应性调整，以使调整后的方案更加符合组织的实际和变化的环境。从这个意义上说，决策不是一次性的静态过程，而是一个循环往复的动态过程。如果发现偏差是由方案执行过程中某种人为或非人为的因素造成的，那么管理者就应该加强对方案执行的监控并采取切实有效的措施，确保已经出现的偏差不扩大甚至有所缩小，从而使方案取得预期的效果。

追踪决策是正常的但不是注定要发生的或经常大量出现的，否则就失去了决策的科学性了。对追踪决策要有正确的看法，采取冷静审慎的态度。决策过程是一个动态的依赖于时空变量的复杂随机函数，把决策看成一个凝固僵化的东西，是不切实际的。因此，对方案进行必要的修正是不鲜见的。就是对决策进行根本性修正的追踪决策，也是不奇怪的。经过追踪决策使方案达到双重优化，不但会减少损失，而且可以获得更佳效益。

以上七个步骤表明，决策是一个有顺序的、条理化的过程，而不是在瞬间选定一个方案的单纯的决断。如果所有可能的方案都已经被设计好，决策者的工作就是从这些备选方案中挑选方案。但事实上，决策者需要做大量的调查、研究和分析预测工作，然后确定目标，找出各种可行的方案，并进行方案的评价、权衡和选择，最后将选定的方案付诸执行。这些步骤结合起来就组成了一个完整的决策过程。

第四节　决策的方法

"工欲善其事，必先利其器"。这句名言强调了工具对完成好任务的重要性。在信息时代，信息技术就是作好管理决策的重要工具。然而，只有工具还不行，还要学会使用工具的方法。

决策使用的方法既依赖于客观条件，比如是否有计算机和相应软件，也依赖于决策者的能力，比如定性分析与定量分析的能力。根据决策所采用的分析方法，可以把决策方法分为定性方法、定量方法及定性与定量相结合的方法；根据决策所采用的分析工具，可以把决策方法分为采用一般计算工具的方法及采用计算机和网络等相关工具的方法。本节将介绍一些基本的决策方法。

一、定性决策方法

定性决策法是指在决策过程中凭借决策人的实际经验和直觉，用科学的方法进行综合、分析、研究，经过推理作出判断，从而产生决策方案的方法。

这类方法虽然依靠人的主观意识，但它不同于经验决策。定性是在对决策问题的条件、环境进行深入分析的基础上进行的，有一定的理论基础，而经验决策仅依靠局部经验。此类方法运用得当，则方便、省时、省力，而且能调动员工的积极性，便于决策的贯彻落实。但它也存在一定的局限性。由于决策是建立在个人主观判断基础上的，因此主观成分大，缺乏严格的科学论证，易受决策人知识类型的影响。此类方法主要适用于受社会因素影响较大、所含因素错综复杂的战略决策。定性决策主要有以下三种常用方法。

（一）头脑风暴法

头脑风暴法是为了克服阻碍产生创造性方案的遵从压力的一种相对简单的方法。它利用一种思想产生过程，鼓励提出任何类型的方案设计思想，同时禁止对各种方案做出任何批评。

头脑风暴法的特点是：针对解决的问题，相关专家或人员聚在一起，在宽松的氛围中，敞开思路，畅所欲言，寻求多种决策思路。

头脑风暴法的创始人是英国心理学家奥斯本。该决策方法的四项原则是：

（1）各自发表各自的意见，对别人的建议不作任何评论；

（2）建议不必深思熟虑，越多越好；

（3）鼓励独立思考，奇思妙想；

（4）可以补充和完善已有的建议。

头脑风暴法的目的在于创造一种畅所欲言、自由思考的氛围，诱发创造性思维的共振和连锁反应，产生更多的创造性思维。时间一般在1～2小时，参加者以5～6人为宜，一般不超过12人。

（二）德尔菲法

德尔菲法是在20世纪40年代由美国兰德公司首创和使用的一种特殊的策划方法。德尔菲法也称为专家意见法或函询调查法，它是对传统专家会议法的改进和发展，采用匿名通信或反复征求意见的形式，使专家们在互不知晓、彼此隔离的情况下交换意见，经过几轮反复，专家的意见渐趋一致，最后供决策者进行决策。

运用这一方法的步骤是：

（1）根据问题的特点，选择和邀请做过相关研究有相关经验的专家；

（2）将与问题有关的信息分别提供给专家，请他们各自独立发表自己的意见，并写成书面材料；

（3）管理者收集并综合专家们的意见后，将综合意见反馈给各位专家，请他们再次发表意见。如果分歧很大，可以开会集中讨论，否则，管理者分头与专家联络；

（4）如此反复多次，最后形成代表专家组意见的方案。

德尔菲法的整个过程如图4-2所示。

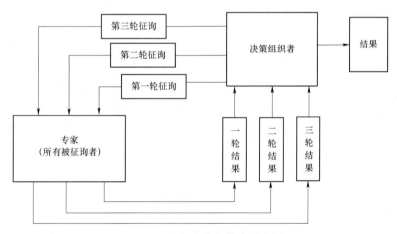

图4-2 德尔菲法的整个过程图

运用这种方法时，要求专家具备相关的专业知识，熟悉市场的情况，精通策划的业务操作。专家的意见得出结果后，策划人需要对结果进行统计处理。但是这种方法缺乏客观标准，主要凭专家的经验判断，再者由于次数较多，反馈时间较长，有的专家可能因为工作忙或者其他原因而中途退出，从而影响结果的准确性。

（三）哥顿法

哥顿法或称提喻法、类比法，是一种对问题进行迂回探索的特殊的创新会议方法。会议召集人不公开会议的具体目的，只是用类比的方法，把问题提出来，或只是提出决策问题的某一局部或某一侧面，并不讨论决策问题本身，让参加会议的专家提出设想、方案，展开讨论，专家不就事论事，而是广开思路、言路，待能打开主持人思路之后，召集人或指明问题，或还不指明问题，只是由决策者参加讨论意见，进行决策。一些事实证明，不就事论事而是就事物的本质进行讨论，容易抓住事物的本质和症结，这样，具体问题的解决办法也就自然产生了。

（四）名义群体法

在集体决策中，如果大家对问题性质的了解程度有很大差异或彼此的意见有较大的分歧，直接开会讨论效果并不好，可能争执不下，也可能权威人士发言后大家随声附和。

这时，可以采取"名义群体法"（nominal group technique）。名义群体是社会心理学的一个术语，指每一个成员不允许进行任何口头语言交流的群体，该群体的交流方法是纸和笔。

管理者先选择一些对要解决的问题有研究或有经验的人作为小组成员，并向他们提供与决策问题相关的信息。小组成员各自先不通气，独立地思考，提出决策建议，并尽可能详细地将自己提出的备选方案写成文字资料。然后召集会议，让小组成员一一陈述自己的方案，在此基础上，小组成员对全部备选方案投票，产生大家最赞同的方案，并形成对其他方案的意见，提交管理者作为决策参考。

真实群体中由于言语交流抑制了个体的创造力，而名义群体成员思路的流畅性和独创性更高一筹，名义群体可以产生更多的想法和建议。该方法耗时较少、成本较低，但对决策的执行不一定有利。

二、定量决策方法

定量决策是利用数学模型进行优选决策方案的决策方法。数学模型并非对真实问题的再现，只是作为一个有效的分析工具。定量决策方法有助于迅速而精确地对各种方案进行评价，应用这种方法可以帮助决策者从烦琐的细节中摆脱出来，把注意力集中到有决定意义的本质问题上。对决策者来说，掌握这种方法的应用将是很有用的。但由于许多社会因素不能进行量化，许多可变因素不可能准确计量，因此定量决策法做出的评价只能构成决策全过程的一部分，在适用范围上有一定的局限性。

根据数学模型涉及的决策问题的性质不同，定量决策法一般分为确定型决策法、不确定型决策法和风险型决策法三类。

（一）确定型决策法

确定型决策是指决策面对的问题的相关因素是确定的，从而建立的决策模型中的各种参数是确定的。比起不确定型和风险型决策，确定型决策是比较容易求解的问题。实际中有许多问题虽然不是严格确定型的，但如果主要因素是确定的，也可以暂且忽略不确定因素，简化为确定型决策问题。

解决确定型决策问题的方法有量本利分析法、线性规划、非线性规划、动态规划等，其他应用较广的还有网络优化等。由于篇幅限制，本书只介绍量本利分析法。

量本利分析法又称保本分析法或盈亏平衡分析法，是通过考察产量（或销售量）、成本和利润的关系及盈亏变化的规律来为决策提供依据的方法。

在应用量本利分析法时，关键是找出企业不盈不亏时的产量（称为保本产量或盈亏平衡产量，此时企业的总收入等于总成本）。而找出保本产量的方法有图解法和代数法两种。

（1）图解法。图解法是用图形来考察产量、成本和利润的关系的方法。在应用图解法时，通常假设产品价格和单位变动成本都不随着产量的变化而变化，所以销售收入曲线、总变动成本曲线和总成本曲线都是直线。

例 4.1 某企业生产某产品的总固定成本为 300 000 元，单位变动成本为每件 20 元，产品价格为每件 35 元。假设某方案带来的产量为 30 000 件，问该方案是否可取？

利用例子中的数据，在坐标图上画出总固定成本曲线、总成本曲线和总收入曲线，得出量本利分析图，如图 4-3 所示。

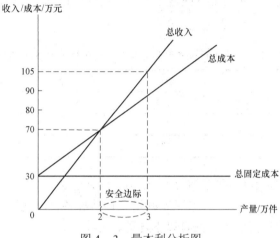

图 4-3 量本利分析图

从图 4-3 中可以得出以下信息，供决策分析之用：

① 保本产量，即总收入曲线和总成本曲线交点所对应的产量（本例中保本产量为 2 万件）；

② 各个产量上的总收入；

③ 各个产量上的总成本；

④ 各个产量上的总利润，即各个产量上的总收入与总成本之差；

⑤ 各个产量上的总变动成本，即各个产量上的总成本与总固定成本之差；

⑥ 安全边际，即方案带来的产量与保本产量之差。

在本例中，由于方案带来的产量（3 万件）大于保本产量（2 万件），所以该方案可取。

（2）代数法。代数法是用代数式来表示产量、成本和利润的关系的方法。

假设 p 代表单位产品价格，Q 代表产量或销售量，F 代表总固定成本，v 代表单位变动成本，Π 代表总利润，c 代表单位产品贡献（$c=p-v$）。

① 求保本产量。

企业不盈不亏时，$pQ=F+vQ$

所以保本产量 $Q=F/(p-v)=F/c$

在例 4.1 中保本产量 $Q=F/(p-v)=300\,000/15=20\,000$（件）

② 求保本目标利润的产量。

设目标利润为 $\varPi$，则 $pQ = F + vQ + \varPi$

所以目标利润 $\varPi$ 的产量 $Q = (F + \varPi)/(p - v) = (F + \varPi)/c$

在例 4.1 中假设目标利润为 150 000 元，则目标利润 $\varPi$ 的产量 $Q = (F + \varPi)/(p - v) =$ 450 000/15 = 30 000（件）

（二）不确定型决策法

不确定型决策是在对未来自然状态完全不能确定的情况下进行的。由于决策主要靠决策者的经验、智慧和风格，便会产生不同的评价标准，因而形成多种具体的决策方法。我们通过一个例子介绍几种不确定型决策法。

例 4.2　某企业打算生产某产品。据市场预测分析，产品销路有三种可能性：销路好、一般和差。生产该产品有三种方案：改进生产线、新建生产线、外包生产。各种方案的收益值在表 4-1 中给出。

表 4-1　企业产品生产各方案在不同市场情况下的收益　　　　　　　　　　　万元

项目	销路好	销路一般	销路差
1. 改进生产线	180	110	-40
2. 新建生产线	240	100	-80
3. 外包生产	100	70	16

面对这一决策问题，我们不能简单地从表 4-1 中选取收益最大的单元格（240），因为"销路好"这一情况不一定能发生，甚至不知道三种情况各自出现的可能性（概率）。

常用的不确定型决策问题的方法有以下几种。

1. 悲观法（小中取大法）

决策者对未来持悲观态度，认为未来会出现最差的情况。决策时，对各种方案都按它带来的最低收益考虑，然后比较哪种方案的最低收益最高，简称小中取大法。

在本例中，三种方案的最小收益为依次分别为 -40、-80、16，其中第三种方案对应的值最大，所以选择外包生产方案。

2. 乐观法（大中取大法）

决策者对未来持乐观态度，认为未来会出现最好的情况。决策时，对各种方案都按它带来的最高收益考虑，然后比较哪种方案的最高收益最高，简称大中取大法。

在本例中，三种方案的最大收益为依次分别为 180、240、100，其中第二种方案对应的值最大，所以选择新建生产线的方案。

3. 后悔值法（最大后悔值最小法）

决策者在选择了某方案后，若事后发现客观情况并未按自己预想的发生，会为自己事前的决策而后悔。由此，产生了最大后悔值最小决策方法，其步骤如下。

（1）计算每个方案在每种情况下的后悔值，定义为：

后悔值＝该情况下的各方案中的最大收益－该方案在该情况下的收益

（2）找出各方案的最大后悔值。

（3）选择最大后悔值中最小的方案。

表 4-2 给出了各方案在各种市场情况下的后悔值，最右边一列给出各方案的最大后悔值，其中第一方案对应的最大后悔值最小，所以选择改进生产线的方案。

表4-2　企业产品生产各方案在不同市场情况下的后悔值

万元

项目	销路好	销路一般	销路差	最大后悔值
1. 改进生产线	60	0	56	60
2. 新建生产线	0	10	96	96
3. 外包生产	140	40	0	140

4. 等概率法（平均法）

既然各种状态出现的概率无法预测，不妨假设其出现的概率相等，这时即可计算各个方案在各种状态下收益的平均数，据此选择比较满意的方案。

按这种决策方法对例 4.2 进行决策，具体的步骤是：将各个方案的收益值求得平均数，比较并选取数值大的方案为决策方案，如表 4-3 所示。

表4-3　企业产品生产各方案在不同市场情况下的平均收益值

万元

项目	销路好	销路一般	销路差	平均收益值
1. 改进生产线	180	110	-40	83.33
2. 新建生产线	240	100	-80	86.67
3. 外包生产	100	70	16	62

表 4-3 给出了各方案在各种市场情况下的平均收益值，其中第二个方案对应的平均收益值最大，所以选择新建生产线的方案。

（三）风险型决策法

风险型决策是指方案实施可能会出现几种不同的情况（自然状态），每种情况下的后果（即效益）是可以确定的，但不可确定的是最终将出现哪一种情况。犹如天气有晴、雨、阴等几种状态，哪种状态将最终出现，谁也无法事先作出肯定的判断，所以就面临决策的不确定性。不过，如果人们基于历史的数据或以前的经验可以推断出各种自然状态出现的可能性（即概率）的话，那么这种决策就成为风险型决策。在风险型决策下，人们计算出的各方案在未来的经济效果只能是考虑到各自然状态出现的概率的期望收益，该数值与这方案在未来的实际收益情况并不会相等。因此，据此选定决策方案就不免伴随着一定的风险。

风险型决策的方案评价方法有很多，这里我们主要介绍决策树和决策表两种方法。

1. 决策树法

在面对多阶段的风险决策问题时，人们经常采用决策树方法，其目标可以是最大期望收益，也可以是最大期望效用。现举例说明决策树的应用。

例 4.3　某企业现在生产某产品，生产规模不大。根据市场预测分析，明年产品的销路有两种可能：销路好（市场需求大增）与销路一般（与今年的市场需求持平），各种情况出现的概率分别为 0.7 和 0.3。为适应市场需求可能的变化，企业在今年第四季度有两种方案可供选择：① 新建生产线（可以满足销路好的需求）；② 改进生产线（可以满足销路一般的需求）。

如果今年没有上新生产线，到明年市场需求旺盛，企业还可以采取两种方案：① 紧急安装新生产线；② 加班生产和外包。

各种方案的收益值在表4-4中给出。

表4-4　各生产方案在不同市场情况下的收益值　　　　　　　　万元

项目	销路好	销路一般
1. 新建生产线	3 000	-2 000
2. 改进生产线		500
2.1　紧急安装新生产线	1 500	
2.2　加班生产和外包	2 000	

图4-4是解这一问题的决策树。图中的矩形节点称为决策点，节点 A 代表今年的决策，节点 B 代表明年的决策，从决策点引出的分支称为方案枝；圆形节点称为状态点，从状态点引出的分支称为状态枝。图4-4中标出了相应的概率和收益值。

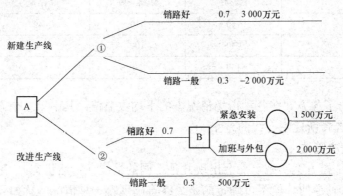

图4-4　用决策树解多阶段生产规模问题

求解次序是从决策树的末端开始，求解的基本步骤如下。

（1）先遇到决策点 B，取从该决策点出发的方案枝中的最大值，作为该决策点的值。

决策节点 B 的值 = Max（1 500，2000）= 2 000

（2）遇到状态点，依据各种状态的概率计算期望收益

状态点 1 的期望收益 $E_1 = 0.7 \times 3\,000 + 0.3 \times (-2\,000) = 1\,500$

状态点 2 的期望收益 $E_2 = 0.7 \times 2\,000 + 0.3 \times 500 = 1\,550$

（3）在决策点 A，比较两个方案之相连的两个状态点上的期望收益。

状态节点 1 期望收益 1 500，状态节点 2 的期望收益 1 550。取其中最大的作为采用的方案。

最后得到的决策方案是：今年采用方案 2，改进生产线；明年如果销路好，则采用加班生产和外包的方案；如果销路一般，则采用原来的生产能力生产。这种方案的期望收益是1 550 万元。

2. 决策表法

这种方法实际上与决策树法原理相似，只是表示的方式有所不同。仍以前述例子来说明，其决策表见表 4-5。

表 4-5 决策表

万元

项目	销路好	损益值	概率	期望收益值
1 新建生产线	销路好 销路差	3 000 -2 000	0.7 0.3	1 500
1.1 紧急安装新生产线	销路好 销路差	1 500 500	0.7 0.3	1 200
1.2 加班生产和外包	销路好 销路差	2 000 500	0.7 0.3	1 550

实际上，风险型决策方案的选择并不能只看期望收益值的大小，还必须同时兼顾方案的风险度，即各状态下的收益值与期望收益值的偏离程度。在预期收益值相当的情况下，预期收益值偏离程度越小，也即风险度越低的方案，应该越是可取的。

综合训练题

一、单项选择题

1. 高层管理者的主要工作是（   ）。

    A. 决策　　　　　　B. 协调　　　　　　C. 领导　　　　　　D. 控制

2. 对决策描述最为准确的是（   ）。

    A. 决策是适应外部环境的一项工作

    B. 决策是组织外部环境、内部条件、决策人自我目标之间动态平衡的过程

    C. 决策是 SWOT 分析

    D. 决策是"运筹帷幄之中，决胜千里之外"的工作

3. 受决策者个性影响最大的是（   ）。

    A. 程序化决策　　　　　　　　　　B. 战略决策

    C. 不确定型决策　　　　　　　　　D. 确定型决策

4. 某公司生产某种产品的固定成本是 40 万元，单位变动成本为 4 元，市场售价为 9 元。若要达到 10 万元销售毛利的目标，该产品产销量应达到（   ）万件。

    A. 5　　　　　　　B. 10　　　　　　　C. 15　　　　　　　D. 20

5. 程序化决策往往由（   ）进行。

    A. 一线工人　　　B. 基层管理者　　　C. 中层管理者　　　D. 高层管理者

6. 不确定型决策与风险型决策的区别在于（   ）。

    A. 可供选择的方案中是否存在两种或两种以上的自然状态

    B. 各种自然状态发生的概率是否可知

    C. 哪种自然状态最终发生是否确定

　　D. 决策是否经常重复进行

7. 德尔菲法的第一步是（　　）。

　　A. 统计归纳　　　　　　　　　　B. 沟通反馈意见

　　C. 投寄征询的意见　　　　　　　D. 分析意见

8. 某企业准备建一个分厂，有两个所需代价相同的方案，其成败的可能性与损益见下表。

方案	成功		失败	
	可能性	获利	可能性	损失
A	70%	150	30%	−50
B	70%	400	30%	−500

　　以下说法中，（　　）更科学。

　　A. 方案 B 的获利期望值大，可见方案 B 更好一些

　　B. 方案 A 失败了损失也不大，方案 A 更好

　　C. 两个方案的经营风险性是不同的

　　D. 两个方案的获利期望值相同，所以没什么差别

9. 美国克莱斯勒汽车公司的总裁艾柯卡曾经说过："等到委员会讨论以后再射击，野鸡已经飞走了。"对这句话正确的理解是（　　）。

　　A. 委员会决策往往目标不明确

　　B. 委员会决策的正确性往往较差

　　C. 群体决策往往不能把握市场的动向

　　D. 群体决策往往不讲究时效性，只考虑作出合理的决策

10. 高层管理者通常作（　　）决策。

　　A. 主观决策　　　　　　　　　　B. 非程序化决策

　　C. 程序化决策　　　　　　　　　D. 个人决策

11. 决策过程的第一步是（　　）。

　　A. 明确目标　　B. 识别机会　　C. 拟订方案　　D. 实施方案

12. 通常用来指导组织战略决策的目标是（　　）。

　　A. 长期目标　　B. 中期目标　　C. 短期目标　　D. 业务目标

13. 通常用来指导组织战术决策的目标是（　　）。

　　A. 长期目标　　B. 中期目标　　C. 短期目标　　D. 战略目标

14. 通常用来指导组织业务决策的目标是（　　）。

　　A. 长期目标　　B. 中期目标　　C. 短期目标　　D. 战略目标

15. 如果组织面对的是垄断程度较高的市场，那么下列通常不是其决策重点的是（　　）。

　　A. 如何改善生产条件　　　　　　B. 如何完善营销网络

　　C. 如何扩大生产规模　　　　　　D. 如何降低生产成本

16. 如果组织面对的是竞争程度较高的市场，那么下列通常不是其决策重点的是（　　）。

　　A. 如何密切关注竞争对手的动向

B. 如何对竞争对手的行为做出快速反应

C. 如何才能不断向市场推出新产品

D. 如何降低生产成本

17. 在卖方市场条件下，组织所作的各种决策的出发点是（　　　）。

　　A. 组织自身的生产条件和生产能力　　B. 市场需求情况

　　C. 消费者的偏好　　　　　　　　　　D. 消费者的购买力

18. 在买方市场条件下，组织所作的各种决策的出发点是（　　　）。

　　A. 组织自身的生产条件　　　　　　　B. 组织自身的生产能力

　　C. 市场需求情况　　　　　　　　　　D. 组织自身的管理水平

19. 针对解决的问题，相关专家或人员聚在一起，在宽松的氛围中，敞开思路，畅所欲言，寻求多种决策思路，这种方法是（　　　）。

　　A. 名义小组技术　　　　　　　　　　B. 头脑风暴法

　　C. 德尔菲法　　　　　　　　　　　　D. 哥顿法

20. 下列方法中的（　　　）是用来解决不确定型决策问题的。

　　A. 大中取大法　　B. 数学规划　　C. 网络优化　　D. 决策树

21. 喜好风险的人往往会选择风险程度（　　　）而收益（　　　）的行动方案。

　　A. 较高，较高　　B. 较高，较低　　C. 较低，较低　　D. 不确定

22. （　　　）是日常工作中为提高生产效率、工作效率而作出的决策，牵涉范围较窄。

　　A. 战略决策　　　B. 战术决策　　　C. 管理决策　　　D. 业务决策

23. 非程序化决策的决策者主要是（　　　）。

　　A. 高层管理者　　B. 中层管理者　　C. 基层管理者　　D. 技术专家

24. 下列关于头脑风暴法的说法，不正确的是（　　　）。

　　A. 相关专家或人员各自发表自己的意见，对别人的建议不作评论

　　B. 所发表的建议必须要深思熟虑

　　C. 鼓励独立思考、奇思妙想

　　D. 可以补充完善已有的建议

25. 在集体决策中，如果大家对问题的性质了解程度有很大差异，或意见有较大分歧，直接开会讨论效果并不好时，可以采取（　　　）。

　　A. 名义群体法　　　　　　　　　　　B. 头脑风暴法

　　C. 德尔菲法　　　　　　　　　　　　D. 优选法

26. 德尔菲法主要用于预测（　　　）。

　　A. 关键性问题　　B. 定量问题　　C. 难以定量的问题　　D. 以上均可

27. 越是组织的上层主管人员，所作出的决定越倾向于（　　　）。

　　A. 战略的、常规的、肯定的　　　　　B. 战术的、非常规的、风险的

　　C. 战略的、非常规的、风险的　　　　D. 战略的、非常规的、肯定的

28. （　　　）是管理的核心。

　　A. 计划　　　　　B. 组织　　　　　C. 决策　　　　　D. 领导与指导

29. 决策要以（　　　）为基础。

　　　A. 计划方案　　　B. 资源配置　　　C. 人员配备　　　D. 了解和掌握信息

30. 决策的最后一个步骤是（　　）。

　　　A. 确定决策目标　　　　　　　　B. 拟定备选方案

　　　C. 跟踪评估　　　　　　　　　　D. 选择满意方案

二、多项选择题

1. 下列不属于企业短期决策的是（　　）。

　　　A. 投资方向选择　　　　　　　　B. 人力资源开发

　　　C. 组织规模确定　　　　　　　　D. 企业日常营销

　　　E. 企业并购重组

2. 集体决策的优点是（　　）。

　　　A. 能够最大范围地汇总信息　　　B. 拟定更多的备选方案

　　　C. 能得到更多的认同　　　　　　D. 更好地沟通

　　　E. 作出更好的决策

3. 下列关于头脑风暴法的说法，正确的有（　　）。

　　　A. 相关专家或人员各自发表自己的意见，对别人的建议不做评论

　　　B. 所发表的建议必须要深思熟虑

　　　C. 鼓励独立思考、奇思妙想

　　　D. 可以补充完善已有的建议

　　　E. 专家可以对别人的意见发表自己的看法

4. 决策的特征有（　　）。

　　　A. 目标性　　　B. 可行性　　　C. 不可选择性　　　D. 过程性

　　　E. 最优性

5. 一般来说，越是组织的上层主管人员所作出的决策越倾向于（　　）决策。

　　　A. 战略型　　　B. 经验的　　　C. 常规的　　　D. 肯定的

　　　E. 风险的

6. 下列决策方法中，属于定量决策法的有（　　）。

　　　A. 动态规划法　　B. 后悔值法　　C. 决策树法　　D. 量本利分析法

　　　E. 线性规划法

7. 按决策问题的可控程度分类有（　　）。

　　　A. 常规决策　　B. 非常规决策　　C. 确定型决策　　D. 风险型决策

　　　E. 非确定型决策

8. 越是组织的下层主管人员，所作出的决策越倾向于（　　）。

　　　A. 科学决策　　B. 经验决策　　C. 战略决策　　D. 战术决策

　　　E. 确定型决策

9. 决策的类型很多且各有特点，共同的特征表现为（　　）。

　　　A. 有明确而具体的决策目标　　　B. 了解和掌握信息

　　　C. 有两个以上备选方案　　　　　D. 对方案进行综合分析与评价

　　　E. 追求最可能的优化效应

10. 决策活动要拟定能够达到目标的可能方案，这些方案具有（　　）。

　　A. 概括性　　　　　B. 典型性　　　　　C. 可行性　　　　　D. 代表性

　　E. 限制性

11. 定量决策法的优点是（　　）。

　　A. 简便　　　　　　　　　　　　B. 通用

　　C. 准确性高　　　　　　　　　　D. 适合于非常规决策

　　E. 适合于常规决策

12. 主观决策法的优点是（　　）。

　　A. 简便灵活　　　　　　　　　　B. 通用性大

　　C. 适用于非常规决策　　　　　　D. 调动专家积极性

　　E. 客观性

13. 按决策的思维过程分类有（　　）。

　　A. 程序化决策　　B. 科学决策　　　　C. 战术决策　　　　D. 非程序化决策

　　E. 风险型决策

14. 决策的基本要素有（　　）。

　　A. 决策对象　　　B. 决策信息　　　　C. 决策人员　　　　D. 主管人员

　　E. 领导人员

15. 头脑风暴法实施的原则有（　　）。

　　A. 不能对别人的意见提出怀疑和批评

　　B. 鼓励专家对已提出的方案进行补充、修正或综合

　　C. 解除与会者顾虑，创造自由发表意见而不受约束的气氛

　　D. 提倡简短精练的发言，尽量减少详述

　　E. 干扰别人的想法和意见

16. 过去的决策会影响现在的决策是因为（　　）。

　　A. 过去的决策是正确的

　　B. 过去的决策是目前决策的起点

　　C. 过去的决策都是现在的管理者制定的

　　D. 过去的决策给组织内外部的环境带来了某种程度的变化

　　E. 过去的决策是方向性的

17. 个人决策的优点包括（　　）。

　　A. 它能使人们对事物感知得更迅速、更有效

　　B. 有助于使人们透过事物的表面现象抓住事物的本质

　　C. 有助于人们从不完全的情报中获取重要的变化信息

　　D. 有助于人们形成决心，作出果断而大胆的选择

　　E. 有助于人们形成惯性思维

18. 下列选项中属于企业的战略决策的是（　　）。

　　A. 企业经营方向与目标的确定　　B. 产品结构的调整

　　C. 企业日常营销　　　　　　　　D. 新产品的开发

E. 新产品的市场开拓

19. 一般来说，不确定型决策的方法主要包括（　　）。

A. 悲观决策法　　　　　　　　　　B. 乐观决策法

C. 随机决策法　　　　　　　　　　D. 后悔值决策法

E. 概率均等决策法

20. 信息是决策的原料，详尽而可靠的信息是科学决策的前提和保证。对信息即情报资料的要求有（　　）。

A. 完整性　　　　B. 系统性　　　　C. 客观性　　　　D. 科学性

E. 可靠性

三、问答题

1. 什么是决策？决策的原则和依据各是什么？

2. 组织中的决策大多是追踪决策，何谓追踪决策？与初始决策相比，其特点是什么？

3. 战略决策与战术决策之间有何区别？

4. 程序化决策与非程序化决策之间有何区别？

5. 决策过程包括哪几个阶段？

6. 决策要受到哪些因素的影响？

7. 确定型决策方法、风险型决策方法和不确定型决策方法各有哪些？

8. 在实际工作中，经常存在各种决策失误。究其原因，可以发现很多决策者不遵循决策的原则和顺序。如有的决策者惯于凭主观想象和"拍脑瓜"决策；有的决策者过分追求完美的决策方案而迟迟不能决定，延误决策良机；甚至在过去基本建设项目中还存在边审批、边设计、边施工的"三边工程"。针对以上现象，试用决策理论分析如何提高决策质量。

9. 某产品原销售单价 50 元，单位变动成本 25 元，总固定成本 50 000 元，在原有价格下能销售 3 000 件，由于受原材料调价的影响，使单位变动成本上升 20%，企业按同幅度调价后销售量减少 50%。要求：（1）请运用盈亏平衡模型评价该企业价格决策的可行性。（2）若上述评价的结论为不可行，请提出改进建议。

10. 某公司为了扩大经营规模，设计了两种建设方案：一是建大商场，二是建小商场，投资分别为 300 万元和 160 万元，两者使用期限均为 10 年。据估计在此期间商场销路好的概率为 0.7，建造大商场每年能获收益 100 万元，建小商场能获收益 40 万元；商场销路差的概率为 0.3，建造大商场每年将损失 20 万元，建造小商场每年能获收益 10 万元。请运用决策树法求解该问题的最优方案。

四、案例分析题

【案例一】　达芙妮"关店止损"

在 2015 年采取"关店、裁员、降价"等一系列措施后，达芙妮已深陷亏损困境。达芙妮国际控股有限公司日前向投资者递交"答卷"：达芙妮继 2015 年全年同店销售增长下滑18.5%后，2016 年上半年持续亏损，核心品牌（"达芙妮""鞋柜"）门店销售同比下滑11.7%。

值得玩味的是，达芙妮市值曾于 2013 年一度升至 170 亿港元，短短三年又迅速跌至 17 亿港元，与之相对应的，是其深信不疑的"自救之道"——2016 年上半年销售网点净减少450 家，累计关店总数已达 5 464 家。

　　伴随着"专卖店"连锁经营模式的成功，达芙妮2012年创下了净利润9.56亿港元的最高纪录，市值高达170亿港元。而业绩飙升也让其存货积压问题开始变得棘手：同年销售收入10 529亿港元，存货也攀升至2 369亿港元，存货周期上升至188天，这暗示着，尽管此时达芙妮仍有造血能力，但资金链已开始趋向紧张。

　　达芙妮意识到这一点，于2012年也开始策略性缩小加盟比例，"单方面不续约"政策致使其与加盟商关系日益紧张。

　　而一番高歌猛进之后，由达芙妮庞大门店数量带来的经营压力也不断涌现。

　　2013年四季度，达芙妮开始大幅调整门店网点，砍掉50个核心品牌销售点，这也是其由盛转衰的第一波"关店潮"。而从其近三年财报看，为清除存货，达芙妮不仅关店铺还利用互联网积极促销过季产品，拒绝补货订单。

　　自2012年达芙妮市值升至顶点后，2013年开始下跌，2016年市值已跌至17亿港元创历史最低。

　　为扭转销售颓势，达芙妮方面表示将加快关闭门店速度，从2015年开始，仅用一年半时间就关闭了1 277间店铺，与2015年同期相比，核心品牌门店数减少17.3%。

　　2016年8月23日，达芙妮又发布最新中期业绩报告，营业额已下跌22.3%至34.01亿港元，公司拥有人应占亏损1.64亿港元。

　　至于原因，达芙妮认为，除大规模关店及门店销售额负增长导致销售额下降外，内地出现频繁暴雨及洪涝灾害也影响了店铺客流。

　　这已不是达芙妮首次将业绩下滑部分归因于"天气变化"。据达芙妮2015年年报显示，其2015年营业额83.79亿元，相比2014年103.55亿元，同比下降19.1%。当时就将其归咎于中国经济增长放缓拖累消费品市场，且2015年冬季异常温暖，很大程度影响了季节性销售产品，包括女鞋的销售情况。

　　业内分析认为，达芙妮业绩下滑源自其产品本身：不是产品质量不好，而是款式时尚度、穿着舒适度没有与时俱进。

　　"达芙妮大幅关店，并不能从根本上解决亏损问题，反而会让整个销售渠道缩窄。这从达芙妮、百丽等财报中都得到了验证。"服装行业专家、独立服装分析师马岗这样说。

　　资料来源：史亚娟. 达芙妮"自救"，却为何不能"自拔". 中外管理，2016（10）.

　　根据案例回答以下问题。

　　（1）如何评价达芙妮关店止损的决策？

　　（2）科学决策需要注意哪些问题？

【案例二】研制"协和"式民航客机的决策失误

　　1962年，英法航空公司开始合作研制"协和"式超音速民航客机，其特点是快速、豪华、舒适。经过十多年的研制，终于在1975年研制成功。

　　十几年时间的流逝，情况发生了很大变化。能源危机、生态危机威胁着西方世界。乘客和许多航空公司都因此而改变了对民航客机的要求。乘客的要求是票价不要太贵，航空公司的要求是节省能源，多载乘客，噪声小。但"协和"式飞机却不能满足消费者的这些要求。首先是噪声大，飞行时会产生极大的声响，有时甚至会震碎建筑物上的玻璃。由于噪声等问题，一些国家不允许着陆，使之运营困难，也就是说在商业上是失败的。其次是由于燃料价格上涨较快，运行费用也相应大大提高。这些情况表明，消费者对这种飞机的需求量不会很大。因此，不应大批量投入生产。

但是，由于公司没有决策运行控制计划，也没有重新进行评审，而且飞机是由两国合作研制的，雇用了大量人员参加这项工作，如果中途下马，就要大量解雇人员。上述情况使得飞机的研制生产决策不易中断，后来两国对是否要继续协作研制生产这种飞机发生了争论，但由于缺乏决策运行控制机制，只能勉强将决策继续实施下去。结果，飞机生产出来后卖不出去，原来的宠儿变成了弃儿。

没了订单，就无法发展。到1979年"协和"式民航客机停产为止，这一总耗资达32亿美元的超音速民航客机研制计划宣告结束。2003年10月24日，"协和"式客机正式退役。

根据案例回答以下问题。

（1）造成此次决策失误的原因是什么？

（2）如何进行科学决策？

【案例三】食品厂的改造决策

某城市繁华地段有一个食品厂，因经营不善长期亏损，该市政府领导拟将其改造成一个副食品批发市场，这样既可以解决企业破产后下岗职工的安置问题，又方便了附近居民。为此进行了一系列前期准备，包括项目审批、征地拆迁、建筑规划设计等。不曾想，外地一开发商已在离此地不远的地方率先投资兴建了一个综合市场，而综合市场中就有一个相当规模的副食品批发场区，足以满足附近居民和零售商的需求。面对这种情况，市政府领导陷入了两难境地：如果继续进行副食品批发市场建设，必然亏损；如果就此停建，则前期投入将全部泡汤。在这种情况下，该市政府盲目作出决定，将该食品厂厂房所在地建成一居民小区，由开发商进行开发，但对原食品厂职工没能给出有效的赔偿，使该厂职工陷入困境，该厂职工长期向上反映不能解决赔偿问题，对该市的稳定造成了隐患。

根据案例回答以下问题。

（1）你认为该市作出的决策恰当吗？为什么？

（2）用决策理论来分析，该决策反映了哪些问题？

第五章

计 划

教学目标：计划是管理的首要职能，是预先制定的行动方案和指南，是管理工作的基础。通过本章学习，要求学生认识到计划在管理工作中的重要作用，深入了解计划的概念、特征及其在实际应用中的具体分类，掌握计划工作的原理、计划编制的程序和计划实施的主要方法，学会运用计划理论从事管理工作。

 **引导案例**

松下电子工业公司的长期计划

40 年前，RCA 公司、通用电气公司和齐尼思公司等统治着美国的电视市场。如今，这些公司的电视机产品都销声匿迹了，取而代之的是日本松下电子工业公司各种牌号的电视机。

松下电器公司是松下幸之助在第二次世界大战后创立的，其目标是成为当时正在浮现的电子学领域的领导者，重建日本强国的地位。20 世纪 50 年代初期，松下公司确立了控制美国电视市场的目标，与其他日本电视机制造商组成了卡特尔（垄断组织形式），将进攻目标集中在美国市场上，20 年时间里，把美国的竞争对手从 25 个削减到 6 个，最终所有的美国竞争对手不是破产就是被外国同行所兼并。目前，松下公司已经成长为排名世界第 12 位的跨国公司。1990 年 11 月，又斥资 60 亿美元买下了 MCA 公司，它是环球制片公司的母公司，经过精心策划，制定长期的计划，使松下公司成为世界消费电子行业的巨人。目前，松下在全球设有 230 多家公司，员工总数超过 290 493 人。其中在中国有 54 000 多人。2018 年 7 月 19 日，《财富》世界 500 强排行榜发布，松下位列第 114 位。松下公司管理层把公司看作是经久不衰的企业，努力不给竞争对手留下任何可乘之机。

松下公司的成功说明了什么？

第一节　计 划 概 述

一、计划的概念

计划是管理职能中一个最基本的职能，是管理的首要职能。计划是任何一个组织成功的核心，它存在于组织各个层次的管理活动中。

"计划"一词可以从两方面理解：从名词意义上说，计划是指用文字和指标等形式表达的，在制定计划工作中所形成的各种管理性文件；从动词意义上说，计划是指为实现决策目标而制定工作计划的过程。计划既是未来组织活动的指导性文件，又是为实现组织目标而对未来行动所做的综合的统筹安排。总之，计划就是确定集体活动的目的、目标、任务、政策及行动方案并付诸实施。

二、计划的种类

计划的种类很多，依据不同的标准，可将计划分为不同的类型，各种类型的计划不是彼此割裂的，而是由分别适用于不同条件的计划组成的一个计划体系。计划的分类标准与类型如表 5-1 所示。

表 5-1　计划的分类标准与类型

分类标准	类　　型
按计划的期限分类	长期计划、中期计划和短期计划
按组织职能分类	生产计划、营销计划、财务计划、人力资源计划、新产品开发计划和安全计划
按计划范围的广度分类	战略计划、策略计划和作业计划
按计划的明确程度分类	指导性计划和具体性计划
按组织层次分类	高层管理计划、中层管理计划和基层管理计划

（一）按计划的期限分类

按计划的期限可把计划分为长期计划、中期计划和短期计划。长期计划通常属于战略性计划，它规定组织较长时期的目标及实现目标的总的方法和途径。对一个工商企业来说，长期计划包括经营目标、战略、方针、远期的产品发展计划、革新等。长期计划的期限一般在五年以上。中期计划是根据长期计划提出的目标和内容并结合计划期内的具体条件变化进行编制的，它比长期计划更为详细和具体，长期计划为组织指明方向，中期计划则为组织指明路径。中期计划具有衔接长期计划和短期计划的作用，期限一般为一至五年。短期计划通常又称年度计划，是根据中长期计划规定的目标和当前的实际情况，对计划年度的各种活动作出详细的说明和规定，它具有较强的可操作性。短期计划在执行的过程中灵活选择的范围较小，有效执行是其最基本也是最重要的要求。短期计划的期限一般为一年左右。

（二）按组织职能（或计划内容）分类

按组织职能，计划可划分为生产计划、营销计划、财务计划、人力资源计划、新产品开发计划和安全计划等。组织的类型和规模不同，具体职能部门的设置也不同。按组织职能进行分类，有助于人们更加精确地确定主要作业领域之间的相互依赖和相互影响关系，有助于估计某个职能计划执行过程中可能出现的变化及对全部计划的影响，并有助于将有限的资源更合理地在各职能计划之间进行分配。

（三）按计划范围的广度分类

按计划范围的广度可将计划划分为战略计划、策略计划和作业计划。战略计划是指应用于整个组织，为组织设立总体目标和寻求组织在环境中的地位的计划。战略计划一般由组织的高层管理人员来制定。战略计划的特点是长期性，决定在相当长的时期内大量资源的运动方向。它具有较大的弹性，涉及面广，相关因素较多，且这些因素的关系既复杂又不明确。策略计划是为实现战略计划而采取的手段，比战略计划具有更大的灵活性。策略计划一般由中层管理人员制定。作业计划是指规定总体目标如何实现的细节的计划，是根据战略计划和策略计划而制定的执行性计划。作业计划一般由基层管理人员制定。

（四）按计划的明确程度分类

按计划的明确程度可把计划划分为指导性计划和具体性计划。指导性计划只规定一些重大方针，指出重点但不把管理者限定在具体的目标或特定的行动方案上。具体性计划则明确规定了目标，要求必须具有明确的可衡量的目标及一套可操作的行动方案。指导性计划具有灵活性，组织通常根据面临环境的不确定性和可预见性程度的不同，选择制定这两种不同类型的计划。

（五）按组织层次分类

按组织层次，计划可分为高层管理计划、中层管理计划和基层管理计划。高层管理计划着眼于组织整体的、长远的设计和在未来环境发展中的定位，通常属于战略计划。中层管理计划一般着眼于组织内部的各个组成部分的定位，它既包括部门的分目标等策略性质的内容，也包括各部门的工作方案等作业性的内容。基层管理计划着眼于每个岗位、每个员工、每个工作时间的工作安排和协调，基本是作业性的内容。

三、计划的内容

计划就是确定集体活动的目标和实现目标的策略。计划包括预测、决策、规划与部署、执行与反馈四个基本环节。

（一）预测

预测就是通过调查分析，对企业当前和未来的形势进行判断，为决策提供依据。预测也包括对企业即将采取的行动后果进行评估。准确预测是正确决策的前提。20世纪末摩托罗拉公司的"铱星计划"因为预测不准，导致数十亿美元的损失就是预测失败的案例。

（二）决策

决策就是在行动有所选择的情况下，根据未来形势决定组织的方向、目标和实现目标的策略。

决策的前提是有所选择。例如，企业生产高档产品还是中、低档产品，采用当代最先进技术还是采用"适用"技术，由张某当计划处长还是让王某当，如此等等。决策的实质是作决定。方案尽管可以有多个，行动却只能按一个方案进行，因此，要行动就必须作决定。决策正确与否往往会决定一个组织一段时期内的基本走势和处境，或走向繁荣或趋向衰落。因而决策是计划的核心环节，也是管理的核心环节。

（三）规划与部署

就是将决策变成可操作的方案，制定具体的行动计划，规定进度、平衡资源、衔接活动、落实责任。也就是要将决策具体化为可操作的"5W1H"指令，告诉组织成员做什么（What to do）？为什么要做（Why to do）？何时做（When to do）？何地做（Where to do）？何人做或哪个部门做（Who to do）？怎么做（How to do）？

（四）执行与反馈

计划贵在执行，计划的执行涉及组织、领导、协调与控制等其他职能。计划的执行情况通过各种信息渠道反馈到相应部门，为修订计划或下一期计划提供依据。

四、计划的地位和作用

计划是管理的首要职能。首先，管理必须从计划开始。例如，建立一个企业，必须确定从事何种经营活动，是搞工业、商业还是金融？之后才能依次设计组织结构、招聘人员、募集资金、制定制度等。其次，计划是其他管理职能的依据，组织构架、激励重点、协调任务、控制标准都要以计划目标为依据。计划的质量决定企业活动的成效。孙子兵法指出，"用兵之道以计为首"，方向和策略如果错了，组织再严密、士气再高也没有用。工作有没有计划，计划是否科学，这是衡量一个职业经理人素质高低的重要标志。一个新提拔的管理人员，往往事先没有计划，或者计划不够周密，结果组织成员缺乏共同追求和协作蓝本，管理没有依据，出现各行其是、杂乱无章的状况，组织在事变面前仓皇失措，只能采取机会主义，无法达成远大的目标。

计划在管理中可以发挥多方面的作用。

（1）为组织未来可能面临的机遇和困难早做准备。通过计划，人们可以以深思熟虑的决策代替仓促草率的反应，从而提高组织适应环境变化的能力。例如，20 世纪 60 年代，日本厂商根据石油的供求形势提前开发节油型轿车，结果在 20 世纪 70 年代石油危机中抢占了大量国际市场。

（2）形成系统累积的努力，达成较高的组织目标。通过事先安排好的、前后衔接的行动，可以积小胜为大胜。例如，联想集团在 1987 年制定了"三步走"的发展战略，通过多年的持续努力，实现了建成"科工贸一体化"的跨国集团公司的目标。

（3）提供协作依据，形成集体生产力。计划好比交响乐团的总谱，它使乐手们互相配合，演奏出美妙而有声势的音乐。企业中的计划是各部门、各岗位行动的依据，缺乏科学的计划指导，组织活动将会一片混乱。

（4）提高工作效率。在计划中采用先进科学的方法，如运筹学等，可以大大提高组织的工作效率。

（5）为其他管理活动提供依据。组织规模依计划任务而定，控制标准的制定要以计划为基础，协调也必须围绕计划目标来进行。

第二节　计划工作原理

一、计划工作概述

（一）计划工作的概念

计划工作有广义和狭义之分。广义的计划工作是指制定计划、执行计划和检查计划三个阶段的工作过程，即计划管理。狭义的计划工作则是指制定计划，即根据环境的需要和组织自身的实际情况，通过科学预测，为达到组织未来一定时期内绩效最大化而确定的一系列手段和方法。

从狭义角度分析计划工作的概念，其内容可描述为"5W1H"。

What（what to do）：做什么？明确计划所要完成的工作内容和要求。

Why（why to do）：为什么做？明确制定计划的原因和目的，并论证合理性，把"要我做"变为"我要做"，进而充分发挥下属的主动性和创造性，实现预期目标。

Who（who to do）：谁去做？明确计划工作的内容由哪些部门和人员负责执行和完成。

When（when to do）：何时做？明确计划中各项工作的开始和完成时间，以便进行有效的控制和系统的管理。

Where（where to do）：何地做？明确计划实施的地点或场所，分析计划实施的环境条件和限制，合理安排计划实施的空间。

How（how to do）：怎样做？制定保证计划完成的措施及相应的政策和规则，对资源进行合理分配和集中使用，对生产能力进行平衡，对各种派生计划进行综合平衡等。

除此之外，计划工作还包括控制标准和考核指标的制定，也就是告诉实施计划的部门和人员，做成什么样，达到什么标准才算完成计划。

（二）计划工作的特征

计划工作的基本特征可以概括为以下五个方面。

1. 目的性

计划是实现目标的方法和手段，组织制定的每一个计划都旨在促使组织目标的实现。计划工作的一个主要方面就是通过制定计划，使企业的每个员工能够明确和理解组织的目标，并预测和确定哪些行动有助于目标的实现，哪些行动不利于目标的实现，从而促进组织目标的实现。

2. 首位性

计划工作在管理职能中处于首要地位，计划工作的主要任务就是为组织活动确定目标，管理过程中的其他职能，如组织、领导和控制等管理活动是为保证计划目标的实现而进行的。因此，计划工作理应放在其他工作之前。

3. 普遍性

计划工作涉及组织管理区域的每个层次，任何管理者或多或少都有某些制定计划的权力和责任，尽管计划工作的重点和内容随各级主管人员的层次、职权不同而各异，但计划工作是每位管理者无法回避的职能工作，高层管理者往往侧重于负责制定战略计划，而具体的计划由下级完成；较低层次的管理者偏重于作业计划。此外，现代组织的管理工作纷繁复杂，即使最聪明、最能干的领导人也不可能包揽全部的计划工作。因此，授权下级制定某些计划，有助于完成高层管理者的管理目标。同时，可以调动下级参与组织管理的积极性，进一步挖掘下级的潜力。因此，计划工作是各级管理人员的一个基本职能，具有普遍性。

4. 效率性

计划工作不仅要有效地确保实现目标，而且要从众多的方案中选择最优的资源配置方案，以求得资源的合理利用和效率的提高，也就是说计划工作要讲究效率。简单来讲，计划的效率就是投入与产出之间的比率，也就是指它对组织目标所做出的贡献与为了制定和执行计划所需要的费用和其他非预见性损失之间的对比关系。如果计划对目标实现的贡献率较大，即计划时利润、资产报酬率及其他相关的财务成果不断得以提高，或使制定和执行计划所实际支付的费用，以及其他非预见性的损失得以降低，这样的计划即为有效率的计划。此外，计划的效率形式不仅体现在与经济效益相关的指标上，还体现在组织成员和集体的满意程度上。

5. 创造性

计划工作是管理者根据组织的发展现状和组织所面临的新环境所提出的解决问题的方案。面对出现的新变化和新机会，管理人员必须打破旧观念和传统管理模式的束缚，迎接新机遇和接受新挑战，及时调整组织发展的战略和战术，制定更加符合实际的新计划。所以说计划工作是一项创造性的管理工作。

（三）计划工作的作用

计划是对未来的部署，它为组织的发展提供了方向，对组织的管理活动起着直接的指导作用。在复杂多变的组织环境中，一个科学性、准确性很强的计划，会减少各种变化所带来的影响，为管理者实现既定的管理目标起到事半功倍的作用。因此，制定计划是一个组织必不可少的工作。

1. 有利于规避不确定性和环境变化给组织带来的风险

计划是面向未来的，而未来的组织生存和发展环境往往是不确定的。计划工作的主要任务就是要充分分析并了解未来环境的变化规律和变化趋势，把握组织未来可能寻求的机会和面临的挑战，进而制定周密细致的规划及应对措施，从而规避不确定性和环境变化给组织带来的风险。

2. 有利于实现组织目标

计划工作为组织确立了明确而具体的发展目标和实现组织目标的行动方案。系统、完善的计划工作统一了部门之间和组织成员之间的活动，既使组织的资源得以合理、充分的利用，又能够使主管人员从日常的事务中解放出来，将主要精力放在随时检查、修改、扩大计划上来，放在对未来组织发展的设计上来。这就充分保证了组织目标的顺利实现和计划工作的连续性。

3. 有利于提高组织的经济效益

计划工作强调效率性。在具体的目标方案中，计划工作明确了组织中每个部门的职能分工，使得每个职能部门的工作能够协调一致，用均匀的工作流程代替不均匀的工作流程，从而有利于资源的合理配置；同时计划工作对人力、物力、财力和时间都作出了明确而具体的规定，保证人、财、物得到最合理的安排，能够消除不必要的重复活动所带来的浪费，能够避免在今后的活动中由于缺乏依据而进行轻率判断所造成的损失。计划工作还有助于用最短的时间完成工作，减少迟滞和等待时间，减少误工损失。因此，计划工作能细致地组织经营活动，有效地提高组织的经济效益。

4. 有利于对组织活动的控制

计划和控制是一个事物的两个方面。计划是控制的基础，控制中几乎所有的标准都来自计划，没有计划的活动是无法控制的，控制活动就是通过纠正计划的偏差使活动保持既定的方向，正是由于计划工作确定了目标，才使得控制职能能够将实际的工作结果与计划目标进行对照，一旦出现重大偏差，可以及时修正。因此，没有计划，也就没有控制。组织中的不同部门或其个体在计划实施的过程中所采取的行动与目标要求不一定符合，可能会出现偏差。这些偏差，如不及时发现并采取纠偏的措施，可能会导致组织计划的失败，甚至危及组织的生存。而计划的编制和执行为检查、监督的不同部门、不同成员在不同时期的活动提供了客观的标准和依据。

综上所述，计划是组织运行中必不可少的管理活动，其具有指导性、科学性、预见性、复杂性等特点。

二、计划工作原理

计划工作作为一种基本的管理职能活动，有自己的规律，也有自己的原理。计划工作的主要原理有：限定因素原理、许诺原理、灵活性原理和改变航道原理。

（一）限定因素原理

所谓限定因素，是指妨碍组织目标实现的因素，也就是说，在其他因素不变的情况下，抓住这些因素，就能实现期望的目标。限定因素原理可以表述如下：主管人员越是能够了解对达到目标起主要限制作用的因素，就越能够有针对性地、有效地拟定各种行动方案。限定因素原理有时又被形象地称为"木桶原理"。其含义是木桶能盛多少水，取决于桶壁上最短的那块木板条。限定因素原理表明，主管人员在制定计划时，必须全力找出影响计划目标实现的主要限定因素或战略因素，有针对性地采取得力措施。

毛泽东曾在《矛盾论》中用哲学的语言说明了相同的道理。他指出："任何过程如果有多数矛盾存在的话，其中必定有一种是主要的、起领导的、决定的作用，其他的则处于次要的和服从的地位。因此，研究任何过程，如果是存在着两个以上矛盾的复杂过程的话，就要用全力找出它的主要矛盾。捉住了这个主要矛盾，一切问题就迎刃而解了。"限定因素原理是决策的精髓。决策的关键就是解决抉择方案所提出的问题，即尽可能地找出和解决限定性的或策略性的因素。否则，如果对问题面面俱到地检查，不仅会浪费时间和费用，而且还有可能把注意力转移到决策的非关键性问题上，从而影响目标的实现。

（二）许诺原理

关于合理的计划期限的确定问题体现在许诺原理上。在计划工作中选择合理的期限应当有某些规律可循。许诺原理可以表述为：任何一项计划都是对完成各项工作所作出的许诺，因而，许诺越大，实现许诺的时间就越长，实现许诺的可能性就越小。这一原理涉及计划期限的问题。一般来说，经济上的考虑影响到计划期限的选择。由于计划工作和它所依据的预测工作是有成本的，所以，如果在经济上不合算的话，就不应当把计划期限定得太长。当然，短期计划也有风险，那么合理的计划如何确定呢？关于合理的计划期限的确定问题体现在"许诺原理"上，即合理计划工作要确定一个未来的时期，这个时期的长短取决于实现决策中所许诺的任务所必需的时间。

例如，由于出现了意料之外的原材料大幅度涨价，某企业为了保证实现年度生产经营计划的利润目标，需要补充制定一个增加销售收入的计划，那么这个计划的期限至少要多长时间呢？这个计划至少要在一年中的什么时间以前制定并实施才能确保实现呢？根据许诺原理，该计划期限主要取决于从增加订货到最后实现销售收入的最短周期。对于该企业来说，从接收订单、签订合同到完成工程图设计一般要两个月的时间。进行生产准备、投资到出产品的生产周期一般也为两个月。商品通过铁路发运、整个发运过程的延续时间均为半个月左右，结算周期一般为一个月以上，而且有逐渐延长的趋势。因此，计划期限应定为半年，也就是说，计划工作的开始时间至少要在六月底以前。这也是为什么该企业每年要在六月底以前审查年度计划完成情况的原因。这项工作已成为一项惯例。

按照许诺原理，计划必须有期限要求，事实上，对于大多数情况来说，完成期限往往是对计划的最严厉的要求。此外，还必须合理地确定计划期限，并且不应随意缩短计划期限。再有，每项计划的许诺不能太多，因为许诺（任务）越多，则计划时间越长。如果主管人员实现许诺所需的时间长度比他可能正确预见的未来期限还要长，如果他不能获得足够的资源，使计划具有足够的灵活性，那么他就应当断然地减少许诺，或是将他所许诺的期限缩短。例如，他所许诺的如果是一项投资的话，他就应当采取加速折旧、提存等措施使投资的回收期缩短，以减少风险。

（三）灵活性原理

计划必须具有灵活性，即当出现意外情况时，有能力改变方向而不必花太大的代价。灵活性原理可以表述为：计划中体现的灵活性越大，则由于未来意外事件引起损失的危险性就越小。必须指出，灵活性原理就是制定计划时要留有余地，至于执行计划，则一般不应有灵活性。例如执行一个生产作业计划必须严格准确，否则就会发生组装车间停工或在制品大量积压的现象。对主管人员来说，灵活性原理是计划工件中最重要的原理，在承担的任务重，而目标计划期限长的情况下，灵活性便显现出它的作用。

当然，灵活性是有一定限度的，它的限制条件有以下几个方面。

（1）不能总是以推迟决策的时间来确保计划的灵活性。因为未来的不肯定性是很难完全预料的，如果我们一味等待更多的信息，尽量地将未来可能发生的问题考虑周全，当断不断，就会错失良机，招致失败。

（2）使计划具有灵活性是要付出代价的，甚至由此而得到的好处可能抵消不了它的费用支出，这就不符合计划的效率性。

（3）有些情况往往根本无法使计划具有灵活性。即存在这种情况，某个派生计划的灵活性，可能导致全盘计划的改动甚至有落空的危险。例如企业销售计划在执行过程中遇到困难，可能实现不了既定的目标。如果允许其灵活处置，则可能危及全年的利润计划，从而影响到新产品开发计划、技术改造计划、供应计划、工资增长计划、财务收支计划等许多方面，以致企业的主管人员经过反复权衡之后，不得不动员一切力量来确保销售计划的完成。为了确保计划本身具有灵活性，在制定计划时，应量力而行，不留缺口，但要留有余地。本身具有灵活性的计划又称为"弹性计划"，即能适应变化的计划。

（四）改变航道原理

计划制定出来后，计划工作者就要管理计划，促使计划的实施，而不能被计划所"管理"，不能被计划框住。必要时可以根据当时的实际情况做必要的检查和修订。因为未来情况随时都可能发生变化，制定出来的计划本就难以做到一成不变。尽管我们在制定计划时预见了未来可能发生的问题，并制定出相应的应对措施，但正如前面所提到的：

（1）计划不可能面面俱到；

（2）环境是在不断变化的；

（3）计划往往赶不变化，总有一些问题是不可预见的。

所以，要定期检查计划，如果情况已经发生变化，就要调整计划或重新制定计划，就像航海家一样，必须经常核对航线，一旦遇到障碍就绕道而行。故改变航道原理可以表述为：计划的总目标不变，但实现目标的进程（即航道）可以因情况的变化随时改变。这个原理与灵活性原理不同，灵活性原理是使计划本身具有适应性，而改变航道原理是使计划执行过程具有应变能力，为此，计划工作者就必须经常检查计划，重新调整、修订计划，以此达到预期的目标。

第三节　计划的编制

一、计划制定的原则

计划是面向未来的，而未来无论是组织生存的环境还是组织自身都具有一定的不确定性和变化性，制定计划的过程就是管理者的主观认识与客观事实相结合的思想过程，所以计划的正确性首先要以管理者的经验和自身能力为基础。计划制定原则是管理者和学者在长期的实践和思考中总结出的经验，能够有效地指导计划制定工作。根据计划工作原理，制定组织的行动计划一般要遵循以下五条原则。

（一）关键因素原则

关键因素是指组织目标实现的决定性因素，也就是说，在其他因素不变的情况下，仅仅改变这些因素就可能影响组织目标的实现程度。关键因素原则是指编制计划的人员在备选方案中进行选择时，首先要准确地识别决定目标实现与否的关键性因素，这样才能准确地选定最优的备选方案。关键因素原则的含义在于它告诉编制计划的人员，必须全力找出影响计划目标实现的主要矛盾，然后从这些因素入手，采取针对性的措施，确保计划目标的实现。

（二）实效原则

实效原则是指计划期限应当足够长，以便在此期限内能够实现当前的计划目标。应当说，计划对既不太长也不太短的期限才是有效的。那么科学合理的计划期限究竟应该怎样确定为好呢？根据实效原则，科学合理的计划要根据实现决策中所制定任务需要的时间，来确定一个适中的计划实现时期。遵循实效原则，要特别注意把握三点：① 计划的完成必须有一个严格的期限要求；② 依据实际情况确定一个合理的计划期限，避免制定计划的随意性；

③ 单项计划的任务不能太多，因为任务越多，计划完成的时间就越长。管理人员不是作计划未来的决策，而是计划当前决策对未来的影响，因此，当他发现完成任务所需的时间比他认为的合理的计划期限还要长时，他就必须有选择地尽量减少过多的计划任务。

（三）效率原则

效率原则是指用尽可能少的资源发挥最大的效用，在计划期限的长短与投入资源之间找到效率最大化的平衡点。一项合理的计划要在确保效率最大化的前提下，准确地预测在目标期限中的资源投入量。决策是计划的核心，决策是一种投入，在通常情况下这种投入是指资金、行动方向或是在声誉方面所承担的义务。

（四）弹性原则

弹性原则是指在制订计划中应尽可能充分考虑到未来可能发生的突发事件，减少不必要的损失。但是，增加计划弹性的成本应当同它所带来的利益结合起来进行权衡。这个原则就是要求在制订计划时必须留有余地，当意外情况出现时，可以及时进行调整从而避免付出过多的代价。弹性原则是制订计划工作中非常重要的原则，在目标任务越是重要而且目标计划期限越长的情况下弹性原则就越能体现出它的作用。

（五）导向变化原则

当人们按照计划所制定的道路前进时，应该定期对所发生的事件和计划发生的事件进行对照，检查是否偏离计划，这些检查是使事情朝着某一既定的目标发展所必需的。管理人员根据当时的实际情况拟定计划时，尽量去预见未来发生的情况，并制定出相应的应变措施，但不可能预见到未来将要发生的所有情况，正所谓计划赶不上变化。正因为如此，在计划实施过程中，根据当时的实际情况定期对计划进行检查和修订就尤为重要。如果情况已经变化到计划的考虑范围之外，就要调整现阶段计划或重新制定现阶段计划，但是计划的总目标不能改变。需要指出的是，导向变化原则与弹性原则不同，弹性原则是使计划本身具有适应性，而导向变化原则是指在计划执行过程中符合每个阶段实际情况的应变能力。

二、计划编制的程序

计划职能是管理的基本职能。虽然计划的类型和表现形式不同，但科学地编制计划的步骤和程序却是相同的。计划工作的程序一般包括：估量机会，确定目标，确定前提条件，确定备选方案，评价备选方案，选择可行方案拟定派生计划，编制预算。

（一）估量机会

估量机会是计划的准备工作，是对未来可能出现的机会加以估计，并在清楚全面地了解这些机会的基础上，进行初步的探讨。组织的管理者只有在充分认识到自身的优势、劣势，分析清楚面临的机遇和挑战的基础上，才能真正找好自己的目标定位。虽然估量机会要在实际编制计划之前进行，不是计划工作的一个组成部分，但却是计划工作的真正起点。可以说，没有估量机会，就没有计划的制定。

（二）确定目标

计划工作的目标是指组织在一定时期内所要达到的效果。目标是存在的依据，是组织的灵魂。因此，首先，必须正确地选择目标内容和顺序。目标内容和顺序和社会环境、组织的性质、组织的资源状况和管理者的价值观念密切相关。其次，确定目标实现的时间。任何计划的完成都受到各种条件的限制，不可能都在短时间内完成，必须根据组织自身实际和环境条件确定合理的完成时间，既可以起到目标激励作用，又可以防止无限制地拖延工作。最后，目标要有科学的指标和价值，即目标要尽可能量化，能够度量和控制。

（三）确定前提条件

确定前提条件是计划工作的一项重要内容。计划工作的前提条件就是计划工作的假设条件，也就是执行计划时的预期环境。确定前提条件，就是要对组织未来的内外部环境和所具备的条件进行分析、预测，弄清计划执行过程中可能存在的有利条件和不利条件。预测的环境因素较为复杂，包括宏观的社会经济因素，即社会发展的总体环境未来变化趋势；政府政策，即政府的税收、金融、价格、能源、产业、进出口、就业等因素；市场环境，即组织面临的竞争对手、消费者，以及其他市场参与者；组织资源，即组织发展所需要的物质资源和人力资源状况等。以上影响因素有的可以控制，如开发新产品、新市场、资源分配等；有的不能控制，如宏观环境、政府政策等。一般来说，不可控因素越多，预测工作的难度就越大，对管理者的素质要求就越高。

（四）确定备选方案

在计划的前提条件明确以后，就要着手去在众多方案和措施中寻求实现目标的最佳途径。方案不是越多越好，我们要做的工作是将许多备选方案的数量逐步地减少，对一些最有希望的方案进行分析。通常，最显眼的方案不一定是最佳的方案，只有发掘了各种可行的方案才有可能从中选出最优的方案。计划工作者往往要通过数学方法和计算机来择优，排除希望最小的方案。

（五）评价备选方案

评价备选方案就是要根据计划目标和前提来权衡各种因素，比较各个方案的优点和缺点，对各个方案进行评价。各种备选方案一般都各有其优缺点，如有的方案利润大，但支出大，风险高；有的方案利润小，但收益稳定，风险低；有的方案对长远规划有益；有的方案对眼前有利。这就要求管理者根据组织的目标并结合自己的经验和直观判断能力对方案作出评价，在分析时可借助数学模型和计算机，要做到定性分析和定量分析相结合，才能选择一个相对合适的方案。

（六）选择可行方案

选择可行方案就是选择行为过程，正式通过方案。选择方案是计划工作最关键的一步，也是抉择的实质性阶段。在作出抉择时，应当考虑在可行性、满意度和可能效益三方面结合的最好的方案。有时我们在评选中会发现一个最佳方案，但更多的时候可能有两个或多个方案是合适的，在这种情况下，管理者应决定首先采用哪个方案，而将其余的方案也进行细化和完善，作为后备方案。

（七）拟定派生计划

派生计划就是总计划下的分计划。其作用是支持总计划的贯彻落实。一个基本计划总是需要若干个派生计划来支持，只有在完成派生计划的基础上，才可能完成基本的总计划。

（八）编制预算

计划工作的最后一步就是编制预算，使计划数字化，即将选定的方案用数字更加具体地表现出来，如收入和费用总额，取得的利润和发生的亏损等。通过编制预算，对组织各类计划进行汇总和综合平衡，控制计划的完成进度，才能保证计划目标的实现。

三、计划编制的方法

计划效率的高低和质量的好坏在很大程度上取决于所采用的计划技术。可供选择的计划方法很多，常用的有综合平衡法、滚动计划法、运筹学方法、投入产出分析方法、计量经济学方法。

（一）综合平衡法

综合平衡是编制计划的基本方法。综合平衡法是指在编制计划过程中，从系统观点出发，全面分析各方面因素，统筹安排诸要素，使其比例适当、协调运行的一种统筹技术。其中系统管理是实现综合平衡的基础和核心。

综合平衡的目的是要使需要与可能之间、生产和经济效益之间、眼前利益和长远利益之间、企业利益和国家利益之间实现基本平衡，使各项指标之间在数量、时间、速度等方面取得合理的比例关系，使企业的各项资源都得到充分的利用。

就企业的生产经营计划编制而言，主要应做好如下三方面的平衡。

1. 产供销平衡

（1）生产与需求平衡。

平衡的原则是"以销定产"。一般的做法是：首先根据经营目标和利润计划的要求按订货合同和预测的需求量先编制产品销售计划；其次依据产品销售量和产品库存编制产品生产计划；最后再根据生产计划与生产能力等的平衡情况调整销售计划和销售任务。

（2）生产与物资平衡。

平衡的原则是"以产定供"。这实际上是企业的物资需要量与已有的资源平衡。

（3）生产与技术准备平衡。

生产与技术准备平衡，主要检查新产品试制和改进后的老产品重新上市场的生产技术准备工作是否已经进行，以保证产品生产和试制的衔接。

2. 生产能力的平衡

生产能力的平衡包括：生产任务与劳动力的平衡、生产任务与设备能力的平衡、生产任务与生产面积的平衡。

3. 资金平衡

资金平衡主要是产供销活动与流动资金的平衡。

经过以上综合平衡，理顺了关系，安排好了比例，就可以将计划以书面形式编制完成。

（二）滚动计划法

这种方法是以前期计划的完成情况和外界条件的变化为参照，来定期修订即将实施的计划，从而使计划不断向前推进，故称滚动计划法。

滚动计划法的特点：① 计划分期执行，近期计划内容制定得具体、完善，是计划的具体实施部分，具有指令性；远期计划内容制定得较概括，是计划的准备实施部分，具有指导性。② 后期计划一定要根据前期计划的执行情况和环境变化做调整，以把计划推向一个新的执行期。

例如，某电子公司在 2010 年制定了 2011—2015 年的五年计划，采用滚动计划法。到

2011 年底，该公司的领导者就要根据 2011 年计划的实际完成情况和外界条件的变化，对原定的五年计划进行必要的修订和调整，据此编制 2012—2016 年的五年计划，依次类推，如图 5-1 所示。

2011—2015 年的五年计划				
2011	2012	2013	2014	2015
很细	较细	一般	较粗	很粗

↓

2011 年计划完成情况

客观条件变化

↓

计划修正因素	
计划与实际的差异分析	环境变化

↓

2012—2016 年的五年计划				
2012	2013	2014	2015	2016
很细	较细	一般	较粗	很粗

图 5-1 滚动计划法示意图

滚动计划法的优点：① 根据前期计划执行情况及时进行调整，从而提高计划指导作用的准确性。② 长期计划、中期计划、短期计划相互呼应、补充，能够及时调整计划以适应不断变化的环境，使各期计划在调整中保持一致。③ 具有相当的弹性，可以提高组织对不断变化的外界环境的应变力，从而有效规避风险。

（三）运筹学方法

运筹学是一种分析的、试验的和定量的科学方法，用于研究在物质条件一定的情况下，为了达到一定的目的，统筹兼顾所涉及的各方面要素之间的关系，为制定最佳方案提供数量上的依据，以便能最经济、最有效地使用人、财、物，取得最好的效果，其主要实现途径是通过建立数学模型，求出最优解以确定最优计划方案的方法。运筹学是计划最全面的分析方法之一。

运筹学方法起源于 20 世纪初叶的科学管理运动，至今已经发展成为包括规划论、派对论、对策论、库存论、模拟论、图论等多个分支的方法体系。其中规划论，包括线性规划、非线性规划、动态规划、整数规划等已有很广泛的应用，尤其是线性规划方法，在战略计划的制定中发挥了重要的作用。

运筹学方法的运用一般包含以下步骤：

（1）根据实际问题建立数学模型；

（2）选择并制定一个目标函数；

（3）确定模型中内生变量、外生变量及参数；

（4）求解该模型的最优解。

运筹学方法的优点是将计划内容具体量化，便于比较选优。计算机技术的运用，可以节省大量人力和时间，提高工作效率，其在解决资源配置方面的问题时尤为适用。但一些管理学家指出运筹学方法的运用也有一定的局限性，主要表现在：一是模型建立所需要的条件与实际管理环境有差异；二是模型计算得出的"最优解"也许不比"满意解"更具有实际意义。合理、科学地运用运筹学方法对计划的制定具有积极的作用。

（四）投入产出分析方法

投入产出分析方法最先由美籍俄国经济学家瓦西里·里昂惕夫在 1936 年提出来，至今已有 100 多个国家采用投入产出分析方法进行经济方面的研究。投入产出分析方法是运用高等数学这一工具对物质生产部门的产品之间的数量依存关系进行科学分析，并对再生产进行综合平衡的一种科学方法。

投入产出分析方法的基本原理是：任何经济活动都包括投入和产出两部分。投入是指生产活动中人力、物力、财力等的消耗，产出是指生产活动带来的产品、效益等，投入与产出具有一定的数量比例关系。投入产出分析方法就是利用这种数量关系求出各部门之间的比例，编制投入产出表；然后计算各环节的直接消耗系数和间接消耗系数（合计为完全消耗系数）；进一步根据某些最终产品的需求（供居民消费、政府使用和出口的最终消耗等）算出各部门应达到的指标，用来编制综合计划。

投入产出分析方法的优点是可以综合平衡各部门的生产比例，反映部门（或各类产品）的技术经济结构，可用于合理安排生产任务。在编制综合计划过程中不仅能充分利用现有统计资料，而且能建立各种统计指标之间的内在联系，使统计资料系统化。编出的投入产出表可以比较全面反映经济过程，为各种经济分析和经济预测提供参考。表格形式直观简易，利于广大计划工作者学习接受。其使用范围广，可在不同组织和企业中使用。

（五）计量经济学方法

这种方法的奠基人是挪威经济学家弗瑞希。它是运用现代数学工具和各种统计分析来描述和确立各种经济关系的方法。严格来说，计量经济学方法就是把经济学中各种经济关系的学说作为假设，根据实际统计资料，运用数理统计方法，对经济关系进行计量。然后，把计量结果应用到实际当中。计量经济学方法应用于计划工作的步骤如下。

1. 因素分析

对影响计划的各因素的种类及关系进行分析，从而得出其对实际情况的影响程度。

2. 建立模型

参照分析结果，把影响问题的主要因素列为自变量，所有次要因素都用一个随机误差项表示，而把问题本身作为因变量，建立含有未知参数的模型。

3. 参数估计

利用数理统计的方法确定数学模型中的参数值。

4. 实际应用

可以用于经济预测，即预测因变量在将来的数值；可以用于评价方案，即对计划工作中的各种方案进行评价，以选出最优方案；可以进行结构分析，即利用模型对经济系统各组成部分进行更深入的分析，以找出关键问题，保障计划顺利实施。

计量经济学方法的优点是对各种影响因素进行分析，便于管理者加强市场预测；数学模型的建立，可以使计划的任务指标量化，便于作出准确判断，具有较大的应用价值；参数的建立，减少了因用数学方法对一些问题的假设而造成的误差。

第四节 计划的组织实施

一、计划的执行

计划是一定时间渐进性的过程。因此，需要对计划实施过程进行全程监控，观察其是否正常，有无障碍出现。在计划承诺期间，计划过程一直在进行，随着各种客观因素的不断变化，需要对计划进行必要的修订、完善甚至更新。组织中所有成员相互协调与配合是执行计划方案所必需的。鼓励组织成员参与编制计划能使他们达到有效协调。为了计划更好地实施还需要制定时间表并对其进行分段。

为了保证计划能够有效地实施，还必须制定监测程序和调整机制。这些程序和机制有助于发现和修正计划实施过程中出现的偏差。在计划的每一阶段，都应将计划执行情况与原计划进行比较。

为了组织的各项计划能够实现，必须加强对计划的控制工作。计划控制的主要方法有以下几种。

（一）预防控制（事前控制）

预防控制是指对计划执行过程中可能出现的偏差进行预测，减少偏差出现的概率。这种控制方法主要注意未来有可能发生的行为，进行这种控制，对计划进行可起到预防作用。

（二）过程控制（事中控制）

在计划执行过程中，不断按照先前制定的某些标准进行对比检查，找出计划执行中出现的偏差，及时纠正，并确定计划是否可行。例如在财务方面，对于工程项目在财务预算上进行控制，经过一段时间之后，要检查是否符合财务制度要求。

（三）反馈控制（事后控制）

参照预期的目标，查看执行结果是否符合控制标准，是否达到计划的目标，总结经验教训，并制定改进措施，以利于未来的计划行动。

二、计划调整的必要性

由于计划的权变因素较多，所以对计划进行调整尤为必要。有时，对长期计划或指导性计划的调整可能更重要，而有时则调整短期计划或具体计划可能更重要。计划的权变性主要由以下四方面引起。

（一）组织的层次

在通常情况下，随着管理者在组织中的等级上升，他所完成的计划内容也不断发生变化，由最初的制定作业计划发展到更倾向于战略导向的计划。而最高管理者的计划任务基本上都是战略性的。

（二）组织生命周期

组织都要经历一个由形成阶段、成长阶段、成熟阶段、衰退阶段组成的生命周期。在不同的阶段当中，计划的类型一般也不同。因此，在不同阶段上，要对实施的时间长度和明确性做相应的调整。

（三）环境的变化程度

由于环境的变化，超出计划预测的条件范围，就必然会使计划执行发生偏差。因此，计划就应该根据实际情况，做出相应的改变，来适应当时的环境。环境的改变性越大，计划越应当是指导性的，计划期限也应越短。

（四）未来承诺的期限

承诺的概念是指根据执行任务的难易程度，确定完成这项任务（即实现当前承诺）的具体期限。应使计划期限足够长，以便在此期限内能够实现当前的承诺。当前的计划对未来承诺越重要，计划的时间期限就理应越长。

三、计划调整的方法

计划调整是组织实现目标的必要手段，调整计划需要掌握大量的反馈信息，需要组织的信息系统正常运转。调整计划的方法主要包括滚动计划法、趋势外推调整法和启用应急计划等。

（一）滚动计划法

滚动计划法不仅适用于计划的编制，也适用于计划的调整。滚动计划法是指把实施计划分成许多不同的时间段和时期，然后逐期逐段地向前执行。这种方法不仅适用于指定计划，而且适用于计划的调整。并根据前期计划的执行情况和环境变化情况及时调整未来的计划，逐期向未来推移，连续滚动调整计划。滚动计划法使长期计划、中期计划和短期计划有机地统一起来。具体做法是对近期计划严格审核，考察其是否符合当前实际情况，并及时做出调整；对远期计划只做一个粗略的考察。它的每次整合调整都使整个计划向前滚动一个阶段。

（二）趋势外推调整法

趋势外推调整法是以趋势外推预测技术为基础，发展起来的一种计划调整方法。它是将趋势外推法得出的下一期预测数作为下一期计划指标的调整方法，主要包括简单平均法、移动平均数法、加权平均数法等。比如，企业要对整月度销售计划进行调整，就要根据前几月实际销售数计算平均数，并把平均数作为本月销售计划数。假定今年五月，原销售计划为销售 141 万件，今年头四个月实际销售数分别为 139 万件、141 万件、143 万件、145 万件，用移动平均法预测五月销售数为：$D_5 = (D_1 + D_2 + D_3 + D_4)/4 = (139 + 141 + 143 + 145)/4 = 142$（万件）。

根据上述预测结果，企业可把五月份销售计划指标定为 142 万件。趋势外推调整法的特点是操作简单，实用性强，只要对前几个阶段得到的实际数据进行简单的整理，即可得出本阶段的结果。但是，这种调整方法的基本前提是假定客观发展的趋势在近期内无变动。因而，这种方法具有局限性，它往往不能对环境的变化做出及时的调整，尤其不能适应使趋势发生逆转的变化。

（三）启用应急计划

为了适应外部环境的多变性，必须做好准备来应付各种可能发生的变化。应急计划就是一种应付意外事件的预警计划。当环境突然发生变化，特别是使客观趋势发生逆转的变化，可以启用备用计划调整原来正在实施的计划。

应急计划主要是应对一旦发生将对计划活动的结果产生巨大影响的意外事件。在制定计划时要全面考虑可能发生的重大意外事件，并且把对策预先编制成应急计划。在计划实施过程中，一旦发生意外事件，立即启用应急计划，减少意外事件对组织活动结果的影响程度。

一个计划的应急计划可能有一个或多个。编制应急计划时主要考虑各种不利情况的发生，使得组织在面临这些情况时可以比较主动地调整计划。计划本身的预见性越准确，备用应急计划的作用越大。

第五节 目 标 管 理

一、目标的含义及特点

目标是在未来一定时间内组织经过努力要达到的理想状态或预期成果。对于一个组织而言，目标是重要的，它表明了组织存在的目的及未来发展的方向。一般而言，组织目标具有以下特点。

（一）差异性

目标的差异性主要表现在以下几个方面。

（1）不同的组织具有不同的组织目标。

（2）不同类型的组织，组织基本宗旨不同，组织目标也不同。

（3）同一类型的组织，其所处的环境、所拥有的组织资源、价值观念等不同，即使其组织目标指标体系相同，其目标的具体数值也常表现出很大的差异性。

（二）多元性

不论是处在哪一个组织层次，目标都不是单一的，而是由一组目标构成的。当然，这其中可以有某一两个目标处于更重要的位置。彼得·德鲁克认为，对于工商企业来说，一般要在 8 个方面确定目标，特别是战略目标。这八大目标领域是市场推销、创新、人员组织、财务资源、物质资源、生产率、社会责任和利润。因此，对于多个目标，必须考虑各个目标的相对重要性。组织目标的多元性，是组织为了适应内外部环境的要求而导致的必然结果。由于组织是由各利益相关者构成的一个复合体，其利益相关者包括股东、员工、顾客、政府、社区、媒体等，组织目标是对多个利益相关者要求的反应，因此组织目标需要对各利益相关者的要求进行权衡。

（三）层次性

组织目标形成一个有层次的体系，范围从广泛的组织战略性目标到特定的个人目标。这个体系的顶层是组织的远景和使命陈述，第二层次是组织的任务。在任何情况下，组织的使命和任务必须要转化为组织总目标和战略，总目标和战略更多地指向组织较远的未来，并且为组织的未来提供行动框架。这些行动框架必须要进一步地细化为更多的具体行动目标和行动方案。这样，在目标体系的基层有分公司的目标、部门和单位的目标、个人目标等。

在组织的层次体系中，不同层次的主管人员参与不同类型目标的建立。董事会和最高层主管人员主要参与确定企业的使命和任务目标，并且也参与在关键成果领域中更多的具体的总目标。中层主管人员如副总经理、营销经理或生产经理，主要是建立关键成果领域的目标、分公司和部门的目标。基层主管人员主要关心的是部门和单位的目标及他们的下级人员目标的制定。对于组织任何层次的人员来说，都应该有个人目标，包括业绩和个人发展目标。

（四）网络性

目标网络从某一具体目标实施规划的整体协调方面来进行工作。如果各种目标不互相关联、不相互协调而且也互不支持，则组织成员往往出于自利而采取对本部门看似有利而对整个公司却不利的方法。目标网络的内涵表现为以下四点。

（1）目标和计划很少是线性的，即并非当一个目标实现后接着去实现另一个目标。目标和规划形成一个互相联系着的网络。

（2）主管人员必须确保目标网络中的每个组成部分相互协调，不仅执行各种规划要协调，而且完成这些规划在时间上也要协调。

（3）组织中的各个部门在制定自己部门的目标时，必须要与其他部门相协调。有人研究后得出结论，公司的一个部门似乎很容易制定完全适合于自己的目标，但这个目标却在经营上与另一个部门的目标相矛盾。

（4）组织制定各种目标时，必须要与许多约束因素相协调。

二、目标制定的 SMART 原则

（一）目标必须是具体化的（specific）

目标的具体性是指目标内容必须明确具体，不能笼统或含糊其辞。目标应尽可能地量化，以便在实现过程中能够度量和控制。一般情况下，目标的具体化体现在构成目标体系的一系列指标上，这些指标不但应有数量指标，还应有质量指标；不仅应有绝对数指标，还应有相对数指标、平均数指标和指数指标等，并且由它们构成组织目标的具体指标体系。当然，有些目标难以具体量化，只能用文字予以描述，但文字描述也应尽量清晰明确。

（二）目标必须是可衡量的（measurable）

目标的可衡量要求人们必须能够清楚地回答"在期末，我如何知道目标已经完成了。"这样一个问题，即进一步将目标界定为具体的可测量的指标。如获取合理的利润，虽然指出了公司是盈利还是亏损，但它并不能说明应该取得多少利润。因为"合理"是一个模棱两可的词汇，不同的人对其解释是不同的，对于下属认为合理的东西，可能完全不被上级接受。如果我们将目标明确地界定为"在本计划年度终了实现投资收益 10%"，那么对"多少""什么""何时"都作出了明确回答。

（三）目标必须是可达到的（attainable）

目标对目标的追求者来说必须是其经过一定的努力能够实现的。一切过高或过低的目标都会破坏其作用的发挥。过高的目标不仅无法实现，而且会造成计划的失效，严重地挫伤人们的积极性，同时还会大大影响组织各种功能的发挥。因此，在目标的制定过程中人们必须全面地分析组织自身的条件与组织所处的外部环境及这些条件与环境可能会出现的变化，在分析与预测的基础上制定出自己组织的目标。

（四）目标必须具有相关性（relevant）

组织的各类目标构成一个纵横交错的网络体系。从纵向看，按照从高到低、从抽象到具体的顺序和原则,组织的目标体系从最高层的宗旨或使命到战略目标到战术目标再到作业目标,下一层次的目标以上一层次的目标为指导并支持上一层次目标的实现;从横向看,企业的各项职能目标,如财务、人力资源目标等都是围绕着业务目标而展开。组织的各类目标之间存在着一定的相关性,不存在孤立的目标或行动。

(五)目标必须有明确的时间期限(time-based)

已确定的目标必须是限定在一定时间内去实现的,即在确定目标的同时必须确定出实现目标的具体时间限制。一般而言,人们应该在确定目标时间之后,再根据组织的具体内外部环境与条件去确定自己的目标。实际上从管理的角度上说,既定目标是一个组织在一定时间内所作的一种自我"承诺",即承诺在既定时间内所要完成的任务。没有时间限定的目标是没有意义的目标,那只是一种空洞的口号而已。

三、目标管理的含义及特点

目标管理创始于 20 世纪 50 年代的美国,是以泰勒的科学管理和行为科学理论为基础形成的一套管理制度。目标管理,简称 MBO,是英文 management by objectives 的缩写。彼得·德鲁克 1954 年在《管理实践》一书中首先提出"目标管理与自我控制"的主张,随后在《管理:任务、责任和实践》一书中对此作了进一步阐述。目标管理在 20 世纪 50 年代提出后,经由其他一些人发展,逐步成为西方许多国家所普遍采用的一种系统地制定目标并进行管理的有效方法,我国企业于 20 世纪 80 年代初开始引进目标管理,现在,目标管理已成为世界上比较流行的一种企业管理制度。

目标管理的概念可以概括为:目标管理,又叫成果管理,是指组织的最高领导层与各级管理人员共同参与制定出一定时期内经营活动所要达到的各项工作目标,然后层层分解落实,要求下属各部门主管人员以至每个员工根据上级制定的目标,制定出自己工作的目标和相应的保证措施,形成一个目标体系,并把目标完成情况作为各部门或个人考核依据的一套管理方法。

目标管理在指导思想上是以麦戈雷格的 Y 理论为基础,即认为在目标明确的条件下,人们能够为自己负责,具体方法上是泰勒科学管理的进一步发展,它与传统管理方式相比有鲜明的特征。

(一)重视人的因素

目标管理是一种参与的、民主的、自我控制的管理制度,也是一种把个人需求与组织目标结合起来的管理制度。在这一制度下,上级与下级的关系是平等、尊重、依赖、支持的,下级在承诺目标和被授权之后是自觉、自主和自治的。

(二)建立目标锁链与目标体系

目标管理通过专门设计的过程,把组织的整体目标逐级分解,转换为各单位、各员工的分目标。从组织目标到经营单位目标,再到部门目标,最后到个人目标。在目标分解过程中,责、权、利三者已经明确,而且相互对称。这些目标方向一致,环环相扣,相互配合,形成协调统一的目标体系。只有每个员工完成了自己的分目标,整个组织的总目标才有可能完成。

(三)重视成果

目标管理以制定目标为起点,以目标完成情况的考核为终结。工作成果是评定目标完成程度的标志，也是人事考核和奖评的依据，是评价管理工作绩效的唯一标准。至于完成目标的具体过程、途径和方法，上级并不需要过多干预。所以，在目标管理制度下，监督的成分很少，而控制目标实现的能力要求却很强。

四、目标管理的程序

哈罗德·孔茨认为，目标管理是一个全面的管理系统，它用系统的方法使许多关键管理活动结合起来，并且有意识地瞄准有效地和高效率地实现组织目标和个人目标。典型的目标管理包括如下六个步骤。

（一）制定目标

这是目标管理最困难的一步。它包括制定组织的整体目标和各部门的分目标。总体目标是组织在未来从事活动要达到的状况和水平，其实现有赖于全体成员的共同努力。为了协调这些成员的努力，各个部门的各个成员都要建立与组织目标相结合的分目标。这样就形成了一个以组织总体目标为中心的一贯到底的目标体系。在编制每个部门和每个成员的目标时，上级要向下级提出自己的方针和目标，下级要根据上级的方针和目标制定自己的目标方案，在此基础上进行协商，最后由上级综合考虑后作出决定。目标可以根据实际需要设置为不同的期限，比如一个季度、一年、三年或五年等。

在大多数情况下，目标设置可与年度预算或主要项目的完成期限相一致。在制定目标时，主管人员也要建立衡量目标完成的标准，如果制定的是定量的、可考核的目标，时间、成本、数量、质量等这些衡量标准一般都要写到目标里去。在制定目标系列时，主管人员和下级应该一起行动，而不应该不适当地强制下级制定各种目标。

（二）制订行动计划

行动计划详细说明了实现一定目标所需要的行动步骤。个人和部门都需要制订行动计划。

（三）执行行动计划

计划组织中各层次、各部门的成员为达到分目标，必须从事一定的活动，必须利用一定的资源。为了保证他们能实现目标，这一阶段的工作内容主要包括：① 对下级按照目标体系的要求进行授权，以保证每个部门和职工能独立地实现各自的目标；② 加强与下属交流，进行必要的指导，最大限度地发挥下属的积极性和创造性；③ 严格按照目标及保证措施的要求从事工作；④ 定期或不定期地进行检查等。

（四）评价成果

要保证行动计划起作用，还需要定期对计划进程进行成果评价。成果评价既是实行奖惩的依据，也是上下左右沟通的机会，同时还是自我控制和自我激励的手段。成果评价既包括上级对下级的评价，也包括下级对上级、同级关系部门相互之间的评价及各层次的自我评价。上、下级之间的相互评价，有利于信息、意见的沟通，从而有利于组织活动的控制；横向的关系部门相互之间的评价，有利于保证不同环节的活动协调进行；而各层次组织成员的自我评价，则有利于促进自我激励、自我控制及自我完善。

（五）实行奖惩

组织对不同成员的奖惩，是以上述各种评价的综合结果为依据的。奖惩可以是物质的，也可以是精神的。公平合理的奖惩有利于维持和调动组织成员的工作热情和积极性；奖惩有失公正，则会影响成员行为的改善。

（六）制定新目标并开始新的目标管理循环

成果评价与成员行为奖惩，既是对某一阶段组织活动效果及组织成员贡献的总结，也是为下一阶段的工作提供参考和借鉴。在此基础上，为组织成员及其各个层次、部门的活动制定新的目标并组织实施，便展开了目标管理的新一轮循环。

综合训练题

一、单项选择题

1. 在下列管理的基本职能中，属于首位的是（　　　）。
   A. 计划　　　　　　　B. 组织　　　　　　　C. 领导　　　　　　　D. 控制

2. 决策是计划工作的（　　　）。
   A. 重心　　　　　　　B. 核心　　　　　　　C. 基础　　　　　　　D. 目标

3. 计划是决策的（　　　）。
   A. 重心　　　　　　　B. 基础　　　　　　　C. 目标　　　　　　　D. 逻辑延续

4. 计划的普遍性是针对一项计划特征而言的，（　　　）。
   A. 任何工作都要制定计划　　　　　　B. 所有管理者都要制定计划
   C. 所有员工都要执行计划　　　　　　D. 是上述答案的综合

5. 计划工作的任务，不仅要确保实现目标，而且还要从众多的方案中选择最优的资源配置方案，以求得合理利用资源，这是强调计划的（　　　）。
   A. 目的性　　　　　　B. 普遍性　　　　　　C. 效率性　　　　　　D. 创造性

6. 长期计划一般是指时限为（　　　）以上的计划。
   A. 一年　　　　　　　B. 三年　　　　　　　C. 五年　　　　　　　D. 二年

7. 战略性计划的首要内容是（　　　）。
   A. 战略选择　　　　　B. 战略环境分析　　　C. 战略评价　　　　　D. 战略调整

8. 具体地规定了组织的各个部门在目前到未来的各个较短时期的活动，从事该活动应达到何种要求，因而为各组织成员在近期内的行动提供了依据，这种计划类型叫作（　　　）。
   A. 战术计划　　　　　B. 战略计划　　　　　C. 短期计划　　　　　D. 长期计划

9. 与长期计划有关的人员是（　　　）。
   A. 高层管理者　　　　B. 基层管理者　　　　C. 专业管理者　　　　D. 中层管理者

10. 根据计划的明确性程度，可把计划划分为（　　　）。
    A. 长期计划与短期计划　　　　　　　B. 战略性计划与战术计划
    C. 具体性计划与指导性计划　　　　　D. 程序性计划与非程序性计划

11. 根据计划涉及问题的性质可把计划划分为（　　　）。
    A. 长期计划与短期计划　　　　　　　B. 战略性计划与战术计划
    C. 具体性计划与指导性计划　　　　　D. 程序性计划与非程序性计划

12. 从狭义的角度分析，计划的内容可描述为（　　　）。

　　　A. 6W1H　　　　　　B. 5W1H　　　　　C. 3W1H　　　　　D. 4W1H

13. 生产与需求平衡的平衡原则是（　　）。

　　　A. 以产定销　　　　B. 产销平衡　　　　C. 产大于销　　　　D. 以销定产

14. 生产与物资平衡的平衡原则是（　　）。

　　　A. 以产定销　　　　B. 产销平衡　　　　C. 以产定供　　　　D. 以销定产

15. 一般来说，高层管理者主要致力于（　　）。

　　　A. 战术性计划　　　B. 战略性计划　　　C. 指导性计划　　　D. 具体性计划

16. 一般来说，中层或基层管理者主要致力于（　　）。

　　　A. 战术性计划　　　B. 战略性计划　　　C. 指导性计划　　　D. 具体性计划

17. 下列关于对业务计划、财务计划和人事计划描述不正确的是（　　）。

　　　A. 业务计划、人事计划是为财务计划服务的

　　　B. 财务计划是从资本提供和利用上促进业务活动的有效进行

　　　C. 人事计划是为业务规模的维持和扩大提供人力资源保证的

　　　D. 财务计划和人事计划都是为业务计划服务的

18. 计划工作把决策确立的组织目标及其行动方式分解为不同时间段的目标及其行动安排叫作（　　）。

　　　A. 空间维度　　　　B. 时间维度　　　　C. 目标维度　　　　D. 行动维度

19. 计划工作把决策确立的组织目标及其行动方式分解为组织内不同层次、不同部门、不同成员的目标及其行动安排叫作（　　）。

　　　A. 空间维度　　　　B. 时间维度　　　　C. 目标维度　　　　D. 行动维度

20. 从名词意义上理解，计划就是（　　）。

　　　A. 制定方案　　　　B. 管理文件　　　　C. 表格　　　　　　D. 时间轴

21. 从动词意义上理解，计划就是（　　）。

　　　A. 制定方案　　　　B. 管理文件　　　　C. 表格　　　　　　D. 时间轴

22. 拟定和选择可行的行动方案不包括（　　）。

　　　A. 拟定可行的行动计划　　　　　　　B. 评估计划

　　　C. 修改计划　　　　　　　　　　　　D. 选定计划

23. 限定因素原理是指制定计划时考虑的限定因素（　　），则计划目标的实现越有保证。

　　　A. 越多　　　　　　B. 越少　　　　　　C. 越稳定　　　　　D. 越波动

24. 许诺原理主要是涉及（　　）。

　　　A. 计划目标　　　　B. 计划内容　　　　C. 计划期限　　　　D. 计划手段

25. 计划灵活性原理就是（　　）。

　　　A. 执行计划留有余地，制定计划则不应有灵活性

　　　B. 制定计划和执行计划都有灵活性

　　　C. 制定计划留有余地，执行计划则不应有灵活性

　　　D. 上述都不对

26. 计划制定通常包括：① 预算数字化；② 评估备选方案；③ 选定计划；④ 确定计

划的前提条件；⑤ 确定目标。你认为正确的计划步骤是（   ）。

    A. ⑤③①④②
               B. ⑤④②③①

    C. ④③②①⑤
               D. ②③⑤①④

27. 使长期计划和中期计划相互衔接，保证能根据环境的变化及时进行调节，这是（   ）计划的优点。

    A. 预算   B. 滚动计划法   C. 网络计划法   D. 综合平衡法

二、多项选择题

1. 按计划的期限分类，可把计划划分为（   ）。

    A. 战略计划   B. 长期计划   C. 中期计划   D. 短期计划
    E. 作业计划

2. 按照计划范围的广度可把计划划分为（   ）。

    A. 战略计划   B. 长期计划   C. 策略计划   D. 短期计划
    E. 作业计划

3. 国家"十三五"规划属于（   ）类型。

    A. 长期计划   B. 战略计划   C. 综合计划   D. 指导性计划
    E. 具体性计划

4. 按照计划的内容可把企业计划划分为（   ）。

    A. 生产计划   B. 营销计划   C. 财务计划   D. 人力资源计划
    E. 物资采购供应计划

5. 按照计划的明确性程度可把计划划分为（   ）。

    A. 战略性计划   B. 战术计划   C. 具体计划   D. 指导性计划
    E. 作业计划

6. 计划工作的特征可以概括为（   ）。

    A. 目的性   B. 首位性   C. 普遍性   D. 效率性
    E. 创造性

7. 运用综合平衡法编制企业生产经营计划主要考虑的平衡有（   ）。

    A. 产供销平衡   B. 人员平衡   C. 生产能力平衡   D. 资金平衡
    E. 岗位平衡

8. 生产能力平衡主要包括（   ）。

    A. 生产任务与劳动力平衡   B. 生产任务与销售平衡
    C. 生产任务与资金平衡   D. 生产任务与设备能力平衡
    E. 生产任务与生产面积平衡

9. 财务计划、人事计划与业务计划的关系是（   ）。

    A. 财务计划和业务计划是为人事计划服务的

    B. 财务计划和人事计划是围绕业务计划展开的

    C. 财务计划是从资本提供和利用上促进业务活动的有效进行

    D. 人事计划是为业务规模的维持和扩大提供人力资源保证的

    E. 财务计划和人事计划都是为业务计划服务的

10. 计划工作的主要原理有（　　　）。
    A. 整分合原理　　　B. 限定因素原理　　C. 灵活性原理　　　D. 许诺原理
    E. 改变航道原理

11. 计划工作的秩序性主要表现为计划工作的（　　　）。
    A. 制度性　　　　　B. 规范性　　　　　C. 纵向层次性　　　D. 横向协作性
    E. 普遍性

12. 计划工作是对决策工作（　　　）上进一步展开和细化。
    A. 时间维度　　　　B. 职能维度　　　　C. 任务维度　　　　D. 空间维度
    E. 方案维度

13. 计划作为管理者必备的基本技能，主要应学会（　　　）。
    A. 树立计划观念　　B. 制定计划　　　　C. 掌握计划原理　　D. 掌握计划概念
    E. 计划组织实施

14. 下列不是计划调整方法的有（　　　）。
    A. 滚动计划法　　　　　　　　　　　　　B. 时间序列分析法
    C. 趋势外推法　　　　　　　　　　　　　D. 综合评价法
    E. 启用应急计划

15. 计划控制的主要方法有（　　　）。
    A. 预防控制　　　　B. 过程控制　　　　C. 程序控制　　　　D. 集中控制
    E. 反馈控制

16. 计划制定的原则有（　　　）。
    A. 关键因素原则　　B. 实效原则　　　　C. 效率原则　　　　D. 弹性原则
    E. 导向变化原则

17. 计划调整的方法主要有（　　　）。
    A. 滚动计划法　　　B. 综合平衡法　　　C. 趋势外推法　　　D. 产销平衡法
    E. 启用应急计划

18. 滚动计划方法的作用是（　　　）。
    A. 使战略性计划的实施更切合实际
    B. 使长期计划、中期计划和短期计划相互衔接
    C. 使短期计划内部各阶段相互衔接
    D. 增强了计划的弹性和可操作性
    E. 减少了计划的灵活性

19. 目标管理的特点主要有（　　　）。
    A. 以目标为中心　　B. 重视人的因素　　C. 有灵活性　　　　D. 重视定性考核
    E. 重视成果

20. 目标制定的 SMART 原则包括（　　　）。
    A. 具体化　　　　　B. 可衡量　　　　　C. 可达到　　　　　D. 相关性
    E. 时间期限

三、问答题

1. 简述计划工作的主要原理的内容？
2. 一个完整的计划应包括哪些内容？
3. 计划制定的原则有哪些？
4. 目标制定的 SMART 原则有哪些？
5. 简述计划的编制程序。
6. 简述目标管理法的流程。

四、案例分析题

【案例一】科宁公司的经营计划

科宁是美国创建最早的公司之一，自 1880 年成功地制造了第一个灯泡以来，科宁公司一直以经营玻璃品的生产和加工为主，并且实行家族式管理。然而，这种经营战略也给它带来了许多问题：它的主干业务——灯泡生产在 30 年前曾经占据美国 1/3 的灯泡市场，而今天却丧失了大部分的市场；电视显像管的生产也因激烈的市场竞争而陷入困境。这两条主要的生产线都无法为公司获取利润。

面对上述情况，公司既希望开辟新的市场，又不愿意放弃其传统的玻璃生产和加工。为此，公司最高领导层制定了一个新的战略计划，计划主要包括三个方面：第一，缩小类似灯泡和电视显像管这样低产的部门；第二，减少因市场周期性急剧变化而浮动的产品的生产；第三，开辟既有挑战性又具有巨大潜在市场的产品。

第三方面又包括三个新的领域：一是开辟光波导器生产，希望这方面的年销售量能达到 40 亿美元；二是开辟生物工程技术，这种技术在食品行业大有前途；三是利用原来的优势，继续制造医疗用玻璃杯和试管等，并开拓电子医疗诊断设备，希望在这方面能够达到全美同行业中的第一或第二位的地位。

科宁还有它次一级的目标。例如，目前这个公司正在搞一条较复杂的玻璃用具生产线，并准备向不发达的国家扩展业务。

很明显，科宁正在进行一个雄心勃勃的发展计划。公司希望通过提高技术、提高效率，以获得更大的利润。但是，在进行新计划过程中，科宁也遇到了许多问题。例如科宁真要从光波导器和生物控制等方面获得成功的话，就必须扩大其经营领域。另外，科宁给人的印象是要保持原来的基础，而不是获得利润。

根据案例回答以下问题。

（1）请你概述科宁公司的战略计划和战术计划。

（2）你认为科宁公司的中、长期计划和短期计划是什么？

【案例二】王勇经理的目标管理

王勇曾经在一家有名的外商独资企业担任过销售部经理，业绩卓著。几年前，他离开了这家企业，自己开了一家建材贸易公司，由于有以前的底子，所以生意很不错。年初，他准备进一步扩大业务，在若干个城市设立销售处，同时扩大销售范围，增加花色品种。面对众多要处理的问题，王勇决定把部分权力授权给下属的各部门经理。他逐一与部门经理谈话，一一落实要达到的目标。其中他给采购部门经理下达的目标是：保证每一个销售处所需货物的及时供应，所采购货物的合格率在 98% 以上，采购成本保持在采购额的 5% 以内。采购部经理当即提出异议，认为有的指标不合理。王勇回答说"可能吧，你尽力而为就是了。"

到年终考核时发现，采购部达到了王勇给他们规定的前两个目标，但采购成本大大超出，约占当年采购额的 8%。王勇问采购部经理怎么会这样时，采购部经理解释说："有些事情只能如此，就目前而言，我认为，保证货物及时供应和货物质量比我们在采购时花掉多少钱更重要。"

根据案例回答以下问题。

（1）王勇给采购部经理规定的目标有哪些？

（2）你认为王勇在实施目标管理中存在哪些问题？如何改进？

第六章

组　　织

教学目标： 组织职能是管理的重要职能之一。组织职能对于发挥集体力量、合理配置资源、提高劳动生产率具有重要的作用。通过本章学习，使学生掌握组织的概念、类型及组织的职能，组织结构的类型、设计过程及应用，授权、集权与分权；理解管理幅度与管理层次的概念及影响管理幅度的主要因素，直线职权与参谋职权、直线人员、职能人员与参谋人员关系的处理；了解组织运行必须做好的几项工作，组织变革的动因、应对变革中的抵制和阻力的方法。

 引导案例

凯迪公司的组织

凯迪公司是上海市一家中型企业，主要业务是为企业用户设计和制作商品目录手册。公司在浦东开发区和市区内各设有一个业务中心，这里简称为 A 中心、B 中心。A 中心内设有采购部和目录部。采购部的职责是接受用户的订单，并选择和订购制作商品目录所需要的材料；目录部则负责设计用户定制的商品目录。凯迪公司要求每个采购员都独立开展工作，而目录部的设计人员则须服从采购员提出的要求。

凯迪公司的总部和 B 中心都设在市区。B 中心的职责是专门负责商品目录的制作。刘利是凯迪公司负责业务经营的主管，他经常听到设计人员抱怨自己受到的约束过大，无法实现艺术上的创新与完美。最近，刘利在听取有关人员的建议后，根据公司业务发展的需要，决定在 B 中心成立一个市场部，专门负责分析市场需求和挖掘市场潜力，并向采购员提出建议。市场部成立后不久，刘利听到了各种不同意见。比如，采购员和设计员强烈反映说，公司成立市场部不但多余，而且干涉了他们的工作。对此，市场部人员则认为，采购员和设计员太过墨守成规、缺乏远见。刘利作为公司的业务经营主管，虽然做了大量的说服工作并先后调换了有关人员，但效果仍不理想。他很纳闷：公司的问题究竟出在什么地方？

上述案例说明了什么？

第一节　组织与组织工作

组织的目标、计划制定出来之后，接下来就是如何使它们变为现实。这就要求管理者按照组织目标和计划所提出的要求，设计出合理的、高效的、能保证计划顺利实施的组织结构与体系，合理安排和调配各种资源，以保证计划和组织目标的顺利完成。因此，组织目标和计划一经确定下来，下面的工作就是如何组织实施。

一、组织的含义及构成要素

（一）组织的含义

对于组织的含义，可以从动词词义和名词词义两个方面进行解释。

其一，指组织职能。组织，是对人员的使用进行合理的分工，对生产要素进行有效的组合，使它们在时间上和空间上相互协调，以提高整体效应。

其二，指社会单位。组织，是为了达到一定的目的，实现人员之间、生产要素之间的协作的社会单位。如企业组织、事业组织等。构成一个组织的物质要素是人员、物和工作，其竞争要素则是共同目标、协作愿望等。如政府行政机构、工厂企业、学校、医院、工会等组织，代表某一实体本身。

以上两种含义有着内在的联系，行使组织职能要依托某种社会单位，任何社会单位必须行使组织职能。

组织在一切管理活动中居于中心地位，是行使其他各项管理职能的依托。任何一个单位，为了实现预定的目的，都要借助组织职能将总任务加以分解，设置工作（职务）岗位，委派人员，确定责权范围，建立管理机构，协调人员之间、部门之间、单位之间的关系，以实现人员之间的协作和工作、人员、物料之间的有效结合。否则，就不会形成有效的集体活动。

（二）组织的构成要素

（1）人——最基本要素。组织由（两个或两个以上的）人组成，这些人为了共同的目标走到了一起，是唯一具有主观能动性的要素。

（2）共同目标——前提要素。组织拥有一个（经常更多）目的或目标，他们有目的和存在的理由。员工要认同，目标要分层次。

（3）结构——载体要素。他们有互相协调的手段，保证人们可以进行沟通、互动并交流他们的工作，是分工协作的表现。由部门、岗位、职责、从属关系构成。

（4）管理——维持要素。为了实现目的，他们拥有一套计划、控制、组织和协调的流程。以计划、执行、监督、控制等手段保证目标的实现。

二、组织的作用

（1）集中众人的意愿，提出共同的目标和任务，以激励全体成员的积极性，增强组织的凝聚力。

（2）设置职位或工作岗位，确定责权范围，使每个成员各司其职，各负其责，努力做好本职工作。

（3）明确成员间、工作单位（部门）间的隶属关系和协作关系，从而形成集体的协作力，避免各自为政，彼此脱节，相互制约的现象发生。

（4）调配人力、物力、财力，在时间上和空间上，实现工作、人员、物料的有机结合，合理组织生产力，以完成工作任务。

（5）建立管理机构和指挥系统，有效地行使各项管理职能。由于组织职能渗透于管理工作的各方面，并在管理中起策动者的作用，决定着其他各项管理职能行使的效果，所以，人们往往把组织视为管理的同义词。

三、组织的原则

（一）适度管理幅度原则

管理幅度也叫管理跨度，是指一个上级管理者可以直接管理的下属的人数。适度管理幅度原则就是要求一个领导人要有一个适当的管理跨度。与管理幅度密切相关的一个概念，即管理层次，它是指组织中职位等级的数目。一般情况下，管理幅度越大，管理层次越少。反之，管理幅度越小，管理层次越多。粗略地讲，上层的管理幅度 4～8 人为宜，下层的管理幅度 8～15 人为宜。从发展趋势看，伴随着组织结构的扁平化，管理幅度有逐渐增大的趋势。

（二）统一指挥原则

统一指挥原则就是指组织中任何下级不应受到一个以上上级的直接领导。贯彻这一原则应注意两个方面：一是切忌多头领导，不要越级指挥，不能政出多门；二是指挥要迅速及时和准确，信息要畅通。

（三）分工与协作原则

分工与协作原则就是指在组织设计时，按照不同专业和性质进行合理的分工，并规定各个部门之间或部门内部的协调关系和配合方法。这是提高组织运行效率的有效手段。

（四）责权一致原则

责权一致原则是指在赋予每一个职务责任的同时，必须赋予这个职务自主完成任务所需要的权力，权力的大小需要和责任相适应。有责无权，无法保证完成所赋予的责任和任务，有权无责将会导致权力的滥用。

（五）精简与效益原则

组织机构的设计，要有利于提高组织的效率，为此，必须尽量精简组织机构，包括精减人员、部门、管理层次等。精简有利于建立良好的沟通，减少内耗，降低管理成本，从而提高组织效益。

四、组织的类型

在现实生活中，组织可以按不同标准进行分类，较为通用的分类观点有以下几种。

（一）按组织的性质分类

（1）经济组织。经济组织是人类社会最基本、最普遍的社会组织，它担负着提供人们衣食住行和文化娱乐等物质生活资料的任务，履行着社会的经济职能。在现代社会中，经济组织已形成庞大复杂的体系，其中包括生产组织、商业组织、金融组织、交通运输组织和其他服务性组织等。

（2）政治组织。政治组织出现于人类社会划分阶级之后，它包括政党组织和国家政权组织。在现代社会中，政党代表着本阶级的利益和意志，为本阶级提出奋斗目的，制定方针政策。国家政权组织是国家管理社会的重要机器。

（3）文化组织。文化组织是以满足人们各种文化需求为目标，以文化活动为其基本内容的社会团体。这类组织有学校、图书馆、影剧院、艺术团体、科学研究单位等。

（4）群众组织。这类组织是社会各阶层、各领域的人民群众，为开展各种有益的活动而形成的社会团体。例如工会、共青团、妇女联合会、科学技术协会等。

（5）宗教组织。宗教组织是以某种宗教信仰为宗旨而形成的组织，代表宗教界的合法利益，组织正常的宗教活动。

（二）按组织的形成方式分类

（1）正式组织。正式组织是在组织设计中，为了有效地实现组织目标，而明确规定组织成员之间职责范围和相互关系的一种结构，其组织制度和规范对成员具有正式的约束力。正式组织具有正式的编制、组织地位、职责关系、法定权限。如企业中的销售部门、生产部门、财务部门等都是正式组织。

（2）非正式组织。非正式组织是人们在共同工作或活动中，由于具有共同的兴趣和爱好，以共同的利益和需要为基础而自发形成的群体，这种群体不是经过程序化而成立的。它没有法定的职位和规章，但往往有自己的目标、行为规范、权利体系，并具有较强的凝聚力。例如，企业中的业余足球队、业余合唱团等都是非正式组织。

非正式组织的作用具有两面性，是现实中不可忽视的群体。它的正面功能表现在：可满足成员心理上的需求和提高士气，促进工作任务的完成；弥补成员之间能力与成就的差异；创造一种关系和气氛，促进正式组织的稳定；可被用来作为正式组织信息沟通的工具。负面功能表现在：当组织中非正式组织的目标与组织的总目标不一致或冲突时，非正式组织可能阻碍组织目标的实现，从而影响组织成员之间的团结和协作，出现集体抵制上级的政策或目标的情况。

五、组织工作及特征

（一）组织工作的含义及内容

组织工作产生于人们在集体活动中进行合作的必要性。人类由于受到生理的、心理的和社会的种种限制，为了达到某种目的就必须进行合作。要进行有效的合作，人们就必须清楚各自所扮演的角色和所起的作用。这种角色和作用越是明确，人们的工作就会越有效。企业如此，诸如政府机构、交响乐队或是足球队之类的集体活动也无不如此。管理的组织职能的目的，就是要设计和维持这样一种有助于有效的集体活动的组织结构。

首先，从逻辑上来说，组织工作必须明确实现目标所必需的各种活动并加以分类，这关系到组织中的职位或岗位的设计问题。

其次，将这些活动进行组合，以形成可以管理的部门或单位。

在上述划分和组合的基础上，还必须将监督各单位或部门所必需的职权授予各个单位的管理者。在组织工作中，这些内容主要牵涉到职权配置的问题。

组织结构是由各种类型的职位所构成的，因而组织结构常常被称为职位结构。在建立起职位结构后，顺理成章地，下一个步骤便是为组织的职位配备适当的人员，这就是管理中的人员配备工作或人力资源管理工作。

最后，还必须从纵横两个方面对组织结构进行协调和整合。在组织结构基本建立、组织中的职权配置基本完成的基础上，应当进一步明确和协调组织结构中上下左右的相互配合关系，通过对各部分、各层次和各种要素的协调与整合，使组织形成一个精干高效的有机整体。

应当强调的是，组织工作是一个动态的过程。通过组织工作建立起来的组织结构不是一成不变的，而是随着组织内外部要素的变化而变化的。

此外，组织工作中对于非正式组织的影响也必须予以足够的重视。有些场合下，利用非正式组织能够取得意想不到的益处。而有些情况下，非正式组织则有可能对正式组织的活动产生阻力。

（二）组织工作的特征

人们可以从各种不同的角度来认识一个具体的组织。应用结构性特征和背景性特征这两类基本特征或基本维度来描述一个组织的做法颇具代表性。结构性特征描述了一个组织的内部特征，这类特征使我们能够对不同的组织加以衡量和比较。背景性特征是对组织的整体性描述，这类特征是形成和影响结构性特征的组织框架或基座。背景性特征可以看作是支撑组织结构和过程的一套彼此重叠要素的集合。

1. 结构性特征

结构性特征包括正规化、专门化、标准化、职权构造、复杂性、集权化、专业化和人员构成这八个方面。

（1）正规化反映了一个组织中的规章、制度、程序等正式的书面文件的多寡程度。这些书面文件规定了组织的各种行为和活动。一个组织正规化程度的高低可以从其所拥有的正式文件的数目判断出来。

（2）专门化反映了一个组织专业化分工的程度。专门化程度越高，员工的工作内容便越窄。

（3）标准化指的是相似的活动以统一的方式实施的程度。

（4）职权构造描述了人们之间的报告指挥关系，以及每一管理者的控制幅度。这一构造的形状与控制幅度之间存在反向变化关系。控制幅度越大，则职权构造就越扁平，反之则会越高。

（5）复杂性反映了组织中存在的活动或子系统的多少。复杂性可以从横向、纵向和区域三个方面来加以考察。纵向的复杂性，反映了组织构造中的层次数目。横向复杂性，指的是组织水平方向上的职位或部门的数目。区域复杂性，反映了组织在地理区域上的分布情况。

（6）集权化反映了决策权在组织的职权层级上的分布情况。当决策权保持在最高层级时，组织就是集权的。若决策权授予了较低的组织层次，则可以认为该组织是分权化的。

（7）专业化反映了组织的成员所具有的正式的教育和训练的程度。若雇员为了履行组织中的职位必须拥有较长时间的训练时，就认为该组织的专业化程度较高。专业化程度一般可以用雇员的平均受教育年限来加以衡量。

（8）人员构成反映了组织中的人员在不同的职能和部门间的配置情况，如管理人员的比例、行政人员的比例、专业人员的比例等。

2. 背景性特征

背景性特征包括组织的规模、组织技术、环境、目标与战略及组织文化这五个方面。

（1）规模是以组织中的人数来衡量组织的大小程度。这一指标既可以用来衡量一个组织，也可以用来衡量组织的一个构成部分，如一个分厂或一个事业部等。之所以用人数来衡量一个组织的规模，主要是从组织是一个社会系统这一角度来考虑的。尽管其他一些指标如销售额、资产等一定程度也能反映出规模，但却看不出一个社会系统的主要构成要素——人的情况。

（2）组织技术指的是组织的生产子系统的性质，它包括了组织将输入转化为输出所采取的措施和手段。

（3）环境包括了组织的边界之外的所有要素。行业、政府、客户、供应商等是环境中的一些最主要的要素。对一个组织影响最大的环境要素常常是其他的组织。

（4）目标与战略规定了一个组织区别于其他组织的宗旨和竞争的手段。目标反映了一个组织追求要到达的终点。战略则是为了实现组织的目标而拟定的行动计划。组织的目标和战略规定了组织的活动范围，以及与雇员、顾客和供应商之间的关系。

（5）组织文化是雇员共同拥有的基本价值观、信念、观点和信条等的集合。这些东西影响着人们的伦理行为，影响着组织对于雇员的态度、组织的效率及对于顾客的服务。它是使组织中的成员结合为一体的黏合剂。

第二节　组织结构的类型

我们周围的各种各样的组织，通常表现为由各种部分和若干个层次所构成的结构。如政府机构的部、司、处、科，企业的分厂、车间、工段、班组等。但是，这种部门和层次安排并非是理所当然的。

一、管理幅度与管理层次

管理幅度（span of management）指的是管理者有效地监督、管理其直接下属的数量。

管理层次（administrative levels）指的是组织内部从最高一级管理层到最低一级管理层的管理等级，即从高层管理者到具体工作人员的层级。

当组织规模一定时，管理幅度和管理层次之间存在着一种反比例的关系。管理幅度越大，管理层次就越少。反之，管理幅度越小，则管理层次就越多。这两种情况相应地对应着两种类型的组织结构形态，前者称为扁平型结构，后者则称为"金字塔型"结构。传统组织的特点表现为层级结构，即在一个企业中，其高层、中层、基层管理者组成一个金字塔状的结构。董事长和总裁位于金字塔的顶端，他们的指令通过一级一级的管理层，最终传达到执行者。基层的信息通过一层一层的筛选，最后到达最高决策者层。而扁平化组织则是指当企业规模扩大时，改变原来的增加管理层次的做法，转而增加管理幅度。当管理层次减少而管理幅度增加时，金字塔状的组织形式就被"压缩"成扁平状的组织形式。扁平化管理是针对传统组织结构"金字塔"式管理而言的。金字塔式组织结构是与集权管理体制相适应的。在现代企业组织结构中，金字塔式和扁平化共存。之所以"扁平化"成为现代组织变革的关键词，是因为传统的组织形式难以适应快速变化的市场环境，造成决策链过长、反应缓慢，为了不被淘汰，就必须选择那些与市场关联度高的部门，分权授权管理，使企业集团在规模扩大的同时，组织机构趋向"扁平化"。特别是现代信息技术的发展、计算机管理信息系统的应用，使严格意义上的多层级、层层汇报的垂直管理不再有效，从另一方面加速了企业组织机构"扁平化"的趋势。

二、组织结构

组织结构是指组织内部各级各类职务职位的权责范围、联系方式和分工协作关系的整体框架，是组织得以持续运转，完成经营管理任务的体制基础。组织就是在这个基础上，通过各组织要素的互动，最终实现组织目标。组织结构一般通过组织结构图来反映，通过该图可以清晰地看出组织的层级、构成部门、职位及其关系。如图 6−1 所示的组织结构图。

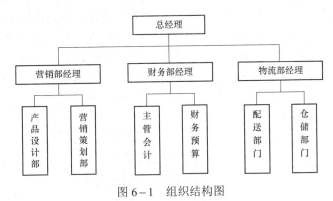

图 6−1　组织结构图

从组织各部分之间的关系去界定，可以认为组织结构是组织各个部分的有序排列，组织为了其内部的有效运作和与环境相互作用而设置了职能部门和管理层级，这些部门和层级之间的相对稳定的关系就是组织结构。而从组织成员的行为上进行界定，则可以认为组织结构是组织参与者类型化了的相互作用。这种部门和层级之间相对稳定的关系不可忽视人的因素。组织的部门和层级如果离开了人及其行为就没有任何意义了。在部门中及在各个层级上，组织中人与人之间行为的相互作用所具有的相对稳定性，使人们的组织行为形成了一定的类型，即为组织结构。

三、组织结构的类型

组织结构形式受多种因素影响和制约，各种组织结构形态各异，体现了组织的宗旨和特征。虽然没有统一的、标准的组织结构模型，但一般情况下，典型的组织结构类型主要有以下几种。

（一）直线制组织结构

这是一种最简单、最单纯的组织结构形式。职权或命令的流向呈一条直线，由上至下贯穿组织的纵向，每个下属只有一个直接上级，只接受一个上级的指挥，也只向一个上级报告。如图 6−2 所示。这种结构的特点是结构简单，职权集中，责任分明，指挥统一，沟通简捷。

直线制是最原始的组织结构形式，现实中只应用于最简单的小型组织。

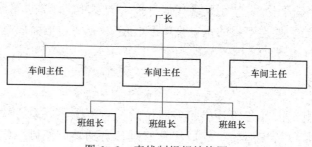

图6-2　直线制组织结构图

（二）职能制组织结构

这种结构是根据按职能划分部门的方式建立起来的，因而它继承了职能部门化的长处和短处，如图 6-3 所示。这种结构分工明确，有利于发挥职能专业化的优势，同时各个部门之间相互依赖，任何一个部门都不可能离开其他部门而独立存在。各部门容易过分强调本部门的重要性而忽视与其他部门的配合，忽视组织的整体目标。为了使组织顺利运营，最高主管必须对各部门活动进行有效的协调。这种结构比较适合于中小型组织，它便于最高主管个人对整个组织的活动进行监督和协调。当组织规模不断扩大而达到某一程度时，职能制组织结构的实用性将会越来越差。

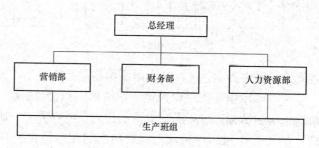

图6-3　职能制组织结构图

（三）事业部制组织结构

这是一种在国外大企业中普遍采用的组织结构形式，是在产品部门化的基础上建立起来的。每一个事业部都有其独立的产品和市场，实行独立核算，有独立的责任和利益，是一种高度自治的分权化经营。同时，事关大政方针、长远目标及一些全局性问题的重大决策集中在总部，以保证企业的统一性。事业部制的最主要特点就是"集中政策指导下的分散经营"。如图 6-4 所示。事业部制组织结构相当于产品部门化的场合。另外，由于事业部的高度自主经营，每一个事业部都相当于一个独立的企业。同一企业的不同事业部之间往往也存在着竞争关系。尽管一定程度的竞争是有利的，但如果协调不好也存在着损害企业整体利益的危险。

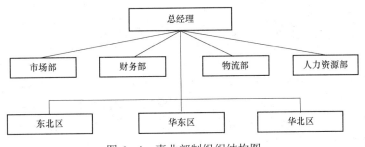

图 6-4 事业部制组织结构图

（四）矩阵组织结构

矩阵组织是一种广受瞩目的组织结构类型。它是由按照职能部门化建立的结构，和按照产品（或项目）部门化所建立的结构组合而成的一个双重结构。如图 6-5 所示。在矩阵组织中，每一个成员既隶属于纵向的职能单位，又同时隶属于一个或几个横向的产品单位或项目单位。这也就是说，矩阵中的每一个成员要接受至少两个上级的指示，同时也必须至少向两个上级报告。矩阵组织一般适合于这样一些情景，即外界环境变化非常剧烈，组织需要处理的信息量非常巨大，分享组织资源的要求特别迫切等情况。

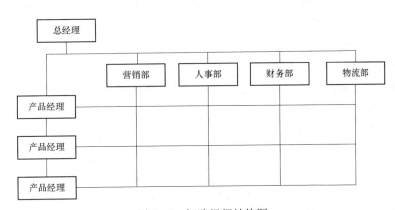

图 6-5 矩阵组织结构图

矩阵组织结构的优点在于，灵活应变的能力较强，这是因为横向的产品或项目单位可以根据需要随时设立、调整或撤销。产品或项目单位的成员参与决策的程度很高，从而有利于提高他们的积极性，同时他们也有更多的机会学习新知识和新技能；有利于人力资源的充分利用；有利于加强部门间的横向联系；有利于最高主管实施分权管理，并将注意力集中于重大的战略性问题。

这种结构的缺点主要有：由于实行纵向和横向的双向领导，职能主管和项目主管之间容易产生冲突和互相推诿，项目单位成员的职责不够明确等。

有学者将上述组织结构划分为两大类，一类称为机械式组织结构，其中包括职能制结构、事业部制结构等；另一类称为有机式组织结构，其中包括直线制结构、矩阵制结构等。比较而言，机械式组织结构的正规化程度较高，但有机式组织结构灵活性和适应性均较机械式结构好。

第三节　组织设计的原则和任务

组织设计是组织工作中最重要、最核心的一个环节，它通过对组织成员在实现组织目标中的工作分工协作关系做出正式、规范的安排，建立一种有效的组织结构框架。组织设计的目的就是要形成实现组织目标所需要的正式组织。组织设计是一个涉及组织工作专门化、部门化、管理层次和管理幅度、集权与分权等的过程。

一、组织设计的原则

在组织设计的过程中，都应该遵守一些共同的原则。

（一）统一指挥原则

统一指挥原则要求每位下属应该有且仅有一个上级，在上下级之间形成一条清晰明确的指挥链。如果出现多个上级，就会因为上级可能下达彼此不同甚至相互冲突的命令，而令下属无所适从。尽管有些时候必须打破统一指挥原则，但是为了避免多头领导，组织的各项活动应该有明确的区分，并且应该明确界定上下级的职权、职责及沟通联系的具体方式。在现代化信息技术及计算机管理的背景下，统一指挥原则有时可以借助信息化管理系统来发挥作用，借助该类系统，个别情况下的多个上级可以充分协商，最后以统一口径向下属传达命令。当然，这样做的一个弊端是导致沟通成本增加。

（二）权责对等原则

进行组织设计，既要明确每一个部门或职务的职责范围，又要赋予其完成职责所必需的权力，使职权和职责两者保持一致。这是组织有效运行的前提，也是组织设计中必须遵循的基本原则。在管理实践中，如果只有责任，没有职权或权限太小，不仅会使员工的积极性受到严重束缚，而且还会约束员工调动资源的能力而使其无法完成工作任务，因为任何工作任务的完成都需要调动相应的资源做支撑；反之，如果只有职权而没有责任，或者责任程度小于职权，就会出现组织中权力滥用和无人负责的现象。

（三）因事设职与因人设职相结合的原则

组织中各部门、各职务都必须由一定的人员来完成规定的工作任务。组织目标和任务进行分解后，所有的事必须由合适的人做才能保证组织目标的实现。因此，组织设计中就要坚持从工作特点和需要出发，因事设职，因职用人。但这并不意味着组织设计可以忽略"人"的因素。如果无视"人"的特点和能力，也会带来麻烦，因为组织设计往往是组织的再设计，不得不考虑现有成员的安排。即使是全新的企业进行组织设计，由于需要从社会上进行员工招聘，也难以保证聘用到完全理想的、符合职位要求的人员，所以也不得不考虑组织内外现有人力资源的状况。因此，组织设计必须在保证有能力的人有机会去做他们真正胜任的工作的同时，使工作人员的能力在组织中不断提高和发展。

（四）稳定性与适应性相结合的原则

组织需要一定的稳定性，这是保证组织各项工作正常进行及秩序连贯性的基础条件。因此，组织结构不应该频繁调整，要保持一定程度的稳定。但组织同时又是一个开放的有机系统，所确定的发展战略、目标、任务等都会随着环境条件的变化而调整。因此，组织结构的稳定只是相对的，它是为组织战略和目标服务的，应该而且也必须具有一定的适应性，使之能够随着组织环境及战略目标的变化而做出相应的调整。例如，很多虚拟组织的出现，实际上就是为数众多的实体企业在特定情况下，对环境变化所做出的临时调整。

除此以外，一些管理学者认为组织设计的原则还包括战略目标原则、柔性经济原则、控制幅度原则等。值得强调的是，其中控制幅度原则的影响正逐渐发生变化，其重要程度越发弱化。主要原因在于，现代通信技术及信息化管理的快速发展，使得管理幅度的界限较以往而言显得更加宽广。传统管理学所认为的有效管理幅度的上限也在逐步扩大，最有力的证据就是当前企业组织结构形式有着明显的扁平化倾向。

二、组织设计的任务

（一）确定组织的目标和实现目标所必需的活动

严格来说，确定目标属于计划工作的内容，组织工作通常是从确定实现目标所必需的活动开始的。以企业为例，可以通过回答如下两个问题来确定实现组织（企业）目标需要开展哪些活动：为了达到企业的目标，必须在什么领域有出色的表现；什么领域的表现不佳将会影响企业的成绩，甚至影响企业的生存。对这些问题的回答可以帮助确定对实现企业目标贡献最大的关键性活动。例如，美国 IBM 公司在计算机发展的早期，认为产品销售和市场营销是企业的关键活动，为此配备了规模庞大的销售服务队伍。进入 20 世纪 80 年代后，计算机行业市场环境日益复杂多变，产品开发尤其是软件开发就更加重要。为此，IBM 公司在加强研发投入的同时，也密切了销售部门与研发部门之间的联系。企业关键活动领域的确定将决定企业是单纯生产型的，还是经营型的，或是科工贸一体化的。

对企业生存发展影响重大的关键性活动，应该成为组织设计工作关注的焦点。其他的各种次要活动应该围绕主要的关键活动来配置，以达到次要活动服从、服务和配合主要活动，确保企业使命目标的实现。

（二）根据组织资源和环境条件进行分组

所谓分组，指的是组织单位的划分和组合。对活动进行分组，就是要考虑企业中哪些活动应该合并在一起，哪些活动应该分开。总的原则是，贡献相同或相似的活动应该归并在一起，由一个单位或部门来承担。例如，产品销售和市场营销活动可以合并在一个单位内，库存控制和采购职能，以及质量检验和质量管理工作，都可以组合在一起。与此同时，在进行部门分合时，还应该考虑尽可能使一项活动与其他活动的联系距离保持最短。例如，企业中的各项计划工作通常是归并在计划部门中进行的，但其中的生产计划工作却可能例外，它不是放在计划部门中，而是归入制造部门。前者的组合考虑了贡献相似性原则，后者则是为了使生产的计划与生产的组织和控制活动距离更近，将生产计划置于接近制造现场处有利于减少不必要的跨系统联系。可以将这种追求跨系统联系尽可能少的原则称为关系相近性原则。

不论按照哪个原则进行活动的分组，都可以采取两种方法：一种是由小而大的组合法，即先将实现企业目标所必需的活动细分为各项工作，然后将若干工作项目归类形成各种工作岗位或职位，再按一定的方式将某些工作岗位或职位组合成相对独立的部门，并根据管理幅度的要求设置各个管理层级；另一种是由大而小的划分法，即先确定管理的各个层级，再确定每个层级上应设置哪些部门，然后将每个部门所承担的工作任务分解为各个职位的工作。

以上两种方法在实际中通常是结合使用的。

（三）根据工作和人员相称的原则配备合适的人员，并确定职责和权限

工作和人员相匹配，职位和能力相适应，即人与事相结合，这是组织设计和人员配备工作中必须考虑的一个重要原则。只有做到这一点，才能确保所配备的人员切实地承担起该职位或职务规定的工作任务。为此，一方面在职务设计时必须保持工作的适当的广度和深度，以便满足人的内在需要和发挥人的潜能。同时，配备人员必须考虑其现有或经过培训后可能具备的素质、能力是否适合所设定职务的要求，以使人员得到最妥当的配置。另一方面组织设计还必须设法使职务和职责权限保持一致。换句话说，分派某人去承担某项工作，必须明确赋予他完成该工作任务的职责，同时相应地授予他履行该项职务的职权。而决策任务的分析是确定各管理层级、各管理部门的职责和职权的重要依据。其基本的原则是，决策权限应该下放到尽可能低的组织层级并尽可能接近活动现场，同时应注意使所有受到影响的活动和目标都得到充分考虑。只有这样的层级才适合拥有某项活动的决定权。这一原则的前一方面讲的是做出一项决策的权限应该下放到什么层级，后一方面则是将决策权限可能放到哪个层级以及需要向哪些人通报这些决策。将这两个方面结合起来，就可以明确某项决策安排在什么位置上最合理，由此确定组织的集权与分权体制。

（四）设置各层级、各部门之间纵向与横向联系的方式和手段

如果说组织设计的前几个步骤的重点在于把整个企业的活动分解为各个组成部分（各层级、各部门、各职位），那么这一步骤就是要把各组成部分联结成一个整体，以使整个组织能够协调一致地实现企业的总体目标。可以说，分化与整合，或者说分工与协调，是组织工作的两个核心内容。组织分化达到怎样的程度，相应的整合手段也应该达到同等程度的协调功能。

（五）业务流程和运行规范的设计

业务流程是指一组共同为顾客创造价值而义相互关联的活动。对业务流程进行合理设计，能够促进企业各方面工作走向规范化、标准化、正常化，同时可简化员工培训，使新手更快地适应工作，并促进组织的分权化管理。其设计内容通常包括流程步骤的确定、各步骤工作开展的先后顺序、各步骤的输入和输出信息及负责的岗位或部门等。

当然，规模较大的企业除了要设计业务流程（通常称为作业标准操作程序）这项基本的制度规范外，还要制定指导组织运行的其他各项规章制度，包括人员招聘和选拔制度、人员培训与激励制度、工作命令与报告制度、绩效考核与评价制度等，使各方面工作有章可循，达到有序、规范的运行状态。

第四节　组织设计的内容

一、职位设计

（一）职位设计的含义

组织可以看作由各种各样的职位、职位间的关系及其相互作用所构成的具有特定功能的有机体。如果把组织的活动看作一场戏剧的话，这些职位就相当于戏剧中的各种角色。这场

戏是喜是悲，是起伏跌宕或是索然无味，很大程度上就取决于这些角色的安排。因而，从分工和协作的意义上讲，组织实际上是一种有意识地形成的职位结构或角色结构。

要使组织中每一个职位存在并有意义，必须使之满足这样几个特征，即：具有明确而且能够检验的目标，这是一个职位之所以存在的理由；具有明确的职责，也就是必须清楚该职位所承担的任务或活动；具有明确的职权，以使占据该职位的管理者有可能去实现其目标。职位工作内容的确定，应该既要考虑工作效率的要求，又要兼顾工作人员能从中体验内在工作满足（这是调动人的积极性的一个重要因素），以便在任务和人员两方面要求的相互平衡中，确定出职位的合理广度与深度。

职位设计就是将若干工作任务组合起来构成一项完整的职位。现实中有些职位是常规性的、经常重复的，有些则是非常规性的。有些职位要求广泛、多样的技能，另一些则要求范围狭窄的技能。有些职位规定了非常严格的程序，另一些则具有相当的自由度。总而言之，职位因任务组合的方式不同而各异，而这些不同的组合则形成了多种职位设计方案。

（二）职位设计的演化过程

从历史上来看，职位设计经历了如下一些变迁和发展。

1. 职位专业化

20 世纪上半叶以前，职位设计是与劳动分工、工作专业化意义相同的，人们力求将组织中的工作设计尽可能简单、单纯、易做。

专业化分工的好处是不容置疑的，但职位设计的过于狭窄不可避免地会带来负面的影响，诸如在流水线上每天上千次地拧紧螺栓这样的工作，其枯燥、单调、乏味造成了人们在生理、心理上的伤害，导致了员工的厌烦和不满情绪，工作之间的协调成本上升，从而影响了总体的工作效率和工作质量。早期，人们在职位设计方面，基本上都是致力于通过提高专业化和分工的程度来取得规模经济和高效率，后期则努力转向了如何克服由于过度的专业化和分工而产生的各种弊端上。

2. 职位扩大化

这是为了克服由于过度的分工而导致的工作过于狭窄的弊端而提出的一种职位设计思想。它主张通过把若干狭窄的活动合并为一件工作的方式来扩大工作的广度和范围，在一定程度上拓宽了职位的内容，降低了工作的单调程度。

3. 职位丰富化

职位扩大化是指工作的横向扩展，职位丰富化则是指从纵向上充实和丰富工作内容，也就是从增加员工对工作的自主性和责任心的角度，使其体验工作的内在意义、挑战性和成就感。职位丰富化设计，就是要将部分管理权限下放给下级人员，使其在一定程度上自主决定工作的内容、工作的方法、工作的进度等。

4. 职位轮换

职位轮换是指让员工定期从一项工作更换到另一项工作上去，这样有利于促进员工技能的多样化，在一定程度上减少了工作的单调和枯燥的感觉。

5. 工作团队

上述几种方式均是依据个人来进行职位设计的。当职位设计是围绕群体而不是个人时，就形成了工作团队。工作团队有多种类型，自主管理工作团队便是其中最具代表性的一种。

这种团队享有相当大的自主权，除了安排工作进度、决定工作方法之外，团队甚至可以自主挑选成员、自主考评工作绩效，以及决定对于团队成员的奖惩。

（三）职位设计的要求

职位设计不应该单方面地考虑工作任务的要求，而应当同时兼顾到人员选配、培训及激励的问题，这是因事设职与因人设职相结合的职位设计原则。传统的职位设计只顾工作，不顾人的因素，这无疑是片面的。但有些企业以所谓的关心人和尊重人为理由，不顾工作的实际需要，单纯为安插某个干部而因人设事，这种做法必然导致人浮于事，工作效率低下。在职位设计考虑到人的需要和潜能的情况下，人员配备工作就应该服从职位设计所规定的工作人员数量和资格规范的要求，以使组织的每个职位都能在适当的时候配备适当数量和素质的人员，确保组织任务目标的落实。

（四）职位说明与职位规范

职位设计的结果通常体现在职位说明书上。狭义的职位说明就是对每个职位应当做哪些工作作出规定。其内容包括：① 职位名称与代号；② 承担此职位的员工数；③ 所属部门名称及直属主管姓名；④ 待遇情况及所处级别；⑤ 职位概要，包括工作的性质、范围和目的等；⑥ 职位开展，包括工作的具体内容、对象、方法和步骤，每项工作所花费的时间及所要达到的标准，工作所需使用的物料、工具和设备，工作的环境条件和疲劳程度等。广义的职位说明还要进一步指明某个职位适合配备什么资格或条件的人员来担任，这部分内容亦称作雇佣规范。其事项包括：① 担任该职位应接受的教育程度及工作经验；② 任职者所应具有的生理状况、个性和行为特征；③ 任职者所应具有的智商程度和技能等。

（五）人员配备

人员配备是对组织中全体工作人员的配备，包括管理人员的配备和非管理人员的配备。人员配备的过程包括如下步骤：① 评价现有的人力资源，包括职工队伍的规模、结构和人员素质状况；② 预估将来需要的人力资源，这是根据组织任务目标和职位设计的要求确定的；③ 制定满足未来人力资源需要的行动方案，如内部提升与轮换、外部选聘、人才开发培训等。组织需要通过扎扎实实的人员配备工作，把合适的人员安置在合适的职位上，做到位得其人、人得其位、人尽其才，即每一个职位都有合适的人员承担工作，每一个员工都有合适的工作岗位发挥其才能。不能做到职位的任务要求和人员所长相匹配的人员配置工作，只会是低效的、失败的。

二、部门划分与组织整合

部门划分就是要确定组织中各项任务的分配与责任的归属，以求分工合理、职责分明，从而有效地实现组织的目标。从一定意义上可以认为，划分部门使得组织的规模突破了管理宽度的制约。至少在理论上而言，把组织的各种活动和人员划分为部门，使得组织的扩大具有了无限的可能性。

（一）部门划分的原则

1. 精简原则

这是指力求维持最少的部门。组织结构要求精简，部门必须力求最少。但这是以有效地实现组织的目标为前提的。

2. 弹性原则

这是指组织机构应具有弹性，划分部门应随业务的需要而增减。

3. 目标实现原则

这是指确保目标的实现。必要的职能均应具备，以确保目标的实现。

4. 人物平衡原则

这是指各部门的任务指派应达到平衡，避免忙闲不均，工作量分摊不均。

5. 督查与执行部门分立原则

这是指承担监督检查职能的部门与承担执行职能的部门要分别设立。

（二）部门划分的方法

1. 按照职能划分

根据职能划分部门是应用最广泛的方法之一，几乎所有类型组织的结构中都可以找到它的踪迹。因为任何一个企事业组织存在的目的都是要创造某种为他人所需要的物品或劳务，所以可以说生产（创造或增加物品或劳务的效用）、销售（寻找愿意按一定价格购买物品或接收服务的顾客）和财务（资金的筹措、保管和运作）是所有的企事业组织的基本职能。因此，以这些基本职能为依据便可以将组织划分为生产部门、销售部门、财务部门等。

按照职能划分部门，有利于确保组织的主要基本活动得到重视。遵循专业化原则，有利于提高人员使用的效率，同时也简化了培训工作。由于最高主管要对最终成果负责，这样的划分也为最高层实施严格控制提供了手段。

这种方法的缺点在于，容易使人们过度局限于自己所在的职能部门而忽视组织整体目标，部门间的协调比较困难。由于只有最高主管才能对最终成果负责，因而对各部门的绩效和责任很难进行评价。这种结构不利于培养综合全面的管理人才，组织适应环境变化的能力较差。

2. 按照产品划分

按照产品划分部门是根据产品或产品系列来组织业务活动。许多多角化经营的大企业都采用这种划分部门的方法。这种方法最早是从按照职能划分部门的企业中发展起来的。随着企业规模的扩大，管理工作变得越来越复杂，部门主管们的工作负担也越来越重，管理宽度的限制使得他们难以通过增加直接下属的办法来解决问题，因而此时按照产品来重新组织企业活动就成为必要。在这样的结构下，在有关某产品或产品系列的生产、销售、服务等职能活动方面，该产品分部的主管拥有充分的职权，同时他们也必须在很大程度上为该产品的利润负责。

这种划分部门的方法有利于采用专门设备，促进协调，充分发挥人员的技能和专门知识，也有利于产品与服务的改进和发展。能够明确利润责任，便于最高主管把握各种产品或产品系列对总利润的贡献。有利于锻炼和培养独当一面的总经理型的人才。

按照产品划分部门的缺点主要有，要求部门主管要具备全面的管理能力，各产品部门的独立性较强而整体性则较弱，由于各产品分部也需要保持职能部门或职能人员，使得部门重叠、管理费用增加。

3. 按照地域划分

这种方法是经营活动在地域上比较分散的企业所常常采用的一种部门划分方法。其做法是将某一地区的业务活动集中起来，并委派相应的管理者，形成区域性的部门。

按照地域划分部门，有利于鼓励地方参与决策，促进地区活动的协调，有利于管理者注意当地生产的需要和问题，生产的当地化有利于降低运输费用，缩短交货时间。有利于培养能力全面的管理者。

这种方法的主要缺点有，由于机构重复而使得费用增加，总部对地方控制的难度较大，要求管理者具有全面的管理能力。

4. 按照顾客划分

许多组织按照自己所服务的顾客来划分部门。这种方法是将与某一特定顾客有关的各种活动结合起来，并委派相应的管理者以形成部门。采用这种方法的目的是更好地迎合特定顾客群体的要求。

采用这种方法有利于重视顾客的需要，增加顾客的满意程度，并有利于形成针对特定顾客的技能和诀窍。不足之处主要有，按照顾客组织起来的部门常常要求特殊对待而造成部门间协调困难，管理者必须熟悉特定顾客的情况，有些情况下很难轻而易举地对顾客进行区分。

5. 根据过程或设备划分

有些组织按照过程或设备组织业务活动，例如制造业企业中设立的焊接车间、压力加工车间、电镀车间，医院的放射科、CT 室等，都是按照这种原则组织起来的。

这种方法有利于充分发挥设备的能力和专业技术人员的特长，便于设备维修和材料供应。不足之处是容易强调局部利益而忽视整体目标。

6. 按照时间划分

根据时间来组织业务活动是最古老的划分部门的方法之一，多见于组织的底层。在许多组织中，由于经济的、技术的或其他一些原因，正常的工作日不能满足要求，而必须采用轮班的做法。例如，炼钢炉、医院的集中监护室、消防队等，均采用这种方法来进行组织。

采用这种方法有利于连续、不间断地提供服务和进行生产，有利于使设备、设施得到最充分的利用。缺点在于夜间可能缺乏监督，人员容易疲劳，协调和沟通有时会比较困难。

7. 按照人数划分

单纯地按照人数来安排业务活动是一种最原始、最简单的划分部门的方法，早期的部落、氏族和军队普遍采用这种方法来进行组织。当最终成果只是取决于总的人数时，或者说每个人的贡献都是单纯无差别的简单劳动时，采用这种方法是有效的。在现代社会中，单纯根据人数来划分部门的方法一般局限于基层等场合，从总体上来看这种方法有逐渐被淘汰的趋势。当代科学技术的发展要求组织中的成员必须具备更加专业化和多样化的知识和技能，由各种专业人员构成的群体能够发挥出更大的效率。

（三）组织整合

分与合是一对矛盾。分工的目的是合作，但现实中的分工却常常会造成合作的障碍。各个部分、各种活动之间存在着内在的相互联系和相互作用，简单的相加或堆砌并不能构成一个高效的组织。这种相互联系、相互作用的方式和状况决定着组织的产出和效率，也决定着组织的目标能否实现。组织的各种组成要素、各种活动、各种力量只有有效地协调与整合起来，才能形成一个高效精干、协调一致的有机整体。

1. 影响组织结构选择的因素

对应于一定条件下的有效的组织结构，取决于一组相应的情景变量或情景因素。这些因素主要包括技术、外界环境、组织规模、组织的生命周期及组织的战略等。

1）技术

技术可以认为是将组织的输入变为输出的转化过程。组织中往往存在着多种技术，但在其中起支配作用的称为核心技术。这里的技术当然既包括制造业中的装配线和机器设备，也包括服务性组织中的各种转化过程。

2）外界环境

环境因素与组织结构之间也存在着特定的关系。比较早的对环境与组织结构之间关系进行分析的是汤姆·伯恩斯和 G. M. 斯托克。首先，他们研究的第一步是确定两种极端的环境形势，稳定的和不稳定的。其次，他们对各种环境下的组织结构进行分析。结果他们发现，在稳定的环境下对应着的是机械式结构，而不稳定环境下则对应着有机式结构。

3）组织规模

组织的规模是影响组织结构的另一个因素。这里用一个组织的正式雇员的人数来表示其规模。与小型组织相比较，大型组织的职位专业化程度要更高，并具有更多的标准程序、规则、规模制度等，同时分权化的程度也更高。

4）组织的生命周期

组织的生命周期一般可以分为四个阶段：第一阶段是诞生；第二阶段是青年阶段，特征是全面的扩张和成长；第三阶段是壮年阶段，是一个由成长逐渐转为稳定的阶段；第四个阶段为成熟阶段，也是一个相对稳定的阶段。最终也许还会向衰落转化。

在组织的不同生命周期阶段，主管人员都面临着大量的组织结构问题。一般来说，当组织由一个阶段发展到另一个阶段时，他将变得更大、更机械、更分权，专业化程度也将更高，计划工作量也越大，参谋职位将更多。最终，对协调的要求进一步增加，将更加正规化。组织的构成单位在地理上将更为分散，控制系统变得更加昂贵。如此，组织的规模和结构便清楚地连接起来，但这种连接因为组织的生命周期的存在而表现为动态的。

5）组织的战略

影响组织结构的另一个重要的因素是它所采用的战略。如前所述，组织的战略可以划分为三个不同的层次，即组织的整体战略、事业层战略和职能层战略。各个层次的战略均在不同程度上影响着组织结构的构成与特征。

一个组织可以采用多种形式的总体战略。这种不同的战略选择便在一定程度上决定了相应的最有效的结构类型。例如，一个实施内部增长战略的企业就需要有一个强有力的产品研究开发部门。如果实施了多角度化增长战略，则主管人员就必须决定如何配置新购并的单位。

事业层次的战略既影响着组织中相应的事业领域的结构，也影响着组织的总体结构。例如，采用防守型战略企业的组织结构常常表现为高耸型，职权相对比较集中，管理宽度比较窄，倾向于按照职能来进行组织。成本领先战略特别注重效率和控制，因此这类组织的集权程度通常较高。而采用集中战略的企业一般会按照其所集中的因素，如顾客群体、地区区域等来组织其活动。

2. 组织整合的手段

1）通过组织等级链的直接监督

组织随着劳动者人数的增加和劳动分工协作关系的发生，通常需要由人来负责指挥和监督他人的活动，以达到行动上的配合一致。组织规模的进一步扩大，使得在最高管理者与基层人员之间往往又需要设置若干层次的中间管理层，这样就形成了组织的等级链体系。运用等级链进行指挥和监督是组织事先整合协调的基本手段。

2）通过程序规则的工作过程标准化及计划安排的工作成果标准化

随着组织规模的进一步扩大，单纯依靠等级链进行监督和协调已不满足需要。为减轻等级链的负担，对那些经常进行的、重复性的工作可以制定出详细的程序和规则。组织成员可以依据这些规则和程序来自主行事，从而达到各方面行动的协调配合。除了程序、规则以外，预算安排等计划形式也有助于实现各方面的协调配合和员工的自我控制。

3）通过直接接触的互相调整

不同部门间的管理人员或员工就某一共同的问题进行直接的接触和交流，这是实践中常常可以见到的横向协调的形式。有些部门为了促进这种直接的接触和联系，常常指定本单位的某人作为联络员，专门负责与其他部门的沟通与协调工作。这种方式的协调便是所谓的"法约尔桥"或"法约尔跳板"。

4）通过任务小组的协调配合

当需要在两个以上的若干个部门之间加强联系与协作时，常常会采用任务小组或项目团队的形式。任务小组是一种临时性的类似于委员会性质的群体，其成员由来自不同部门具有不同的专业技能的人员所构成，目的是解决牵扯到多个方面的某种特定的问题。这类任务小组的设置，使组织可以打破部门划分的界限，机动灵活地调配使用各方面的力量，更好地完成复杂的任务。

5）通过设置专门的协调人员或部门

当需要横向协调的程度更高时，组织可以采用设置专门职业或建立正式部门的方式解决。这样的职位常常被冠之以产品经理、项目经理、品牌主管等头衔。一般来说，这些职位的责任重大却没有足够的职权，因而承担这些职位的人员就需要有较强的人际技能。他们必须依靠自己的技巧甚至人缘来说服和协调各个不同的部门，促进各方面鼎力合作去实现共同的目标。

6）通过组建团队

"团队"是过去的20多年中最为人们所关注的管理概念之一。所谓团队，就是指执行相互依存的任务以完成共同使命的群体，既有临时性的团队，也有常设的或永久的团队。前者如新产品开发团队、公关团队、过程改进团队等，后者如过程管理团队等。

团队相当于永久性的任务小组，这是一种横向协调能力最强的组织手段。当某种活动牵扯到许多不同的部门且需要长期的紧密协作时，组织常常就会采用跨部门的团队的形式。近年来，团队这种方式在全球范围内受到了越来越多的关注，正在日益成为一种普遍性的组织形式。团队如此受人们所青睐的原因有几个方面，即创造团结精神，使管理层有时间进行战略性思考，提高决策的速度，发挥职工队伍的集体智慧，以及提高绩效等。

团队形式并不能自然而然地提高生产率。最近的一些研究揭示出了一个高效的团队应当具备的一些主要特征，如清晰的目标、相关的技能、相互的信任、一致性的承诺、良好的沟通、谈判技能、恰当的领导及内外部的支持条件。

三、职权配置

如果把组织看作是具有特定功能的一架机器的话，各个部门就是组成机器的各种零部件，组织结构就是这台机器的构造。要使一台机器能够运转起来，只是把各种零部件组合在一起还不够，还必须供之以动力。一个组织也是如此，除了要将各个部门进行排列安排之外，同样也必须具有动力才能作为有生命的组织运转起来。这意味着要将职权在组织中进行合理和有效的配置。

（一）职权

职权（authority）亦即职务范围内的管理权限。所有主管人员想要通过他所率领的隶属人员去完成某项工作，就必须拥有包括指挥、命令等在内的各种必须具备的权力。换句话说，职权是主管人员行使职责的一种工具。

同职权共存的是职责（responsibility）。正如法约尔所说，职责与职权是孪生子，是职权的当然结果和必要补充。作为一个主管人员，当处于某一职位担负一定职务时，必然要尽一定的义务。这种占有某职位，担任某职务时应履行的义务，称之为职责。职权、职责都是针对同一任务而言的，作为医院院长为达到某一目标把某任务分配给内科主任时，必须把执行这一任务的权力授予他，使权责共存一体，这样他才可能顺利地执行这一任务。所以说，权责应相等，职责不可能小于也不应大于所授予的职权。在组织内，最基本的信息沟通就是通过职权关系来实现的。通过职权关系上传下达，使下级按指令行事，上级得到及时反馈的信息，进行有效的控制，做出合理的决策。

组织内的职权有三种类型：直线职权、参谋职权和职能职权。

1. 直线职权

直线职权是直线人员所拥有的包括发布命令及执行决策等的权力，也就是通常所指的指挥权。直线主管是指能领导、监督、指挥、管理下属的人员。很显然，每一管理层的主管人员都应具有这种职权，只不过每一管理层次的功能不同，其职权的大小及范围各有不同而已，例如厂长对车间主任拥有直线职权，车间主任对班组长拥有直线职权。这样，从组织的上层到下层的主管人员之间，便形成一个权力线，这条权力线被称为指挥链或指挥系统。在这条权力线中，职权的指向由上而下。由于在指挥链中存在着不同管理层次的直线职权，故指挥链又叫层次链（scalar chain）。它颇像一座金字塔，通过指挥链的信息传递，由上而下，或由下而上地进行，所以，指挥链既是权力线，又是信息通道。在这个指挥链中，职权关系有两条必须遵循的原则。

（1）分级原则。每一层次的直线职权应分明，这样才有利于执行决策职责和信息沟通。一位厂长在总结经验时曾说过这样一段话："在我的厂，厂长的职权不容侵犯，令行禁止，不能违抗；厂长的责任也一丝一毫不容推卸……副手的权力，我也从不侵犯，该车间主任、科长管的事，我决不干预，我不是一个人说了算，而是在各自职权范围内，人人说了算。这样，生产才能有秩序地进行。如果大事小事都来找厂长，那就说明下属干部不负责任，厂长用人不当。"这是符合分级原则的。如果超越层次，越俎代庖，下级人员会失去积极性、主动性，这是违背分级原则的。

（2）职权等级原则。作为下级来讲，应该"用足"自己的职权，在自己职权范围内作出决策，只有当问题的解决超越自身职权界限时，才可提交给上级。相反，惧怕担当风险的主管人员，或才能平庸的主管人员，常常是把一切问题上交，仅仅起"交换台"的作用。这样，一方面造成上级忙于应付具体事务。另一方面，自己则失去指挥功能，徒占其位。

2. 参谋职权

参谋职权是参谋所拥有的辅助性职权，包括提供咨询、建议等。在"田忌赛马"的故事中，孙膑为田忌献策而胜齐王，孙膑所行使的即为参谋职权。参谋职权的概念由来已久，在中外历史上很早就出现了一种为统治者出谋划策的智囊人物，在我国两千多年的历史中，有过许多食客、谋士、军师、谏臣的记载。

近代组织中出现的参谋及其职权的概念来自军事系统。

1807 年，普鲁士军事改革家香霍斯特，创建了军事参谋本部体制。所有军事统帅的决策过程，必须依赖参谋部集体智慧的支持来完成。以后德国、美国等军队也相继建立了参谋组织，并成为军队中不可缺少的一部分。随着社会的发展，管理问题的日益复杂，"多谋善断"由独自一人来完成已不可能，不仅仅是军事上，在政治、经济等部门也都需要出谋划策的参谋人员。

参谋的种类有个人与专业之分。前者即参谋人员。参谋人员是直线人员的咨询人，他协助直线人员执行职责。专业参谋，常为一个单独的组织或部门，就是一般的"智囊团""顾问班子"。专业参谋部门的出现，是时代发展的产物，它聚合了一些专家，运用集体智慧，协助直线主管进行工作。

参谋和直线人员之间的界限是模糊的。作为一个主管人员，他既可以是直线人员，也可以是参谋人员，这取决于他所起的作用及行使的职权。当他处在自己所领导的部门中，他行使直线职权，是直线人员。而当他同上级打交道或同其他部门发生联系时，又成为参谋人员。例如，医院院长在医院内是直线人员，但在卫生局进行计划或决策而征询他的意见时，他便成为参谋人员了。

3. 职能职权

职能职权是指参谋人员或某部门的主管人员所拥有的原属直线主管的那部分权力。在纯粹参谋的情形下，参谋人员所具有的仅仅是辅助性职权，并无指挥权，但是，随着管理活动的日益复杂，主管人员不可能是完人，也不可能通晓所有的专业知识，仅仅依靠参谋的建议还很难作出最后的决定，这时，为了改善和提高管理效率，主管人员就可能将职权关系作某些变动，把一部分本属自己的直线职权授予参谋人员或某个部门的主管人员，这便产生了职能职权。

职能职权大部分是由业务或参谋部门的负责人来行使的，这些部门一般都是由一些职能管理专家所组成。例如，一个公司的总经理统揽全局管理公司的职权，他为了节约时间，加速信息的传递，就可能授权财务部门直接向生产经营部门的负责人传达关于财务方面的信息和建议，也可能授予人事、采购、公共关系等顾问一定的职权，让其直接向直线组织发布指示等。由此可看出，职能职权是组织职权的一个特例，可以认为它介于直线职权和参谋职权之间。

（二）授权

如上所述，组织是依靠指挥链来行动的。职权在组织中的各个职位上的分配或配置，亦即指挥链的建立，是通过授权来进行的。

1. 授权的概念与过程

授权意味着在上下级之间建立起某种形式的职权关系。具体而言，授权就是管理者将自己的部分决策权或工作负担转授给下属的过程。授权可以说是组织规模扩大的结果。没有人能够承担实现组织目标所必需的一切任务，同样也没有人能够行使所有的决策权力。由于存在着管理宽度的限制，管理者必须将职权授予下属，以使他们在各自的职责范围内进行决策。

授权是一个过程。进行授权的第一步就是要将任务委派给接受授权的下属，并明确应当取得的成果。下一步是将完成任务所必需的职权授予下属。授权的第三步就是要使下属承担起对所接受的任务、成果要求和职权的义务，也就是要使下级认可或同意由上级所授的任务和职权，并作出完成任务的承诺。授权的这三个步骤是不可分割的。只是要求某人完成某一任务而不授予相应的职权，或者授予职权但却不清楚最终要取得什么成果，都不能算是真正的授权。

在授权过程中，责任是不可下授的。这成为授权的绝对性原则。上级主管者即使授权于下属去完成某项任务，但仍然负有对于该项任务的责任。这也是许多管理者不愿授权或不敢授权的原因之一。

2. 组织的职权分裂

组织中有时会出现职权分裂的情况。当解决一个问题或作出一项决策必须汇总两个或更多的管理者的职权才能实现时，就认为解决这一问题的职权是分裂的。但职权分裂的问题牵涉到许多管理者时，常常需要通过会议来协调解决。组织中不可能完全避免职权分裂的现象，但如果同一问题一再重复发生，则有可能就是授权不当的征兆，这时可能就有必要进行一些组织上的变革。

管理者对下属授权并不是永久地失去了这部分职权，他可以随时收回授出去的职权。组织的变动或改组总是意味着职权的收回和重新授出。当发现下属不能胜任或负担过重时，也需要将授出去的部分或全部职权收回，并进行重新授权。

3. 有效授权的态度

管理者必须从思想上认识授权的必要性和重要性。为了实现组织的目标，为了维持组织的成长，授权是管理者所面临的不可回避的选择。授权不当常常是造成许多管理问题的最主要原因。为了进行有效的授权，管理者必须明确以下几个方面的态度。

（1）要有善于接受不同意见的态度。

（2）要有敢于放手的态度。

（3）要允许别人犯错误。

（4）要善于信任下级。

（5）要善于适度控制。

（三）分权与集权

分权与集权是用来描述决策权在组织中或在指挥链上的分布情况的一对概念。分权化也叫作职权的分散，指的就是系统地将决策权授予中下层管理者的过程，这实际上也就是给下级授权的过程。相应地，集权化则是系统地将决策权集中于高层主管手中的过程。集权和分权反映了职权在指挥链上分布的两种趋势。集权和分权主要是一个相对的概念。在组织管理中，集权和分权是相对的，在现实中，既不存在绝对的分权，也不存在绝对的集权，实际中的组织都处于一定程度的集权与分权状态之中。一个组织中职权分散或集中的程度，除了受到管理者个性的影响之外，还取决于许多其他的因素。

（1）决策的重要性。这也许是影响分权程度的最重要的因素。一般来说，越是重要的决策，就越有可能由较高层次的管理者掌管。

（2）高层主管对一致性方针政策的偏好。有些高层主管将组织的方针政策的一致性看得高于一切，他们希望在质量、价格、服务等方面对顾客一视同仁，希望对供应商采取协调一致的政策，他们往往赞同较高程度的集权，因为这样做是达到政策一致性目的最简单的途径。

（3）组织的规模。组织规模越大所需要作出的决策的数目就越多，需要作出决策的场所也越多，协调起来也就越困难。这种情况必然会降低决策的速度，从而会导致决策的成本很高。要克服这些问题，就必须分散权力。

（4）组织的历史。一个组织形成的方式常常决定着其集权或分权的程度。那些通过内部的成长由小到大发展起来的企业，或者在其缔造者的监护下成长起来的企业，往往表现出一种强烈的职权集中的特征，通过兼并或收购而形成的企业则经常表现出分权的趋势。

（5）最高主管的人生观。现实的组织中存在着各种性格不同、世界观迥异的最高管理者。他们中有些人视权如命，这些人则不习惯放权，而有的则将分权看作是现代组织的生存方式，看作是一种取得经济效益的手段。

（6）获得管理人才的难易程度。缺乏训练有素的主管人才会限制分权的实施。很多场合下，缺乏人才只是高层主管不愿分权的借口，这或者是因为他们不善于培养人才，或者是想夸大自己的作用。有的管理者认为集权可以减轻对人才需求的压力，但这样做不利于接班人的培养。

（7）控制手段。是否有合适的控制手段也是影响职权分散程度的一个重要因素。统计技术、会计控制方法、计算机技术等各方面的进展有利于促进职权的分散。

（8）组织营运的分散化。组织营运的分散化是指组织的各个部门及管理者分散在不同的地理区域。一般来说，组织营运的分散化在一定程度上有利于促进职权的分散，但这并不意味着营运的集中就一定会导致职权的集中。

（9）组织的变动程度。组织变动的快慢与激烈与否影响着职权的分散程度。一个迅速成长的企业，其高层主管往往倾向于授权于下级，并愿意承担由此而带来的风险。在一些非常成熟且稳定的组织中，则存在着一种集权或再集权的趋势。

（10）外界环境的影响。以上讨论的因素大多是企业组织内部的因素，许多外部的因素也影响着组织中职权的分散程度。其中最重要的因素包括法律、法规、宏观经济体制等因素。

第五节 组织运行与变革

一、组织运行

行使组织职能，不仅要建立组织系统，而且要善于运用它，使各个层次、部门和单位各司其职，各负其责，相互协调地工作。组织运行必须做好以下几项工作。

1. 制定工作规范

工作规范是规定每个工作单位或工作岗位的责权范围与目的的要求。其作用有：一是责成各单位的主管与成员明确职责范围，坚守工作岗位，做好本职工作；二是推动岗位培训，提高工作人员的技术水平和劳动熟练程度；三是作为考核岗位工作人员的绩效、实行奖惩的重要依据。工作规范的内容一般包括基本职责、工作范围、工作质量与数量的要求、权限等。

2. 制定标准作业程序

标准作业程序是对例行性工作的处理程序和方法加以规范化，它是针对每类例行性工作的要求与特点制定的，一般应当规定事项的目的，承办的部门和单位，处理的步骤和所需的时间。借助标准作业程序，工作人员自行处理例行工作，可以减轻上级的负担。依据标准程序工作，简化了手续，缩短了时间，可以提高工作效率。承办的有关部门或单位明确工作步骤和各自的责任，可收到分工与协作之效果，减少相互推诿的弊端。

3. 绘制组织系统表

组织系统表也称为组织结构表，用以反映组织体系中管理层次、职能部门、工作单位及他们之间的隶属关系和协作关系，便于领导者认识组织系统的全貌和对下属部门、单位进行整体指挥与协调。同时，有利于各单位、各部门的成员认识自己在整体中的地位与作用，增强全局观念。组织系统表的附表要有职位表、人员编制表。前者说明组织体系内各部门、单位设有哪些职位及其担任者的基本情况。后者说明各部门、单位的人员编制定额与实际配备情况。

4. 疏通信息沟通渠道

信息渠道是组织体中的神经系统，通过信息渠道，上级的指令才能传达到下属单位及其成员，下级的工作进度和成员的意见才能上达。信息渠道阻塞，指令不能下传，下情不能上达，组织系统就会瘫痪。所以，组织运行有赖于建立完善的信息系统。疏通信息沟通渠道，才能准确、及时地获得所需要的信息。

（1）下行沟通。将上级的指令沿着管理层次而逐级下达，用以传达贯彻上级的指示、方针和政策，指导、督促下级的工作，协调各单位的工作关系等。其具体方式有指令、计划、文件和规章等。

（2）上行沟通，指由下而上地传递信息。借助上行沟通，下情得以上达，领导者及时掌握工作进程，了解下级的意见、愿望和要求，才能正确地作出决策和实行有效的控制。其具体方式有请示报告、统计、会计报表、工作总结、调查材料。

（3）平行沟通，指同级各部门之间、单位之间的信息交流，用以协调地开展工作，防止各自为政的现象。其具体方式有召集联席会议、协调会议、相互抄送报表等。

（4）外部沟通，指同外单位或政府之间的信息沟通。这是组织系统适应环境变化求得生存与发展的重要前提。以企业组织来说，一方面取得外部信息，了解国家的方针、政策，经济发展的状况，市场供求变化等，才能生产出符合社会需要的产品。另一方面输出信息，使外界了解本企业生产水平和产品的特征，提高市场竞争能力。

提高组织运行效率的一个关键，在于排除信息沟通中的障碍，这些障碍会使信息失真、过时。

二、组织变革

组织变革指组织面对外部环境和内部条件的变化而进行改革和适应的过程。组织是存在于一定环境中的生命体。任何组织都有追求的目标，组织是在不断协调外部环境和内部条件的过程中实现其目标的。组织的内部条件必须适应外部环境变化的要求，而组织的内部条件本身是在不断发展和变化的。在追逐组织目标的动态过程中，当组织的内部条件与外部环境出现不和谐时，就产生了变革的需要。

（一）组织变革的动因、认识和领域

1. 组织变革的动因

组织的外部环境和内部条件的变化构成了促使组织变革的两个方面的力量。

外部环境的变化有经济体制的改革、国家产业结构的调整、政府宏观经济政策的改变、科学技术发展引起的产品和工艺的变化、国民环保意识的提高等。这些都是促使企业组织结构做出适应性调整的重要力量。

组织内部条件的变化有组织自身的成长、技术条件的变化、人员条件的变化、管理条件的变化等。

2. 对变革的两种不同认识

对变革有两种典型的认识：一种认识是将变革视为偶然发生的例外，这称为变革的"风平浪静"观；另一种认识则是将变革视为一种自然的状态，这称为变革的"急流险滩"观。

第一种认识假定组织所在的环境是稳定的，变革只是对组织平衡状态的一种打破。现状被打破以后，经过变革而建立起一种新的平衡状态。

第二种认识更适合于当今的这种以变化为主要特征的时代。它认为组织所处的是一种不确定的动态环境，变革绝非偶然的干扰事件，而是一种不可逃避的生存方式。要在这种环境中生存下来并取得成功，组织就必须具有足够的适应性和敏捷性，必须能够对面临的变化作出迅速的反应。

3. 组织变革的领域

管理者所能变革的领域或对象不外乎三种选择：结构、技术和人员。结构变革包括对组织的职权关系、协作机制、集权程度、职位设计、管理跨度等因素的改变；对技术的变革包括对工作的流程、方法、设备、设施的改变；人员变革则是对员工的工作态度、期望、任职和行为的改变。

（二）应对变革中的抵制和阻力

1. 对变革抵制的原因

组织变革不可避免地会受到人们的抵制和反对。这种抵制和反对的原因一般来自三个方面，即：对于不确定性的恐惧；对于可能失去个人利益的恐惧；不认为变革符合组织的最佳利益。

变革总是伴随着不确定性，人们可能会担心自己的技能、知识不再满足要求，或是担心未来的生活不能把握，对于不确定性的担忧和厌恶是变革的一个重要原因。变革也有可能造成人们的既得利益的减少或改变，人们担心失去现在所拥有的地位、权势、友谊、个人的便利或其他好处。变革的阻力有时来自人们对变革的正当性的怀疑。人们可能会觉得变革的目的或效果对于组织的利益没有好处，或是认为变革的后果对组织是有副作用的，这样人们也会反对变革。如果这种意识能够得到正确的沟通，则这种形式的阻力对于组织就有可能是有益的。

管理者可以通过使有关的人们充分参与变革，通过加大培训和教育的力度等措施来减少变革的阻力，促使变革的成功。

2. 力场分析

力场分析是常用于识别某一特定的变革活动的动力和阻力的一种工具，如图 6-6 所示。图中所示的是某公司的一个新班子正面临顾客和竞争者的双重变革压力的情景。看起来这种情况似乎对变革是比较有利的，但实际上各种变革的力量也不容忽视。

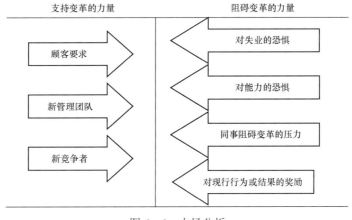

图 6-6 力场分析

一项变革不可能在阻力大于动力时发生。许多组织在碰到阻力时，第一反应通常是去试图增加更多的动力，或者是增强这些力量，而实际上若能将时间和精力用于减少阻力可能会取得更好的效果。

力场分析有助于人们识别哪些力量是能够改变的，哪些力量是不可改变的，从而促使人们集中精力去对付那些能够消除的阻力，或者确保朝理想方向移动的力量得到延续和支持。这一方法可以用于任何管理层次。

3. 减少阻力的方法

通常有如下一些减少阻力的方法：

（1）确保达成共同的变革愿景；

（2）沟通变革的目的和重要性；

（3）认识到变革的情绪影响；

（4）理解变革的各方面影响；

（5）沟通即将变革和不会变革的部分；

（6）树立理想的行为模式，提供有效的反馈、合理的报酬及适当的结果；

（7）对阻力做出一致的反应；

（8）灵活、耐心和支持。

4. 打破僵局的系统化方法

有时对变革的抵抗会导致进入死胡同。有一种打破僵局的系统化的方法，是通过如下的三个步骤来找到出路的：

（1）明确对抗双方的"同"和"异"，分歧到底是什么；

（2）双方就为什么"存异"达成一致；

（3）决定为了解决"异见"必须做些什么。

（三）领导者在变革中的作用

领导者在变革中的作用无疑是至关重要的。很难想象涉及许多人的重大变革项目会没有人领导和推动，这样的情况可以说是绝无仅有。但是，发挥领导作用的方式却有许多种。

一种比较容易使人们注目的情况是具有超凡的个人魅力的领导者。这种领导者一般具有比较外向的个性，他们的超凡魅力一般来说更容易激发人们的热情，他们会激发强烈的群体感和团体精神，表达对他们所追随的人的高度期望和信任。

有一些领导者尽管从个性上而言不如前一类领导者那样醒目，但他们可能会对变革项目施加更为深远的影响。这类领导者能够持之以恒地关注问题的重点，并善于以计划得当的方法来处理问题。

要使变革顺利进行并取得成功，变革的推动者就必须充满自信，并表现出强烈的个人动力，但同时还必须有足够的谦逊态度来听取他人的忧虑和反对。他们必须有愿景、战略和指导原则，但也必须注重实效，关注问题的征兆，谋划能够导向成功的举措。他们必须能够最大限度地建立统一战线，而不至于让很多的人置身于变革之外。他们必须坦率而公正，同时也要精明而多谋。他们必须有耐性且持之以恒，但某些时候也必须快速而果断地行动。

（四）营造促进变革的文化

要使人们投身于变革之中，就必须激发起人们对于现状的不满，从而意识到变革的必要性和正当性；必须构造一个促使人们为之奋斗的共同愿景；同时要向人们提供实现愿景的战略战术的指导；还要使人们确信变革的征程会具有收获，而且到达终点的收益会大大超过成本。此外，要使变革能够取得成功，还必须注意以下这些方面。

（1）变革不会一蹴而就。要取得效果，取得成功，是需要花费时间的。

（2）变革必须齐头并进，综合进行。要使变革的效果能够持久，变革活动就必须是多层面的，并且必须从问题的原因着手。

（3）要使人们认识并体会到变革带来的收获。要使人们明确今天的痛苦与未来收获的联系，他们就会比较容易接受这种变革所带来的痛苦。人们必须能够预期所做出的牺牲在可预见的将来会带来收益。

综合训练题

一、单项选择题

1. 在组织工作中，管理层次的分工是指（ ）。

 A. 分级管理   B. 部门划分   C. 职权分工   D. 任务分工

2. 组织结构为了高效实现组织目标，就必须做好各项任务和工作分工，以及相互间协调。这一原理是（ ）。

 A. 效益原理   B. 目标统一原理   C. 结构稳定原理   D. 分工协作原理

3. 组织中主管人员监督管辖其直接下属的人数越是适当，就越能保证组织的有效运行。组织工作中的这一原理是（ ）。

 A. 监督原理   B. 管理幅度原理   C. 管理层次原理   D. 组织效率原理

4. 组织实现目标时要依靠其"框架"，这是指（ ）。

 A. 组织人员   B. 组织工作   C. 组织结构   D. 组织设计

5. 事业部制企业集团是按（ ）划分部门的企业。

 A. 职能   B. 人数   C. 产品   D. 服务对象

6. 以下不属于组织工作特点的是（ ）。

 A. 组织工作是一个过程   B. 组织工作是动态的

 C. 组织工作是完整的   D. 组织工作要考虑非正式组织的影响

7. 我们把"确保事情按计划进行"的工作称为（ ）。

 A. 领导工作   B. 组织工作   C. 协调工作   D. 控制工作

8. 管理学中的组织工作是指（ ）。

 A. 设计组织结构并使之有效运行   B. 设计组织结构，安排工作岗位

 C. 确定组织目标，选聘主管人员   D. 防止出现非正式组织

9. 在管理学中，组织工作这一概念应理解为（ ）。

 A. 人员群体   B. 管理职能之一   C. 协作关系   D. 组织结构

10. 组织一切工作的开展都应围绕（ ）。

 A. 组织战略   B. 组织目标   C. 组织培训   D. 组织创新

11. 为了避免一些人在组织中逃避责任或滥用职权，必须坚持（ ）。

 A. 责权一致原理   B. 集权与分权相结合原理

 C. 分工与协作相结合原理   D. 集中统一的原则

12. 结构简单，职权集中，责任分明，指挥统一，沟通简捷是指（ ）。

 A. 直线制组织结构   B. 事业部制组织结构

 C. 职能制组织结构   D. 矩阵制组织结构

13. 职能制组织结构的最大缺点是（ ）。

 A. 横向协调差   B. 多头领导

 C. 不利于培养上层领导   D. 适用性差

14. 适用于大型跨国公司的组织结构类型是（　　）。

　　A. 直线制　　　　B. 职能制　　　　C. 直线—职能制　　D. 事业部制

15. 最早和最简单的组织结构类型是（　　）。

　　A. 直线制　　　　B. 职能制　　　　C. 直线—职能制　　D. 矩阵制

16. 组成临时性项目小组的方法是在组织中建立起（　　）。

　　A. 直线制组织结构　　　　　　　　B. 职能制组织结构

　　C. 矩阵制组织结构　　　　　　　　D. 事业部制组织结构

17. 在组织中实行统一指挥，高度集权，这种特点表现于（　　）。

　　A. 多维立体组织结构　　　　　　　B. 直线制组织结构

　　C. 事业部制组织结构　　　　　　　D. 直线—职能制组织结构

18. 直线制组织结构适用于（　　）。

　　A. 大型企业组织　　B. 国有企业　　C. 小型企业组织　　D. 跨国企业集团

19. 下列组织结构形式中，分权程度最高的是（　　）。

　　A. 直线制　　　　B. 职能制　　　　C. 直线—职能制　　D. 事业部制

20. 组织中的最高决策权交给两位以上的主管人员，也就是把权力分散到一个集体中去的管理制度是（　　）。

　　A. 个人管理制　　B. 委员会制　　　C. 集权制　　　　　D. 分权制

21. 部门划分主要解决组织的（　　）。

　　A. 纵向结构问题　　B. 纵向协调问题　　C. 横向结构问题　　D. 横向协调问题

22. 下列关于扁平结构与金字塔的比较中，描述正确的是（　　）。

　　A. 扁平结构管理费用高

　　B. 金字塔式结构信息纵向流通快

　　C. 扁平结构分工明确细致，管理监督严密

　　D. 扁平结构更有利于密切上下级之间的关系

23. 一般来说，组织越稳定，管理幅度应该（　　）。

　　A. 越小　　　　　B. 越大　　　　　C. 无法判断　　　　D. 无影响

24. 组织结构设计的依据是（　　）。

　　A. 组织目标和计划　B. 组织性质　　C. 组织类型　　　　D. 组织人数

25. 在部门划分的方法中，最简单、最原始的划分方法是按（　　）进行划分。

　　A. 人数　　　　　B. 时间　　　　　C. 产品　　　　　　D. 职能

26. 确定管理宽度最有效的方法是（　　）。

　　A. 越大越好　　　B. 越小越好　　　C. 随时调整　　　　D. 随机制宜

27. 在实践中，下列活动适宜采用任务小组的是（　　）。

　　A. 财务预算制定　B. 业绩考核　　　C. 物资采购　　　　D. 产品开发

28. 政府机关中的人事部、司法部、教委、工商局等机构的设置是（　　）。

　　A. 按职能划分部门　　　　　　　　B. 按产品划分部门

　　C. 按地区划分部门　　　　　　　　D. 按顾客划分部门

29. 中小企业采用最多的划分部门的方法是（　　）。

    A. 按人数划分部门   B. 按职能划分部门

    C. 按地区划分部门   D. 按顾客划分部门

30. 组织是集权还是分权主要取决于（　　）。

    A. 基层单位管理者   B. 决策的数目

    C. 高层管理者权利的下放程度   D. 决策审批手续

二、多项选择题

1. 下列情况下，管理的幅度不可以加宽的是（　　）。

    A. 组织各项工作的过程普遍得到标准化

    B. 工作的相互依赖程度高，经常需要跨部门协调

    C. 组织环境很不稳定，时常出现新情况

    D. 下属的工作单位在地理位置上相当分散

    E. 组织各部门工作目标明确

2. 下列有关管理层次的评论中，正确的是（　　）。

    A. 多层次意味着可以节省管理费用

    B. 多层次可使沟通联络复杂化

    C. 多层次是信息的过滤器

    D. 多层次使得计划和控制复杂化

    E. 多层次可以提升管理效率

3. 组织设计的任务是（　　）。

    A. 研究与开发   B. 提供组织结构系统图

    C. 分解财务构成   D. 编制职务说明书

    E. 进行组织结构设计

4. 在各组织中，管理层次要受到（　　）的影响。

    A. 组织成员   B. 组织规模   C. 管理幅度   D. 组织层次

    E. 组织类型

5. 管理层次与管理幅度的反比关系决定了两种基本的（　　）管理组织结构状态。

    A. 梯形   B. 方形   C. 扁平形   D. 金字塔

    E. 圆形

6. 组织的设计必须考虑到人的因素，即（　　）。

    A. 有利于人的能力的提高   B. 有利于人的发展

    C. 有利于个性的发挥   D. 有利于个人潜能的发挥

    E. 有利于个人情感的发挥

7. 过分集权的弊端包括（　　）。

    A. 降低决策的质量   B. 降低决策的频率

    C. 降低组织的适应能力   D. 降低组织成员的热情

    E. 降低组织经营的效率

8. 下列组织冲突中，最典型的有（　　）。

    A. 正式组织与非正式组织之间的冲突   B. 直线与参谋之间的冲突

    C. 委员会内部之间的冲突   D. 个体内部的心理冲突

    E. 部门之间的冲突

9. 影响组织设计的主要因素有（　　　）。

    A. 环境因素   B. 战略因素   C. 技术因素   D. 规模

    E. 生命周期

10. 组织中的职权分为（　　　）。

    A. 职能职权   B. 分权与集权   C. 参谋职权   D. 授权职权

    E. 直线职权

11. 组织部门化的基本形式有（　　　）。

    A. 职能部门化   B. 产品部门化   C. 地域部门化   D. 顾客部门化

    E. 流程部门化

12. 授权的原则有（　　　）。

    A. 重要性原则   B. 适度原则   C. 高度集中原则   D. 权责一致原则

    E. 级差授权原则

13. 管理学上的组织概念中包含的含义有（　　　）。

    A. 组织有一个共同目标   B. 组织目标是经济效益

    C. 组织是实现目标的工具   D. 组织是有效率的

    E. 组织包括不同层次的分工协作

14. 一般意义上的组织是指（　　　）。

    A. 社会团体   B. 政府机构   C. 学校   D. 宗教组织

    E. 企业

15. 建立和协调组织机构的过程一般包括（　　　）。

    A. 确定组织目标   B. 目标分解   C. 权责划分   D. 信息联系

    E. 经济核算

16. 直线制组织结构的优点是（　　　）。

    A. 结构简单   B. 管理职能专业化

    C. 责权明确   D. 各部门易于协调

    E. 实行分权管理

17. 根据小型组织和中小型组织的实际情况，它们适于采用（　　　）。

    A. 直线制组织结构   B. 职能制组织结构

    C. 直线—参谋制组织结构   D. 事业部制组织结构作

    E. 多维立体组织结构

18. 扁平结构的特点是（　　　）。

    A. 管理层次少而管理幅度大   B. 上下级关系难以协调

    C. 同级层次的沟通联络困难   D. 有利于调动被管理者的积极性

    E. 管理费用低

19. 如果（　　　），管理幅度可适当增大。

    A. 主管人员能力强   B. 下属能力弱

C. 适当授权　　　　　　　　　　　D. 问题复杂

E. 有良好的计划

20. 影响组织集权与分权程度的因素有（　　）。

A. 决策的代价　　B. 决策的影响面　　C. 管理哲学　　　　D. 决策的数量

E. 组织的规模

三、问答题

1. 组织设计的目的是什么？

2. 用哪些指标可以描述组织结构？

3. 大型组织与小型组织在组织结构上的区别主要体现在哪几个方面？

4. 有效的授权必须掌握哪些原则？

5. 组织部门化的基本原则是什么？

6. 什么是职能部门化？其优缺点是什么？

7. 简述矩阵组织结构的优缺点。

8. 什么是组织的层级化？

9. 试比较扁平式组织结构与金字塔式组织结构的优缺点。

10. 何为授权？它与分权有何不同？

11. 组织设计的影响因素有哪些？

12. 组织设计者应如何提高组织对环境的应变性？

13. 在组织层级化设计中，影响组织分权程度的主要因素有哪些？

四、案例分析题

【案例一】李佳和王强的困惑

某局机关因工作需要，新成立了一个行政处，由局原办公室副主任李佳任处长，原办公室的 8 位后勤服务人员全部转到行政处，李佳上任后便到处物色人才，又从别的单位调进 5 位工作人员，这样，一个 14 人的行政处便展开了正常工作。李佳 38 岁，年富力强，精力旺盛，在没有配备助手的情况下，他领导其他 13 人开展工作。开始倒没什么，时间长了，问题也就多了。因为处里不管是工作分配、组织协调还是指导监督、对外联络，都由李佳拍板定案。尽管他工作认真负责，每日早出晚归，依然适应不了如此繁杂的事务，哪个地方照顾不到都会出乱子，行政处内部开始闹矛盾，与其他处室也发生不少冲突。

在这种情况下，局领导决定调出李佳，派局办公室另一位副主任王强接任行政处处长，王强上任后，首先，着手组建行政处内部组织机构，处下设置四个二级机构：办公室、行政一科、行政二科、行政三科。其次，远调得力干将，再从原来的局办公室选调 2 位主任科员任行政处副处长，在业务处选调 3 位副主任科员分别任行政一、二、三科的科长，其余科长、副科长在原 13 名工作人员中产生。王强采取这些做法，目的就是改变处里的沉闷空气，调动大家的工作积极性，提高行政处的工作效率。

这样，一个 19 人的行政处在 3 位正副处长、8 位正副科长的领导下，再次以新的面貌投入到工作之中。但是过了不久，行政处的工作效率不仅没有提高，反而更加糟糕了。有些下属认为王强经常越权乱指挥，他们的工作没法开展；有的下属则认为王强到处包办代替，没事找事干，和科长争权；有的人认为行政处官多兵少，没有正经干活的。不到半年，行政处又陷入重重矛盾之中，不但人际关系紧张复杂，而且大家都没干劲，王强带来的几个人也要求调回原处室。在这种情况下王强只好辞职，但他很困惑：自己工作热情很高，为什么还领导不好行政处的工作？

根据案例回答以下问题。

（1）想一想：李佳和王强失败的主要原因是什么？应如何改进？

（2）在进行组织结构设计过程中如何协调管理幅度和管理层级的关系？

【案例二】PDN 公司高管的窘境

PDN 公司有三个产品部门分别生产纸巾、纸尿布和餐巾纸。起初，总部将每种产品归入一个独立的业务部门，旗下各自拥有独立的销售力量，并且给每个部门分配了利润指标。然而，这三个生产部门都面向同样的客户超市。这些客户不想与同一公司的三支销售队伍打交道，所以他们强迫 PDN 公司调整销售队伍。PDN 公司对此做出的回应是创立第四个部门，专门负责上述三个部门的产品营销和销售，三个产品部门依然承担利润指标，而营销部门负责的是销售增长指标。

不久后发生了一件事：纸尿布部门和营销部门同时完不成当月指标。高层管理者询问纸尿布部门的经理为什么未达标。他辩解说："这不是我们部门的问题！我们部门管理得很好，但是营销部门的那帮家伙把这一切都搞砸了。我们把这么好的产品给他们，他们却推销不出去。"这位高管转而去询问营销负责人，得到的回答是："我们部门做了一切该做的甚至超过这些，但我们缺少有力的支持。纸尿布车间的产品质量差、成本高，我们尽了最大努力却怎么也无法将它们卖出去。"

纸尿布部门与营销部门两位经理的说辞互相抵触。公司高管下决心查明原因。他去审查两个部门的运营，收集更多的信息，以便判断事件的真正原因及责任方。诸如此类的问题导致高管把很多时间耗在了处理扯皮上，信息爆炸还使他不时出现决策错误。他感觉自己陷入了窘境。

根据案例回答以下问题。

（1）请说明该公司重组前后的组织结构形态及各部门责任中心体制的变化。

（2）试分析纸尿布部门与营销部门之间冲突的原因，并提出你建议的改进方案。

【案例三】FT 银行信息技术部门的组织

马歇尔·平卡德是美国加利福尼亚州的一家快速成长中的银行的总裁兼首席执行官。这家地方性银行正在向全国性商业和消费零售银行扩展。他刚结束银行业务工作会议回到办公室，就看到了一封来自阿伊莎·科尔斯的电子邮件。阿伊莎是一位聪明、勤奋和自信的女性，最近刚走马上任银行的执行副总裁兼首席信息官。在公司的科层式组织结构中，处于类似阿伊莎职位上的人，现在都直接向马歇尔汇报工作，而且他还是执行委员会的全权代表。马歇尔意识到，信息技术对银行提高业务竞争力的各个方面都至关重要。成功而先进的银行不仅有运用信息技术服务于高效运营的需要，还要利用信息技术更有效地了解客户需求。

马歇尔打开阿伊莎的电子邮件，开始认真阅读。他原以为这封邮件可能是关于她如何适应新环境的内容，可是，他彻底错了——在新职位上工作了几个月的阿伊莎·科尔斯表现出非常沮丧的情绪。阿伊莎在邮件中写道，她需要从马歇尔那里得到关于她的责任和职权的清晰表述。她认为，把信息技术和银行的其他业务部门混为一谈，常常会导致混乱、冲突和无效率。她举例说，通常情况下，来自零售银行业务或市场部门的人都带着说不清道不明的问题来到她的部门，比如，询问如何在账户记录查询与投资记录之间建立关联，并且他们都期望在当天就得到解决办法。更令人烦恼的是，这些问题通常是跨越部门界限的。她发现，一个问题牵涉到的业务部门越多，任何一个业务部门具体说清楚需要信息技术部门做什么的可能性就越小，相应地其职责就越不清楚。谁应该负责整合和协调这些业务部门的需求呢？但当她决定挺身而出，做一名推动者的时候，部门经理们常常并不领情。

除了需求不明确之外，业务部门还希望信息技术部门提供解决方案，并且要迅速。所有这些要求似乎都使按章办事的信息技术人员抓狂。在处理一个问题之前，他们要确保他们完全了解这个问题的所有方面，这样解决方案才能和现有系统配合得天衣无缝。这种协调需要时间，而银行的其他部门都不愿意留给信息部门足够的工作时间。

另外，阿伊莎知道，信息技术部的员工越来越感觉自己的才华没有得到充分利用。信息技术人员想要洞察让人眼花缭乱的新信息技术发展的机会，为公司的经营战略做出贡献，但是却发现自己被局限在应用性工作之中。阿伊莎注意到，有些大型区域性分支机构的总裁主动在其管辖范围内设置分散式的信息技术部门，以便能够更快地满足其业务工作的需要。

她提议说，让大型区域性分支机构的业务部门协调他们自己的信息技术部门，这比现在任何事情都经过公司的信息技术部门更好。若这样安排，阿伊莎说，她分管的 FT 部门就可以精简为原定规模的一半。

马歇尔仰靠在老板椅上思索。至少，应阿伊莎的要求，他应该清晰界定她的职权和责任。但是他认识到，这位新任副总裁谈论的是一个更棘手的问题。现在，他应该重新考虑银行整体的组织结构吗？

根据案例回答以下问题。

（1）阿伊莎·科尔斯在组织中感到沮丧的最主要原因是什么？

（2）如果你是马歇尔·平卡德，你会如何解决阿伊莎提出的阐明她职权和责任的要求及她邮件中透露出的潜在问题？解决这个问题是需要进行一些适当的调整还是需要彻底改革银行的组织结构？有哪些环境和技术因素会影响你的决策？

（3）画图表示你认为最适合 FT 银行信息技术部门设置的结构类型。

第七章

领　导

教学目标： 领导是管理过程中的一项重要而独特的职能。领导工作具有人与人互动的性质，领导者正是通过其与被领导者的双向互动过程，促使组织成员更有效地实现组织的目标。通过本章学习，使学生掌握领导的作用和类型，领导的相关理论及应用；理解领导的含义，领导与管理的关系，领导者权力的来源；了解领导艺术的特点和领导艺术的内容。

 引导案例

选拔谁最合适

赵亚是北京中关村一家电脑公司分管人事工作的副总经理。公司董事会日前做出了"第二次创业"的战略决策，并据此将公司经营业务的重点从组装杂牌电脑转向创立自己的品牌。

赵亚必须在这周内做出一项人事决定，挑选一个人担任公司新设业务部门的领导。他有三个候选人，他们都在公司里工作了一段时间。其中一位是李卓。这小伙子年纪不大，但领导手下人挺有一套办法，所以赵亚平时就比较注意他。另一个原因是，李卓的领导风格很像赵亚自己。赵亚是曾在部队从事通信系统维护工作的退役军人，多年军队生活的训练使他养成了目前这种因为习惯而很难改变的领导方式。但赵亚自己心里也明白，公司新设立的业务部门更需要能激发创造性的人。李卓是外埠某大专院校计算机专业的专科毕业生，4 年前独自到北京"闯世界"，经过面试来到了本公司工作。他的性格与言行让人感觉他是一个固执己见、说一不二的人。张雯则是另一种性格的人。她通过自学获得了文学学士学位。她为人友善，乐于听取下属的意见，并通过前段时间参加工商管理短训班的学习及自己在实践中的总结、提高，形成了某种独特的领导风格。对于第三个候选人王英，赵亚没有给予多少考虑，因为王英似乎总是让他的下属作出所有决策，自己从没有勇气说出自己的主张。

假如你是在赵亚身边工作多年的一位参谋人员。赵亚想让你从纯理性角度对此决策做出分析。请问你该建议赵亚选择谁担任新设业务部门的领导人？为什么？

第一节　领 导 概 述

领导是有效管理的一项重要职能，是贯穿于管理活动中的一门非常奥妙的艺术。领导职能水平的高低直接决定着组织的发展。因此，如何有效地进行领导是现代管理者必须掌握的一项基本技能。

一、领导的含义

领导一词通常有两种含义：其一，指领导者，即组织中的首领。一个组织的领导者，犹如一个交响乐队的指挥，他能影响乐队中的每一个成员，并把他们的才能充分发挥出来，在他的指挥和统帅下，整个乐队协调配合，从而能奏出和谐自然、优美动听的乐章。其二，指领导职能。那么作为管理职能的领导，其含义是什么呢？国外很多学者都做过专门的研究，并提出了自己的观点。

泰勒认为，领导是影响人们自愿努力以达到群体目标所采取的行动。

韦伯认为，有效的领导有一种魅力，即某种精神力量和个人特征，能够对许多人施加个人影响。

彼得·德鲁克认为，有效的领导应能完成管理的职能，即计划、组织、指导、度量。

孔茨认为，领导是一门促使其下属充满信心、满怀热情去完成他们任务的艺术。

戴维斯认为，领导是一种说服他人热心于一定目标的能力。

理查德斯和格林洛尔认为，领导是一种影响过程，即领导者及被领导者的个人作用与特定环境相互作用的动态过程。

综合上述观点，我们把领导的概念定义为：领导是个体人与群体人之间的一种特殊的相互作用过程，是引导和影响个人或组织在一定条件下，实现某种目标的动态过程，也是运用一定权力进行指挥的过程。

领导的概念包括以下四方面含义。其一，领导是一种社会现象。领导及其行为是人类社会活动的客观现象，领导的基本要素是领导者、被领导者、客观环境和一定的目标，缺少任何一个要素都不能实现领导。这些要素及其运动过程都属于社会范畴。其二，领导的实质是领导行为。领导是为了实现一定的目标，而领导者、被领导者、环境、目标的相互作用，是向组织目标推进的动态行为过程。其三，领导是一种影响力。这种影响力是相互的，即领导者对被领导者施加影响，反过来，领导者也受被领导者言行的影响。在向组织目标推进的过程中，相互受到启发和影响，但领导者对被领导者的影响是主要的。其四，领导行为需要权力和指挥手段。有权力才能实施领导行为，无权力，指挥无人听，所以，实施领导是运用权力进行指挥的过程。

二、领导与管理的关系

领导者与管理者两个概念常常容易被混淆，日常工作中人们很难准确区分领导者和管理者，原因在于领导与管理有着密切的联系。领导与管理是既有联系又有区别的一对概念，领导者与管理者之间既存在某些相似的地方，也有着较大的不同。领导是管理的一个职能，组织中的领导行为属于管理活动的范畴，但领导者与管理者有着明显的不同。

（一）领导与管理的共同点

（1）都以组织为基础。领导和管理都是一种在组织内部通过影响他人协调活动，实现组织目标的过程。如果没有组织，则不存在领导和管理。

（2）都与组织层级的岗位设置有一定联系。组织内部的管理岗位往往也是领导岗位。

（二）领导和管理的区别

（1）管理者的权力行使是建立在合法的、有报酬的和强制性基础上对下属的命令行为，即所谓的管理者对下属的"直线驱动"，下属必须遵循管理者的指示。在这一过程中，下属可能尽自己最大的努力去完成任务，也可能只尽一部分努力去完成任务。在组织的实践活动中，后者是客观存在的。而领导者的权力行使可能是建立在合法的、有报酬的和强制性基础上的，但更多的时候是建立在个人影响权和专长权及模范作用的基础之上，即所谓的领导者对下属的"曲线驱动"。领导者可以做到无为而治，而管理者则不能。

（2）管理者产生于正式组织当中，他总是被任命的；而领导者虽可以产生于正式组织当中，但很多时候产生于非正式组织当中。因此，一个人可能既是管理者，又可能是领导者，但一个人是领导者未必是管理者。如在非正式组织中的群众领袖就是最具有影响力的人，正式组织并没有赋予他们职位和权力，也没有义务去负责组织的计划等管理工作，但他们却能引导和激励，甚至命令自己的成员，这些人自然地就成了领导者。

（3）领导的本质是下属的追随和服从，它不是由组织赋予的职位和权力所决定的，而是取决于追随者的意愿。有些具有职位权力的管理者可能没有下属的服从，当然谈不上真正意义上的领导者。因此，一个人可能是管理者，但并不一定是领导者。从组织的工作效果来看，应该选择好的领导者从事组织的管理工作。

（4）领导者的工作对象是人，而管理者的管理对象包括人、财、物等多种要素。

（5）领导者的工作主要是设置目标、指明活动方向、人事安排、开拓局面、创造态势、给人以希望等。管理者的工作手段包括计划、决策、组织和控制等。对于领导者和管理者的不同，美国著名领导学专家华伦·本尼斯在与唐森德的《重塑领导者——对话集》中也作出了明确的界定。他们指出：管理者寻求稳定，领导者探求革新；管理者循规蹈矩，领导者独辟新径；管理者维持现状，领导者注重发展；管理者注重企业结构，领导者注重人力资源；管理者依赖控制，领导者激发信任；管理者目光短浅，领导者目光远大；管理者注重方式和结果，领导者重视事情和原因。

上述关于领导者和管理者的区别，更多的是理论阐述，实际上对两个词语的使用并没有明确界定，在实践活动中也没有明确区别。

三、领导权力的来源

领导者通过行使权力来指挥下级以实现组织目标。因此，领导者的权力对于实现领导的作用、完成组织的目标是非常重要的。领导者权力有以下五种来源。

（一）法定性权力

法定性权力是由个人在组织中的职位决定的：个人由于被任命担任某一职位，因而获得了相应的法定权力和权威地位。例如，在政府和企业等层级组织中，上级在自己的职责范围内有权给下级下达任务和命令，下级必须服从；裁判有权判定是否犯规、是否得分，并有权用出示黄牌或红牌对某一队员警告或处罚，队员必须服从等。但拥有法定权的权威，并不等于就是领导。有些官员根本没有自愿的追随者，只是凭借手中的权力作威作福而已，这样的人并不是真正的领导者。同时，应当充分认识到下级甚至普通员工也拥有宪法、劳动法、合同法、工会法等法律和规章制度赋予他们的法定权力，他们凭借这种权力，也可以有效地影响和抵制领导者的领导行为。

（二）奖赏性权力

奖赏性权力是指个人控制着对方所重视的资源而对其施加影响的能力。例如，上级在其职权范围内可以决定或影响下级的薪水、晋升、提拔、奖金、表扬或分配有利可图的任务、职位，或给予下属所希望得到的其他物质资源或精神上的安抚、亲近、信任、友谊等，从而有效地影响他人的态度和行为。奖赏性权力是否有效，关键在于领导者要确切了解对方的真实需要。被领导者也拥有某种奖赏权。例如，对领导者的忠诚、顺从，更加积极忘我地工作，为了组织利益不计个人安危的英雄行为，甚至对领导者的热情招呼、演讲后的热烈鼓掌等，都可以看作是被领导者对领导者的奖赏。这种奖赏权也能有效地影响领导行为。

（三）惩罚性权力

惩罚性权力是指通过强制性的处罚而影响他人的能力。例如，批评、罚款、降职、降薪、撤职、除名、辞退、开除、起诉等，或者调离到偏远、劳苦、无权的岗位上去。这实际上是利用人们对惩罚和失去既得利益的恐慌心理而影响和改变他的态度和行为。应当注意，惩罚权虽然十分必要，见效也很快，但毕竟是一种消极性的权力，也不是万能的，因此务必慎用。如果使用不当，可能产生严重的消极后果。例如下属在合法范围内拥有消极怠工、抗议、上访、静坐、游行、示威、罢工等权力，员工可能利用这种合法权力对领导者的不当行为进行惩罚，甚至引发不应有的暴力事件。

（四）感召性权力

感召性权力是由于领导者拥有的个性、品德、作风引起人们的认同、赞赏、钦佩、仰慕而自愿地追随和服从他。例如，无私工作、刚正不阿、主持正义、清正廉洁、思路敏捷、开拓创新、不畏艰险、有魄力、关心员工疾苦、保护下属利益、倾听不同意见、结交下层朋友等模范行为，都会引来大批追随者，形成巨大的模范权力。感召性权力的大小与职位高低无关，只取决于个人的行为。不过具有高职位的人，其模范行为会有一种放大的乘数效应。一些行为对普通人来说可能是很平常的事，但对某些高层领导者就会变成非常感人的模范行为，产生巨大的感召性权力。但是任何组织中，总是有许多没有任何职位的人，也往往会有巨大的感召性权力，成为非正式组织的领袖，他们对人们的影响力可能远远大于拥有正式职位的领导者，对组织有利的做法是后者应对前者有更多的尊重和争取更好的合作。

（五）专长性权力

专长性权力是知识的权力，指的是因为人在某一领域所特有的专长而影响他人。一位医术精湛的医生在医院中具有巨大的影响力；一位资深的大学教授、著名学者可能没有任何行政职位，但在教师和学生中具有巨大的影响力；企业中的一位财务专家、营销专家、工程师等都可能拥有某种专长性权力，而在一定领域内发挥巨大的影响。任何领导者绝对不可能在所有领域内都具有专长权，所以对组织中正式职位的领导者而言，只要在他的工作职责范围内具有一定的专长权即可，而不必要求一定是某一领域的专家。

　　组织中的各级领导者只有正确地理解领导权力的来源，精心地营造和运用这些权力，才能成为真正有效的领导者。即使成为真正有效的领导者，也必须清醒地认识到领导者与追随者、领导者与管理者的正确关系。没有追随者就没有领导者，没有埋头苦干的管理者，领导者也难以获得成功。

四、领导的作用

（一）决策作用

　　决策理论的代表人物西蒙认为管理就是决策，管理就是由一系列的决策组成的。领导是组织的大脑，必须对组织中重大的、全局性的工作负责，必须确定组织发展的近期目标、中期目标和长期目标，并对实现目标的方法、措施和步骤等方案进行选择。领导在决策中的作用主要体现在三个方面：① 组织作用。领导在决策时通常要借助外脑，请组织内外的专家、学者、有经验者及其他人员出谋献策，形成可供选择的多种方案。② 决策作用。决策就是对多种方案的选择，在权衡利弊得失后，必须选择出一套令人满意的方案。③ 创新作用。在决策过程中领导者不仅是组织者、抉择者，还是创造者，这主要归功于领导者具有的全局观、战略观和信息的优势，使其能权衡利弊，修正完善种种方案并创造性地提出行之有效的方案来。因此，领导者在决策中的作用是不可替代的。

（二）用人作用

　　古人云："为政之要，惟在得人。"人是组织各种资源中最宝贵的、最重要的资源，而且不同职位需要不同的人才，领导的重要职责就是将有不同特长的组织成员安排到最适合的岗位上，做到人尽其才，以确保组织的高效运作。这项工作依赖于领导的两大优势：① 对组织的需求充分了解。领导最了解组织的总目标和各部门的分目标，最清楚需要什么样的人去实现目标。② 选才视野的开阔性。领导的工作性质决定其必须与组织成员建立广泛的联系，这就为考察、培养和选拔管理者打下了基础。

（三）指挥作用

　　正如任何乐队都离不开指挥一样，任何有序的社会组织也都需要领导者的统一指挥。领导的指挥作用主要体现在三个方面：① 统一命令，避免下级接受多头命令，局部为政的现象出现。② 思想指导，在集体活动中，领导者需要头脑清晰、胸怀全局，能高瞻远瞩，运筹帷幄，帮助人们认清形势，指明活动的目标和达到目标的途径。③ 协调行动，在集体活动中，即使有了明确的目标，因每个人的才能、理解能力、工作态度、价值观、性格、地位等不同，加上内外因素的干扰，人们在思想上发生了各种分歧，行动上出现了偏离目标的情况。领导者要善于处理和平衡各种关系和力量，调节人与人之间的矛盾、合理使用组织的资源，使组织成员之间、部门之间形成合力，为共同目标而努力。

（四）激励作用

　　哈佛大学威廉·詹姆斯通过对员工激励的研究发现，在按时计酬的制度下，一个人要是没有受到激励，仅能发挥能力的 20%～30%，如果受到正确而充分的激励，就能发挥其能力的 80%～90%，甚至更高。所以领导在组织活动中的激励作用非常重要。一个好的领导者，要善于启发组织成员出主意想办法，激发他们蕴藏的聪明才智和工作热情，最大限度地调动每个组织成员的积极性和创造性。为此，领导者应当经常深入到组织内部，了解成员的疾苦和要求，为他们排忧解难，善于与成员沟通，关心成员、爱护成员，激发和鼓舞他们的士气，使组织保持蓬勃向上的发展势头。

（五）应变作用

领导者要善于处理正常活动中出现的不正常情况。在瞬息万变的社会环境中，领导活动必须随着环境的变化而变化，不仅要能处理正常情况下的各项工作，而且要能掌握及时、准确的信息，妥善处理"突变"情况下的各种问题。

第二节　领导者和领导集体

现代社会的进步与发展，比以往任何时候都需要有一个好的领导者和领导集体。组织的素质在很大程度上是由领导者的素质决定的。在领导集体中，为首的领导者特别重要，他在其中起着核心和舵手的作用。但是，现代管理活动异常复杂，单靠一个人的聪明才智，是很难有效地组织和指挥各项活动的。因为世界上无所不能的全才很少，多数是某一方面的专才，如果专才组织得好，可以构成全才的领导集体。一个具有合理结构的领导集体，不仅能使每个成员人尽其才，做好各自的工作，而且能通过有效的组合，发挥巨大的集体力量。

一、领导者的内含

领导作为一个动态的行为过程，是要由一定的人来实现的，致力于实现这一过程的人，就是领导者。领导活动自古有之，它是伴随人类社会共同劳动而产生的，伴随社会分工的发展而发展的。有共同劳动的地方，就有领导者的存在。领导者是社会活动特别是领导活动四要素中关键的要素，他是领导活动过程中的组织者和指挥者。由于领导者在领导活动中所处的地位和作用，决定了其内含应该是责任、权利和服务三位一体的统一。

（一）责任

领导者意味着一种责任。任何一位领导者，由于他承担了某一职务，就必须承担相应的责任。与权力相比，责任是第一位的，领导者首先要有责任意识，并在领导实践中体现，而权力是第二位的。权力是尽职尽责的手段和保障，责任是行使权力的目的。二者的关系应该是责权相当，以责定权。

（二）权利

领导者实施领导行为，首先必须拥有必要的权利。权利是影响他人行为的一种潜在能力，是领导的基础和核心。一个领导者如果不具备与他的职位相称的一定权利，就无法通过自身活动去影响别人，也就无法实施其责任和使命。领导者的权利主要来自两个方面：一是职位权利，这种权利是由于领导者在组织中所处的位置而由上级和组织赋予的，它会随职务的变动而变动。在职有此权，不在职就无此权。二是非职位权利，即个人影响权。这种权利不是由于领导者在组织中的位置，而是由于自身的某些特殊条件才具有的。如领导者的道德、品质、性格、作风、丰富的知识、丰富的经验、卓越的才华、良好的人际关系、善于体贴下属使人感到可亲、可信、可敬等。这种权利不随职位的消失而消失，而且这种权利对人的影响是发自内心的、长远的。

（三）服务

领导者也意味着一种服务。领导者要有服务社会、服务人民、服务下属的观念。毛泽东同志说过："我们一切工作干部，不论职位高低，都是人民的勤务员，我们所做的一切，都是为人民服务的。"树立为人民服务的意识，不仅是领导者作为"公仆"的地位所决定的，而且是领导者在组织内树立威信、巩固地位、取得被领导者支持的重要源泉。

二、领导者风格类型

领导者开展领导工作的过程中，会形成自己独特的领导风格。领导风格的差异不仅因为领导者的特质存在不同，更由于他们对权力运用方式及对任务和人员之间关系有不同的理解、态度和实践。不同的人及同一个人在不同的时期和场合，都可能表现出不同的领导风格。领导者风格类型按不同的分类标准可以有不同的分类。

（一）按权力运用的领导风格分类

1. 专制式领导风格

专制式亦称专权式或者独裁式，这种领导者独自负责决策，然后命令下属执行，并要求下属不容置疑地遵从命令。专制式领导主要凭借发号施令和实施奖惩的权力进行领导。这种领导行为的主要优点是，决策制定和执行速度快，可以使问题在较短的时间内得到解决。主要缺点是，下属依赖性强，领导者负担较重，容易抑制下属的创造性和工作积极性。鉴于这些优缺点，专制式领导适用于任务简单且经常重复，领导者只需与部属保持短期的关系，或者要求问题尽快得到解决的场合。例如，在救火过程中的领导者，以及每次都雇用新工人完成特定项目施工的建筑队领导，可以采用专制式领导风格而取得较好的效果。

2. 民主式领导风格

民主式亦称群体参与式，指领导者在采取行动方案或作出决策之前听取下属意见，或者吸收下属参与决策的制定。举例来说，民主式的销售经理往往允许并要求销售员参与制定销售目标，而专制式的销售经理则仅仅向各销售员分配指标。民主式领导者通常在作出决策之前要与下属磋商，得不到下属的一致同意便不采取行动。这种领导风格有利于集思广益，制定出质量更好的决策，同时还能使决策得到认可和接受，从而减少执行的阻力，并增强下属的自尊心和自信心，提高他们的工作热情和工作满足感。其不足之处是，决策制定过程长，耗用时间多，领导者周旋于各派意见之间，容易优柔寡断、唯唯诺诺。虽然民主式领导备受推崇，但它也不是无条件适用的，而需要考虑领导工作所处的具体情境，以便扬其所长避其所短。

3. 放任式领导风格

放任式的领导者极少行使职权，而留给下属很大的自由度，让其自行处理事情。他们撒手不管，听凭下属自己设定工作目标和决定实现目标的手段，很少或基本上不参与下属的活动，只是偶尔与他们有些联系，且常处于被动地位。这种领导方式虽能培养下属的独立性，但由于领导者的无为，下属各自为政，容易造成意见分歧，决策难以统一。因此，放任式领导很难得到提倡，除非被领导者是专家且具有高度的工作热情，才可在少数情况下采取这种"无为而治"的领导方式。

关于以上三种领导方式何者优越，美国有学者做了一项实验，将一群儿童分成三组从事堆雪人活动，各组的组长被事先分别训练成按专制式、民主式和放任式进行领导。实验结果表明，放任式领导下的第一小组工作效果最差，所制作的雪人在数量和质量上都不如其他小组。采取专制式领导下的第二小组，堆的雪人数量最多，说明工作效率最高，但质量不如民主式领导下的小组。最后一个小组采用民主式领导，由于孩子们积极主动发表意见，显示出很高的工作热情和创造性思维，组长又在旁引导、协助和鼓励，结果堆出的雪人质量最高，但工作效率不及第二组，因为孩子们在商量如何堆出最像样、最好看的雪人时花了大量时间进行讨论才达成一致意见。这次实验验证了专制式和民主式领导是利弊并存的，而放任式领导在通常情况下往往弊多利少，不宜采用。

（二）按创新方式的领导风格分类

1. 魅力型领导者

这种领导者有着鼓励下属超越他们预期绩效水平的能力。这种领导者的影响力来自以下方面：有能力陈述一种下属可以识别的、富有想象力的未来远景；有能力提炼出一种每个人都坚定不移赞同的组织价值观系统；信任下属并获取对他们充分信任的回报；提升下属追求新结果的意识；激励他们考虑部门或组织利益优先于自身的利益。这种领导者不像事务型领导者那样看不到未来光明的远景，而是善于创造一种变革的氛围，热衷于提出新奇的、富有洞察力的想法，把未来描绘成诱人的蓝图，并且还能用这样的想法去刺激、激励和推动其他人勤奋工作。此外，这种领导者对下属有某种情感号召力，可以鲜明地拥护某种达成共识的观念，有未来眼光，而且能就此和下属沟通并激励下属。

2. 变革型领导者

这种领导者鼓励下属考虑组织的利益优先于自身利益，并能对下属产生深远而不同寻常的影响，如美国微软公司的比尔·盖茨，这种领导者关心每个下属的日常生活和发展需要，帮助下属用新观念分析老问题，进而改变他们对问题的看法，能够激励、唤醒和鼓舞下属为达到组织或群体目标而付出加倍的努力。

（三）按思维方式的领导风格分类

1. 事务型领导者

事务型领导者也可称为维持型领导者。这种领导者通过明确角色和任务要求，激励下属向着既定的目标活动，并且尽量考虑和满足下属的社会需要，通过协作活动提高下属的生产率水平。他们对组织的管理职能和程序推崇备至，勤奋、谦和而且公正。他们以把事情理顺、工作有条不紊地进行引以为豪。这种领导者重视非人格的绩效内容，如计划、日程和预算，对组织有使命感，并且严格遵守组织的规范和价值观。

2. 战略型领导者

战略型领导者的特征是用战略思维进行决策。战略本质上是一种动态的决策和计划过程，战略追求的是长期目标，行动过程是以战略意图为指南，以战略使命为目标基础。因此，战略的基本特征是行动的长期性、整体性和前瞻性。对战略领导者而言，是将领导的权力与全面调动组织的内外资源相结合，实现组织长远目标，把组织的价值活动进行动态调整，在市场竞争中站稳脚跟的同时，积极竞争未来，抢占未来商机领域的制高点。战略型领导者认为组织的资源由有形资源、无形资源和有目的的整合资源的能力构成。他们的焦点经常超越传统的组织边界范围中的活动，进入组织之间的相互关联区，并将这种区域视为组织潜在的利润基地。

战略型领导行为是指拥有预见、洞察、保持灵活性并向他人授权，以创造所必需的战略变革能力。战略领导是多功能的，涉及通过他人进行管理，包含整个企业的管理，并帮助组织处理随着竞争环境的巨变带来的变化。管理人力资本的能力是战略型领导者最重要的技能。能干的战略型领导者有能力创造产生知识资本的社会结构，能提出组织创新的思想。对企业来说，21 世纪的竞争将不只是产品之间或公司之间的竞争，更是组织管理人员思维方式之间和管理框架之间的竞争。战略型领导者行为的有效性，取决于他们是否愿意进行坦荡、鼓舞人心又是务实的决策。他们强调同行、上级和员工对决策价值的反馈信息，讲究面对面的沟通方式。

三、领导者的素质

领导者的素质是指一个领导者应具备的各种条件在质量上的综合。不同行业、不同的领导层次、不同的社会实践对领导者素质的要求是不同的。我国的管理学者，在研究和吸收西方现代管理科学合理成分，总结我国自己丰富经验的基础上，对领导者应该具备的素质，作了系统的总结。领导者的素质应包括五个方面，即品质、知识、能力、身体和心理。

（一）品质素质

领导者作为一个组织或团体的"象征"，职工效法的"楷模"，其领导作用的大小，并不完全取决于职位的高低，在很大程度上取决自己在品质方面的形象。品质是一个综合概念，一般包括以下几个方面。

（1）政治品质。作为一个领导者必须有明确的政治方向、坚定的政治信念；以马列主义、毛泽东思想、邓小平理论、"三个代表"重要思想、科学发展观和习近平新时代中国特色社会主义思想为指导；坚定不移地贯彻党的路线、方针、政策和全心全意为人民服务；在政治上同党中央保持一致，有明确的是非观念，以大局为重，正确处理国家、集体和个人的关系。

（2）道德情操。领导者要有高尚的品格，遵纪守法、廉洁奉公、文明礼貌、谦虚谨慎、为人善良、待人真诚、富有同情心。

（3）思想作风。工作以身作则，言行一致、严于律己、宽以待人、作风民主、讲实话、干实事、求实效。密切联系群众，关心群众疾苦，处事公道，有强烈的事业心、责任感和创业精神。

（4）心理品质。要胸怀宽广、豁达大度，胜不骄，败不馁，热情开朗、情绪稳定、遇事果断；正确看待名利和地位，有自信心和健康的情感，具有敢于破除旧观念、旧思想的束缚，勇于探索和创新的心理品质；具有坚韧的毅力，百折不挠的精神。

（二）知识素质

知识是能力的基础，才华出众的人总是知识丰富的人。培根说过："知识就是力量。"知识丰富的领导者不仅可以提高领导能力，而且还容易与人亲近，获得人们的信任，从而提高影响力。现代领导者应具有的知识结构主要包括以下几个方面。

（1）专业知识。现代社会倡导专家型领导，各级领导者必须精通业务，掌握所从事专业的全面知识，使自己成为主管的单位、部门或行业的专家。

（2）管理知识。领导者不仅要掌握管理学、领导学的一般原理和方法，而且要熟悉本行业、本部门或本单位的特殊的规律和管理方法；不仅要懂得现代管理组织的一般结构与功能，而且要熟悉自己主管的那个组织的特殊结构和功能；不仅要懂得各种传统的管理理论和方法，而且要掌握现代管理理论的新发展、各种现代管理技术的新发明；不仅要懂得对财、物及信息的管理，更要懂得对人才的识别、任用、培养等的管理。

（3）相关知识。领导者不仅要成为专家，还要成为通才，掌握与专业知识和管理知识相关的知识。与专业相关的知识领域，具体内容视领导者涉及的专业而定；与管理相关的知识领域有社会学、经济学、统计学、心理学、市场营销学，各种法令、法规、条例等。

领导者的知识结构和内容随着社会的发展、科技的进步而不断更新，要求领导者及时吸收新知识，而且知识要有一定的广度和深度，使其掌握具有时间概念的"T"型知识结构。

（三）能力素质

领导者完成职责，除了具有其他必要因素外，能力是完成职责的关键因素，领导者处于一定职位上，必须具有与其职务相称的能力素质，才能完成其领导职责，并不断开创新的局面。

（1）较强的分析、判断和概括能力。领导者能在纷繁复杂的事务中，透过现象看清本质，抓住主要矛盾，把握问题的症结，并能预测事物的发展趋势，做出敏锐的反应，运用逻辑思维，进行有效的归纳、概括，找出解决问题的办法。

（2）不断探索和创新的能力。它既是一种高层次的思维活动能力，又是一种多层次的实践创造能力。它要求领导者对新事物敏感，富有想象力，思路开阔，不因循守旧，不墨守成规，善于发现新问题，善于提出新设想、新方案，勇于探索、创新，并激励下属在工作中不断创新。

（3）统驭能力。领导者统驭能力一般是指领导活动中的决策、组织、协调、指挥和控制等一系列驾驭全局的能力。决策是统驭能力的核心，领导者要作出正确决策除了要具有正确的判断能力外，还要具有全局观念、战略眼光、胆识魄力和优化选择能力。组织协调是统驭能力的重要环节，领导者为了有效地实现组织目标，必须善于运用组织力量，协调好人力、物力和财力，以期达到综合平衡，取得最佳效果。指挥和控制是统驭能力的关键，领导者指挥的有效性在于权力的正确运用，奖惩严明、公正、及时。同时，实行全面有效的控制，必须加强基础管理，健全规章制度，建立完整的信息管理系统。

（4）社会交往和沟通能力。社会交往是领导者开展工作必不可少的一项活动，社交能力是多种能力的综力，如表达能力、反应能力及逻辑思维能力等，同时，还应注意在不同场合的一些社交礼仪，这是对自己和他人的尊重，也是一种知识和修养的体现。在交往中，难免要与他人沟通，这又要求领导者善于倾听各方意见和建议。对上要尊重，对下要谦虚，对内要有自知之明，对外要热情，平等待人。

（5）知人善任能力。用人是领导的重要职责。用人之先，在于识人。领导者要有识人的慧眼，用人的气魄，善于发现、培养、提拔和使用人才，用其所长，委以适当工作，并且敢于起用新人。

（四）身体素质

领导者的身体素质及身体状况。先天的身体条件，是人的身体素质的基础，而后天的锻炼和发育则是一个人身体素质好坏的决定因素。人要想更好地工作，需要有较好的身体素质，领导者更是如此。领导者从事繁忙的外事活动和内部管理，需要有健康的体魄、充沛的精力和敏捷的思维，才能胜任领导工作。领导者要保持健康的身体，需要有良好的心态和饮食习惯，坚持锻炼身体，善于用脑，勤于思考。

（五）心理素质

心理素质是人的整体素质的组成部分，是以自然素质为基础，在后天环境、教育、实践活动等因素的影响下逐步发生、发展起来的。心理素质是先天素质和后天素质的"合金"。在一定条件下，领导者心理素质的高低将决定工作成果。领导者的心理素质包括：有主见，但不主观武断；有勇气，但不鲁莽蛮干；有毅力，但不顽固不化；有豁达的胸怀，但不是看破红尘。作为领导者，应不断提高自己的心理素质。提高心理素质的方法有自我肯定、抛弃自卑、增强自信、心理调节和情绪调节等。

四、提高领导者素质的途径

任何人都不可能具有天生的领导素质，都需要后天的培养和锻炼。任何领导都必须自觉地提高自身素质。我们认为，提高领导者素质的根本途径是学习和实践。

（一）不断学习，更新知识

在知识经济时代，知识就是财富，知识就是力量。科技飞速发展，知识推陈出新，作为领导者必须不断充实自己，更新知识。知识浩如烟海，需要学习哪些知识，首先必须明确，人生必读的书有三类：一是指导性理论类书籍；二是谋生性技能类书籍；三是生活性修养类书籍。明确哪些书先学，哪些书后学，哪些书暂时不用学，哪些书深学，哪些书浅学。要根据自己所从事的工作来确定内容和阅读顺序。

（二）勇于实践，积累经验

知识是能力的基础，但知识本身不是能力，从知识到能力有一个转化过程。实践是其转化的中间关键环节，把从书本及间接学来的知识，在实践中应用、总结，这时发挥的能力是对原有知识的深化和再创造。领导者在这种转化过程中，不断找到事物发展的规律，从而使领导能力得到不断提高。如图7-1所示。

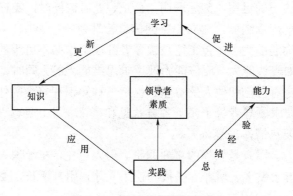

图7-1　领导者素质提高模式

总之，对于领导者来说，学习和实践是无止境的。只有通过不断学习，不断实践，才能使认识得到螺旋式上升，使能力得到不断升华，人性得到完美发展，从而有效地提高领导者素质。

五、领导集体的构成

一个具有合理结构的领导班子，不仅能使每个成员人尽其才，做好各自的工作，而且能通过有效的组合，发挥巨大的集体力量。领导班子的结构，一般包括年龄结构、知识结构、能力结构、专业结构等。

（一）年龄结构

不同年龄的人具有不同的智力和经验，因此，寻求领导班子成员的最佳年龄结构是非常重要的。领导班子应该是老、中、青三结合，向年轻化的趋势发展。

现代社会处于高速发展之中，知识老化的周期越来越短。尽管随着年龄的增长，也会增加知识数量的积累，但吸收新知识的优势无疑属于中青年人，人的知识水平的提高与年龄的增长，不是成正比关系。现代生理科学和心理科学研究表明，一个人的年龄与智力有一定的定量关系。即年龄在 18～49 岁之间，人的记忆力、比较和判断力及动作和反应能力都是最佳状态，中青年占有明显的优势。人的经验与年龄一般成正比关系，年老的人经验往往比较丰富。因此，领导班子中老、中、青结合，有利于发挥各自的优点。

领导班子的年轻化，是现代社会的客观要求，是组织现代化大生产的需要。它是指一个领导集体中应有一个合理的老、中、青比例，有一个与管理层次相适应的平均年龄界限。既要防止领导老化，又要保证领导的继承性，而且在不同管理阶层中，对年龄的要求，对年轻化的程度，应有所不同。一般情况越是基层领导者越应年轻些，而在高层，领导者的年龄则可大些，但也要注意尽可能扩大中青年的比例。

（二）知识结构

领导集体的知识结构，是指领导群体成员必须具有较高的文化知识水平且具有各方面的知识，必须是高文化水平的领导管理人才。就是说，领导班子的知识结构，一是要高，二是要多层次多因素。所谓高，是指领导班子成员知识水平要高于普通群众，还要高于下一级群体。所谓多层次多因素，是指领导群体每个成员的知识水平应当有差异。这是因为，领导班子各个成员分管工作的性质不同，需要的知识也就不同。知识构成配比不同，就能达到互补的目的，增加知识结构的科学性。

就知识结构看，领导班子每个成员都应当是专才与通才的结合，即专业知识与广博知识的结合。从总体上讲，领导班子必须建立一个以正确理论为指导，以科学文化知识为基础，以领导管理知识为主体的立体的知识结构。既熟通哲学，政治经济学，又掌握社会科学、自然科学、思维科学的知识，还要具备领导科学、管理科学、行为科学等方面的知识。

（三）能力结构

领导的效能不仅与领导者的知识有关，而且与他运用知识的能力有密切的关系。这种运用知识的能力对于管理好一个组织是非常重要的。能力是一个内容十分广泛的概念，它包括决策能力、判断能力、分析能力、指挥能力、组织能力、协调能力等。每个人的能力是不相同的，有的人善于思考分析问题，提出好的建议与意见；有的人善于组织工作等。因此，组织领导班子中应包括不同能力类型的人物，既要有思想家，又要有组织家，还要有实干家，不能清一色。

（四）专业结构

专业结构是指在领导班子中各位成员的配备应由各种专门的人才组成，形成一个合理的专业结构，从总体上强化这个班子的专业力量，在现代社会里，科学技术渗透一切领域，科学技术是提高生产经营成果的主要手段。因此，领导干部的专业化，是搞好现代经营管理的客观要求。

第三节　领导理论

为了解决有效领导的问题，西方许多管理学家和心理学家进行了长期的调查和实践，从不同角度进行了研究，提出了各种理论。这些理论从研究的内容上大致可分为三类：领导特质理论、领导行为理论、领导情境理论。领导特质理论试图用领导者应具备的素质来解释领导者是什么样的人，认为领导效率的高低主要取决于领导者的品质。领导行为理论阐述了领导有多少种行为，领导的有效性不在于领导者个人的品质，而在于领导的行为，视不同情况采取不同行为。领导情境理论认为，有效的领导者不仅取决于他们的行为，而且还取决于领导所处的环境，这种环境包括领导者的特征、被领导者的特征、工作性质、组织特征等。领导情境理论使领导行为有的放矢，更加有针对性和有效性。行为理论是情境理论的基础，情境理论是行为理论发展的必然结果。

一、领导特性理论

领导特质理论亦称领导个人品质理论，它是研究领导者的个人特性对领导成败的影响。这种理论是由西方心理学家开始研究的。他们的出发点是，根据领导效果的好坏，找出好的领导人与差的领导人在个人品质上的差异，由此确定优秀的领导人应具备哪些品质和特性。他们认为，只要找出成功领导人应具备的优点，再考察某个组织的领导人是否具有这些优点，就能断定他是否是一个优秀的领导者。

特性理论按其对领导特性来源所作的不同解释，分为传统特性理论和现代特性理论。

（一）传统特性理论

早期的领导理论研究者一直把领导者的品质特征作为描述和预测领导成效的因素，着重探索有效的领导者与一般人在品质上的区别。认为在领导者和被领导者之间、有效领导者和无效领导者之间存在着个人品质的差异，并且认为领导者所具有的特性是与生俱来的，是由遗传决定的，即遗传决定论，甚至还将人的相貌、体形作为评价领导者是否称职的标准。

持这种理论的人，曾在社会上试图找出天才领导者所具有的个人特性。例如，吉布1969年的研究认为，天才的领导者应具有7项特征：善言辞，外表英俊潇洒，智力过人，具有自信心，心理健康，有支配他人的倾向，外向而敏感。斯托格迪尔等人认为领导者天生的特征有16项：良心，可靠，勇敢，责任心强，有胆略，力求革新与进步，直率，自律，有理想，良好的人际关系，风度优雅，胜任愉快，身体健康，智力过人，有组织力，有判断力。随着时间的推移，人们研究发现，领导者与被领导者、成功的领导者与失败的领导者之间没有质的差别，只存在量的差异。由于在传统的特性理论研究中，出现了种种矛盾和问题，使人们逐步认识到，领导特性的遗传决定论是错误的。

（二）现代特性理论

研究现代特性理论的管理学家和心理学家认为，领导是一个动态过程，领导的特性和品质不是与生俱来的，而是在实践中形成的，是可以通过后天的训练和培养加以造就的。不同的研究者对领导者应具备的特性说法不一。日本企业界要求领导者具备 10 项品德，即使命感、责任感、信赖感、积极性、忠诚老实、进取心、忍耐性、公平、热情和勇气。同时还需具备 10 项能力，即思维决策能力、规划能力、判断能力、创新能力、洞察能力、劝说能力、对人理解能力、解决问题能力、培养下属能力和调动积极性能力。最具代表性的是美国普林斯顿大学包莫尔提出的企业家应具备的 10 种条件。

（1）合作精神，即愿意与他人一起工作，能赢得人们的合作，对人不是压服而是感动和说服。

（2）决策能力，即依据事实进行决策，具有高瞻远瞩的能力。

（3）组织能力，即能发掘下属的才能，善于组织人、财、物。

（4）精于授权，即能大权独揽，小权分散。

（5）善于应变，即机动灵活，善于进取，不墨守成规。

（6）敢于创新，即对新环境、新事物和新观念有敏锐的感受能力。

（7）敢于负责，即对上级、下级、同事及用户抱有高度责任心。

（8）敢担风险，即敢于承担决策带来的风险，有创造新局面的信心和雄心。

（9）尊重他人，即重视和采纳别人的意见，不盛气凌人。

（10）品德高尚，即品德为社会人士及员工所敬佩。

二、领导行为理论

（一）领导行为三分理论

该理论是研究领导方式的类型及不同领导方式对职工的影响，以期寻求良好的领导风格。这一理论的创始人是美国社会心理学家勒温。他认为，仅有良好的领导素质还不足以保证领导者的工作效率，要进行有效的领导，领导者要充分利用自身素质，同时还必须选择恰当的领导方式。从领导者对权力的运用角度，把领导方式分为专权型、民主型和放任型。

领导方式是领导者从事领导活动所遵循的比较稳定的领导模式，是领导职能与管理效益之间的转换媒介。领导方式是由领导的组织结构、沟通渠道、工作程序和领导者个人的学识、才能、气质素养等因素决定的。

1. 专权型领导方式

它是指领导者个人决定一切，然后命令下属执行，要求下属绝对服从，并认为决策是领导者一个人的事，其他人不能染指。具体特点有：独断专行，从不考虑别人意见；从不把任何信息告诉下级，下级只能察言观色，奉命行事；主要依靠行政命令和纪律约束、训斥和惩罚，只有偶尔的奖励；领导者很少参加集体的社会活动，与下级保持相当大的心理距离，下级也畏而远之。

2. 民主型领导方式

它是指领导者发动下属讨论，共同商量，集思广益，然后决策，上下级关系融洽，行动一致地开展工作。具体特点有：所有的政策在领导者的鼓励和协调下由群体讨论而决定；分配工作时尽量照顾到个人的能力、兴趣和爱好；给下属工作创造较大的自由空间，有较多的选择性和灵活性；主要用非职位权力进行管理，谈话时多用商量、建议的口气；领导者积极参加团体活动，与下属无心理距离。

3. 放任型领导方式

它是指领导者很少运用职权，给下属以极大的自由度，下属愿意怎么做就怎么做，一切悉听尊便。领导职责仅仅是为下属提供信息并与组织外部环境联系，以利于下属工作。

领导者要根据所处的管理层次，所担负的工作的性质及下属的特点，在不同时空处理不同问题，选择合适的领导方式。但勒温根据试验得出结论，总体上讲，放任型领导方式工作效率最低，不能完成工作目标；专权型领导方式虽然通过严格管理达到了工作目标，但群体成员的情绪消极、士气低落、争吵较多；民主型领导方式工作效率最高，不但能完成工作目标，而且群体成员关系融洽，工作积极主动，有创造性。

（二）领导行为四分图理论

该理论又称为二元理论或"俄亥俄四分图"理论。早在 1945 年，美国的俄亥俄州立大学的研究人员以斯托格狄尔和沙特尔两位教授为首就领导行为进行了深入的调查研究。他们列出了一千多种刻画领导行为的因素，通过逐步概括，最后把领导行为归纳为两大类：一类为"抓组织"或称"主动结构型"。这种行为是以工作为中心的，强调的是组织的需要。领导者主要依靠给职工提供组织方面的条件来使之取得令人满意的成绩。领导者主要抓组织设计，明确各部门职责和关系，通过制定任务，确定工作目标和工作程序来引导和控制下属的行为。另一类为"关心人"或称"体贴型"。这种行为以人际关系为中心，关心和强调职工个人的需要，尊重下属意见，注意建立同事之间、上下级之间的互相信任的良好气氛。

研究表明，两种领导行为在一个领导者身上有时一致，有时不一致，单一的领导行为不能产生高效率的领导。这两个因素可以任意组合，结果产生四种领导行为，即领导行为四分图，如图 7-2 所示。一是低工作低关系，工作效率低，群众满意度差；二是高工作低关系，工作效率较高，群众满意度差；三是高关系低工作，工作效率较低，群众满意度高；四是高关系高工作，工作效率高，群众满意度也高。

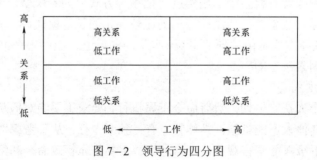

图 7-2　领导行为四分图

斯托格狄尔等人的这项研究工作有重要的意义，为以后的许多类似研究奠定了基础。如"管理方格理论"就是以此为基础发展起来的。

（三）管理方格理论

该理论是由美国的行为科学家罗伯特·布莱克和简·莫顿在领导行为四分图理论基础上

提出来的,倡导用方格图表示和研究领导方式。他们认为,在领导工作中,往往出现一些极端的方式,或者以生产为中心,或者以人为中心,或者以 X 理论为依据而强调加强监督,或者以 Y 理论为依据而强调相信人。为避免趋于极端的领导方式,他们于 1964 年发表《管理方格》一书,就领导方式问题,提出了管理方格法。管理方格图如图 7-3 所示,纵轴表示对人的关心,自下而上,关心的程度由低而高;横轴表示对生产的关心,自左而右,关心的程度由低而高。图 7-3 中共有 81 个小方格,代表着 81 种"对生产的关心"和"对人的关心"这两个基本因素以不同的比例相结合的领导方式。

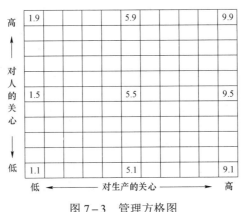

图 7-3 管理方格图

图 7-3 中,1.1 表示关心程度最低,9.9 表示关心程度最高。其中有以下几种基本领导方式类型。

1.1 称为贫乏型管理。即对生产和对人的关心程度都很低,这种领导者实质上已经放弃了他的职责,是一种很少的极端情况。

1.9 称为一团和气的管理。即特别关心职工,重视同下属的关系,但对生产漠不关心,有这种行为的领导者认为良好的人际关系是第一位的,只要职工精神愉快,生产效率自然会高。

9.1 称为任务型管理,即领导对生产任务的关心程度极高,努力创造和安排最佳的工作条件,把个人因素的干扰降低到最低限度,以提高工作效率,但对人漠不关心,下属的积极性、创造性得不到充分发挥。

9.9 称为理想型管理。即对生产和对人都极为关心,生产效率高,任务完成得好,职工关系和谐、士气旺盛,职工个人目标和组织目标协调一致,全体成员齐心协力再创辉煌。

5.5 称为中间型管理。即领导对生产和对人都有一定程度的关心,既不偏重人,也不偏重事,保持工作与满足人的需要二者的平衡。领导者安于现状,缺乏进取精神。

除了以上五种基本领导方式外,还有 9.5 以生产为中心的准理想型管理,5.9 以人为中心的准理想型管理,5.1 的准任务型管理,1.5 的准一团和气型的管理,当然还有其他一些组合类型。

布莱克和莫顿认为,9.9 型管理表明,在对生产的关心和对人的关心这两个因素之间,并没有必然的冲突。领导者应该客观分析组织内外情况,把自己的领导方式改造成为 9.9 理想型管理方式,以达到最高的效率。作为一个领导者,既要发扬民主,又要善于集中,既要关心组织任务的完成，又要关心职工的正当利益，只有这样，才能使领导工作卓有成效。

（四）领导行为连续统一体理论

早期的研究者认为，领导者或者是独裁的，或者是放任的。美国的行为科学家罗伯特·坦南鲍姆和沃伦·施密特1958年在《怎样选择一种领导模式》一文中，提出了领导行为连续统一体理论。他们认为，从专权型领导方式到放任型领导方式有许多种领导方式，其中典型的领导方式有七种，如图7-4所示。

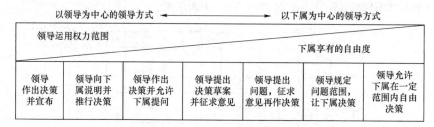

图7-4　领导行为连续带模式

（1）领导作出决策并宣布。领导者确认一个问题，从各种可行的方案中选择一个，然后向下属宣布，以便执行。下属无权参与决策，只能无条件接受并不折不扣地执行。

（2）领导向下属说明并推行决策。在这种方式中，决策仍然由领导者作出，但不是简单地宣布决策，而是要说服下属接受决策，并很好地执行决策。

（3）领导作出决策并允许下属提问。领导作出决策，并允许下属在局部问题上提出问题，这样，下属能更好地了解领导的意图和计划，明确决策的意义和影响。

（4）领导提出决策草案并征求意见。领导提出一个暂时的方案，然后让下属讨论，广泛听取意见后，再完善决策方案，决策权仍在领导手中。

（5）领导提出问题，征求意见再作决策。在这种方式中，领导提出要解决的问题，然后让下属广开言论，把大家提出的各种方案，进行综合，从中选择一个比较满意的方案。

（6）领导规定问题范围，让下属决策。领导把决策权交给下属，只是向下属解释需要解决的问题，如何解决由下属集体讨论决定。

（7）领导允许下属在一定范围内自由决策。在这种方式中，下属有极大的自由，领导只对界限作出了规定。

通过上述分析可以看出，图7-4的左端是专权型的领导方式，右端是放任型的领导方式，即一个是以领导为中心的领导方式，一个是以下属为中心的领导方式。在两种领导方式之间还有许多种领导方式。坦南鲍姆和施密特认为，无法说明究竟哪一种领导方式好，哪种领导方式差。成功的领导者不一定是专权型的，也不一定是放任型的，领导者应根据实际情况，考虑各种因素后选择恰当的领导方式。

三、领导情境理论

领导特质理论和领导行为理论的研究表明，领导有效与否不仅与领导者的品质和行为有关，而且与所处的环境关系更大。领导情境理论回答的正是不同的领导行为在怎样的环境下实施才有效的问题。

（一）权变领导理论

美国的管理学教授菲德勒首先注意到领导者与被领导者的行为与环境之间的相互影响，其有效的领导行为应随着领导者特点和环境的变化而变化，于是就把领导方式和具体环境联系起来进行研究，他曾用十几年的时间对 1 000 多个团体做了调查，研究领导方式问题，最后提出了权变领导理论。他认为，不存在一种"普适"的领导方式，领导工作强烈地受到领导者所处的客观环境的影响。任何领导行为均可能有效，其有效程度完全取决于与所处的环境的适应程度。具体来说，领导方式是领导者特征、被领导者特征和环境的函数，即：

$$S=f(L,F,E)$$

在上式中，S 代表领导方式，L 代表领导者特征，F 代表被领导者特征，E 代表环境。

领导者的特征主要是指领导者的个人品质、价值观和工作经历等。如果一个领导者的决断能力强，且信奉 X 理论，他很可能采取专权型领导方式。

被领导者的特征主要是指被领导者的个人品质、工作能力、价值观等。如果下属的独立性较强，工作能力高，宜采用民主或放任的领导方式。

环境主要是指工作特性、组织特征、社会状况、文化影响、心理因素等。工作是具有创新性还是重复性，组织规章制度是否严格，社会时尚是倾向服从还是推崇个人能力等对领导方式都会产生重大影响。

领导者能力强，被领导者积极性高，环境条件好，加上恰当的领导方式，领导效率就高，目标实现程度就高，反之，则不然。为此，要达到一定目标，就必须使三者处于高度协调、密切配合、互相促进的良好状态。

菲德勒将领导环境具体分为三个方面，即职位权力、任务结构和上下级关系。职位权力是指领导者处在领导职位上所具有的权力。任务结构是指任务的明确程度和下属对任务的负责程度。如果任务明确，下属责任心强，领导环境就好；反之，则差。上下级关系指群众和下属乐于追随的程度。如果下级尊重上级，追随上级，则上下级关系就好，领导环境就好；反之，则差。

菲德勒根据环境不同把领导方式分为工作任务型领导方式和人际关系型领导方式。认为环境的好坏对领导目标有重大影响。对于工作任务型领导，他比较重视工作任务的完成，如果环境较差，他将首先保证任务的完成，当环境较好时，任务能够确保完成，这时他的目标是搞好人际关系。对于人际关系型领导，他比较重视人际关系。如果环境较差他将首先把人际关系放在首位，如果环境较好时人际关系比较融洽，这时他将追求工作任务的完成。

所以环境决定了领导方式。在环境较好和较差时，宜采用工作任务型领导方式；在环境中等情况时，宜采用人际关系型领导方式。此外，菲德勒还主张有必要改造环境以符合领导者的风格。

（二）领导生命周期理论

该理论是由美国学者卡曼于 1966 年首先提出的，后由保罗·赫塞和肯尼思·布兰查德进一步发展和完善。它是在领导行为四分图理论的基础上，加入了第三个因素——被领导者的成熟度，从而创造了三维结构的领导效率模型。

所谓成熟度，并不是指年龄和生理上的成熟，而是指成就感的动机，对自己的直接行为负责任的意愿和能力，以及个人与工作相关的教育和经验。它包括工作成熟度和心理成熟度。

工作成熟度是指下属完成任务时具有的相关技能和技术知识水平。心理成熟度是指下属做事的意愿、动机及自信心和自尊心。领导生命周期理论认为，有效的领导行为应该是根据下属的不同成熟度，把工作行为和关系行为结合起来，并适当调整二者的投入比例，把下属的成熟过程划分为四个阶段，依次采取恰当的领导行为。

（1）当下属处于低成熟度时，应采取命令型，即高工作—低关系。因为下属不成熟，没有能力承担责任，也不愿承担责任，领导者给下属规定任务，指示他们什么时间、地点、用什么方式去做什么工作。

（2）当下属处于较不成熟时，应采取说服型，即高工作—高关系。此时，下属有承担责任的愿望，但没有独立承担责任的能力，缺乏自信，领导者既要关心任务，指导工作，又要与下属沟通，交流感情，鼓励下属。

（3）当下属比较成熟时，应采取参与型，即高关系—低工作。这一阶段，下属已经比较成熟，基本能胜任工作，不太满意领导者更多的指示和约束，领导者应通过双向沟通和悉心听取下属意见，建立良好关系，调动下属积极性，鼓励下属参与管理，领导者提供支持和帮助。

（4）当下属达到高成熟度时，应采取授权型，即低关系—低工作。此时下属已高度成熟，有能力承担任务，而且也有热情从事工作，自信心和自尊心都很强，领导者应当赋予下属一定的权力，让下属自己决策和控制整个工作过程，自己只起监督作用。

领导生命周期理论所讲的下属成熟度既可用于同一个人在发展过程的不同阶段，也可用于同一时期不同的人。该理论的目的并不在于确定哪种领导方式最佳，而是可以帮助领导者在了解下属成熟程度的基础上，来选择相适宜的领导方式。和菲德勒的权变领导理论相比，领导生命周期理论更容易直观地理解，但它只针对下属的特征，而没有包括领导行为的其他情境特征。因此，这种领导方式的情境理论不算完善，但它对于深化领导者和下属之间的研究具有重要的基础作用。

（三）途径—目标理论

这一理论是由加拿大多伦多大学教授罗伯特·豪斯于 1971 年提出的。他把激发动机的期望理论和领导行为四分图理论结合起来，创造了这种理论模型。

途径—目标理论认为，领导的效率是以能激励下级达成组织目标，并在其工作中使下级得到满足的能力来衡量的。只有他们确切地知道怎样达成组织目标时，才能起到激励作用。这种理论的关键是领导者影响下属找到行为和目标间的"途径"的方法。领导者要努力协助下属找到最好的途径，确定挑战性的目标，并消除在实现目标过程中出现的障碍。

（1）领导者的职责。它是使下属明确任务和工作目标，帮助下属消除实现目标过程中存在的障碍，提供可选择的途径，增加其个人满足的机会，目标完成后增加报酬的种类和数量，确立挑战性目标，激发更大的动力。

（2）领导行为的类型。① 指导型。领导为下属提出要求，明确方向，为下属提供应该得到的指示和帮助，让下属了解他的期望。② 支持型。领导对下属很友善，关系融洽，更多地关心下属的需要。③ 参与型。让下属参与决策和管理，在决策之前，与下属共同协商，并充分考虑他们的意见和建议。④ 成就导向型。领导为下属设定富有挑战性的目标，并表示，相信下属愿意去做并能实现目标。

豪斯认为，高工作是指引人们排除通往目标道路上的障碍，使他们达到组织目标并获得报酬；高关系是在工作中增加人们需要的满足程度。

豪斯指出，高工作和高关系的组合不一定是最有效的领导方式，因为没有考虑到达到目标时存在什么障碍。

当工作任务不明确，职工无所适从，他们希望有高工作的领导，帮助他们对工作做出明确的规定和安排，提出具体要求和方法；反之，对例行性工作或下属对自己要完成的任务已明确，并清楚地知道完成的方法或步骤时，下属希望有高关系的领导，使他们在工作中得到同情、赞扬、关心，获得需要的满足。因此，领导人的领导行为应依情境而定。

当领导者面临一个新的工作单位或一项新工作任务时，他可以采用指示型领导行为，指导下属建立明确的任务结构和各自的工作任务。接下来他可以采用支持型领导行为，以利于同下属形成一种协调和谐、积极向上的工作气氛。当领导者对组织的情况进一步熟悉，组织正常运行后，则可以采用参与型领导方式，积极主动地与下属沟通信息、商量工作，让下属参与决策和管理。在此基础上领导者就可以采用成就型领导方式，领导者与下属共同制定具有挑战性的工作目标，并且运用各种有效的方法激励下属为实现目标而努力工作。

第四节 领 导 艺 术

领导活动的复杂性，要求现代的领导者不仅要掌握丰富的领导科学理论和方法，还必须善于运用领导艺术，才能达到领导目标。所谓领导艺术是指领导者在拥有一定知识、经验、才能等因素基础上，在行使领导职责过程中，创造性地运用相关理论和方法，分析和解决问题时所表现出来的特殊技巧。领导艺术是领导者智慧、学识、胆略、经验等因素的综合反映及其素质、能力在方式方法上的体现。其内容十分丰富，涉及的范围极其广阔，它贯穿于领导活动的始终，从领导的思维方式，到领导的决策、用人、用权、处事都有其艺术性。

一、领导艺术的特点

1. 创造性
它是领导者智慧的结晶，是领导经验的积累和个人新颖的构思及独特的方法的体现。

2. 非规范性
领导艺术没有固定的模式，没有规范的工作程序和方法可循，而是依据时间、地点和条件的不同，随机和灵活地处理问题。

3. 经验性
领导艺术虽有一定理论做指导，但更多的是来源于领导者的阅历和经验，带有明显的个人风格，在很大程度上取决于领导者的领导经验的积累和升华。

二、决策艺术

决策是一门科学，也是一门艺术，是领导的主要工作。对于常规性决策，领导者可按一定的科学程序和方法进行，而大量的非常规决策，必须依靠领导者丰富的知识、经验，运用创造性思维作出决断,这就是决策艺术。领导者的随机决策,绝不是主观臆断、草率行事,而是领导者决策能力的表现。它要求领导者做到以下两点:一是把握全局,从整体出发统筹得体。即要善于把握事物内部、外部的各种主要关系,抓其要害,解决关键问题,实现一通百通;二是审时度势,当机立断。关键要害问题要抓住不放,并把握时机果断决策。当情况发生变化时,则要不失时机地调整部署,以适应变化了的形势。这就要求领导者具有想象力、洞察力、判断力、创造力和应变能力。

三、用人艺术

用人艺术是领导者实施领导职责时必须掌握的领导艺术。用人艺术中首先要求正确理解"人才"的内涵,应认识到"人无完人""金无足赤"的客观性,做到用人不求全责备,应用其所长,避其所短。用人之先在于识人,只有知人,才能善任。路不遥险,无以知马之良;任不重,无以知人之才。确定、识别一个人是否是人才,主要决定于其志向和行为,评价一个人的好坏,一定要参考其行动的效果和反响,即从行动上识别。观操守在利害时,观精力在饥疲时,观度量在喜怒时,时危见臣节,世乱识忠良。

(一)用人的原则

(1)德才兼备,但不求全责备。德才兼备中,德是第一位的。同时,对人身上的非本质的缺点要宽容,才能的不足可培养。有德有才破格录用,有德无才培养使用,有才无德限制录用,无德无才坚决不用。

(2)用人之长。领导者用人不要怕他有缺点,要把眼光放在人之所长上,只要他在某一方面有专长或特殊才能,并能为己所用,就应任用,当然用全才最理想,人世间,哪去找全才,有专长的人能用上就很幸运了。一个高明的领导者不一定是最有智慧的人,但必须是善于吸收和利用他人智慧的人。

(3)用人要疑。这种观点与"用人不疑,疑人不用"的观点并不矛盾。用人不疑是指用人之初的想法,而用人要疑是强调在市场经济条件下,市场在变、人的思想观念也在变,用人一段时间之后,及时对人才进行监督、考核,以便对人才进行动态调整。

(二)用人的技巧

(1)敢用有缺点的人。没有缺点的人是一个平庸的人,缺点越明显,优点越突出,只要是缺点不妨碍工作,又能发挥其优点的人,就应大胆任用。德鲁克说过,谁想在一个组织中任用没有缺点的人,这个组织最多是一个平平庸庸的组织。谁想找到只有优点没有缺点的人,结果只能找到平庸的人,或是无能的人。强人总有较多的缺点,有高峰必有低谷,谁也不能项项都强。

(2)重用有主见的人。人才的可贵就在于有主见,有创见,不随波逐流,不人云亦云。这对于决策者十分重要,好的决策应以相互冲突的意见为基础,而不是从众口一词中得来的。在一个组织中,没有有主见的人,这个组织就是没有冲突的组织,没有冲突的组织是一个没有活力的组织。对领导者来说,这可能是一个陷阱或误区,冲突可能比一致更可取、更可靠。

(3)敢用比自己强的人。一位领导者不一定是各方面都优秀的人才,这就需要领导者善于把强过自己的人编织到为自己服务的组织机构中来,形成一个结构合理,有战斗力的团体。

历史与现实生活中这样的例子举不胜举。如电话的发明人贝尔、汉高祖刘邦、美国的钢铁大王卡耐基等都是敢用比自己强的人的成功典范。

（4）敢于重用年轻人。年轻人最富有创造力。据统计，人的一生中 25～45 岁之间是创造力最旺盛的黄金时代，被称为创造年龄区。哥白尼提出日心说时 38 岁；爱迪生发明留声机时 29 岁，发明电灯时 31 岁；贝尔发明电话时 29 岁；爱因斯坦提出狭义相对论时才 26 岁，提出广义相对论时才 37 岁；居里夫人第一次获得诺贝尔奖时才 31 岁；《共产党宣言》发表时，马克思 30 岁，恩格斯 28 岁。一切成功的领导者都敢于重用年轻人，不拘一格用人才，而有的领导不重用年轻人的最重要的理由是"没有经验"。德鲁克对此做过有力的反驳，如果没有经验就不能当领导，请问，你这个领导当初是怎样当上领导的。领导者应给下属创造成长的机会。

（5）用人避亲。用人避亲是针对任人唯亲而言的。用人不避亲中国有，外国也有，成功的有，失败的也有，然而当今的世界性潮流是用人避亲。用人避亲并不完全意味着亲属没有人才，而是因为任用亲属可能陷入家庭经营的旋涡，而永远发掘不到真正的人才。中外有些家族经营的企业辉煌几年之后，就暗淡了，甚至倒闭。王安电脑帝国的崩溃有力地说明了任用亲人就难逃失败的下场。

（6）要有自己的"猎才"者。领导者要"慧眼"识人才，要善于发现人才，这句话原则上是对的。如果只靠领导者自己的"慧眼"去发现人才，那么很多"千里马"就不能被"伯乐"发现。领导者需要有自己的"猎才"者，因为领导者的时间和精力有限，很难发现更多优秀人才。领导者的"猎才"者，需要领导者用慧眼去识别，这样"猎才"者识别的人才才更适合组织发展需要。

四、用权艺术

同样的权力，在不同领导者手中会产生不同的效果，那是各自运用权力的水平不同导致的。有人用得高明，有人则用得笨拙。高明的领导者在运用权力时，做到了有声命令和无声命令的结合，正确集权、分权和授权，同时还注意适度地用权，用而不滥。

（一）有声命令与无声命令的结合

领导的权力分为职位权力和非职位权力。职位权力包括法定权、强制权和奖励权；非职位权力即个人影响权，包括专长、品格、道德、知识、业绩等。有声命令是行使职位权力的最典型形式，没有职位权力是不能命令下属做事的。实际上，任何形式的有声命令都必然包含着个人影响力的成分，无声命令也是一种很重要的用权形式。在有声命令中，职位权力起主要作用，个人权威起次要作用。在实际运用中，两者的高度结合就是高超的用权艺术。

（二）正确集权、分权和授权

1. 正确集权和分权

集权和分权是组织层级化设计中的两种相反的权力分配形式。集权是指决策指挥权在管理系统中，较高层次的集中；分权是指权力在管理系统中，较低层次的分散。在任何一个组织中，都不存在绝对的集权和绝对的分权，这在现代社会的组织中是不可想象的。我们不能断言集权好还是分权好，只要领导者坚持集权和分权标准，针对不同权力、不同下属、不同环境恰当地集权和分权，就是高水平的用权艺术。集权的标准是集权的程度应以不妨碍下属人员积极性、创造性的发挥为限度；分权的标准是分权的程度应以上级不失去对下级的控制为限度。

2. 合理授权

授权，是指领导者在实际管理工作中为了更好地实现所任职务的目标任务，充分利用专业人才的技能，在组织制度分权的基础上将制度规定的权力部分地授予下级。不能实行有效授权的领导者，实际上是一个不称职的领导者，是一个不会用权的领导者。一般情况下，领导者基于以下三方面考虑，而向下属授权。一是领导工作需要分身；二是下属胜任某项工作；三是有目的、有意识地培养和锻炼下属。领导授权应做到以下几点：一是因事择人，视责授权，授权时应明确授权的范围及任务目标；二是不能越级授权，领导者只能向其直属下级授权，否则会导致双重领导；三是适度授权，领导者不能将全部权力授予下级，做到大权多揽，小权分散，不能将同一权力授予两人，也不能将不属于自己的权力授予下属；四是适当监督，领导者对被授权者保持必要的监督和控制，必要时，给予下属适当的支持和帮助。

（三）用权适度，用而不滥

领导者运用手中的权力惩罚犯错误的下属是无可非议的，但是，如果保留惩罚下属的权力，慎用权力，可能会取得更好的效果，但必要的惩罚也是应该的，这就是用权适度，用而不滥。毛泽东的观点是：领导是否惩罚犯错误的下属，关键看，下属对错误认识的深刻程度，如果认识深刻，就不必批评和惩罚。领导者也要根据不同的环境和条件、不同的下属，审时度势，变换行使权力的方式和方法，力求收到适度用权的良好效果。

五、协调艺术

协调艺术是指领导者巧妙地解决和处理组织与组织、组织与个人、个人与个人之间的矛盾和冲突的技巧。

没有冲突的组织是一个没有活力的组织。巧妙地解决冲突与矛盾是领导的一门艺术。领导者可采取回避、建立联络小组、转移法、强制法、分析讨论法、润滑法、教育法等方法来解决矛盾和冲突。

（一）回避

在领导活动中，无论是个体还是群体之间发生矛盾和冲突是司空见惯的，并且常常令人不快。所以在矛盾和冲突发生后，领导者可视情况采取消极的处理办法，如无视冲突的存在，时间能淡化一切，希望双方自己通过减少群体间的相互接触次数来消除分歧。

（二）建立联络小组

当组织内的群体交往不很频繁，而组织目标又要求他们协同解决问题时，群体间就可能产生冲突。因此，在这种情况下，相互交往对组织是非常重要的，这时，领导者可采取建立联络小组的方法来促进两个群体间的相互交往，联络作用就是内部边界的扩展在两个群体间架起一座桥梁。

（三）转移法

转移法就是通过树立超级目标，使冲突各方不要纠缠于局部的冲突，而为实现更高的目标努力。在群体之间存在着相互依赖关系的情况下，树立超级目标有助于领导者处理组织冲突和提高组织效率。超级目标的作用在于使双方冲突的成员感到有紧迫感和吸引力，然而任何一方单独凭借自己的资源和精力又无法达到目标,并且超级目标只有在相互竞争的群体通力协作下才能达到。在这种情况下,冲突各方可以相互谦让和做出牺牲。

(四)强制法

领导者对处于冲突中的群体采取这种策略,是利用组织赋予的权力有效地处理并最终从根本上强行解决群体间的冲突。从处于冲突中的群体的角度看,有两种办法可以促进强制程序:第一,两个群体之一直接到领导者那里寻求对其立场的支持,由此强行采取单方面解决问题的办法;第二,其中的一个群体可以设法集合组织的力量,办法是与组织里的其他群体组成联合阵线,这种来自联合阵线的"强大阵容"常常能迫使组织里的另一些群体接受某个立场。

(五)分析讨论法

由于组织内的群体、个体可能不常进行相互间的沟通,在这种情况下,采取分析讨论方法来处理组织冲突。这种办法是将冲突双方或代表召集到一起,让他们把他们的分歧讲出来,辩明是非,找出分歧的原因,进行充分的讨论和分析,提出办法,最终选择一个双方都满意的解决方案。

(六)润滑法

运用奖励、表扬的方式,突出双方的成绩方面,使大家感到满意,或个别做思想工作,给予发泄不满的机会和提供某些新的积极诱因,使之心理平衡。

(七)教育法

晓之以理,动之以情,使各方冷静下来,以诚相见,消除矛盾。

综合训练题

一、单项选择题

1. 主管人员与下属之间越是有效地、准确地、及时地沟通联络,整个组织就越容易成为一个真正的整体,这是指( )。

    A. 目标协调原理   B. 命令一致原理   C. 沟通联络原理   D. 激励原理

2. 强调上级主管所发布的命令、指示不能相互矛盾、抵触的原理是( )。

    A. 统一领导原理   B. 命令一致原理   C. 直接管理原理   D. 直接控制原理

3. 主管人员同下级的直接接触越多,所掌握的各种情况就会越准确,从而指导与领导工作就会更加有效,这是指( )。

    A. 指明目标原理   B. 目标协调原理   C. 命令一致原理   D. 直接管理原理

4. 领导工作所要完成的任务是( )。

    A. 制定组织目标   B. 合理调配人、财、物资源

    C. 做好人员配备工作   D. 调动积极性,处理好人际关系

5. 领导工作充分体现了( )。

    A. 管理理论   B. 管理科学   C. 管理艺术   D. 管理职能

6. 领导工作原理告诉我们,要使组织成员充分理解目标和任务,就必须( )。

    A. 指明目标   B. 协调目标   C. 统一指挥   D. 沟通联络

7. 主管人员要激励下属，调动其积极性和创造性，就要了解和掌握（   ）。

　　A. 科学管理理论　　B. 管理过程理论　　C. 决策理论　　　　D. 激励理论

8. 提出管理方格图的是（   ）。

　　A. 利克特　　　　　B. 布莱克　　　　　C. 马斯洛　　　　　D. 吉赛利

9. 领导连续模型理论的倡导者们认为，适宜的领导方法取决于（   ）。

　　A. 领导者的素质　　B. 厂长经理　　　　C. 监事会　　　　　D. 工会

10. 主管人员指导与领导的职能最恰当的比喻就是（   ）。

　　A. 作曲家　　　　　B. 乐队的指挥　　　C. 乐队的鼓手　　　D. 严格的批评家

11. 领导行为理论认为，使有效领导者区别于那些不成功领导者的是其特殊的（   ）。

　　A. 个性　　　　　　B. 管理能力　　　　C. 领导作风　　　　D. 领导愿望

12. 领导特质理论认为，（   ）对于取得成功关系重大。

　　A. 决策能力　　　　　　　　　　　　　B. 才能

　　C. 才能和指挥能力　　　　　　　　　　D. 才能和自我实现

13. 领导权变理论认为，从领导者的角度来说，（   ）是最重要的。

　　A. 职位权力　　　　　　　　　　　　　B. 任务结构

　　C. 领导艺术与作风　　　　　　　　　　D. 上下级关系

14. 领导性格理论认为，有效的领导者可以从（   ）。

　　A. 领导者个人的作风中识别　　　　　　B. 领导者个人的领导艺术中识别

　　C. 领导者个人的性格特征中识别　　　　D. 领导者个人的素质中识别

15. 在管理方格图中，（   ）的主管人员对生产对人员都表现出最大可能的关心。

　　A. 贫乏型管理　　　B. 协作型管理　　　C. 乡村俱乐部型管理　　D. 任务型管理

16. 主管人员极少或根本不关心生产，只关心人的管理方式属于（   ）。

　　A. 1.1 型　　　　　B. 9.9 型　　　　　C. 9.1 型　　　　　D. 1.9 型

17. 领导者最重要的方面不是领导者个人的性格特征，而是领导者实际在做什么，有效领导者以他们特殊的领导作风区别于那些不成功的领导者，这种观点源自（   ）。

　　A. 领导性格理论　　B. 领导行为理论　　C. 领导权变理论　　D. 领导艺术理论

18. 认为有效的领导者不仅取决于他们的行为方式，还取决于他们所处的环境，这种理论是（   ）。

　　A. 领导特质理论　　B. 领导行为理论　　C. 领导权变理论　　D. 环境理论

19. 认为性格这一特征与管理成功与否没有多大关系的领导理论是（   ）。

　　A. 领导性格理论　　　　　　　　　　　B. 领导连续模型

　　C. 领导四分图理论　　　　　　　　　　D. 管理方格理论

20. 将领导行为归纳为体谅和主动状态两个因素，并以两类因素的具体组合划分领导行为的领导理论是（   ）。

　　A. 管理方格理论　　　　　　　　　　　B. 领导行为连续统一体理论

　　C. 领导方式理论　　　　　　　　　　　D. 领导四分图理论

21. 领导艺术在很大程度上取决于主管人员工作的（   ）。

　　A. 积极性　　　　　B. 创造性　　　　　C. 要求严格　　　　D. 自知之明

22. 根据领导四分图理论的归纳，领导行为的最好模式应该是（　　）。

    A. 低体谅、低主动状态   B. 高体谅、低主动状态

    C. 低体谅、高主动状态   D. 高体谅、高主动状态

23. 根据管理方格理论，9.9 型的管理方式可以称为（　　）。

    A. 任务型   B. 中间型   C. 乡村俱乐部型   D. 协作型

24. 在管理方格图中，管理者只关心生产而不关心人，这种管理方式属于（　　）。

    A. 1.0 型   B. 9.1 型   C. 9.9 型   D. 5.5 型

25. 领导的实质是（　　）。

    A. 权力的行使   B. 组织成员的追随和服从

    C. 管理   D. 下达命令

26. 根据菲德勒对领导方式的研究，（　　）因素不是影响领导行为的主要因素。

    A. 上下级关系   B. 任务结构

    C. 下属的成熟度   D. 职位权力

27. 关注下属成熟度的理论是（　　）。

    A. 情境理论   B. 菲德勒的权变理论

    C. 路径—目标理论   D. 领导生命周期理论

28. 根据赫塞和布兰查德的领导生命周期理论，当下属处于第二阶段，即没有工作能力，却愿意工作时，领导者应采取（　　）。

    A. 指示型领导   B. 支持型领导   C. 参与型领导   D. 成就指向型领导

29. 处长大李任现职已有五年，其业绩在局里颇有口碑。大李为局长老王一手提拔，两人相处一向融洽，但最近却出现了一些不和谐的征兆。大李私下抱怨老王不给自己留面子，在下级面前对自己吆三喝四，对自己的工作也干预太多；老王则觉得大李翅膀硬了，不像过去那样听话了，根据领导生命周期理论，你认为老王采取（　　）领导方式较为合适。

    A. 高工作、高关系   B. 高工作、低关系

    C. 低工作、高关系   D. 低工作、低关系

30. 不少人分不清管理和领导这两个概念的差别。其实，领导是（　　）。

    A. 对下属进行授权以实现组织既定目标的过程

    B. 对所拥有的资源进行计划、组织、指挥、监控以实现组织目标的过程

    C. 通过沟通影响组织成员，使他们追随其所指引的方向，多为实现组织目标的过程

    D. 通过行政性职权的运用，指挥组织成员按既定行动方案去努力实现组织目标的过程

31. 某公司总裁老张行伍出身，崇尚以严治军，注重强化规章制度和完善组织结构，尽管有些技术人员反映老张的做法过于生硬，但几年下来企业还是得到了很大的发展。根据管理方格理论，老张的作风最接近于（　　）。

    A. 1.1 型   B. 1.9 型   C. 9.1 型   D. 9.9 型

32. 某企业多年来生产任务完成情况一直都不太好，员工收入也不算很高，但经理与员工的关系却很好，员工也没有对领导表示不满。该领导很可能是管理方格中所说的（　　）。

    A. 贫乏型   B. 乡村俱乐部型   C. 任务型   D. 中间型

33. 根据领导者运用职权方式的不同，可以将领导方式分为专制式、民主式与放任式三

种类型。其中民主式领导方式的主要优点是（　　　）。

    A. 纪律严格，管理规范，赏罚分明

    B. 组织成员具有高度的独立自主性

    C. 按规章管理，领导者不运用权力

    D. 员工关系融洽，工作积极负责，富有创造性

34. 领导力的来源包括两方面：位置权力和个人权力。属于个人权力的部分是（　　　）。

    A. 惩罚权　　　　　B. 模范权　　　　　C. 合法权　　　　　D. 奖赏权

二、多项选择题

1. 领导工作的基本原理包括（　　　）。

    A. 指明目标原理　　　　　　　　B. 目标协调原理

    C. 责权利一致原理　　　　　　　D. 用人之长原理

    E. 命令一致原理

2. 领导工作所要完成的任务是（　　　）。

    A. 调动人的积极性　　　　　　　B. 发挥人的创造潜力

    C. 处理好人际关系　　　　　　　D. 配备组织所需人选

    E. 组织制定计划目标

3. 要使管理活动取得更好的效果，需要实施（　　　）。

    A. 计划工作　　　B. 组织工作　　　C. 人员配备工作　　　D. 控制工作

    E. 指导与领导工作

4. 指导与领导工作的作用表现在（　　　）。

    A. 有利于个人目标与组织目标结合　　B. 有利于满足个人需求和愿望

    C. 鼓舞信心，调动积极性　　　　　　D. 引导组织成员有效领会目标

    E. 步调一致地加速实现组织目标

5. 主管人员满足个人需求与愿望的条件是（　　　）。

    A. 以实现组织目标为前提　　　　B. 在条件许可的范围内

    C. 个人需求切合实际　　　　　　D. 组织目标服从个人需求

    E. 个人需求服从组织目标

6. 一般而言，指导与领导工作是指对个体和群体行为进行（　　　）。

    A. 技术上的指导　　　　　　　　B. 方法上的指导

    C. 日程的策划　　　　　　　　　D. 方向上的引导

    E. 结果的控制

7. 领导权力的来源有（　　　）。

    A. 法定性权力　　　　　　　　　B. 奖赏性权力

    C. 惩罚性权力　　　　　　　　　D. 感召性权力

8. 属于领导行为理论的有（　　　）。

    A. 领导特质理论　　　　　　　　B. 管理方格理论

    C. 领导四分图理论　　　　　　　D. 领导行为连续统一体理论

    E. 菲德勒模型

9. 下面关于领导理论的论述中正确的有（　　）。

A. 领导特性理论认为，具有特定性格特征的人才能成为有效的领导

B. 领导行为理论认为，判断领导工作是否有效关键看他做什么

C. 领导权变理论关注领导者能力和环境的匹配

D. 领导行为理论优于领导特质理论

E. 领导权变理论优于领导特质理论

10. 研究有关领导问题的理论可以归结为（　　）三大类。

A. 领导特性理论　　　　　　　　B. 领导作风理论

C. 领导行为理论　　　　　　　　D. 领导权变理论

E. 领导激励理论

11. 管理方格图中的基本管理方式有（　　）。

A. 贫乏型　　　B. 协作型　　　C. 理想型　　　D. 任务型

E. 中间型

12. 菲德勒提出的领导权变理论认为，对一个领导者的工作最起影响作用的基本方面是
（　　）。

A. 组织结构　　　B. 职位权力　　　C. 任务结构　　　D. 上下级关系

E. 个性特征

13. 有成效的领导者应具备（　　）。

A. 懂得领导者的知识　　　　　　B. 移情作用

C. 客观性　　　　　　　　　　　D. 个人的性格特征

E. 自知之明

14. 领导是从管理中分化出来的高层次的组织管理活动，以下有关领导的叙述正确的是
（　　）。

A. 领导的过程大多是战略性、综合性工作的过程

B. 领导要求从宏观角度考虑问题，强调原则性

C. 领导方式多带有非模式性、非规范性、非程序性等灵活多样性

D. 领导的基本方式是个人负责制或首长负责制

E. 领导要求从微观角度考虑问题，强调原则性

15. 20世纪30年代，美国心理学家和行为学家库尔特·勒温、诺那德·利比特、诺尔弗·怀特等人共同研究，确定出三种基本的领导风格，分别是（　　）。

A. 独裁型　　　B. 温和型　　　C. 民主型　　　D. 放任型

E. 霸道型

16. 在俄亥俄州立大学研究的领导行为理论中，（　　）组合的领导风格能够产生最为积极的效果。

A. 低关怀维度　　B. 高结构维度　　C. 低结构维度　　D. 高关怀维度

E. 复合型维度

17. 领导的作用主要有（　　）。

A. 决策作用　　　B. 用人作用　　　C. 指挥作用　　　D. 激励作用

    E. 应变作用

18. 在菲德勒的领导权变理论中，影响领导行为的两个方面是（　　）。

    A. 放任行为　　　　B. 关系行为　　　C. 民主行为　　　D. 任务行为

    E. 独裁行为

19. 途径—目标理论中，罗伯特·豪斯确定了几种领导者行为，它们是（　　）。

    A. 指导型　　　　B. 参与型　　　　C. 支持型　　　　D. 成就指向型

    E. 合作型

20. 维克多·弗罗姆和菲利普·耶顿于 1973 年提出了领导者参与模型，1987 年，弗罗姆与亚瑟·杰戈对此模型进行扩展，聚焦于有效的参与和决策树模型上，并衍生出四种模型，这四种模型都是根据两个因素而来的。这两个因素是（　　）。

    A. 领导行为　　　　B. 下属意见　　　C. 参与决策　　　D. 目标一致

    E. 个人意见

三、问答题

1. 领导的定义说明领导必须具备哪些要素？

2. 什么是领导权力？其来源有哪些？

3. 权变理论认为领导方式由哪三个因素决定？

4. 领导者在带领、引导和鼓舞部下为实现组织目标而努力的过程中，应该起到什么样的作用？

5. 领导和管理是一回事吗？如果不是，区别在哪里？

6. 专长权是什么权力？请简要说明领导者的专长权与领导工作的关系。

7. 传统的领导特性论认为有效的领导应该有共同的特性，这种特性是什么？

8. 管理方格理论的缺陷是什么？

9. 请简要地说明菲德勒权变模型所阐述的环境与领导的关系。

10. 成熟度的定义是什么？包括几个方面？

11. 集权式领导与民主式领导的优势各在什么地方？

12. 解释赫塞和布兰查德的生命周期理论对领导方式的分类。

13. 简述管理方格理论的观点并加以评论。

14. 领导行为论中的"三个代表"理论分别是怎样划分领导方式的？共同点是什么？请比较说明。

15. 权变理论认为领导方式和环境是相关的，请你谈谈菲德勒的权变模型和途径—目标理论对环境因素的解释方法。

16. 怎样认识领导者、管理者、追随者的关系？

17. 领导者是天生的吗？从本章所阐述的领导理论里，你对领导的认识有哪些新体会？

18. 试说明学生会领导者的权力来源。为了进行有效的管理，学生会的学生干部应该采用什么样的领导方式比较好？

四、案例分析题

【案例一】苏·雷诺兹的职业生涯

22 岁的苏·雷诺兹，即将获得哈佛大学人力资源管理的本科学士学位，在之前的两年里，她每年暑假都在康涅狄格互助保险公司打工，填补去度假的员工的工作空缺，因此她在这里做过许多不同类型的工作。目前，她已接受该公司的邀请，毕业之后将加入互助保险公司成为保险单更换部的主管。

康涅狄格互助保险公司是一家大型保险公司，苏所在的总部就有 5 000 多名员工，公司奉行员工的个人开发，这已成为公司的经营哲学，公司自上而下都对所有员工十分信任。苏将要承担的工作要求她直接负责 25 名职员。他们的工作不需要什么培训而且具有高度的程序化，但员工的责任感十分重要，因为更换通知要先送到原保险单所在处，要列表显示保险费用与标准表格中的任何变化；如果某份保险单因无更换通知的答复而将被取消，还需要通知销售部。

苏工作的群体成员全部为女性，年龄跨度从 19 岁到 62 岁，平均年龄为 25 岁。其中大部分人是高中学历，以前没有过工作经验，他们的薪金水平为每月 1 420～2 070 美元。苏将接替梅贝尔·芬彻的职位。梅贝尔为康涅狄格互助保险公司工作了 37 年，并在保险单更换部做了 17 年的主管工作，现在她退休了。苏去年夏天曾在梅贝尔的群体里工作过几周，因此比较熟悉她的工作风格，并认识大多数群体成员。她预计除了丽莲·兰兹之外，其他将成为她下属的成员都不会有什么问题。丽莲今年 50 多岁，在保险单更换部工作了 10 多年，而且作为一个"老太太"，她在员工群体中很有分量。苏断定，如果她的工作得不到丽莲·兰兹的支持，将会十分困难。

苏决心以正确的步调开始她的职业生涯。因此，她一直在认真思考一名有效的领导者应具备什么样的素质。

根据案例回答以下问题。

（1）影响苏成功地成为领导者的关键因素是什么？

（2）你认为苏能够选择领导风格吗？如果可以，请为她描述一个你认为有效的风格。如果不可以，请说明原因。

【案例二】陈经理的委屈

财务部陈经理结算了一下上个月部门的招待费，发现有一千多块没有用完。按照惯例他会用这笔钱请手下员工吃一顿，于是他走到休息室叫员工小马通知其他人晚上吃饭。

快到休息室时，陈经理听到休息室里有人在交谈，他从门缝看过去，原来是小马和销售部员工小李两人在里面。

小李对小马说："你们部陈经理对你们很关心嘛，我看见他经常用招待费请你们吃饭。"

"得了吧！"小马不屑地说道，"他就这么点本事来笼络人心，遇到我们真正需他关心、帮助的事情，他没一件办成的。你拿上次公司办培训班的事来说吧，谁都知道如果能上这个培训班，工作能力会得到很大提高，升职的机会也会大大增加。我们部几个人都很想去，但陈经理却一点都没察觉到，也没积极为我们争取，结果让别的部门抢了先。我真的怀疑他有没有真正关心过我们。"

"别不高兴了，"小李说，"走，吃饭去吧。"

陈经理只好满腹委屈地躲进自己的办公室。

根据案例回答以下问题。

（1）你认为陈经理是哪一类领导者？为什么？

（2）你认为这件事是谁的错误？为什么？

（3）正确的做法是什么？

【案例三】三个厂长的管理风格

任厂长

某汽车公司装配厂的任厂长，从一上任开始，就不同意公司裁员的做法，他给每个人机会以充分证明自己的价值。在他任期内，全厂5 000名职工中只有极少数人被解雇。他首先为职工们建造了供职工们使用的餐厅和卫生间。午餐时，他还亲自上餐厅跟职工们打成一片，他倾听他们的抱怨，征求他们的意见和合理化建议，鼓励班组定期开会来解决共同的问题。通过"一日厂长制"等活动，创造一切可能的机会让职工们参与全厂的长远规划。任厂长不仅坚持每日2小时在现场走动办公，而且还为管理人员和一线工人安排了不断解决问题的对话。通过对话，他希望管理人员知道他们为一线工人提供的服务是怎样的"不到位"，从而激发职工对企业的忠诚。

他对下属关怀备至，下属人员遇到什么难处都愿意和他说，只要厂里该办的，他总是很痛快地给予解决。职工私下说他特别会笼络人。当然，任厂长也承认装配厂生产率暂时不如其他同类企业，但他坚信只要他的职工们有高昂的士气，定会取得好的绩效。

严厂长

某钢厂严厂长认为对下属人员采取保持距离的态度对一个厂长来说是最好的领导方式，所谓的"亲密无间"只会松懈纪律。他一天到晚绷着脸，下属人员从未见他和他们谈过任何工作以外的事情，更不用说和下属人员开玩笑了。他到哪个部门谈工作，一进门大家的神情都变得严肃起来，犹如"一鸟入林，百鸟压音"，大家都不愿和他接近。严厂长把全厂的工作任务始终放在首位，在他看来，作为一个好的领导者，无暇去握紧每一个职工的手，告诉他们正在从事一项伟大的工作。所以他总是强调对生产过程、产量控制的重要性，坚持下级必须很好地理解生产任务目标，并且保质保量地完成。他经常直接找下属布置工作，中层管理人员常常抱怨其越级指挥，使他们无所适从。严厂长手下的几员"大将"被"架空"已成家常便饭。职工们有困难想找厂里帮助时，严厂长一般不予过问，职工们说他"缺少人情味"。久而久之，严厂长感到在管理中最大的问题就是下级不愿意承担责任，他们对工作并非很务力地去做，全厂的工作也只是维持现有局面而已。

赵厂长

赵厂长是一位经验丰富的企业家。当某市齿轮厂严重亏损、濒临倒闭时，他开始出任该厂的厂长。他的管理哲学是："管理既是无情的，又是有情的。对工人既要把'螺丝'拧得紧紧的，又要给予其温暖。"赵厂长对下属完全信赖，倾听下情并酌情采用。通过职工参与制，让下属参与生产与决策并给予物质奖励。所形成的全厂长远规划，请职工们"评头论足"，厂里上下级信息沟通快。鼓励下级自己作出相应决定。他认为生产率的提高，没有什么奥秘，而在于职工及其领导人之间的那种充满人情味的关系。同时他为员工做出了表率，赵厂长深有感触地说："走得正，行得端，领导才有威信，说话才有影响，群众才能信服，才能对我行使权力颁发通行证。"他到该厂上任后不久采取一系列措施,诸如:树立效益、以人为本的观念;推行融效率与人于一体的目标管理法,通过每个管理人员和职工为各自的部门和个人设置目标并负责完成,想方设法提高工厂的生产率;遵循系统管理和专业化分工的原则,综合考虑管理幅度和层次的合理划分及职权划分,建立了责权明确、分工合理的组织结构体系;突出了产品质量和降低成本两个重点。在赵厂长上任后的一年里,齿轮厂的生产绩效有了显著提高。

根据案例回答以下问题。

(1)请根据管理方格理论中提出的领导行为方式类型来分析案例中的任厂长、严厂长和赵厂长的领导类型,并说明理由。

(2)请结合案例说明领导者应具有哪些素质?

第八章

控 制

教学目标： 控制是管理的一项重要职能，当管理目标、计划和标准已经制定，能否使管理活动按照既定的要求顺利实现，控制就成为关键的管理工作。本章的学习要点是重点掌握控制的概念、类型及实质；控制的基本原则和基本过程；控制的基本方法。通过对上述内容的学习，熟练掌握控制理论和在管理实践中如何正确运用控制手段确保管理目标的实现。

 **引导案例**

比尔经理的绩效标准

在某大型电子零件批发公司的一家连锁商店里，刚出任经理的比尔正被一些事搞得心烦意乱。店里两位售货员，每天上午轮流去隔壁的自助餐厅喝咖啡，吃甜馅饼。因为少了一个售货员，顾客们在店里等候服务已经司空见惯，更令人头疼的是这家零售商店的营业额一直达不到公司的平均水平。当比尔对售货员谈及这两件事时，他们不屑一顾地答道："你看公司付给我们多少工资！你还能要求什么？"

比尔对他们回应道："在我们讨论工资的事并且谈出点眉目来之前，有一件要紧的事，就是让你们明确知道我对你们的工作有什么要求。让我们来确定三件事：第一，在安排好的上班时间内，谁也不可以离开商店。当然，在你们的午餐时间里，你们爱干什么都行。第二，如果这家商店还要营业，不搬到别处的话，我们每天的平均销售额应该是 1 000 美元。总公司的记录表明，每位顾客约购买 5 美元的货，那就是说，一天要接待 200 位顾客。我们是两位销售员当班，平均一下，我要求你们每人每天接待 100 位顾客。第三，就是你们怎样来接待顾客，我希望你们做到一丝不苟，礼貌周到。他们想了解什么，你们要有问必答。这三件事你们清楚了吗？如果是这样的话，让我们来瞧一瞧你们的工资，看看出了什么毛病，想一想根据我们对这项工作提出的要求，应该干点什么事来跟你们工资相称，你们考虑考虑。"

在这个案例中，顾客服务和营业收入都未能达到预期水平，而员工却在抱怨公司付给他们的工资太少了。到底哪一方面出了问题？有效的控制需要预先确立绩效标准。可是这家电子零件批发商店的前任经理却一直没有做到这一点。比尔接任后对员工说的三件事，使员工认识到了自己行为与要求的差距，从而为其工作业绩的改善奠定了基础。没有标准，控制工作就很难取得理想的效果。

上述案例说明了什么？

第一节　控制的内涵及实质

控制论思想最先源于 1943 年维纳与罗森伯里特·毕格洛合写的《行为、目的和目的论》一文。1948 年在维纳的《控制论》一书中得到发展和完善，并引起各学科领域的重视。各个学科的竞相研究与应用，使之成为跨学科的方法论科学。控制论将国民经济管理、企业管理、科学管理、工程管理、军事管理、行政管理等都作为大系统来研究，探索其全面指挥和控制的规律，相应地形成了管理控制理论体系。

一、控制的内涵

控制是普遍存在于自然界和社会中的一种发展和约束关系，它是控制理论中一个重要而又基本的概念。控制是指在各种耦合运行系统中，通过采取一定的手段，保持系统状态平衡或不越出标准的范围，实现系统运行的预期目的。简单来说，系统之间有目的的影响或干扰就是控制。没有目的的影响和干扰不能称为控制。比如像台风、雷电等自然现象对人类造成的影响就不是控制。要实现控制必须有两个系统或系统要素，即施控系统要素和受控系统要素。控制是以信息为基础，通过信息的传递来实现的。对施控系统来说，它有一个发出控制信息和接受信息并执行控制的问题。因此，施控系统可进一步划分成两个部分，一部分是控制信息的发出部分，称发控系统。另一部分是执行部分，称执行机构。执行机构直接控制受控系统的输入。具体来讲，对耦合运行的系统进行控制，表现为两个基本方面：① 决定系统状态变化的轨道，即确定控制目标和达到目标的途径；② 通过不断的调节活动，使系统运行保持在所规定的轨道上。

实施控制包含着目的性、信息选择和调节三个方面的含义。

（一）控制的目的性

概括起来有两种：① 保持系统原有的平衡稳定状态，即在系统受到各种干扰影响而发生偏差时，能及时地纠正偏差，恢复原有状态；② 引导系统在运行之前从一种状态转变为一种预期的新状态。

（二）信息选择

在控制系统中，控制能使输出量改变运行状态，从而实现所要求的定值任务。为达到控制所期望的定值或既定函数，必须确定控制的状态空间。因为在通常情况下体现控制作用的每个控制变量，受到一定约束条件的限制，不能任意取值，而必须在控制变量空间的某一个区域内取值，这个空间区域叫作容许控制量取值的约束区域。

（三）调节

调节是指对耦合运行的系统从数量上或程度上进行调整，使之适合既定目标的要求，它是控制的核心组成部分。

二、控制的实质

（一）控制过程实质上是一个信息传递过程

在控制过程中，控制活动是要把系统运行的标准信息传递出去，再把系统输出的信息反馈回来，然后再把调节偏差的信息传递出去，发挥控制和调节的作用。控制的全过程离不开信息及其变换过程，控制系统要通过信息系统的处理才能达到目的。没有信息系统传递和变换过程，控制系统不能存在，即使存在，也肯定发挥不了作用。所以，有效的控制必须建立起高效的管理信息系统。

（二）控制的内在机制是反馈过程

所谓反馈过程就是对输出信息的回输。而反馈控制过程，则是在控制器和控制器之间存在着逆向影响的子系统。通过这种逆向影响子系统，使输出信息的回输来补偿存在着的偏差，形成新的信息输入，从而促使给定的对象改变或满足其发展功能，达到控制的目的。在实现上述联系和变换过程中，总是存在着反馈信息的过程，如果没有信息及其变换过程，就不存在反馈；如果没有信息反馈作用，也就不存在控制的机能。控制理论并不研究任意的控制系统，主要研究的是带有反馈效应的闭环控制系统，特别是对带有负反馈效应的控制的研究，这是因为负反馈是控制和调节的最主要机制。

（三）控制只是促进系统正常运行的一种手段

控制过程的目的是要使被控制系统的运转符合它的既定目标。控制本身并不是终极目的，而是达到这个目的的手段，即改善系统的运行状态和保持系统的稳定性。实现控制需要许多技术和措施，环境条件和系统本身的特征和性质的变化将给控制手段带来很大的影响和变革。

三、一般控制与管理控制

（一）管理控制

计划的实施控制是一种管理控制。所谓管理控制，是指为了确保组织目标及计划的实现，人们根据事先确定的标准或发展的需要而重新拟定的标准，对组织活动进行衡量和评价，并在出现偏差时予以纠正的管理活动。

管理的控制职能是与计划职能密切联系的，计划与控制是一个问题的两个方面。计划不仅确定了组织的目标，还确定了实现目标的措施。从计划的角度讲，这些措施是对计划执行过程的规范和约束，以保证计划目标的实现。但从控制的角度讲，计划中的措施又是控制的手段和方式。计划是控制的前提，控制是计划实现的保证。计划为控制提供了依据和标准，没有这些依据和标准，控制就不可能进行。控制对计划的保证作用，是因为控制工作要经常地将计划实施的结果与计划目标进行比较，发现问题，分析原因，进行纠正。在多数情况下，控制工作是一个管理过程的终结，又是一个新的管理过程的开始。

（二）一般控制与管理控制的异同

1.管理控制与一般控制的相同点

（1）实施控制的基本步骤相同。也就是都包括确立控制标准、衡量实际业绩、进行差异分析、采取纠正措施四个基本步骤。

（2）控制内在机制都是信息反馈。都是通过信息反馈，揭示管理活动中的不足之处，促使系统不断地调整和改革，直至达到完善的状态。

（3）都是有组织的系统。根据系统内、外环境的变化而进行相应的调整，不断克服系统的不稳定性，使系统保持在某种稳定状态。

（4）一般控制与管理控制都存在着时滞。

2. 管理控制与一般控制的不同点

（1）一般控制能即刻实现，管理控制难以做到。一般控制中的"控制"，实质是一个简单的信息反馈，它的纠正措施往往是即刻就可付诸实施的。而且，若在自动控制系统中，一旦给定程序，那么衡量成效和纠正措施往往都是自动进行的，而管理工作中的控制活动就远比这个过程复杂得多，实际得多。

（2）一般控制的信息单纯，管理控制的信息复杂。一般控制中的"信息"，是一个泛泛的概念，即简单的"信息"，包括能量的机械传递、电子脉冲、化学反应、文字或口头的消息，以及能够借以传递"消息"的任何其他手段。对于一个简单控制系统来说，它所反馈的信息往往是比较单纯的。而对于管理控制工作中的"信息"来说，它是根据管理过程和管理技术而组织起来的在生产经营活动中产生的，并且经过了分析整理后的信息流或信息集，它们包含的信息种类繁多，数量巨大。这种管理信息与管理系统结合在一起，就形成了一个新的系统——管理信息系统。

（3）一般控制求稳定，管理控制求创新。按照控制论的观点，生物或机械等各种系统的活动都需要控制。对管理来说，控制工作的目的不仅是要使一个组织按照原定计划，维持其正常活动，以实现既定目标，而且还要力求使组织的活动有所前进，有所创新，以达到新的高度，提出和实现新的目标。

第二节　控制的类型

管理中的任何活动，都可以予以控制，管理者要了解管理控制的类型，以便于实施有效控制。控制工作按照不同的方式可分成许多种。在现实的组织活动中，常常不是单一地采用一种控制方式，而是多种控制方式同时进行，构成一个复合控制系统。

一、现场控制、反馈控制与前馈控制

根据纠正措施的作用环节不同，可把控制划分为现场控制、反馈控制与前馈控制。

（一）现场控制

现场控制也叫事中控制，过程控制。是指纠正措施是作用在正在进行的计划执行过程的控制方式。它是一种主要为基层主管人员所采用的控制工作方法，主管人员通过深入现场亲自监督检查，指导和控制下属人员的活动。它包括的内容有：① 向下级指示恰当的工作方法和工作过程；② 监督下级的工作以保证计划目标的实现；③ 发现不合标准的偏差时，立即采取纠正措施。在计划的实施过程中，大量的管理控制工作，尤其是基层的管理控制工作都属于这种类型。因此，现场控制是控制工作的基础。一个主管人员的管理水平和领导能力常常会通过这种工作表现出来。

在现场控制中，组织机构授予主管人员的权利使他们能够使用经济的和非经济的手段来影响下属。控制活动的标准来自计划工作所确定的活动目标和政策、规范和制度。控制工作的重点是正在进行的计划实施过程。控制的有效性取决于主管人员的个人素质、个人作风、指导的表述方式及下属对这些指导的理解程度。其中，主管人员的"言传身教"具有很大作用。

需要强调的是，在进行现场控制时，要注意避免单凭主观意志进行工作。主管人员必须加强自身的学习和提高，亲临第一线进行认真仔细的观察和监督，以计划、标准为依据，服从组织原则，遵从正式指挥系统的统一指挥，逐级实施控制。

（二）反馈控制

反馈控制是管理控制工作的主要方式，也称为事后控制。它是对系统的输出进行衡量，然后根据信息反馈所发现的偏差，分析原因采取措施，使之对再输入及转换过程产生影响的控制方式。管理中的成本控制、财务控制、审计、质量控制等内容都属于这类控制。反馈控制的主要缺陷，一是事后性，即控制往往是偏差已经发生、损失已经造成的情况下才发生作用。二是时差性，从偏差发生到发现偏差、分析偏差、纠正偏差，有个时间延迟的过程。在这个过程中，会使系统损失扩大。反馈控制的优点是控制方向明确，有助于有针对性地解决问题和改进系统工作。

（三）前馈控制

前馈控制亦称事前控制。是指通过对系统环境的观察、规律的掌握、信息的获取、趋势的分析，预计系统活动可能会发生的偏差，在其未发生前提前采取纠偏措施，使预期的偏差不至于发生的控制方式。管理中的计划、定额、标准、规定等都是典型的前馈控制的形式。它的最大优点是克服了反馈控制中的滞后性，能够防患于未然，最大限度地避免损失。

1. 实施前馈控制，一般应满足以下几个必要条件

（1）须对计划和控制系统做出透彻的、仔细的分析，确定重要的输入变量。

（2）建立前馈控制系统的模式。

（3）要注意保持该模式的动态性，即应当经常检查模式以了解所确定输入变量及其相互关系是否仍然反映实际情况。

（4）必须定期地收集输入变量的资料，并把它们输入控制系统。

（5）必须定期地估计实际输入的资料与计划输入的资料之间的偏差，并评价其对预期最终成果的影响。

（6）必须有措施保证。

在我们周围经常可以碰到许多运用前馈控制的例子。如猎人为了纠正子弹与猎物之间的时间延迟，常常把瞄准点定在猎物逃逸的前方；农业公司往往是根据当年的虫情预报，提前做好农药储备，而不是等到出现了虫害再采取措施寻找货源；应急管理的预案储备等。

2. 在企业管理工作中，前馈控制工作内容常见的几种类型

（1）人力资源的前馈控制。所谓人力资源的前馈控制，就是根据组织机构所规定的职位要求及由此而决定的对处在这些职位上的人员的技术的素质要求，对主管人员和非主管人员的选拔、培养和训练等。

（2）原材料的前馈控制。常用的方法是通过检查样品而不是全部原材料，利用统计抽样来进行控制。

（3）资金的前馈控制。首先建立一个标准，然后通过计算回收期或投资效益率来决定是否要投资和进行资金筹集。

（4）财政资源的前馈控制。主要方法是通过预算——特别是现金和流动资金预算来控制财政资金的来源和支出。

二、即时控制、程序控制与跟踪控制

根据控制的时间方式，可把控制划分为即时控制、程序控制与跟踪控制。

（一）即时控制

即时控制是指对偏差即时发生、即时了解、即时做出反应，加以控制。即时控制有赖于即时信息的获得，多种方案的事前储备，以及事后的镇静和果断。即时控制必须对各种可能出现的偏差做出预测，事前做好方案准备，这在实际管理工作中有时是难以做到的，因此即时控制具有明确的指向性。

（二）程序控制

程序控制是指在已知系统的状态变量和控制变量的前提下，预先确定出控制变量的时间序列，保证系统状态的时间序列沿着既定的步骤运行的一种控制方式。

它一般分为三个阶段：① 确定控制目标；② 编制控制程序；③ 实施预定程序。在企业管理系统中，各种施工计划、投资计划、生产计划、工艺规程、发展规划等就是预定的程序。

（三）跟踪控制

跟踪控制是指不直接根据输出的变化来调节输入，而是通过一个跟踪变量来调节输入，以改变被控系统状态的一种控制方式。这种控制方式的跟踪变量是随着外来的信息变量而变化，其控制系统从外部输入的信息，预先没有设计好行为程序，而是以控制目标、控制变量和状态变量为限制条件进行控制。如雷达跟踪飞行器便是一种跟踪控制方式。跟踪控制的实质是无数反馈控制的综合，不断采取措施，不断取得反馈，不断调整和不断采取新的措施。因此，对需要事先作出决策的经济控制系统，如经济投资项目规划、科研工程等控制系统，就宜采用这种方式。

三、集中控制、分散控制与分层控制

根据控制程度，可把控制划分为集中控制、分散控制与分层控制。

（一）集中控制

集中控制就是在系统中建立一个集中的控制机构（或称为集中控制器或控制中心），由它来对系统各种信息反馈进行集中统一的加工、处理，并由这一控制中心，根据整个系统的状态和控制目标，直接发出控制指令，控制和操作所有子系统的活动。这种方式实际上是高度集中地解决大系统的控制问题。

集中控制的优点是结构比较简单，指标控制统一，便于整体协调。当系统规模不是很大，而且控制中心在取得信息、存储、加工和处理方面能够做到高效率和保持良好的可靠性时，采用集中控制方式有利于实现整体的最优控制。

集中控制的缺点主要有三个方面：① 当系统十分庞大，规模和信息量极大时，就难以在一个控制中心进行存储和处理，信息反馈和传递的失误率高，滞留时间长，使系统反应迟缓、决策延误时机；② 控制活动具有局部偏差，做出反应时，缺乏对环境变化的灵活性、适应性和微调性；③ 不仅整个大系统中某一局部环节出现故障将影响到整个系统的正常运转，而且一旦中央控制中心发生故障或失误，将使整个系统陷于瘫痪状态，使系统的可靠性降低、风险增大。

（二）分散控制

分散控制就是将构成大系统的各个子系统，分别用独立的局部控制器来控制，通过每个控制器对局部或子系统的控制活动来共同完成大系统所要达到的控制目的，其优点有以下几个方面。

（1）分散控制决策、分散风险，个别控制环节的失误或故障，不会严重影响和危及整个系统。

（2）分散控制对信息存储和处理能力的要求相对较低，易于实现，控制机构规模也可较小，易于革新。

（3）分散控制信息反馈环节少，对环境变化具有较高的适应性，使控制系统反应快、时滞短、控制效率提高，应变能力增强。

因此，这种控制方式适用于对结构环境比较复杂，功能分工比较细的大系统的控制。分散控制的主要缺点是难以取得各分散系统的互相协调，难以保证各分散子系统与总体目标的一致性，从而影响总体系统的最优控制。

（三）分层控制

分层控制是一种把集中控制和分散控制结合起来的控制方式。它的特点主要有两个方面。

（1）各子系统都具有自己的独立的控制能力和控制条件，从而有可能对子系统的控制活动实施直接性、独立性的处理。

（2）整个系统分为若干层次后，上一层控制机构对下一层次各子系统的活动，采取指导性、导向性的紧接控制。多级递阶控制是一种典型的分层控制模式。它是将整个大系统按照一定的方式分解为若干子系统，赋予其局部范围内的控制目标和功能、任务、利益等，使它们相互配合、相互制约，在行为目标上和整个大系统的总目标协调一致，以实现整个系统的总体最优控制。分层控制兼具集中控制和分散控制的优点，克服二者的不足，体现了集中控制和分散控制最理想的结合方式。

四、直接控制与间接控制

根据管理者的工作方式不同，可把控制划分为直接控制与间接控制。

（一）直接控制

直接控制是施控系统与受控系统直接接触而进行的控制形式。直接控制着眼于培养更好的主管人员，使他们能熟练地应用管理的概念、技术和原理，能以系统的观点来进行和改善他们的管理工作，从而防止出现因管理不善而造成的不良后果。在等级管理制度中，厂长或经理对各职能科室的控制就属于直接控制。在现代管理中，人们把通过行政手段进行的控制称为直接控制。直接控制是一种运用权力等级结构体系，采用行政命令而进行的控制，也是一种最直观、最简单、能获得直接效果的控制办法。

1. 直接控制的合理性的四个假设依据

（1）合格的主管人员所犯的错误最少。

（2）管理工作的成效是可以计量的。

（3）在计量管理工作成效时，管理的概念、原理和方法是一些有用的判断标准。

（4）管理原理的应用情况是可以评价的。

2. 直接控制的优点

（1）在对个人委派任务时能有较大的准确性；同时，为使主管人员合格，对他们经常不断地进行评价，实际上也必定会揭露出工作中存在的缺点，并为消除这些缺点而进行专门培训提供依据。

（2）直接控制可以促使主管人员主动地采取纠正措施并使其更加有效。

（3）直接控制还可以获得良好的心理效果。主管人员的质量提高后，他们的威信也会得到提高，下层对他们的信任和支持也会增加，这样就有利于整个计划目标的顺利实现。

（4）由于提高了主管人员的质量，减少了偏差的发生，也就有可能减轻间接控制造成的负担，节约费用开支。

（二）间接控制

间接控制是施控系统与受控系统之间不直接接触，而是通过中间媒介进行控制的形式。人们在工作中常常会发生一些错误，或产生一些偏差，管理者通过对工作状况的检查、对比、考核、发现了工作出现的偏差，分析原因，并追究个人责任使之改进，就称为间接控制。如铁路企业中工段长就是借助于车间主任而实行间接控制。

间接控制是基于这样一些事实为依据，即人们常常会犯错误，或常常没有察觉到那些将要出现的问题，因而未能及时采取适当的纠正或预防措施，他们往往是根据计划和标准，对比和考核实际的效果，追查造成偏差的原因和责任，然后采取纠正措施。间接控制存在着许多缺点，最显而易见的是间接控制在出现了偏差，造成损失之后才采取措施，因此，它的费用支出是比较大的。

1. 间接控制的五个假设前提

（1）工作成效是可以计量的。

（2）人们对工作成效具有个人责任感。

（3）追查偏差原因所需要的时间是有保证的。

（4）出现的偏差可以预料并能及时发现。

（5）有关部门或人员将会采取纠正措施。

2. 上述假设前提有时不能成立的情况

（1）有许多管理工作中的成效是很难计量的，如主管人员的决策能力、预见性和领导水平是难以精确计量的。

（2）责任感的高低也是难以衡量的。有许多工作，其成效不高，却与个人责任感关系不大或无关。如由于缺乏廉价燃料时，不得不使用另一种昂贵的能源而使费用支出增加。

（3）有时主管人员可能会不愿花费时间和费用去进行调查分析造成偏差的事实真相。这往往会阻碍对明显违反标准的原因进行调查。

（4）有许多偏离计划的误差并不能预先估计到或及时发现，而往往是由于发现太迟以致难以采取有效的纠正措施。

（5）有时虽能够发现偏差并能找到产生的原因，却没有人愿意采取纠正措施，大家互相推诿责任，或者即使能把责任固定下来，当事的主管人员却固执己见，不愿纠正错误。

由此看来，间接控制并不是普遍有效的控制方法，它还存在着许多不完善的地方。可以说不能完全依靠间接控制解决管理存在的所有问题。

五、控制工作的专业分类

控制工作可以按其所发生专业领域进行分类。诚然，不同类型组织中所开展的具体专业活动是不一样的，所以控制的内容也不尽相同。

（一）库存控制

这主要是对量大、面广的原材料、燃料、配件、在制品、半成品和产成品等存货品种和数量的控制。库存增加，不仅需要占用生产面积，还会造成保管费用上升、资金周转减慢、材料腐烂变质等。但库存过少，又容易造成生产过程因停工待料而中断，产成品因储备不足而造成脱销损失等。因此，库存应当保持在适当的水平，以保证生产和销售的需要。

（二）进度控制

这是根据产品生产或项目建设的进度计划要求，对各阶段活动开始和结束的时间所进行的控制。网络分析的思想告诉我们，进度控制可以从一系列相互关联的活动中挑选那些时间冗余幅度小的关键活动路线加以密切注视，以免某关键活动的一次延误就影响到后续各项活动乃至总体进度的按时完成。

（三）质量控制

质量是产品使用目的所提出的各项使用特性的总称。对产品质量特性，按一定的尺度、技术参数或技术经济指标规定必须达到的水平，这就形成质量标准，它是检验产品是否合格的技术依据。质量控制就是以这些技术依据为衡量标准来检验产品质量的。为保证产品质量符合规定标准要求和满足用户使用目的，企业需要在产品设计、试制、生产制造直至使用的全过程中，进行全员参加的、事后检验和预先控制有机结合的、从最终产品的质量到产品赖以形成的工作的质量全过程控制的质量活动。

（四）预算控制

预算是用财务数字或非财务数字来表示预期的结果，以此为标准控制执行工作中的偏差的一种计划和控制手段。企业中的预算包括销售预算、生产预算、费用预算、投资预算及反映现金收支、资金融通、预计损益和资产负债情况的财务预算等内容。预算控制的好处是，它能把整个组织内所有部门的活动用可考核的数量化方式表现出来，以便查明其偏离标准的程度并采取纠正的措施。预算与会计是有区别的，会计只记录组织活动进行的状况，而预算则不仅告诉人们目前活动进行的状况，而且还把各方面指标限定在既定的范围内。但预算无法反映组织中那些难以用数量表示的因素，也不说明表面上的数字偏差背后所产生的原因。

（五）人事管理控制

管理者除了对本组织的预算、财务和生产进行控制外，还必须注意对人事方面的管理进行控制。从本质上讲，人事方面的管理控制主要集中在对组织内人力资源的管理上。具体有两大方面：一是对主要人事比率的控制。即分析组织内各种人员的比率，如管理人员与职工的比率、后勤服务人员与生产工人的比率、正式职工与临时工的比率，以及人员流动率和旷工缺勤率等，这些比率是否维持在合理的水平上，以便采取调整和控制措施。比如，反映调离和调进本单位的职工占职工总数比例的人员流动率太高，就会影响职工队伍的稳定和增加培训费用，但如果人员长期不调，也会使组织缺少新的血液和活力，因此流动率需要控制在一定的限度内。二是对管理人员和一般员工在工作中的成绩、能力和态度作出客观公正的考核、评价和分析鉴定，这既有利于激励原来表现好的员工继续保持和发扬下去，也有利于使原来表现差的员工朝着好的方向转化和发展。

（六）内部审计和外部审计

审计是对组织中的经营活动和财务记录的准确性和有效性进行检查、监测和审核的一种反馈控制工具。审计的内容很多，财务审计是其中最重要的部分。按其发展的方式，审计可分为外部审计和内部审计两种。外部审计是指由非本单位的专门审计人员和机构对某一单位的财务程序和财务经济往来进行有目的的综合检查审核，以监督其行为的合法性，如有无偷漏税、贪污和其他侵吞国有资产等违法行为。内部审计则不只是考虑合法性要求，而更着眼于改进企业生产经营活动的绩效。执行内部审计的人主要是本企业的高层经理人员和财务人员，有些大企业还经常配备有专门的审计人员，以定期开展审计工作，确保组织活动的正常和顺利进行。

第三节 控制的基本原则

一、适应计划和组织的特点

管理的各项职能相互关联、相互制约。既然控制的目的是保证计划得到顺利实现，它就需要依靠组织中的各单位、各部门及全体成员来实施。所以，控制系统和控制方法应当与计划和组织的特点相适应。不同的计划具有不同的特点，因而，控制所需的信息也各不相同。例如，对成本计划的控制信息主要是各部门、各单位甚至各种产品在生产经营过程中发生的费用；对产品销售计划的控制，则要收集销售产品的品种、规格、数量和交货期的情况。控制工作越是考虑到各种计划的特点，就越能更好地发挥作用。

同样，控制还应当反映组织的类型和特征。组织结构既然明确规定了企业内每个人所担任的职务和相应的职责权限，因而它也就可以成为确定计划执行的职权所在和产生偏差的职责所在的依据。由此也说明了，有效的管理控制必须要能够反映一个组织的结构状况并通过健全的组织结构予以保证，否则，只能是空谈。健全的组织结构有两方面的含义：一方面，要能在组织中将反映实际情况和工作状态的信息迅速地上传下达，保证联络渠道的畅通；另一方面，要做到责权分明，使组织结构中的每个部门、每个人都能切实担负起自己的责任。

否则，偏差一旦出现就难以纠正，控制也就不可能得以实现。

二、突出重点，强调例外

在一个完整的计划执行过程中，组织通常需要选出若干的关键点，把处于关键点的工作预期成果及其影响因素作为控制的重点。按照"次要的多数，关键的少数"原理，管理人员不必完全了解计划执行中的全部具体细节，就可能达到对组织活动的有效控制。而且，由于控制的对象减少了，控制工作的成本也降低了。因此，控制要突出重点，抓住关键。管理者不能也没有必要事无巨细地对组织活动的方方面面都进行控制，而是要针对重要的、关键的、少数的因素实施重点控制。作为一位负责的管理者，谁都可能会希望自己对所管理的领域有全面的了解和把握，但明智的管理者需要认识到，组织中的工作活动往往是错综复杂、涉及面很广的，谁也无法对每一方面、每一件事均予以控制。全面控制并不见得是一种最经济、有效的控制。管理者需要从实际工作出发，因地制宜地找出和确定最能反映或体现其所管辖单位工作成果的关键性因素，对之加以严密控制，其他的方面则相对放松控制，这样可收到有的放矢、事半功倍的效果。

控制也应强调例外原则。管理者将控制工作的重点放在计划实施中出现的特别好或特别坏的"例外"情况上，可以使他们把有限的精力集中于真正需要引起注意和重视的问题方面。当然，例外并不能仅仅依据偏差数值的大小来确定，而要考虑客观的实际情况。在同一个组织中，对于不同类别的工作，一定额度的偏差所反映的事态程度并不一样。有时，管理费用高于预算的5%可能无关紧要，而产品合格率下降1%却可能出现产品严重滞销问题。所以，在实际工作中，例外原则必须与控制关键问题的原则结合起来，注意关键问题上的例外情况。

三、具有灵活性、及时性和经济性的特点

灵活的控制是指控制系统能适应主客观条件的变化，持续地发挥作用，控制工作本是动态变化的，控制所依据的标准、衡量工作所用的方法等都可能随着情况的变化而调整、变化。如果事先制定的计划因为预见不到的情况而无法执行，而事先设计的控制系统仍按部就班地如期运转，那将会在错误的道路上越走越远。例如，假设预算是根据一定的销售量制定的，那么，如果实际销售量远远高于或低于预测的销售量，原来的预算就变得毫无意义了，这时就要求修正甚至重新制定预算，并根据新的预算制定合适的控制标准。

控制工作还必须注意及时性。信息是控制的基础。为提高控制的及时性，信息的收集和传递必须及时。如果信息的收集和传递不及时，信息处理时间又过长，偏差便得不到及时矫正。更有甚者，实际情况已经发生了变化，这时采取滞后的矫正措施则可能不仅没有积极作用，反而会带来消极的影响。

为进行控制而支出的费用和由控制而增加的收益，两者都直接与控制的程度有关。这意味着，控制工作一定要坚持适度、适量的原则，以便提高控制工作的经济性。换句话说，从经济性角度考虑，控制力度并不是越大越好，控制系统也不是越复杂越好。控制系统越复杂、控制工作力度越大，意味着控制的投入越大。在许多情况下，这种控制投入的增加并不一定会导致计划的顺利实施。事与愿违的情况，在现实中是经常发生的。有时，自然消退也是一

种行之有效的控制方法。

四、避免出现目标扭曲问题

组织在将规则和预算这些低层次的计划作为控制标准时，最容易发生目标与手段相置换的问题。本来，规则程序和预算只是组织实现高层次计划目标的手段，但在实际控制过程中，有关人员对这些手段的关注可能超过对实现组织目标的关注，或者忘记了这些手段性措施只是为实现组织目标服务的，出现了为遵守规定或完成预算而不顾实际控制效果的种种刻板、僵硬、扭曲的行为。控制的机能障碍也就由此产生。当人们丧失了识别组织整体目标的能力时，往往会出现"不是组织在运用控制职能，而是控制在束缚着组织"的不正常现象。因此，管理者在控制工作中特别要注意到次级控制标准的从属性和服务性地位。组织在将规则和预算这些低层次的计划作为控制标准时，最容易发生目标与手段的扭曲。

五、将财务与非财务绩效控制有机地结合起来

有效的管理控制系统应该是一个综合性的完整的控制体系，它能将企业各方面的情况以整合、一体的方式反映到高层管理者及有关人员，使他们对组织的绩效有个全面的把握。新近出现的平衡记分卡法，是从与企业经营成功关键因素相关联的方面建立绩效评价指标的一种综合管理控制系统和方法。它涵盖四个主要的绩效评价领域：财务绩效、顾客服务、内部业务流程及组织学习和成长能力。在这四个评价领域，每个领域的评价指标限定在 5 项之内，这样一共会有 20 项绩效控制指标。其中，财务指标集中反映组织活动对改善短期和长期财务绩效的贡献，具体包括净收益、投资回报率等传统的绩效指标。顾客服务指标则衡量诸如顾客如何看待这个组织及顾客保持率、顾客满意度等。业务流程指标集中反映内部生产及业务工作的绩效统计状况，如订单履约率、单位订货成本等。最后一个角度是考察组织学习和成长的潜力，它侧重评价组织为了未来的发展而对人力资本及其他资源管理的状况，具体衡量指标包括员工队伍稳定状况、业务流程改进程度及新产品开发水平等。平衡记分卡法对这些衡量绩效各个角度的指标进行一体化的设计，确保各指标间相互配合，并使企业当期的行动与长期的战略目标联系起来。这样，平衡记分卡法就有助于促使管理者将注意力集中在决定一个组织未来成功的关键性战略绩效指标上，同时也有助于管理者将这些绩效指标清晰地传达至整个组织中，使有关人员关注组织的总体运营情况，而不仅仅是眼前的财务指标实现情况。

六、注重培养组织成员的自我控制能力

广大员工在生产和业务活动的第一线，是各种计划、决策的最终执行者。所以，员工进行自我控制是提高控制有效性的根本途径。比如，要提高产品质量，仅靠工商部门监督和新闻报道是不够的，重要的是企业改善管理、加强控制；而在企业中，光靠管理者重视和完善控制制度也是不够的，广大员工应加强质量意识，并对产品生产的每个环节严格把关，这才是提高产品质量的最终保证。

自我控制具有很多优点。首先，自我控制有助于发挥员工的主动性、积极性和创造

性。自我控制是指员工主动控制自己的工作活动，是自愿的。这样，他们在工作中便能潜心钻研技术，对工作中出现的问题会主动设法去解决。其次，自我控制可以减轻管理人员的负担，减少企业控制费用的支出。最后，自我控制有助于提高控制的及时性和准确性。实际工作人员可以及时准确地掌握工作情况的第一手材料，因而能及时准确地采取措施，矫正偏差。

当然，鼓励和引导员工进行自我控制，并不意味着对员工可以放任自流。员工的工作目标必须服从于组织的整体目标，并有助于组织整体目标的实现。管理者要从整体目标的要求出发，经常检查各单位和员工的工作效果，并将其纳入企业全面控制系统之中。

第四节　控制工作的基本过程

管理控制系统的控制过程主要表现为施控系统的控制行为和过程，它是对被控对象进行调查或测定，得出该受控系统所表示的状态和输出的管理特征值，并与预期目标值相互比较，找出差距，分析判断，采取措施予以控制，以达到受控系统的最优效果。控制过程是一个循环系统和不断往复的活动过程，它包括以下四个步骤。

一、确定控制标准

管理控制过程的第一步就是拟定一些具体的控制标准，也就是指评定成效的尺度。它是从整个计划方案中选出的对工作成效进行评价的关键指标。标准的设立应具有权威性，标准的类型应有多种。最理想的标准是以可考核的目标直接作为标准。但更多的情况往往是需要将某个计划目标分解为一系列的标准。如将利润目标分解为产量、销售额、制造成本、销售费用等。此外，工作程序及各种定额也是一种标准。

常用的拟定标准的方法有三种。

（1）统计分析方法，相应的标准称为统计标准。它是根据企业的历史数据记录或是对比同类企业的水平，运用统计学方法确定的。最常用的有统计平均值、极大值或极小值和指数等。

（2）经验估计法，它是由有经验的管理人员凭经验确定的，一般是作为统计方法和工程方法的补充。

（3）工程方法，相应的标准称为工程标准。它是以准确的技术参数和实测的数据为基础的，如确定机器的产出标准，就是根据设计生产能力确定的。

企业控制工作涵盖的范围很广泛，因此为实行控制而制定的标准也就有多种层次和多个方面。从最基层的工作任务控制角度来说，常用的控制标准有四类：一是时间标准，如工时、交货期等；二是数量标准，如产品产量、废品数量等；三是质量标准，如产量等级、合格率、次品率等；四是成本标准，如单位产品成本、期间费用等。举例来说，对企业生产工作的控制，可具体检查产量是否达到数量标准，原材料规格和产品合格率是否达到质量标准，产品在时间上是否超出成本费用限制等。通过这种全方位的控制，就可以确保生产过程按质、按量、按时和低成本地实现计划规定的任务。

二、衡量实际业绩

衡量实际业绩是管理控制过程中工作量最大的一环，它是进行差异分析的前提，并直接关系到控制措施的实施。衡量业绩的方法有以下几种。

（1）定性衡量和定量衡量。定性衡量是反映和评价工作的创造性和主动性等内容，而定量衡量较多的是反映和评价与管理控制标准相对应的实际工作成绩和效果。

（2）连续衡量和间断衡量。该方法所反映的工作实际业绩的时域和状况是不同的，对控制效果影响也不同。衡量绩效的间隔时间需要定得合理，如果间隔太短，会增加控制费用，但间隔太长，会使问题发现太迟，造成不必要的损失。

（3）执行过程中衡量和执行后衡量。这主要取决于采用哪一种控制方式，但无论执行过程中衡量还是执行后衡量，都要切实搞好组织活动的日常统计记录、现场观测和技术测定工作，以便作出及时、正确的评价。

在衡量业绩过程中，应掌握以下四个方面的基本要求。

（1）以系统检查为主，比较全面地了解和反映实际的工作业绩。

（2）应定期而持续地进行衡量评估工作。

（3）要建章建制，如报告制度、报表制度和总结制度等。

（4）抓住控制的关键点，进行重点检查，以便使控制更具有针对性。

三、进行差异分析

差异分析是以被控对象所表现的状态或输出的管理特征值与原定控制标准进行对比分析，及时发现脱离控制标准的偏差。在正常情况下，实际业绩与控制标准之间存在若干差距在所难免，但当有些差异有严重偏离倾向时，就要及时深入分析研究，找出原因和问题的症结。一般来说，受控系统的活动差异主要有两种：① 顺差，即输出的管理特征值（或状态）优于控制标准。出现顺差表明被控对象取得良好绩效，应及时总结经验，肯定控制工作。但如果顺差太多也应引起注意，应对原控制目标或标准加以检查，看其是否合理，是否需要重新修订。② 逆差，即输出的管理特征值（或状态）劣于控制标准。出现逆差表明被控对象的绩效不好，必须准确、迅速地查明原因，为纠正偏差提供措施方向和信息。

在进行差异分析过程中要做到：① 冷静客观，全面公正；② 抓住控制的重点和关键点；③ 主观和客观并举，原因和责任明晰；④ 实事求是，不匆忙下结论。

四、采取纠正措施

采取纠正措施是管理控制过程不可缺少的环节，是根据被控对象产生各种偏差的原因，提出各种纠正偏差的行为措施，并认真组织实施，以达到有效控制的目的。纠正措施的一般步骤为：① 明确偏差性质和产生偏差的原因；② 根据不同的偏差、不同的原因采取不同的措施；③ 确定实施纠偏措施的负责部门和贯彻执行的方法步骤；④ 按照纠偏方案中确定的纠偏措施，逐项贯彻执行，并在执行过程中及时加以监督检查。

管理控制过程经过确定控制标准、衡量实际业绩、进行差异分析、采取纠正措施四个阶段，形成了一个完整的反馈系统和控制循环，为实现系统的目标发挥着控制保障作用。

第五节　控制的基本方法

在管理过程中使用最广泛的一种控制方法就是预算控制。预算控制最清楚地表明了计划与控制的紧密联系，预算是计划的数量表现。预算的编制既是作为计划过程的一部分开始的，而预算本身又是计划过程的终点，是一种转化为控制标准的计划。

一、预算控制概述

（一）预算的性质和作用

预算就是用数字编制未来某一个时期的计划，也使用财务数字或非财务数字表明预期的结果。在我国，预算一般是指经法定程序批准的政府部门、事业单位和企业在一定期间的收支预计。西方的预算概念则是指计划的数量说明，不仅是金额方向的反映。

1. 预算是一种计划，而编制预算的工作就是一种计划工作

预算的内容可以简单地概括为三个方面："多少"，为实现计划目标的各种管理工作的收入与支出各是多少；"为什么"，为什么必须收入这么多数量，以及为什么需要支出这么多数量；"何时"，即什么时候实现收入及什么时候支出，必须使得收入与支出取得平衡。

2. 预算是一种预测

它是对未来一段时期内的收支情况的预计。

3. 预算主要是一种控制手段

编制预算实际上就是控制过程的第一步——拟定标准。编制预算使确定目标和拟定标准的计划工作得到改进。但是预算的最大价值还在于它对改进协调和控制的贡献。

（二）预算的种类

预算在形式上是一整套预计的财务报表和其他附表。按照不同的内容，可将预算分为经营预算、投资预算和财务预算三大类。

1. 经营预算

经营预算是指企业日常发生的各项基本活动的预算。它主要包括销售预算、生产预算、直接材料采购预算、直接人工预算、制造费用预算、单位生产成本预算、推销及管理费用预算等。其中最基本和最关键的是销售预算，它是销售预测正式的、详细的说明。生产预算是根据销售预算中的预计销售量，按产品品种、数量分别编制的。在生产预算的基础上，可以编制直接材料采购预算、直接人工预算和制造费用预算。这三项预算构成了对企业生产成本的统计。

2. 投资预算

投资预算是对企业固定资产的购置、扩建、改造、更新等，在可行性研究的基础上编制的预算。该预算反映何时进行投资、投资多少、资金从何处去的、何时获得收益、每年的现金净流量为多少、需要多少时间收回全部投资等。

3. 财务预算

财务预算是指企业在计划期内反映有关预计现金收支、经营成果和财务状况的预算。它主要包括"现金预算""预计收益表""预计资产负债表"。必须指出的是，前述的各种经营

预算和投资预算中的资料，都可以折算成金额反映在财务预算内。这样，财务预算就成为各项经营业务和投资的整体计划，故亦称"总预算"。

（1）现金预算主要反映计划期间预计的现金收支的详细情况。在完成了初步现金预算后，就可以知道企业在计划期间需要多少资金，财务主管人员就可以预先安排和筹措，以满足资金的需求。为了有计划地安排和筹措资金，现金预算的编制期应越短越好。西方国家有不少企业以周为单位，逐周编制预算，甚至还有按天编制的。我国最常见的是按季度和按月进行编制。

（2）预计收益表是用来综合反映企业在计划期间生产经营的财务情况，并作为预计企业经营活动最终成果的重要依据，是企业财务预算中最主要的预算表之一。

（3）预计资产负债表主要用来反映企业在计划期末那一天预计的财务状况。它的编制需以计划期间开始日的资产负债表为基础，然后根据计划期间各项预算的有关资料进行必要的调整。

（三）预算工作存在的危险倾向

必须强调的是，预算工作中存在着三种危险倾向。

（1）预算过繁。由于对极细微的支出也作了琐细的规定，致使主管人员管理自己部门必要的自由都丧失了。所以，预算究竟应当细微到什么程度，必须联系授权的程度进行认真酌定，过细过繁的预算等于授权的名存实亡。

（2）让预算目标取代了企业目标，即发生了目标的置换。在这种情况下，主管人员只是热衷于使自己部门的费用尽量不超过预算的规定，但却忘记了自己的首要职责是千方百计地实现企业的目标。如某个企业的销售部门为了不突破产品样本的印刷费预算，在全国订货会上只向部分参加单位提供了产品样本，便因此丧失了大量的潜在用户，失去了可能的订货。

（3）预算效能低下。预算有一种因循守旧的倾向，过去所花费的某些费用，可以成为今天预算同样一笔费用的依据；如果某个部门曾支出过一笔费用购买物料，这笔费用就成了今后预算的基数。此外，主管人员常常知道在预算的层层审批中，原来申请的金额多半被削减。因此，申报者往往将预算费用的申请金额有意扩大，大于实际需要。所以，必须有一些更有效的管理方法来扭转这种倾向，否则预算很可能会变成掩盖懒散、效率低下的主管人员的保护伞。

二、零基预算

（一）零基预算的由来

零基预算归根到底源于克服预算的传统编制方法中的种种危险倾向。

1. 传统的预算编制方法可归纳为三个步骤

（1）以外推法将过去的支出趋势（或上年支出额）延伸至下一年度。

（2）将数额酌情予以增加，以适应工资提高和物价上涨引起的工人成本和原材料成本的提高。

（3）将数额予以提高，以满足修改原计划和修改原设计方案所需追加的预算支出，通常这方面达到原预算的30%或更多。

2. 传统预算编制方法基于的假设前提

（1）上年的每项支出均为必要。

（2）上年的每个支出项目在下一年度中仍有继续进行的必要，且较别的新计划或新方案更为必要。

（3）上年的每个支出项目均以成本—效益最大的方式实施。

（4）上年的每个支出项目在下一年将仍然需要，充其量只需对其中的人工成本和原材料成本做某些调整。

3. 按照传统预算的步骤和假设编制预算导致的结果

（1）每一个预算年度开始，各单位以上年实际支出为基础，再增列一笔金额，巧妙装饰后，作为新计划提交最高领导审批。

（2）主持预算审批的领导，明知预算中的"水分"，但因不能透彻了解情况，只得不分良莠，一律砍掉30%（或更多），随后开始一个争吵过程。

（3）经过一段时间后，预算编制完成。几乎所有的申请单位都意见纷纷，大家都感到这套办法必须改革，但年复一年，仍不见有多少起色。

（4）这种不分青红皂白砍一刀的做法，使有经验的财务人员有意把预算编的大大超过实际需要，以便"砍一刀"后还能满足需要，而对那些老老实实编预算的人来说则叫苦不迭。明年这些老实人也学会了欺骗上级。

针对传统编制方法存在的问题，美国得克萨斯仪器公司的彼得·A. 菲尔于1970年提出了"零基预算法"的概念，随后被广泛采用。

（二）零基预算的含义和程序

零基预算法的含义是，在每个预算年度开始时，将所有还在进行的管理活动都看作重新开始，即以零为基础。根据组织目标，重新审查每项活动对实现组织目标的意义和效果，并在"费用—效益"分析的基础上，重新排出各项管理活动的优先次序。资金和其他资源的分配，是按重新排出的优先次序，即按每个方案与其他同时点方案相比的优点进行的，而不采用过去的外推法。

零基预算法的程序包括以下步骤。

（1）在审查预算前，主持这一工作的主管人员首先应明确组织的目标，并将长远目标、近期目标、定量目标和非定量目标之间的关系和重要次序搞清，建立起一种可考核的目标体系。

（2）在开始审查预算时，将所有过去的活动都当作重新开始。要求凡是在下年度继续进行的活动或续建的项目，都提交计划完成情况的报告；凡是新增的项目都必须提交可行性分析报告；所有要继续进行的活动和项目都必须向专门的审核机构证明自己确有存在的必要；所有申请预算的项目和部门都必须提交下年度的计划，说明各项开支要达到的目标和效益。

（3）在确定出哪些项目是真正必要的以后，根据已定出的目标体系重新排出各项活动的优先次序。

（4）编制预算。资金按重新派出的优先次序分配。尽可能满足优先项目的需要，如果分配到最后，对于一些可进行但不是必须进行的活动，已无多少剩余的资金可供分配，那么最好将这些活动暂时放弃。

（三）零基预算法的优缺点及应注意的问题

1. 零基预算法的优点

（1）有利于对整个组织做全面的审核，克服组织内部各种随意性的支出和机构臃肿。

（2）有利于上层主管人员把精力与时间集中于战略性的重大计划项目。

（3）有利于提高主管人员的计划、预算、控制与决策水平。

2. 零基预算法的缺点

（1）所投入的人力、物力和时间较多，每年对各部门提出的预算计划逐一审查是一项极其繁重的工作。

（2）在安排项目的优先次序上难免存在着相当程度的主观性。

（3）比较适用于事业单位、政府机关及企业组织内的行政部门和辅助性部门，对于制造活动那种具有明显的投入产出关系的组织则不太合适。

3. 零基预算法应注意的问题

（1）负责最后审批预算的主要领导人必须亲身参加对活动和项目的评价过程，真正负责任。

（2）主持者必须对组织目标有透彻的了解，这才可能对哪些活动是必要的，哪些是可进行可不进行的，哪些是不必要的有清楚的了解。

（3）必须发扬创新精神。那种既能够提高效益又能够降低成本的方案并不存在于现行的方案中，只有依靠创新才能设想出来。零基预算法的核心就在于一切从零开始的思想，这本身就是一种突破传统观念的创新。

三、预算控制的优点和缺点

（一）预算控制的优点

（1）实现了事前控制。确定支出限额制止了过度挥霍现象，遏制了不加思考的财务投入，可以在早期就对不应当发生的支出加以注意。

（2）增强了对工作目标的可预见性。准备预算要求所有有关人员对各自部门的工作进行非常仔细的检查，必须作出预测并确定目标。这些活动会限制那些不切实际的野心，而强调那些实际的和可行的目标需要。

（3）强化了各部门的协调意识。由于预算之间相互依赖，所以预算控制会对协调活动产生正面的影响。相关部门必须协同工作以便各自的预算计划能够彼此配合互相联系。

（4）提升了过程管理水平。要求准备阶段性的预算检查报表，以及召开定期的预算控制会议，可确保对预算的执行情况进行连续监督。可能揭示出原始预算中存在的不合理之处，针对情况进行调整。

（5）激发了资源利用的创新动力。由于管理者要对自己的预算数字负责，从而激励他们不超越所订立的界限，同时确保下层员工遵守该部门的各种限制。

（二）预算控制的缺点

（1）可能把预算作为一种管制手段。如果在特定的情况下支出确有必要超出预算的范围从而确保能够有效运行，那么又必须为此额外的支出据理力争，而不是遵从禁令。

（2）可能造成浪费。在许多情形中，预算被看作应当发生支出的标志。往往有这样的事情，在预算数字有剩余时，认为预算必须被花光，否则明年就得削减预算，因而发生了不必要的支出。

（3）可能造成部门之间的预算不平衡。当预算控制得很好，某部门预算产生的剩余无法转到预算可能不足的部门，这对整个组织目标的实现是个坏事情。

（4）在价格发生波动时制定预算尤为困难。当通货膨胀率很高时，制定的预算很快会过时，补救的办法是经常对各预算数字的基础条件进行检查，以及采用柔性预算方法，使之在一定的限度内适应价格的变化。

（5）有限的资源可能引发部门之间的矛盾。整个组织共享的财务资源是有限的，在对财务资源进行分配时，最低限度可能导致摩擦，有时甚至引发对抗情绪。

综合训练题

一、单项选择题

1. 为了保证计划目标得以实现，就需要有控制职能，控制过程实质上是（　　）。
   A. 一个信息传递过程　　　　　　B. 计划接近实践活动
   C. 实践活动具有指标约束　　　　D. 计划得以严格执行
2. 能够有效发现计划与计划实施之间差距的管理环节是（　　）。
   A. 领导　　　　B. 组织　　　　C. 控制　　　　D. 决策
3. 管理的各项职能构成了一个完整的管理循环过程，而（　　）始终是一次管理循环过程的终点，同时又是新一轮管理循环过程的起点。
   A. 计划　　　　B. 控制　　　　C. 协调　　　　D. 指挥
4. 控制是一种动态的、实时的信息（　　）过程。
   A. 通报　　　　B. 下达　　　　C. 上报　　　　D. 反馈
5. 事后控制通常指的是（　　）。
   A. 现场控制　　B. 前馈控制　　C. 反馈控制　　D. 全面控制
6. 在现代管理学中，管理人员对当前的实际工作是否符合计划而进行测定并促使组织目标实现的过程，被称为（　　）。
   A. 领导　　　　B. 组织　　　　C. 创新　　　　D. 控制
7. 着眼于培养更好的主管人员，使他们能够熟练应用管理的概念、技术和原理，能以系统的观点来进行和改善他们的管理工作，从而防止出现因管理不善而造成不良后果的管理活动叫作（　　）。
   A. 常规控制　　B. 非常规控制　　C. 直接控制　　D. 间接控制
8. 从企业组织来看，其专业控制工作不包括（　　）。
   A. 库存控制　　B. 进度控制　　C. 主动控制　　D. 预算控制
9. 控制过程的基本步骤（　　）。
   A. 确定控制标准、衡量实际业绩、进行差异分析、采取纠正措施
   B. 进行差异分析、确定控制标准、衡量实际业绩、采取纠正措施
   C. 进行差异分析、衡量实际业绩、确定控制标准、采取纠正措施
   D. 确定控制标准、进行差异分析、衡量实际业绩、采取纠正措施

10. 将计划的执行情况和计划的要求、目标相对照，然后采取措施纠正计划执行中的偏差，以确保计划目标的实施，或适当修改计划的管理活动叫（　　　）。

　　　A. 实施　　　　　B. 控制　　　　　C. 决策　　　　　D. 设计

11. 控制的程序不包括（　　　）。

　　　A. 建立目标　　　B. 衡量绩效　　　C. 纠正偏差　　　D. 时间控制

12. 控制不是（　　　）。

　　　A. 管理的目标　　B. 管理的过程　　C. 管理的手段　　D. 管理的职能

13. 控制工作的基本过程不包括（　　　）。

　　　A. 制定控制标准　　　　　　　　B. 衡量工作绩效

　　　C. 奖励参与者　　　　　　　　　D. 纠正偏差

14. 根据纠正措施的作用环节不同，可把控制分为（　　　）。

　　　A. 现场控制、反馈控制、前馈控制　　B. 即时控制、程序控制、跟踪控制

　　　C. 集中控制、分散控制、分层控制　　D. 直接控制、间接控制

15. 根据控制的时间方式，可把控制分为（　　　）。

　　　A. 现场控制、反馈控制、前馈控制　　B. 即时控制、程序控制、跟踪控制

　　　C. 集中控制、分散控制、分层控制　　D. 直接控制、间接控制

16. 根据控制程度，可把控制分为（　　　）。

　　　A. 现场控制、反馈控制、前馈控制　　B. 即时控制、程序控制、跟踪控制

　　　C. 集中控制、分散控制、分层控制　　D. 直接控制、间接控制

17. 根据管理者的工作方式不同，可把控制分为（　　　）。

　　　A. 现场控制、反馈控制、前馈控制　　B. 即时控制、程序控制、跟踪控制

　　　C. 集中控制、分散控制、分层控制　　D. 直接控制、间接控制

18. 预算在形式上是一整套预计的财务报表和其他附表。按照不同的内容分类，预算的种类包括（　　　）。

　　　A. 经营预算、投资预算、财务预算　　B. 经营预算、投资预算、零基预算

　　　C. 投资预算、财务预算、零基预算　　D. 经营预算、财务预算、零基预算

19. 事前控制通常指的是（　　　）。

　　　A. 现场控制　　　B. 前馈控制　　　C. 反馈控制　　　D. 全面控制

20. 反馈控制的优点是（　　　）。

　　　A. 事后性　　　B. 控制方向明确　　C. 能防患于未然　D. 时差性

21. 前馈控制的优点是（　　　）。

　　　A. 事后性　　　　　　　　　　　B. 控制方向明确

　　　C. 能防患于未然　　　　　　　　D. 时差性

22. 对即时发生的偏差即时了解、即时做出反应，加以控制叫作（　　　）。

　　　A. 内部控制　　　B. 外部控制　　　C. 管理控制　　　D. 即时控制

23. 反馈控制的缺点是（　　　）。

　　　A. 控制方向明确　　　　　　　　B. 防患于未然

　　　C. 时滞性　　　　　　　　　　　D. 具有高度的刚性

24. 根据预算规定的收入和支出标准来检查和监督各个部门的生产经营活动，对费用支出进行严格有效的约束，以保证各项活动或各个部门在充分达到既定目标、实现利润的过程中，对经营资源能够充分地利用的控制方式是（　　）。

    A. 前馈控制　　　　B. 反馈控制　　　　C. 预算控制　　　　D. 程序控制

25. 在已知系统的状态变量和控制变量的前提下，预先确定出控制变量的时间序列，保证系统的状态的时间序列沿着既定的步骤运行的一种控制方式叫作（　　）。

    A. 前馈控制　　　　B. 反馈控制　　　　C. 预算控制　　　　D. 程序控制

二、多项选择题

1. 现场控制包括的内容有（　　）。

    A. 向下级指示工作方法和工作过程　　　B. 监督下级工作

    C. 发现偏差及时纠正　　　　　　　　　D. 编制控制程序

    E. 实施预定程序

2. 管理过程中属于反馈控制的手段有（　　）。

    A. 成本控制　　　　B. 财务控制　　　　C. 审计　　　　D. 质量控制

    E. 计划

3. 管理过程中属于前馈控制的手段有（　　）。

    A. 计划　　　　　　B. 定额　　　　　　C. 标准　　　　D. 规定

    E. 审计

4. 程序控制的主要步骤是（　　）。

    A. 确定控制目标　　　　　　　　　　　B. 编制控制程序

    C. 实施预定程序　　　　　　　　　　　D. 对输出信息进行衡量

    E. 采取纠正措施

5. 一般来说，受控系统的活动差异主要有（　　）。

    A. 顺差　　　　　　B. 逆差　　　　　　C. 偏差　　　　D. 误差

    E. 以上都不对

6. 根据纠正措施作用环节不同，可把控制划分为（　　）。

    A. 即时控制　　　　B. 现场控制　　　　C. 反馈控制　　　　D. 程序控制

    E. 前馈控制

7. 根据控制的程度，可把控制划分为（　　）。

    A. 集中控制　　　　B. 分散控制　　　　C. 直接控制　　　　D. 间接控制

    E. 分层控制

8. 根据控制的时间方式可把控制划分为（　　）。

    A. 直接控制　　　　B. 即时控制　　　　C. 程序控制　　　　D. 跟踪控制

    E. 间接控制

9. 企业预算类型按内容划分一般包括（　　）。

    A. 经营预算　　　　B. 投资预算　　　　C. 零基预算　　　　D. 生产预算

    E. 财务预算

10. 从企业组织来看，专业控制工作主要有内部审计、外部审计和（　　）。

A. 库存控制　　　B. 进度控制　　　C. 质量控制　　　D. 预算控制

E. 人事管理控制

11. 按照控制的工作方式不同，可把控制分为（　　　）。

A. 集中控制　　　B. 分散控制　　　C. 分层控制　　　D. 直接控制

E. 间接控制

12. 控制工作的基本过程包括（　　　）。

A. 制定控制标准　　　　　　　　B. 衡量工作绩效

C. 奖励参与者　　　　　　　　　D. 纠正偏差

E. 进行差异分析

13. 实施控制包含的三个方面的基本含义是（　　　）。

A. 目的性　　　B. 决策　　　C. 信息选择　　　D. 计划的制定

E. 调节

14. 在企业管理工作中，前馈控制工作内容常见的有（　　　）。

A. 人力资源的前馈控制　　　　　B. 原材料的前馈控制

C. 资金的前馈控制　　　　　　　D. 财政资源的前馈控制

E. 自然环境的前馈控制

15. 常用的拟定控制标准的方法有（　　　）。

A. 统计分析方法　　　　　　　　B. 经验估计法

C. 工程方法　　　　　　　　　　D. 审计法

E. 甘特图法

三、问答题

1. 反馈控制的缺陷和优点是什么？举例说明管理实践中哪些属于反馈控制？

2. 什么是集中控制和分散控制？有哪些优缺点？

3. 前馈控制的必要条件是什么？举例说明管理实践中的前馈控制形式？

4. 简述预算控制的优缺点。

5. 简述一般控制与管理控制的区别与联系。

6. 控制与计划的关系是什么？

7. 简述管理控制的基本要求有哪些。

8. 控制的实质是什么？

9. 企业组织专业控制工作主要有哪些？

四、案例分析题

【案例一】戴尔公司的控制改革

戴尔公司创建于 1984 年，是美国一家以直销方式经销个人电脑的电子计算机制造商，其经营规模已迅速发展到当前 120 多亿美元销售额的水平。戴尔公司是以网络型组织形式来运作的企业，它联结有许多为其供应计算机硬件和软件的厂商。其中有一家供应厂商，电脑显示屏做得非常好。戴尔公司先是花很大的力气和投资使这家供应商做到每百万件产品中只能有 1 000 件瑕疵品，并通过绩效评估确信这家供应商达到要求的水准后，戴尔公司就完全放心地让他们的产品直接打上"Dell"商标，并取消了对这种供应品的验收、库存。类似的做法也发生在戴尔对其他外购零部件的供应中。

通常情况下，供应商将供应的零部件运送到买方那里，经过开箱、触摸、重新包装，经验收合格后，产品组装便将其存放在仓库中备用。为确保供货不出现脱节，公司往往要贮备未来一段时间内可能需要的各种零部件。这是一般的商业惯例。因此，当戴尔公司对这家电脑显示屏供应商说道"这种显示屏我们今后会购买400万到500万台，贵公司为什么不干脆让我们的人随时需要、随时提货"的时候，商界人士无不感到惊讶，甚至以为戴尔公司疯了。戴尔公司的经理们则这样认为，开箱验货和库存零部件只是传统的做法，并不是现代企业运营所必要的步骤，遂将这些"多余的"环节给取消了。

戴尔公司的做法就是，当物流部门从电子数据库得知公司某日将从自己的组装厂提出某型号电脑××台时，便在早上向这家供应商发出配额多少数量显示屏的指令信息，这样等到当天傍晚时分，一组组电脑便可打包完毕分送到顾客手中。如此，不但可以节约检验和库存成本，也加快了发货速度，提高了服务质量。

根据案例回答以下问题：

（1）你认为，戴尔公司对电脑显示屏供应厂商是否完全放弃和取消了控制？如果不是，那它所采取的控制方式与传统的方式有何切实的不同？

（2）戴尔公司的做法对于中国的企业有适用性吗？为什么？

【案例二】王经理面临的难题

苏南机械有限公司是江南的一家拥有3 000多名职工的国有企业，主要生产金属切削机。公司建立于新中国成立初期，当初只是一个几十人的小厂。公司从小做到大，经历了几十年的风雨，为国家做出过很大的贡献。在20世纪80年代，公司取得了一系列令人羡慕的殊荣。经主管局、市有关部门及国家有关部委的考核，公司各项指标均达到了规定的要求，被评为国家一级企业；厂里的当家产品，质量很好，获得了国家银质奖。随着外贸改革，逐渐打破了国家对外贸的垄断，除了外贸公司有权从事外贸外，有关部门挑选了一部分有经营外贸潜力的国有大、中型企业，赋予它们外贸自主权，让它们直接对接国际市场，从事外贸业务。公司就是在这种形势下，得到了上级有关部门的青睐。

进入20世纪90年代，企业上上下下都感到日子吃紧，虽然经过转制，工厂改制成了公司，但资金问题日益突出，一方面公司受"三角债"的困扰，另一方面产品积压严重，销售不畅。为此公司领导多次专题研究销售工作，大部分人都认为，公司的产品销售不动，常常竞争不过一些三资企业和乡镇企业，问题不在产品质量，而主要是在销售部门的工作上。因此，近几年公司对销售工作做了几次大的改革，先是打破了只有公司销售部门独家对外进行销售的格局，赋予各分厂（即原来的各车间）进行对外销售的权力，还另外组建了几个销售门市部，从而形成一种竞争的局面，利用多方力量来推动销售工作，公司下达包括价格浮动幅度在内的一些指标来加以控制。与此同时，公司对原来的销售科进行了调整工作，把销售科改为销售处。以后又改为销售部，现在正式改为销售公司。在人员上也做了调整，抽调了一批有一定技术、各方面表现均不错的同志补充进销售公司。

当初人们担心，这样会造成混乱，但由于公司通过一些指标加以控制，所以基本上没有出现这种情况，但是销售工作不景气状况却没有根本改变，这是近年来一直困扰公司领导的一大问题。与此同时，公司的外销业务有了长足的发展。当初公司从事外销工作的一共只有五六个人，是销售科内的一个外销组，以后公司获得了外贸自主权，公司决定成立进出口部从事外销工作，人员也从原来的几个发展到了今天的30个人。除12个人在外销仓库，18个人中有5个外销员，5个货源员，其他的人从事单证、商检、海关、船运、后勤等各项工作。公司专门抽调了老王担任进出口部经理。老王今年50岁，一直担任车间、科室的主要领导，是公司有名的实力派人物。在王经理的带领下，进出口部的业绩令人瞩目：1996年销售量达到了450万美元，1997年达到500万美元，1998年计划为650万美元，1—9月份已达到了500多万美元，看来完成预定的计划是不成问题的。成绩是显著的，但问题矛盾也不少。进出口部成立以来，有三件事一直困扰着他。

一是外销产品中，本公司产品一直上不去。公司每年下达指标，要求进出口部出口本公司一定量的产品，如1998年的指标是650万美元的外销量，其中本公司的产品应达350万美元。公司的理由是：内销有困难，进出口部要为公司挑担子，虽然做公司产品，对进出口部没多大利润，但这关系到全公司3 000人的吃饭问题。因此，进出口部只得接这项任务，王经理再将指标分解给外销员，即每人做70万美元的本公司产品，可结果总是完不成。王经理和外销部都反映，完不成的责任不在进出口部，因为订单来了，本公司分厂不能及时交货，价格也有问题，所以只能让其他厂去做，进出口部做定购，这样既控制价格、质量，又能及时交货。说穿了，做本公司的产品，进出口部门要去求分厂，而做外购是人家求进出口部，好处也就不言而喻了。公司对进出口部完成不了本公司产品的出口任务一直有意见，进出口部门与各分厂的关系也搞得很僵，而且矛盾还在发展之中。

二是内部奖金的问题。近几年，公司对工资和奖金的发放也做了些改革，公司负责发工资，奖金具体如何发放，由各部门自行确定。这样一来王经理就要与公司谈判奖金额度，但这仍是项艰难的讨价还价工作，好在王经理经验丰富，为进出口部门争取到了较好的奖金额度。对王经理来说，更难的是有了奖金额度，如何进行内分配。开始的时候，王经理采用基本平均的分配方式，理由是：进出口部的成绩是一起做的，缺少了哪个人的努力都不行，虽然各人干的工作不一样，贡献也不同，但工资里已有所体现，因为现在的工资主要实施的是岗位工资制，仓库工人的工资大约只有员工工资的一半，差距已经拉开了，而奖金发放的标准主要看大家在各自的岗位上是不是在努力工作，如果大家都在努力工作，那么就拿一样的奖金。这样做引起了一部分人，特别是外销员工的不满，他们认为这是平均主义在奖金分配上的反映，奖金是分配中的一个组成部分，而且随着公司的发展，这一块在收入中所占的比重会越来越大，工资在收入中占的份额在下降，因此如果奖金平均分配，那么大锅饭弊病就无法根除。王经理想想也有道理，经过反复考虑，他决定拉开奖金分配的差距。王经理将外销员和与之相配合的货源员工的奖金与他们的创利结合在一起，这样各种人员所得的奖金数额差距拉大了，最高的和最低的有时相差10～20倍，当然拿得少的人不满意了。他们认为外销员拿得那么多，这不公平，好事都是他们的，出国、参加广交会等，已经获得了很多好处，现在奖金又拿那么多，我们拿得少，以后少干点，我们少干，看看他们能完成那些订单吗！这些反映传到王经理的耳中了，据说有人还到公司总经理那儿去告状了。王经感到左也不是，右也不是，到底该怎么办呢？

三是外销员队伍的稳定问题。近几年已有几位外销员跳了槽，而且跳出去的人据说都

"发"了，有的已开公司做贸易，有的跳到别的外贸公司，因为他们是业务熟手，手中又有客户，所以都享有很高待遇。这又影响了现在的外销员。公司虽然在工资、奖金上向外销员作了倾斜，但他们比跳槽的收入还差一大截，因此总有些人心不定，有的已在公开场合扬言要走，王经理也听到了些消息，说是有的人已在外面悄悄干上了。面对这样的状况，王经理心里万分着急，他知道，培养一个好的外销员不容易，走掉一个外销员，就会带走一批生意。他深知问题的严重，也想了好多办法，想留住人心，比如搞些活动，加强沟通等，但在有些人身上收效很少。该怎么办呢？

根据案例回答以下问题。

（1）你对案例中提到的公司面临的问题是怎么看的？

（2）王经理该如何对外销员实施有效的控制？

（3）你对困扰王经理的三大问题是怎么看的？你若是王经理该如何处理这三大难题？

【案例三】客户服务质量控制

美国某信用卡公司的卡片分部认识到高质量客户服务是多么重要。客户服务不仅影响公司信誉，也和公司利润息息相关。比如，一张信用卡每早到客户手中一天，公司可获得 33 美分的额外销售收入，这样一年下来，公司将有 140 万美元的净利润，及时地将新办理的和更换的信用卡送到客户手中是客户服务质量的一个重要方面，但这远远不够。

决定对客户服务质量进行控制来反映其重要性的想法，最初是由卡片分部的一个地区副总裁凯西·帕克提出来的。她说："一段时间以来，我们对传统的评价客户服务的方法不大满意。向管理部门提交的报告有偏差，因为它们很少包括有问题但没有抱怨的客户，或那些只是勉强满意公司服务的客户。"她相信，真正衡量客户服务的标准必须基于和反映持卡人的见解。这就意味着要对公司控制程序进行彻底检查。第一项工作就是确定用户对公司的期望。对抱怨信件的分析指出了客户服务的三个重要特点：及时性、准确性和反应灵敏性。持卡者希望准时收到账单、快速处理地址变动、采取行动解决抱怨。

了解了客户期望，公司质量保证人员开始建立控制客户服务质量的标准。所建立的180多个标准反映了诸如申请处理、信用卡发行、账单查询反应及账户服务费代理等服务项目的可接受的服务质量。这些标准都基于用户所期望的服务的及时性、准确性和反应灵敏性上。同时也考虑了其他一些因素。

除了客户见解，服务质量标准还反映了公司竞争性、能力和一些经济因素。比如：一些标准因竞争引入，一些标准受组织现行处理能力影响，另一些标准反映了经济上的能力。考虑了每一个因素后，适当的标准就成型了，所以开始实施控制服务质量的计划。

计划实施效果很好，比如处理信用卡申请的时间由 35 天降到 15 天，更换信用卡从 15 天降到 2 天，回答用户查询时间从 16 天降到 10 天。这些改进给公司带来的潜在利润是巨大的。例如，办理新卡和更换旧卡节省的时间会给公司带来 1 750 万美元的额外收入。另外，如果用户能及时收到信用卡，他们就不会使用竞争者的卡片了。

该质量控制计划潜在的收入和利润对公司还有其他的益处，该计划使整个公司都注重客户期望。各部门都以自己的客户服务记录为骄傲。而且每个雇员都对改进客户服务做出了贡献，使员工士气大增。每个雇员在为客户服务时，都认为自己是公司的一部分，是公司的代表。信用卡部客户服务质量控制计划的成功，使公司其他部门纷纷效仿，它对该公司的贡献是巨大的。

根据案例回答以下问题。

（1）该公司控制客户服务质量的计划是前馈控制、反馈控制还是现场控制？

（2）找出该公司对计划进行有效控制的三个因素。

（3）为什么该公司将标准设立在经济可行的水平上，而不是最高可能的水平上？

第九章

激　励

教学目标：组织的生命力来自组织中每个成员的热忱，如何对员工进行激励，以激发他们的创造性和积极性，提高组织绩效，是管理者必须面对和解决的问题。通过本章学习，使学生掌握相关的激励理论并会应用；理解激励的基本概念、激励的过程、激励的作用；掌握激励的原则和激励的方法。

 引导案例

为了晋升而调走

"你能到我的办公室来一趟吗，罗比？"工厂经理托克问道。

"可以，马上就来。"罗比回答。罗比是工厂质量管理部门的负责人，来公司工作已有4年时间。在大学获得机械工程学位后，他先后担任过生产工长和维修车间主任，而后提升到目前的职位。罗比心里明白托克的电话是为了什么。

"看到你的辞职信我很吃惊，"托克直截了当地说，"我知道威尔逊公司将得到位好员工，但我们这里更需要你，真的，罗比。"

"关于这个我想过很久，"罗比说，"可是在这里我好像没有前途。"

"你为什么这样说？"托克询问。

"噢，"罗比毫不掩饰地回答，"我上一级的职位是你的。你才39岁，我不认为你会马上离开这个职位。"

"事实上我很快就将离开，"托克告诉罗比说，"这正是我知道你提出辞职后会如此吃惊的原因。我想我明年6月会调到公司总部任职。另外，公司有几个工厂比这里大得多。不管是在质量管理方面还是在综合管理方面，那些工厂都时常需要优秀的人手。"

"不错，我听说去年咱们公司在辛辛那提开办了一个厂，"罗比回应道，"但当我得知这个消息时，职位都已经安排好了。我们只有在看到公司的报纸后，才知道其他工厂的工作机会。"

"这些不是我们现在要谈的话题。罗比，告诉我，我们需要怎样做才能让你改变主意？"托克问道。

罗比无可奈何地回答道："我现在已无法改变主意了，因为我已经与威尔逊公司签了合约。"

上述案例说明了什么问题？

第一节　激励概述

激励是领导工作的重要方面。在现代企业管理中，只有使参与企业活动的人都保持旺盛的士气和高昂的工作热情，才有可能使生产经营取得好的效果。现代企业管理的激励机制不仅仅是给予赞赏、表扬或荣誉的传统式精神激励，而是一种新型的精神激励，即赋予更大的权力和责任，使员工意识到自己是组织的一员，从而更好地发挥自己的自觉性、能动性和创造性。

一、激励的概念

激励一词译自英语 motivation，是指个体在追求某些既定目标时的愿意程度，有激发动机、鼓励行为、形成动力的含义。在管理学中，激励是指主管人员促进、诱导下级形成动机，使其有一股内在的动力，引导行为朝向预定的组织目标前进的活动过程。可以说，激励是一种刺激，是促进人的行为、调动人的积极性的一种手段。

我们可以从以下三个方面来理解激励这一概念。

（一）激励是一个过程

人的很多行为都是在某种动机的推动下完成的。对人的行为的激励，实质上就是通过采用能满足人需要的诱因条件，引起行为动机，从而推动人采取相应的行为，以实现目标，然后再根据人们新的需要设置诱因，如此循环往复。

（二）激励过程受内外因素的制约

激励从创造和设置满足需要诱因开始，其最终结果是通过员工工作行为的积极性来完成的。制约员工工作行为的内外因素有很多，因此，管理者所采取的各种管理措施，应与被激励者的需要、理想、价值观和责任感等内在的因素相吻合，才能产生较强的合力，激发和强化工作动机，否则不会产生激励作用。

（三）激励具有时效性

各项激励措施对员工增强工作动机都会有重要意义。但是，每一种激励手段的作用都有一定的时间限度，超过时限就会失效。同时，由于人的主导需要经常处于变化之中，同样的激励方式对同一个人在不同时期也会产生不同的激励效果。因此，激励不能一劳永逸，需要持续进行。

在管理工作中，每个人都需要激励，包括自我激励和来自同事、群体、领导及组织制度等方面的激励。因为有效的激励不仅能够促使更多的人自觉自愿地为实现组织的目标而奋斗，而且还能进一步激发员工的潜力和才能，使其取得更高的工作绩效。美国哈佛大学心理学教授威廉·詹姆斯就对此做过一项调查，发现在按时计酬方式下工作的员工，一般只发挥自己能力的 20%～30%，但如果给予充分的激励，他们的能力可以发挥到 80%～90%，这个反差说明了激励对员工潜能的发挥具有重要的推动作用。

因此，无论从帮助个人发展的角度，还是从实现组织目标的角度来看，激励都是领导者必须重视的一项工作。

二、激励的作用

从组织管理的角度来看，科学的激励制度具有以下几个方面的作用。

（一）是实现组织目标的需要

组织的目标，是靠人的行为实现的，而人的行为是由积极性推动的。实现企业的目标，要有人的积极性、人的士气。当然，实现企业的目标，还需要其他多种因素，但不能因此而否定、忽视人的因素。不能因其他的因素重要，而否定人的积极性这种关键因素。

（二）是充分发挥组织各种要素效用的需要

组织的各项活动是人有意识、有目的的活动。人、劳动对象、劳动手段是组织的要素，在这些要素中，人是最活跃、最根本的因素，其他因素只有同人这个生产要素相结合才会成为现实的生产力，才会发挥各自的效用。因此，没有人的积极性，或者人的积极性不高，再好的装备和技术、再好的原料都难以发挥应有的作用。

（三）开发员工的潜在能力，促进在职员工充分发挥其才能和智慧

前面提到的两种情况之间 60% 的差距就是有效激励的结果。管理学家的研究表明，员工的工作绩效是员工能力和受激励程度的函数，即绩效 $=f$（能力，激励）。如果把激励制度对员工创造性、革新精神和主动提高自身素质的意愿的影响考虑进去的话，激励对工作绩效的影响就更大了。

（四）造就良性的竞争环境

科学的激励制度包含一种竞争精神，它的运行能够创造出一种良性的竞争环境，进而形成良性的竞争机制。在具有竞争性的环境中，组织成员就会受到环境的压力，这种压力将转变为员工努力工作的动力。正如麦格雷戈所说："个人与个人之间的竞争，才是激励的主要来源之一。"在这里，员工工作的动力和积极性成了激励工作的间接结果。

三、激励的过程

从心理学的角度看，人的行为是由动机所支配的，动机是由需要引起的，行为的方向是寻求目标、满足需要。行为的基本心理过程就是一个激励的过程，如图 9−1 所示，当人产生需要而未得到满足时，会产生一种紧张不安的心理状态，在遇到能够满足需要的目标时，这种紧张不安的心理就转化为动机，并在动机的推动下，引起向目标前进的行为，目标达到后，需要得到满足，紧张不安的心理状态就会消除。随后，又会产生新的需要，引起新的动机和行为。

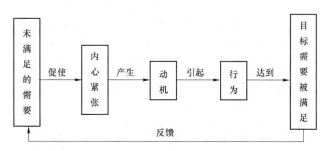

图 9-1　激励的基本过程

（一）需要

需要是个体生存发展所必须具备的生理和心理条件未能满足时，所感知到的心理紧张状态。如饥饿时感知到进食的需要，远离他乡时感知到亲情的需要等，需要的产生使人处于一种身心失衡的紧张状态，必须通过采取行动获得缺乏之物，才能消除紧张感，重新恢复平衡，需要处于激励过程的始端，说明需要是行为产生的源泉，是行为的原始动力，同时需要也为行为指明了方向。

（二）动机

动机是指引起和维持个体活动，使活动朝着某个目标产生行为的驱动力。动机处于个体行为过程（见图 9-1）的第三个阶段，在第一阶段需要之后，说明动机在需要的基础上产生。动机在第四个阶段行为之前，说明动机直接驱动个体行为，使行为产生、维持，并导向目标。动机是连接需要和行为的中间要素，即有需要不能直接产生行为，必须在需要的基础上形成行为动机，行为才能发生。例如，人们都有安居乐业的需要，没住房的有购房需要，有住房的有改善居住条件的需要，但是在不具备经济实力的情况下，即使这些需要客观存在甚至强烈，个体也不会立即产生购房行为，只有当具备了可以满足需要的客观条件后，才会产生行为驱动力，立即行动。所以，动机是行为的直接动力。

（三）个体行为过程

个体行为发端于需要，被动机直接驱动，并指向目标。如果个体行为能一直维持到目标达成，需要满足，心理恢复平衡；如果个体行为受到阻碍，未能达成目标，需要延滞，心理持续失衡，紧张感延续。无论行为结果是积极的，还是消极的，都会反作用于激励过程中的每一个环节，使个体的需要、动机和行为发生改变。

（四）需要、动机、行为和激励的关系

通过分析可以知道，人的任何动机和行为都是在需要的基础上建立起来的，没有需要，就没有动机和行为。人们产生某种需要后，只有当这种需要具有某种特定的目标时，需要才会产生动机，动机才会成为引起人们行为的直接原因。但并不是每个动机都必然引起行为，在多种动机下，只有优势动机才会引发行为。员工之所以产生组织所期望的行为，是组织根据员工的需要来设置某些目标，并通过目标导向使员工出现有利于组织目标的优势动机，同时按照组织所需要的方式行动。管理者实施激励，就要想方设法做好需要引导和目标引导，强化员工动机，刺激员工的行为，从而实现组织目标。

因此，我们可以认为激励就是一个满足需要的过程，该过程开始于识别一个人的需要，继之以目标为导向的行为。需要注意的是，人的行为不仅产生于其内在的需要和动机，还来自外界环境对人的外在刺激，后者构成了"诱因"。这些诱因既包括物质方面的刺激，如食物的香味、产品的展示等，还包括精神方面的刺激，如群体的规范、同事的意见和赞扬的力量等。当然，外在的刺激只有同人的内在需要相匹配并发生共鸣时，才能产生激励的作用。因此，我们也可以通过有意识的设置需要，使被激励的人产生动机，进而采取行动，实现目标。

另外，一般而言，动机指的是为达到任何目标而付出的努力，但在此，我们所关注的是与工作相关的行为。因此，个体为满足需要而付出的这种解除紧张的努力也必须是指向组织目标的。否则，个体可能会产生与组织利益背道而驰的努力行为。例如，一些员工经常在上班时间与朋友长时间聊天，以满足他们的社会需要，这虽然也是解除紧张的努力，但对于工作目标的实现却是无益的。所以，有效的激励不仅要求主管人员了解下级的需要，还要促使下级为实现需要的努力与组织目标的实现相一致。

四、激励的类型

不同的激励类型对行为过程会产生程度不同的影响，所以激励类型的选择是做好激励工作的一项先决条件。

（一）物质激励与精神激励

虽然二者的目标是一致的，但是它们的作用对象却是不同的。前者作用于人的生理方面，是对人物质需要的满足，后者作用于人的心理方面，是对人精神需要的满足。随着人们物质生活水平的不断提高，人们对精神与情感的需求越来越迫切。比如期望得到爱、得到尊重、得到认可、得到赞美、得到理解等。

（二）正激励与负激励

所谓正激励就是当一个人的行为符合组织的需要时，通过奖赏的方式来鼓励这种行为，以达到持续和促进这种行为的目的。所谓负激励就是当一个人的行为不符合组织的需要时，通过制裁的方式来抑制这种行为，以达到减少或消除这种行为的目的。

正激励与负激励作为激励的两种不同类型，目的都是要对人的行为进行强化，不同之处在于二者的取向相反。正激励起正强化的作用，是对行为的肯定；负激励起负强化的作用，是对行为的否定。

（三）内激励与外激励

所谓内激励是指由内酬引发的、源自于工作人员内心的激励；所谓外激励是指由外酬引发的、与工作任务本身无直接关系的激励。

内酬是指工作任务本身的刺激，即在工作进行过程中所获得的满足感，它与工作任务是同步的。追求成长、锻炼自己、获得认可、自我实现、乐在其中等内酬所引发的内激励，会产生一种持久性的作用。

外酬是指工作任务完成之后或在工作场所以外所获得的满足感，它与工作任务不是同步的。如果一项又脏又累、谁都不愿干的工作有一个人干了，那可能是因为完成这项任务，将会得到一定的外酬——奖金及其他额外补贴，一旦外酬消失，他的积极性可能就不存在了。所以，由外酬引发的外激励是难以持久的。

第二节　内容型激励理论

从灵活、权变的观点出发，领导者要对组织中动机各异的人的行为予以有效激励，就必须充分了解和把握有关激励的各种理论。下面我们将以激励的过程模式为依据，如图 9-2 所示，将激励理论分为内容型、过程型和行为改造型三种类型进行介绍。

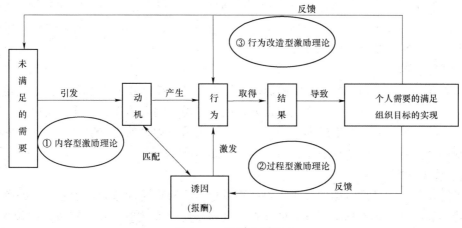

图 9-2　激励过程模式

内容型激励理论以人的需要为主要的研究对象。在现实生活中，面对同样的一笔奖金，可能一个人觉得它十分重要，而另外一个人却对此不以为然，那么，这笔奖金将无法对后者产生有效的激励效果。因此，领导者要想有效激励下属，就必须首先了解其需要，然后才能提供适当的刺激或诱因来加以激励。这就是内容型激励理论的核心主张，即强调引起动机的具体因素。该种理论主要包括马斯洛的需要层次理论、赫茨伯格的双因素理论和麦克利兰的成就激励理论。

一、需要层次理论

美国人本主义心理学家亚伯拉罕·马斯洛（Abraham Maslow）在 1943 年出版的《调动人的积极性的理论》著作中提出了"需要层次论"，将人的需要划分为五个层次，由低到高依次为：生理需要、安全需要、社交需要、尊重需要和自我实现需要，如图 9-3 所示。

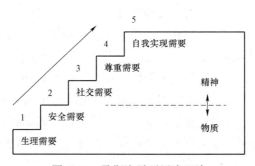

图 9-3　马斯洛需要层次理论

（一）生理需要

生理需要是指人类对食物、水、住所及其他生理方面的需要。这类需要若不能得到满足，人的生存就成了问题，也就谈不上别的需要了。正如马斯洛所言："对于一个处于极端饥饿状态的人来说，除了食物，没有别的兴趣，在这种极端情况下，写诗的愿望，对一双新鞋的需要等，则统统被忘记或退到第二位。"

（二）安全需要

安全需要是指人类保护自己免受伤害和威胁的需要，如寻求人身安全的需要、摆脱失业的威胁及要求生病与年老时有生活保障等。在生理需要得到满足后，人们便会去追求这一层次的需要，去寻求安全稳定的工作等。

（三）社交需要

社交需要是指对友谊、爱情、归属及接纳等方面的需要，即人人都希望伙伴之间、同事之间保持友谊，希望得到爱情，希望爱别人，也希望得到别人的爱。而且，人都有一种要求归属于一个群体的愿望，希望成为其中的一员。这也是监狱将独房监禁作为重罚的原因，即剥夺囚犯的社交需求，从心理学上来讲，这可能是最重的惩罚了。

（四）尊重需要

尊重需要包括内外两方面的尊重：内部尊重指自己对自己的重要性的感知，如自尊、自主和成就感等；外部尊重指来自他人的认可，如有地位、有威望，受人尊重、信赖等。

（五）自我实现需要

自我实现需要是指人们寻求成长与发展、发挥自身潜能、实现个人理想的需要。

马斯洛认为，个体的需要是逐层上升的，当一种需要得到满足后，另一种更高层次的需要就会占据主导地位。但各个层次之间并没有截然的界限，层与层之间往往相互重叠。事实上，社会上的许多人，并不是在某一种需要得到完全满足后，才产生更高层次的需要，只要其得到部分满足，个体就会转向追求其他方面的需要了。按照马斯洛的观点，如果希望激励某人，就必须了解此人目前处于主导地位的需要，然后着重满足这一层次或在此层次之上的需要。

马斯洛还将这五种需要划分为高低两级，生理需要与安全需要称为较低级的需要；而社会需要、尊重需要与自我实现需要称为较高级的需要。两级的划分是建立在这一前提条件下的，即高级需要是从内部使人得到满足，而低级需要则主要是从外部使人得到满足。在物质丰富的条件下，几乎所有员工的低级需要都能得到满足，但高级需要的满足则复杂得多，因此，满足高级需要也成为许多企业的重点激励要素。

马斯洛的理论得到了最为广泛的认可，因为他不仅指出了人人都有需要，而且对需要理论的阐述简单明了、易于理解，并具有一定的逻辑性。但该理论对于需求层次的等级顺序划分，受到其所处的美国社会文化价值观的局限，使其不能代表更广泛的社会现实。例如，在日本和希腊，工作安全和终身职业是比自我实现更强的激励因素；在丹麦、瑞典和挪威，生活质量的价值和奖励比生产能力更重要；还有，在像中国、韩国和日本这些视集体主义和群体规范比个人成就重要的国家，从属和安全需要比满足发展需要更为重要。因此，现实中的需求等级逻辑或顺序是因文化而异的。

二、双因素理论

20世纪50年代后期，美国心理学家弗雷德里克·赫茨伯格（Frederick Herzberg）和其他心理学研究人员，通过对一组会计和工程师的工作满意度和生产能力之间的关系进行研究后，提出了"双因素理论"，也称为"激励—保健理论"。

赫茨伯格认为，个人与工作的关系是一个最基本的方面，而个人对工作的态度在很大程度上决定着任务的成功与失败。为此，他对200多名工程师和会计师进行调查访问，列举出工作中让他们觉得满意或不满意的项目，然后对调查结果进行分析发现：让员工感到满意的因素和感到不满意的因素是不同的。如图9-4所示。

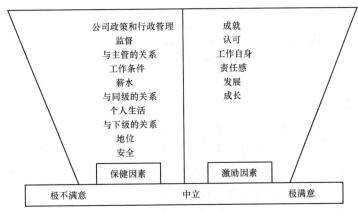

图9-4　激励—保健因素

造成员工非常不满的原因主要是，诸如图9-4中左侧所列的公司政策、监督、与主管的关系等项目，并且，这些因素得到改善后，只能消除员工的不满，并不能使其非常满意，也不能激发他的工作积极性。赫茨伯格把这类因素称为保健因素。另外，他在调查中发现，使员工感到满意的因素主要是工作富有成就感，能得到他人的认可等，这些因素的改善能起到激励员工工作热情的作用，如果处理不好，也能有不满，但影响不大。他把这一类因素称为激励因素。

基于调查结果，赫茨伯格进一步指出：满意的对立面并不是不满意，而是没有满意；同样，不满意的对立面是没有不满意，而不是满意。如图9-5所示。

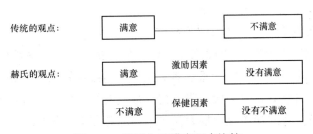

图9-5　满意与不满意观点比较

赫茨伯格认为，保健因素只能安抚员工，而不能激励员工；要想真正激励员工努力工作，必须注重激励因素，这些因素才会增加员工的工作满意感。因此，调动职工积极性的管理措施，应该从工作本身着手，进行工作再设计，使工作内容丰富化、扩大化，从而增强员工的责任感和使命感。

另外，双因素理论也在学术界引起了争议，例如，认为调查缺乏普遍适用的满意度评价标准；还有，赫茨伯格认为满意度与生产率之间存在一定的关系，但他所使用的研究方法只考察了满意度，而没有涉及生产率。因此，为了使这一研究更为有效，人们必须假定生产率与满意度之间关系十分密切等。但赫茨伯格的理论仍然广为流传，并对工作的设计起到了一定的积极作用。

三、成就激励理论

20世纪40～50年代，大卫·麦克利兰（David McClelland）等人提出了"三种需要理论"，即成就激励理论。他们认为个体在工作情境中有三种主要的动机或需要，即成就需要、权力需要和归属需要。

（一）成就需要

成就需要指达到标准、追求卓越、争取成功的需要。麦克利兰发现，有些人有强烈的个人成就需要，他们在工作中追求的是个人的成就感，而不是成功之后所带来的奖励。为了识别这种人的特征，麦克利兰采用了投射试验的方法，即通过分析被测试者对一系列图画的反应，来对被测试者进行分类。结果发现，高成就需要者都有着一些共同的个性。

首先，高成就需要者喜欢制定自己的目标，善于接受挑战；其次，高成就需要者喜欢选择难度适中的目标，他们觉得容易的目标缺乏挑战性，而太难的目标，碰运气的成分又太大，无法满足他们的成就感；最后，高成就需要者喜欢能立即提供反馈的工作，因为目标的实现对他们十分重要，他们需要了解结果到底怎么样。因此，若提供一个中度冒险、能独立负责并可获得信息反馈的工作环境，可以有效地激励高成就需要者。

（二）权力需要

权力需要指影响或控制他人且不受他人控制的欲望。这些人一般寻求领导者的地位，喜欢竞争性和地位取向的工作环境。

（三）归属需要

归属需要指建立友好亲密的人际关系的愿望。高归属需要者渴望友谊，喜欢合作而不是竞争的环境，希望彼此之间沟通与理解。

麦克利兰对成就需要与工作绩效的关系进行了大量研究，不少证据表明：高成就需要者在企业中颇有建树，如在经营自己的企业、管理一个独立部门及处理销售业务等方面。但是，高成就需要者并不一定是一个优秀的管理者。尤其是对规模较大的组织，比如，埃克森、西尔斯等公司中的优秀管理者，未必就是成就需要很高者。另外，归属需要与权力需要和管理的成功密切相关，最优秀的管理者是权力需要很高而归属需要很低的人。最后，高成就需要者可以通过教育和培训来造就。

第三节 过程型激励理论

过程型激励理论主要研究从动机产生到采取行动、满足需要的内在心理和行为过程，即着重研究人的动机形成和行为目标的选择过程。内容型激励理论只讨论了诱发人的行为的原因，没有探讨这些原因是如何发挥作用、产生特定行为的，而过程型激励理论则试图对此做出回答。主要包括弗鲁姆的期望理论和亚当斯的公平理论等。这些理论揭示了对人的行为的激励实际上是一件很复杂的事情。

一、期望理论

期望理论是美国心理学家维克托·弗鲁姆（Victor Vroom）于 1964 年在其《工作与激励》一书中提出的一种激励理论。该理论认为，当人们预期到某一行为能给个人带来既定结果，并且这种结果对个体具有吸引力时，个体才会采取这一特定行为。因此，激励力量的水平取决于期望值和效价的乘积，可用公式表示如下：

$$激励力量（M）= 效价（V）× 期望值（E）$$

其中，激励力量（M）是指调动一个人的积极性、激发人们内部潜力的强度，它表明个体为达到预定目标而付出努力的程度；效价（V）是指达到的目标对个人有多大价值，即一个人对某一结果偏好的程度；期望值（E）是指采取某种行为可能导致预期目标实现的概率，即个体对其实现目标的可能性大小的估计。

这个公式表明：效价越高、期望值越大，激励力量也越大，反之亦然；如果其中有一个变量为零，例如，目标毫无意义或者目标不可能实现，那么激发力量也就等于零。因此，只有当结果对某个体价值很大，且他判断自己获得这项结果的可能性也很大时，才能对其产生较大的激励力量。

期望理论的作用发挥，需要我们注意以下三个方面的联系，如图 9-6 所示。

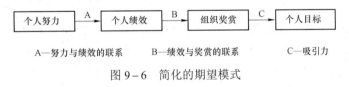

图 9-6 简化的期望模式

首先，是努力与绩效的联系，即工作前，员工会评估他付出努力以后，能否实现其个人绩效，即对上述公式中的期望值的确定。这个评估一方面涉及他对自身能力、工作性质及难度的认识，另一方面涉及他所能感知到的上级对绩效的评价标准是什么。有时，这种评估并不客观。

其次，是绩效与奖赏的联系，即员工会考虑，如果他实现了个人绩效，组织是否会给予既定的奖赏。这取决于他对组织及领导的信任程度，如果以往的经验让其作出不可信的判断，那么这一激励的链条，将在此断裂。此外，如果是前述的高成就需要者，则会考虑目标的实现是否具有成就感等问题。

最后，是吸引力，即员工还要评估，组织的奖赏与其个人的目标是否匹配，价值几何。

这与员工的态度、个性和需要等密切相关。这一评价将决定效价的大小。

由此可见，一个人从事工作的动机强度取决于他认为自己能够实现理想的工作绩效与目标的信念程度这一比较主观的判断。由于现实中个体对期望值与效价的估计在工作实践中会得到不断的修正和变化，发生所谓"感情调整"。所以，管理者的任务就是要使这种调整有利于达到最大的激励力量。

二、公平理论

公平理论，也称为社会比较理论，是由美国心理学家亚当斯（J. S. Adams）在 20 世纪 60 年代提出来的。该理论侧重于研究报酬分配的公平性对员工工作积极性的影响。公平理论认为，员工的工作动机，不仅受其所得报酬的绝对值影响，而且还受到报酬的相对值影响，即员工会将自己的收入与付出的比率同相关他人的收入与付出的比率进行比较：如果员工感觉到自己的比率与他人相同，则认为是公平的，从而心情舒畅地照常工作；如果感到二者的比率不相同，则会产生不公平感，从而影响其以后所付出的努力。

员工对公平感的判断，是一种主观感受，其结果很难统一，主要受到以下两方面的影响。

（1）首先，是员工选择用来与自己进行比较的参照物，主要包括：他人、制度和自我三种类型。

① "他人"指组织中从事相似工作的其他个体，还有朋友、邻居及同行等，员工可将自己的收入与付出比率直接与其进行比较。

② "制度"指组织中的薪金政策与程序，以及这种制度的运作。当员工认为制定相关分配制度的决策程序是公平的时候，他们会受到更多激励，这种对程序公正性的认识所产生的影响，有时比收入的相对值影响更深。

③ "自我"指的是员工自己在过去工作中的付出与所得比率。它反映了员工个人的过去经历及交往活动，受到员工过去的工作标准及家庭负担程度的影响。

特定参照对象的选择与员工所能得到的有关参照物的信息，以及他们所能感知到的自己与参照物的关系有关。

（2）其次，是员工进行比较的付出与所得的内容，在付出方面主要有工作中的努力程度、工作经验、受教育程度及能力水平等，在所得方面主要有薪金、晋升、认可等，这些因素有些比较容易得出较准确的结果，如薪金、晋升、学历等，而其他一些则要靠个体的知觉，结果难以实现客观真实。

根据公平理论，当员工产生不公平感以后，他们会试图采取以下的措施去纠正它：

① 曲解自己或他人的付出或所得，即在主观上造成一种公平的假象，以自我安慰；

② 采取某种行为使得他人的付出或所得发生改变；

③ 采取某种行为改变自己的付出或所得，如降低或提高工作的质量或产量，或者要求加薪等；

④ 选择另外一个参照物进行比较；

⑤ 辞去工作。

研究表明，不公平感的产生，绝大多数是由于人们觉得自己的报酬过低而产生消极行为；但在少数情况下，当一个人觉得自己报酬过高时，也会产生不公平感，并会采取行动纠正这种状况。曾经有过一个实验，对此进行了证明。实验对象是一些大学生，在他们工作之前，先给他们造成一种印象，即他们是不称职的。然后，分两组分别采取计件工资和计时工资两种报酬制度，对其工作的质量和数量进行考核。结果发现，按时计酬的大学生，由于感到其工作不称职，而更加努力工作，他们或者增加了数量或者提高了质量。而按件计酬的大学生，则一般不再增加产量，因为他们认为自己的工作不称职，所得的报酬已经超过了自己的水平，再增加产量只能加剧这种不公平感。

公平理论第一次把激励与报酬的分配联系在一起，说明人是追求公平的，从而揭示了现实生活中的许多现象。例如，假设你大学刚毕业就找到一份月薪 3 000 元的工作，你可能会很满意，并且工作努力。可是，如果你工作了一两个月后，发现另一位最近毕业的、与你年龄、教育经历相当的同事，月收入为 4 000 元时，你就可能会产生不满情绪。所以，管理者在工作中不能用孤立的眼光看待某个人，而应充分利用公平理论的原理来考虑其参照物等方面的影响，积极引导员工的判断。

由于公平与否源于个人的主观感觉，并且人们通常高估自己的付出，这一问题虽然不免影响到了该理论的应用，但是公平理论仍然在激励的实践中给管理者提供了有价值的参考。

第四节　行为改造型激励理论

行为改造型激励理论，侧重于改造和修正人们的行为方式。该种理论把个人看作"黑箱"，试图避免涉及人的复杂心理过程而只讨论人的行为，研究某一行为及其结果对以后行为的影响。主要包括强化理论和归因理论。

一、强化理论

强化理论是美国心理学家斯金纳（B. F. Skinner）提出的。强化是心理学术语，是指通过不断改变环境的刺激因素来达到增强、减弱或消除某种行为的过程。斯金纳认为，人类的行为可以用过去的经验来解释，人们会通过对过去的行为和行为结果的学习，来影响将来的行为。当行为的结果对他有利时，这种行为就会重复出现；反之，该行为就会减弱直至消失。前者称为"强化"，后者称为"弱化"，具体划分见表 9–1。

表 9–1　强化类型及措施

激励目的	类型及措施	
使所希望的行为更多发生	强化	积极强化：使人得到希望的结果
		消极强化：使人避免不希望的结果
使不希望的行为减少发生	弱化	惩罚：使人受到损失
		消失：不采取任何措施

由于，强化理论认为人的行为是对外部环境刺激所作的反应，因此，只要创造和改变外部的环境条件，人的行为就会随之改变。为此，管理者可以通过对上述四种强化类型的运用来修正及改变下级的行为。

（1）积极强化。在积极的行为发生以后，立即用物质或精神的鼓励来肯定这种行为，例如提供奖励、提薪、表扬、晋升和给予进修机会等，使个体感到对他有利，从而增加其以后的行为频率。

（2）消极强化或逃避性学习。即通过建立一种对员工来说是令人不愉快的环境，使员工为避免给自己带来不良的后果而产生组织所希望的行为。

消极强化和积极强化虽然目的相同，都是为了加强积极的行为，但是具体的措施却有些差异。积极强化是一种直接的鼓励和肯定，使员工为获取报酬而努力工作；而消极强化则采取间接的方法对员工的行为施加影响，类似俗语所说的"杀鸡给猴看"，通过对"鸡"的惩罚来约束"猴子"的行为，使其为逃避"灾难"而努力工作。

（3）惩罚。在消极行为发生之后，立即采取措施，使实施者受到某种损失，如扣工资或奖金、批评处分、降职甚至开除等，从而阻止这种行为再次发生。

（4）消失。如果撤销对原来可以接受的行为的强化，由于一定时期内连续不强化，这种行为将逐步降低频率，以至最终消失。

管理者在运用强化理论时应注意以下几点。

首先，虽然应该奖惩结合，但应以奖为主，因为，尽管惩罚措施对于消除不良行为的速度快于忽视手段，但是它的效果经常只是暂时性的，并且可能会在以后产生不愉快的消极影响，如冲突行为、缺勤或辞职等。

其次，要注意及时反馈和及时强化，即主管人员要使下属尽快知道自己的行为结果并及时强化，给予及时的鼓励和鞭策。

另外，当定期奖励成了人们预料中的事时，会降低强化的作用。

二、归因论

归因（attribution）是指人们对他人或自己的所作所为进行分析，指出其性质或推论其原因的过程，也就是对他人或自己的行为的原因进行解释和推测的过程。由于人们对行为的归因，尤其是对成功与失败的归因，对其以后的行为或工作积极性将产生重要的影响，因此，为了更准确地认识及识别员工的归因，管理者应重视对归因问题的研究。

最早进行归因研究的是美国心理学家海德，他在 1958 年首次提出了归因理论的思想，他认为每个人都会自觉或不自觉地对其行为及其成败进行归因分析，有时归为外部原因（又称情境归因），有时归为内部原因（又称个人倾向归因）。

美国的社会心理学家凯利发展了海德的理论，在 1967 年提出"三度理论"，指出了判断内因与外因的方法。凯利认为，人的行为原因非常复杂，仅凭一次观察难以推断其行为原因，必须在类似的情境中做多次观察，根据多种线索做出个人的或情境的归因。即根据客观刺激物、行动者、情境或条件三者之间的一贯性、一致性与特殊性进行归因。其中，一贯性指行动者的反应是一贯的还是偶然的；一致性指行动者的反应是否与其他人的一致；特殊性指行动者的反应是否是针对特殊的刺激物。通常，在高一贯性、高一致性与高特殊性的情况下，往往将行为归为外部原因；在低一致性与低特殊性的情况下，则往往将行为归为内部原因。而其他的一些组合情况，可能无法提供一个明确的选择。

美国的心理学家韦纳（Weiner）在 1972 年又提出了"三维理论"，即关于成功与失败的归因模型。韦纳认为，在分析成败问题时，除了内因与外因的区分之外，原因的稳定性与可控性也非常重要。这里的稳定性是指作为行为原因的内外因素是否具有持久特性；可控性是指行为的动因能否被行动者所驾驭。按照内外因、稳定性和可控性三个维度来划分决定成败的因素，可以得到如下的结果，见表 9-2。

表 9-2　成败的决定因素分类

稳定性	可控	不可控
	内因	外因
稳定	能力	工作难度
不稳定	努力	机遇

需要说明的是，能力在一定条件下是不可控因素，但人们可以提高自己的能力，在这种意义上能力又是可控的。

人们把成功和失败归因于何种因素，对以后的工作态度和积极性有很大影响。韦纳指出，如果人们把成功归因于内因，就会感到满意或自豪，若归于外因，会使人感到幸运和感激；如果把失败归于内因，就会产生内疚或无助感，若归于外因，会产生气愤和敌意。如果把成功归因于稳定因素，如任务容易或能力强，就会提高以后的工作积极性，若归于不稳定因素，以后的积极性将不确定；如果把失败归因于稳定因素，会降低以后工作的积极性，若归因于不稳定因素，如运气不好或不够努力，则可能提高以后的工作积极性等。

归因理论之所以在管理过程中被广泛地应用，是因为它有助于管理者正确地指导员工的归因倾向，例如，当领导将某人的工作成功归于"能力强"时，会使其感到自豪而更加努力，若归因于难度小，则会令其感到失落，导致积极性下降，如果归因于"运气好"，会使其不满等。因此，对归因论的运用，可以使管理者对成功的经验与失败的教训的总结具有积极意义，以此来更好地调动人们的积极性，提高工作的效率。

三、当代激励理论的综合

在前几节中，我们介绍了若干个激励理论，每个理论都从一个特定的角度对激励问题进行了分析，我们不能孤立地看待任何一个理论，而应将各种理论综合在一起，融会贯通，才有助于我们更好地理解激励问题。为此，我们可以借助图 9-7 的模型来总结并综合上述的激励理论。

该模型以期望理论为基本的分析框架。根据期望理论，有效的激励有赖于使个体感到在努力与绩效之间、绩效与奖赏之间、奖赏与个人目标的满足之间存在着密切的联系。首先，努力与绩效之间的联系受到个体对其自身能力及其对绩效评估系统的认识的影响，而个体对其绩效结果的认识，即他对取得成功或者失败的归因将影响到他以后的行为。其次，绩效与奖赏之间的联系，则主要受到强化理论的影响，即组织通过精神和物质两方面的作用来对其行为及结果进行巩固或修正，并且员工还会如公平理论所阐述的观点，对奖赏进行公平性比较。此外，双因素理论在此提示我们注意保健因素与激励因素对员工满意度的不同影响。最后，是奖赏与个人目标的满足之间的关系，在这里，需要层次理论为我们识别主导需求提供了依据，如果组织的奖赏与个人的主导需要相吻合，那么将起到好的激励效果。另外，成就激励理论将个人努力与个人目标直接联系在了一起，还有目标对行为的引导作用。

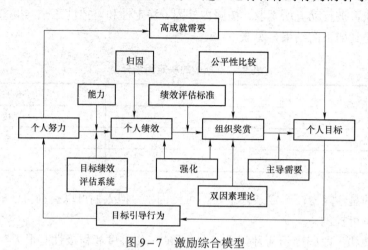

图 9-7　激励综合模型

第五节　激励的原则和方式

学习激励过程与理论的目的是更好地指导激励实践。根据前面对激励理论的阐述，我们可以发现，没有一个激励理论对所有的情况都适合。管理者必须根据自己所处的情势、下级的需求及期望，作出有效的激励行动方案。掌握激励的艺术，运用适当的激励方法和灵活的激励技巧，能更好地调动下属的积极性。

一、激励的原则

（一）组织目标与个人目标相结合的原则

在激励中设置目标是一个关键环节。目标设置必须以体现组织目标为要求，否则激励将偏离组织目标的实现方向，目标设置还必须能满足员工个人的需要，否则无法提高员工的目标效价，达不到满意的激励强度。只有将组织目标与个人目标结合好，才能收到良好的激励效果。

（二）物质激励与精神激励相结合的原则

员工存在物质需要和精神需要，相应地，激励方式也应该是物质激励与精神激励相结合。随着生产力水平和人员素质的提高，应该把重心转移到满足较高层次需要，即社交、自尊、自我实现需要的精神激励上去，但也要兼顾好物质激励。物质激励是基础，精神激励是根本，在两者结合的基础上，逐步过渡到以精神激励为主。

（三）外在激励与内在激励相结合的原则

凡是满足员工对工资、福利、安全环境、人际关系等方面需要的激励，叫作外在激励；满足员工对自尊、成就、晋升等方面需要的激励，叫作内在激励。实践中，往往是内在激励使员工从工作本身取得了很大的满足感。如工作中充满了兴趣、挑战性、新鲜感；工作本身具有重大意义；工作中发挥了个人潜力、实现了个人价值等，对员工的激励最大。所以要注意内在激励具有的重要意义。

（四）正激励与负激励相结合的原则

在管理中，正激励与负激励都是必要而有效的，通过树立正面的榜样和反面的典型，扶正祛邪，形成一种良好的风气，产生无形的压力，使整个群体和组织行为更积极、更富有生气。但鉴于负激励具有一定的消极作用，容易产生挫折心理和挫折行为，因此，管理人员在激励时应把正激励和负激励巧妙地结合起来，以正激励为主，负激励为辅。

（五）按需激励的原则

激励的起点是满足员工的需要，但员工的需要存在着个体的差异性和动态性，因人而异，因时而异，并且只有满足最迫切需要的措施，其效价才高，激励强度才大。因此，对员工进行激励时不能过分依赖经验及惯例。激励不存在一劳永逸的解决方法，必须用动态的眼光看问题，深入调查研究，不断了解员工变化了的需要，有针对性地采取激励措施。

（六）客观公正的原则

在激励中，如果出现奖不当奖、罚不当罚的现象，就不可能收到真正意义上的激励效果，反而还会产生消极作用，造成不良的后果。因此，在进行激励时，一定要认真、客观、科学地对员工进行业绩考核，做到奖罚分明，不论亲疏，一视同仁，使得受奖者心安理得，受罚者心服口服。

二、激励的方法

激发和调动人们的积极性，满足正当、合理的需要，可以通过多种手段来实现。

（一）目标激励法

管理中常说的目标管理，不仅是一种管理活动，也是一种有效的目标激励方法。所谓目标激励法就是给员工确定一定的目标，以目标为诱因驱使员工努力工作，以实现自己的目标。任何组织的发展都需要有自己的目标，任何个人在自己需要的驱使下也会具有个人目标。目标激励必须以组织的目标为基础，要求把组织的目标与员工的个人目标结合起来，使组织目标和员工目标相一致。

目标管理通过广泛的参与来制定组织目标，并将其系统地分解为每一个人的具体目标，然后用这些目标来引导和评价每个人的工作。在目标管理中目标是最重要的，组织目标是组织前进的目的地，个人目标则是个人奋斗所实现的愿望。目标管理的特点是把组织的目标分解为各个行动者的目标，而分解过程又充分吸收了行动者参与。按照这一特点，只要使个人的目标及奖酬与个人的需要一致起来，就提高了目标的效价。而实现目标信心的增加也就是实现目标的期望值的提高。目标管理充分发挥了每个人的最大能力，实行自我控制，更容易发挥每个人的潜能和创造力，增加激励力量。

（二）物质激励法

物质利益激励法就是以物质利益（如工资、奖金、福利、晋级和各种实物等）为诱因对员工进行激励的方法。最常见的物质激励法有奖励激励和惩罚激励两种。奖励激励是指组织以奖励作为诱因，驱使员工采取最有效、最合理的行为。物质奖励激励通常是从正面对员工进行引导。组织首先根据组织工作的需要，规定员工的行为，如果符合一定的行为规范，员工可以获得一定的奖励。员工对奖励追求的欲望，促使他的行为必须符合行为规范，同时给企业带来有益的活动成果。物质惩罚激励是指组织利用惩罚手段，诱导员工采取符合组织需要的行动的一种激励。在惩罚激励中，组织要制定一系列的员工行为规范，并规定逾越了行为规范的不同的惩罚标准。物质惩罚手段包括扣发工资、奖金及罚款和赔偿等。

实施物质激励要注意保持组织成员的公平感，充分体现"多劳多得，少劳少得"的分配原则。虽然这种激励是直接满足组织成员的低级需要的，但也能间接地满足组织成员的高级需要，因为物质利益可以看作是自己受到尊重，或自己的成就为组织所赏识的标志。

（三）评判激励法

这种激励是对人的某种行动作出一定的反应，或肯定的奖励、表扬，或否定的惩罚、批评，以及什么都不做的"沉默"。运用这种激励方法时要注意求实、及时、中肯，要根据正确的标准和价值观念，以及人的需要的不同层次和同一需要的不同阶段，给予不同类别的评判。引导人们分清正确与错误，追求光明、进步、高尚。

（四）榜样激励法

榜样激励法是指通过组织树立的榜样使组织的目标形象化，号召组织内成员向榜样学习，从而提高激励力量和绩效的方法。

运用榜样激励法，首先要树立榜样，榜样不能人为地拔高培养，要自然形成，但不排除必要的引导。选择榜样时要注意榜样的行为确实是组织中的佼佼者，这样才能使人信服。其次要对榜样的事迹广为宣传，使组织成员都能知晓，也就是让组织成员知道有什么样的行为才能荣登榜样的地位，使学习的目标更明确。还有非常重要的一环就是给榜样以明显的使人羡慕的奖酬，这些奖酬中当然包括物质奖励，但更重要的是无形的受人尊敬的奖励和待遇，这样才能提高榜样的效价，使组织成员学习榜样的动力增加。

使用榜样激励法时还需要注意两点：一是要纠正打击榜样的歪风，否则不但没有多少人愿当榜样，也没有多少人敢于向榜样学习。二是不要搞榜样终身制，因为榜样的终身制会压制其他想成为榜样的人，并且使榜样的行为过于单调，有些事迹多次重复之后可能不再具有激励作用，而原榜样又没有新的更能激励他人的事迹，这时就应该考虑物色新的榜样。

（五）荣誉激励法

荣誉，表明一个人的社会存在价值，它在人们的精神生活中占有重要地位。拿破仑非常重视激发军人的荣誉感，主张对军队"不用皮鞭而用荣誉来进行管理"。为培养和激发官兵的荣誉感，拿破仑对立了功的官兵，在加官晋爵、授予荣誉时，总是在全军广泛地进行宣传，以激发所有官兵为荣誉而勇敢战斗。

（六）逆反激励法

这种方法并不是直接从正面鼓动人们去实现某项目标，而是向他们提示或暗示与此相反的另一种结果，而这种结果则是他们无法接受的，从而使他们义无反顾地向着既定目标前进。逆反激励是一种更有艺术性的激励方法。

（七）许诺激励法

领导者的许诺激励是适应下属心理需要来激发其积极性，从而实现工作目标的一种激励形式。领导者的许诺一般采取公开许诺和个别许诺两种形式。公开许诺指领导在公开场合向下属进行的许诺，个别许诺是指领导者对某人私下进行的许诺。许诺必须准确、适度、公平，只有这样，才能正确运用此种激励方法达到激励下属的目的。

（八）兴趣激励法

兴趣对人们的工作态度、钻研程度、创新精神有很大的影响。兴趣往往与求知、求美和自我实现密切联系。兴趣可以导致专注甚至入迷，这正是员工获得突出成就的重要动力。许多国外的企业允许甚至鼓励员工在企业选择自己最感兴趣的工作。许多企业组织的摄影、书画等协会，也是员工兴趣得以施展的另一个舞台。可以使员工业余爱好得到满足，增进情感交流，感受企业温暖，大大增强了员工的归属感，提高了企业凝聚力。

（九）参与激励法

企业的管理者要把员工摆在主人的位置上，激发员工的主人翁精神，尊重、信任员工，把企业责任交给他们，让他们在不同层次、不同程度上参与企业经营决策，借鉴和吸收他们的意见和建议。通过参与管理，形成员工对企业的归属感和认同感，进一步满足员工自尊和自我实现的需要。

（十）培训激励法

培训激励可以满足人们的求知需要。通过培训，可以提高人们达到目标的能力，为承担更大的责任、承担更富有挑战性的工作及提升到更重要的岗位创造条件。如德国的驰名世界的化工企业巴斯夫公司把培训职工、提高其工作能力作为激励的五项基本原则之一。该公司在南亚、东南亚及澳大利亚地区的常务董事施恩麦博士认为，雇员接受培训，既提高了知识，又培养了个性。他们在寻找更多的承认、更高的级别和更高的工资中遇到了挑战。他们利用各种机会来建立他们的未来，对公司十分有利。

综合训练题

一、单项选择题

1. 提出期望理论的美国心理学家是（　　　）。

    A. 马斯洛　　　　B. 赫茨伯格　　　　C. 弗鲁姆　　　　D. 波特

2. 认为人类的需求是以层次的形式出现的，由低级需求开始逐级向上发展到高级需求，这种观点源于（　　　）。

    A. 需要层次理论　　　　　　　　B. 双因素理论

    C. 成就需要理论　　　　　　　　D. 归因论

3. 激励需求理论的创始人是（　　　）。

    A. 马斯洛　　　　B. 赫茨伯格　　　　C. 弗鲁姆　　　　D. 麦克利兰

4. 激励强化理论的创始人是（　　　）。

    A. 弗鲁姆　　　　B. 波特　　　　C. 斯金纳　　　　D. 凯利

5. 美国心理学家凯利等人提出了行为改造理论中的（　　　）。

    A. 激励理论　　　　B. 强化理论　　　　C. 期望理论　　　　D. 归因论

6. 要使规章制度产生激励作用，需要结合（　　　）。

    A. 目标管理　　　　B. 人事管理　　　　C. 组织管理　　　　D. 过程控制

7. 期望理论属于（　　　）。

A. 内容型激励理论   B. 过程型激励理论

    C. 行为改造型激励理论   D. 综合型激励理论

8. 双因素理论属于（　　　）。

    A. 内容型激励理论   B. 过程型激励理论

    C. 行为改造型激励理论   D. 综合型激励理论

9. 麦克利兰的激励需求理论研究表明，主管人员的（　　　）。

    A. 生理需要比较强烈   B. 安全需要比较强烈

    C. 自尊需要比较强烈   D. 成就需要比较强烈

10. 需要层次理论认为，人的最高层次需求是（　　　）。

    A. 生理需要   B. 社会需要

    C. 自我实现需要   D. 尊重需要

11. 主管人员采取的激励方法是否有效，取决于（　　　）。

    A. 人的觉悟

    B. 是否找到诱导一个人进行工作并较好完成工作的因素

    C. 员工对金钱的欲望

    D. A 和 B

12. 下列不属于成就需要理论的主要需要的是（　　　）。

    A. 安全需要   B. 成就需要   C. 权力需要   D. 归属需要

13. 按照心理学观点，人的动机产生于（　　　）。

    A. 金钱   B. 需要   C. 激励   D. 行为

14. 内容型激励理论包括（　　　）。

    A. 期望理论、强化理论

    B. 需要层次理论、双因素理论、成就需要理论

    C. X 理论、Y 理论

    D. 超 Y 理论、公平理论

15. 双因素理论中的"双因素"是指（　　　）。

    A. 保健因素与激励因素   B. 人的因素和物的因素

    C. 历史因素与自然因素   D. 经济因素与技术因素

16. 双因素理论中，认为激励因素主要与（　　　）有关。

    A. 工作条件和工作环境   B. 激励措施与激励方法

    C. 工作内容和工作本身   D. 工作业绩与工作效率

17. 下列选项中作用于人的生理方面，对人物质需要的满足是（　　　）。

    A. 物质激励   B. 精神激励   C. 正激励   D. 负激励

18. 下列属于过程型激励理论的是（　　　）。

    A. 需要层次理论   B. 期望理论

    C. 强化理论   D. 归因论

19. 人的行为的基本模式认为，激励作用的根源是（　　　）。

    A. 物质刺激   B. 精神刺激   C. 内在紧张   D. 物质刺激和精神刺激

20. 以人的需要为主要研究对象的理论是（　　）。
    A. 过程型理论　　　　　　　　　　　B. 行为改造型理论
    C. 内容型理论　　　　　　　　　　　D. A 和 C

21. 双因素理论的提出者是（　　）。
    A. 马斯洛　　　　B. 赫茨伯格　　　　C. 弗鲁姆　　　　D. 麦克利兰

22. 下列不属于保健因素的是（　　）。
    A. 人际关系　　　B. 薪金　　　　　　C. 责任感　　　　D. 工作条件

23. 以下属于激励因素的是（　　）。
    A. 艰巨的工作　　B. 人际关系　　　　C. 地位　　　　　D. 人生活所需

24. 弗鲁姆提出的期望理论认为（　　）。
    A. 激励力＝期望值×目标效价
    B. 人是社会人
    C. 对主管人员来说，最重要的需求是成就需求
    D. 激励不是一种简单的因果关系

25. 下列理论与激励无关的是（　　）。
    A. 需要层次理论　　　　　　　　　　B. 双因素理论
    C. 权变理论　　　　　　　　　　　　D. 期望理论

26. 某企业对生产车间的工作条作进行了改善，这是为了更好地满足职工的（　　）。
    A. 生理需要　　　B. 安全需要　　　　C. 尊重需要　　　D. 自我实现需要

27. 提出需要层次理论的是（　　）。
    A. 马斯洛　　　　B. 赫茨伯格　　　　C. 弗洛姆　　　　D. 麦克利兰

28. 当人们认为自己的报酬与劳动之比，与他人的报酬与劳动之比是相等的，这时就会有较大的激励作用，这种理论称为（　　）。
    A. 双因素理论　　B. 效用理论　　　　C. 公平理论　　　D. 强化理论

29. 某民营企业一位姓姚的车间主任，手下有十几个工人，他对自己"独有"的领导方式颇为自豪。他对手下人常说的一句口头禅就是："不好好干回家去，干好了月底多拿奖金。"可以认为，姚主任把他手下的工人都看成了（　　）。
    A. 只有生理需要和安全需要的人　　B. 只有生理需要和归属需要的人
    C. 只有归属需要和安全需要的人　　D. 只有安全需要和尊重需要的人

30. 你拥有并经营着一项小的桌面排版与复印业务，雇用了 25 个员工，健康费用的提高已迫使你考虑取消给员工的健康与医疗方面的福利。你的决定会使员工关心（　　）。
    A. 自尊需要　　　B. 自我实现需要　　C. 安全需要　　　D. 交往需要

二、多项选择题

1. 内容型激励理论包括（　　）。
    A. 期望理论　　　B. 需要层次理论　　C. 公平理论　　　D. 双因素理论
    E. 成就需要理论

2. 人们受到刺激所做出的反应取决于多种因素，主要有（　　）。
    A. 他们的个性　　　　　　　　　　　B. 对报酬的看法
    C. 对任务的看法和期望　　　　　　　D. 他们的个人素质与知识结构

E. 组织结构

3. 属于过程型激励理论的学说有（　　　）。

　　A. 双因素理论　　　B. 期望理论　　　　C. 激励理论　　　　D. 归因论

　　E. 公平理论

4. 属于行为改造型激励理论的学说有（　　　）。

　　A. 需要层次理论　　B. 激励强化理论　　C. 双因素理论　　　D. 归因论

　　E. 波特－劳勒模式

5. 按照期望理论，影响激励水平高低的因素有（　　　）。

　　A. 某一行动的期望价值　　　　　　　B. 从事特定任务的能力

　　C. 达到目标的概率　　　　　　　　　D. 实际工作成绩

　　E. 实际得到报酬的可能性

6. 激励强化理论提出的强化类型有（　　　）。

　　A. 思想政治工作　　　　　　　　　　B. 积极强化

　　C. 惩罚　　　　　　　　　　　　　　D. 消极强化或逃避性学习

　　E. 消失

7. 可供主管人员选择的、具有普遍意义的激励方法有（　　　）。

　　A. 思想政治工作　　　　　　　　　　B. 奖励

　　C. 职工参加管理　　　　　　　　　　D. 工作内容丰富化

　　E. 建立和健全规章制度

8. 以奖励作为激励手段时要做到（　　　）。

　　A. 物质奖励与精神奖励结合起来　　　B. 奖励与思想政治工作结合起来

　　C. 奖励方式固定下来　　　　　　　　D. 奖励与惩罚结合起来

　　E. 频繁地奖励

9. 归因论认为，人们行为的成败可以归因于四个要素，即（　　　）。

　　A. 努力　　　　　B. 能力　　　　　C. 任务难度　　　D. 机遇

　　E. 学识

10. 马斯洛提出，人类的需要以层次的形式出现，由低级向高级逐渐发展，包括（　　　）。

　　A. 生理需要　　　B. 安全需要　　　C. 社交需要　　　D. 自尊需要

　　E. 自我实现需要

11. 赫茨伯格将（　　）称为保健因素。

　　A，组织的政策、管理和监督　　　　　B. 工作条件

　　C. 成就与责任　　　　　　　　　　　D. 人际关系

　　E. 个人生活所需

12. 双因素理论中的"双因素"分别具有（　　　）的特征。

　　A. 激励因素与工作内容和工作本身有关

　　B. 保健因素与工作环境和工作条件有关

　　C. 保健因素能够起到直接激励的作用

　　D. 激励因素可以产生使职工满意的效果

E. 保健因素的改善只能防止职工的不满情绪

13. 赫茨伯格认为，能对职工起直接激励作用的因素有（   ）。

    A. 成就与认可   B. 薪金与地位   C. 工作的挑战   D. 人际关系

    E. 晋升与责任感

14. 激励理论可分为内容理论和过程理论两大类。下列理论中属于过程理论的是（   ）。

    A. 赫茨伯格的双因素理论   B. 弗洛姆的期望理论

    C. 亚当斯的公平理论   D. 斯金纳的强化理论

    E. 波特－劳勒理论

15. 根据马斯洛的需要层次理论，可以得出（   ）。

    A. 对于具体的个人来说，其行为主要受主导需求的影响

    B. 越是低层次的需求，其对于人们行为所能产生的影响也越小

    C. 高级需要是从内部使人得到满足，而低级需要则主要是从外部使人得到满足

    D. 层次越高的需要，其对于人们行为所能产生的影响也越大

    E. 层次越高的需要，实现起来越容易

16. 按照双因素理论，下列属于激励因素的有（   ）。

    A. 成就感   B. 上下级关系

    C. 工作内容的吸引力   D. 责任增加

    E. 奖励

17. 美国心理学家维克托·弗鲁姆 1964 年提出了期望理论。弗鲁姆认为，员工的动机依赖于（   ）这三个关键变量。

    A. 员工认为其是否能达到某种结果、得到某种奖酬的可能性

    B. 绩效与报酬之间的关系

    C. 工作报酬是否对员工有价值

    D. 员工认为获得机会的可能性

    E. 加班与报酬之间的关系

18. 行为科学家斯金纳提出的强化理论侧重于如何修正人们行为的探讨，以下有关说法正确的有（   ）。

    A. 在时间安排上，负强化不应该及时并连续进行

    B. 强化理论在管理实践中的运用有正强化与负强化两个方向不同的类型

    C. 连续、固定的正强化能立即见效，但长期效果递减

    D. 时间间断、数量不固定、依据组织需要和个体工作表现实施的正强化成本较高

    E. 连续、固定的正强化不能立即见效，但长期效果递增

19. 将目标设置理论与成就动机理论、期望理论就目标困难程度与业绩关系方面的差异进行比较，以下有关观点正确的有（   ）。

    A. 期望理论预测，较容易的目标能够增加工作业绩，因为成功的可能性大

    B. 成就动机理论预测，困难目标能够改善工作业绩，当目标太困难时工作业绩会下降

    C. 目标设置理论预测，当目标困难增加时一个人的工作业绩会提高，直到达到业绩

顶峰

    D. 目标设置理论预测，对困难目标缺乏认同感的个体，业绩会降低或者很差

    E. 成就动机理论预测，困难目标能够改善工作业绩，当目标太简单时工作业绩会下降

20. 激励的方法有（   ）。

    A. 目标激励法　　　　　　　　　　B. 物质激励法

    C. 评判激励法　　　　　　　　　　D. 榜样激励法

    E. 荣誉激励法

三、问答题

1. 马斯洛需要层次理论的两个基本出发点是什么？

2. 激励过程的期望理论对管理者有何启示？

3. 人类需要有何特征？

4. 领导者根据激励理论处理激励事务时，有哪些方法？

5. 简述强化理论的主要内容。

6. 什么是正强化？什么是负强化？

7. 请解释效价、期望值。

8. 何谓激励的内容理论？其代表理论有哪些？

9. 何谓激励的过程理论？其代表理论有哪些？

10. 什么是保健因素？什么是激励因素？

11. 说明激励的过程及动因。

12. 说明期望理论的主要内容。

13. 解释赫兹伯格的双因素理论。

14. 试用身边的实例来说明现实工作生活中应当如何运用好工作激励、成果激励和培训教育激励这三种常用的激励方法。

15. 请比较分析需要层次论和双因素理论的优点、缺点。

16. 公平理论对管理者的启示是什么？实际应用中应注意哪些问题？

17. 一家小公司为了表彰某位员工，特地把前门靠近公司总裁停车位的地方给了该员工。应该用哪种激励理论来解释该公司的激励措施？

18. 请讨论：有三位管理者，他们的特点分别是高度的成就感、人际关系导向明显、权力欲望强烈，请问你愿意为谁工作？他们三人的特点是什么？

四、案例分析题

【案例一】李英的困惑

李英现已年届不惑。回首这二十几年的奋斗历程，很为自己早年艰苦而又自强不息的日子感叹不已。想当初自己没有稳定的工作就结了婚，妻子是位孤女，有父母留下的一栋虽然面积不小但很破旧的平房。妻子待业，两人常为生计发愁。

后来李英在某企业找到了一份固定的工作，并很快被提拔为工段长，接着又成为车间主任，进而晋升为生产部长。他记得对他个人和公司来说，那段日子都是极其重要的转折期。他拼命地为公司工作，很为自己是其中的一分子感到自豪。他的付出也给他带来了丰厚的回

报。他的工资收入已相当可观，更重要的是，他在不断的提拔、晋升中得到了权力和地位，妻子很为他感到自豪。有段时间，他自己也沾沾自喜过，可现在细细想来，他觉得自己并没有什么成就，心里老是空落落的。

他现在是企业生产的总指挥官，可他看着企业一年比一年不景气，很想在开发新产品方面为企业作出更大的贡献。但他在研发和销售方面并没有什么权力。他多次向企业领导提议能否变革组织设计方式，使中层单位能统筹考虑产品的生产、销售及研发问题，以增强企业的活力和创新力。可领导一直就没有这方面的想法。所以，李英想换个单位，换个职务虽不太高但能真正发挥自己潜能的地方。可自己都步入中年了，"跳槽"又谈何容易。

根据案例回答以下问题。

（1）请运用有关激励理论，对李英走过历程中所体现的个人需要的满足情况及他目前的困惑心境作一分析。

（2）如果李英有意跳槽到你所领导的单位来工作，你应该在哪些方面采取措施以吸引他并给他提供所看重的激励？请说明理由。

【案例二】坦丁姆计算机公司的激励制度

坦丁姆计算机公司是詹姆士·特雷比格于 1970 年创建的。人们一直认为，该公司的管理是极为成功的。1996 年的销售额达到 3 亿美元，当时预计 10 年以后的销售额将达到 10 亿美元。

詹姆士在斯坦福大学获得工程硕士学位后曾在德克萨斯仪器公司工作过几年，随后便在硅谷区创建了坦丁姆计算机公司。

该公司一开始就以生产其第二计算机继续工作系统而著称。第二计算机继续工作系统就是在一个系统中同时使用两台计算机，在正常的情况下，两台计算机都工作，如果其中一台出了故障，另一台就会自动地承担全部的工作，使工作不间断地继续下去，同时对系统中的计算机数据和程序还有各式各样的保护措施。有了这种第二计算机继续工作系统，工作就可以畅通无阻，避免不必要的损失。例如，旅馆用的计算机系统出问题，就会因无法给顾客预先订房而遭受巨大损失，银行也可能因其计算机系统出故障而倒闭。但是，如果使用了这种第二计算机系统，就可以排除各种故障，使工作在任何情况下都可以顺利地进行。

坦丁姆公司地处加州硅谷地区，受到各方面的有力竞争，由于剧烈的竞争环境，也由于詹姆士本人的管理天才，他创造了一套有效而独特的管理方法。

他为职工创建了极为良好的工作环境。在公司总部设有专门的橄榄球场地、游泳池，还有供职工休息的花园和宁静的散步小道等。他规定每周五下午免费给职工提供啤酒。公司还经常定期举办各种酒会、宴会。同时还举办由女职工为裁判的男职工健美比赛等活动；除此之外，他还允许职工有自由选择灵活机动的工作时间的自由。

他也很注意利用经济因素来激励职工。他定期在职工中拍卖本公司的股票，目前，该公司职工已拥有该公司的 10 万美元股票了，这样就大大地激发了大家为公司努力工作的热情。

詹姆士要求每个职工都要制订出一个公司五年期战略计划。这样，每个人都了解公司，对公司有强烈的感情和责任心，平时用不着别人来监督就能自觉地关心公司的利益。因为许多职工手中都有公司的股票，所以他们对公司的利益及其成功极为关心。

詹姆士本人又是一个极为随和、喜欢以非正式的身份进行工作的有才能的管理者，由于他在公司内对广大管理干部、技术人员和职工都能平等地采用上述一系列措施，公司的绝大多数人员都极为赞成他的做法。公司人员都把自己的成长与公司的发展联系起来，并为此而感到满意和自豪。

　　当然，詹姆士深深地知道，要长期维持住这样一批倾心工作的职工确实不是一件容易的事。随着公司的飞速扩大，它的生产增长速度自然会放慢，也会出现一个更为正式而庞大的管理机构。在这种情况下，又应如何更有效地激励职工呢？

　　根据案例回答以下问题。

　　（1）你认为坦丁姆计算机公司使用了何种激励理论来调动员工的工作积极性？

　　（2）为什么坦丁姆计算机公司的激励方法能够有效地激励员工的工作？

【案例三】华为公司的股权激励

　　华为技术有限公司是100%由员工持有的民营企业。公司通过工会实行员工持股计划，员工持股计划参与人数已超过8万人，参与人均为公司员工。员工持股计划将公司的长远发展和员工的个人贡献有机地结合在一起，形成了长远的共同奋斗、分享机制。华为的员工股东不直接写入章程，而是与工会、公司直接有协议，但需要投入资金；员工股东的持股不可随意转卖，但分红不受影响；员工股东的持股不可随意质押，但企业股价的增值部分收益还是有的。基本上，华为股权激励模式选用了股权中最直观的两个权利：增值权＋分红权。完备的配套措施是其股权激励策略成功的重要保障。

一、双向晋升通道保证员工的发展空间

　　一个人往往不能同时成为管理和技术专业人才，但是两个职位工资待遇的差别，会直接影响科研技术人员的努力程度。为了解决这一困境，华为设计了任职资格双向晋升通道。

　　新员工首先从基层业务人员做起，然后上升为骨干，员工可以根据自己的喜好，选择管理人员或者技术专家作为自己未来的职业发展道路。在达到高级职称之前，基层管理者和核心骨干之间，中层管理者与专家之间的工资相同，同时两个职位之间还可以相互转换。而到了高级管理者和资深专家的职位时，管理者的职位和专家的职位不能改变。除了任职资格双向晋升通道外，华为公司对新进员工都配备一位导师，在工作上和生活上给予关心和指导。当员工成为管理骨干时，还将配备一位有经验的导师给予指导。

　　华为完善的职业发展通道和为员工量身打造的导师制度能够有效地帮助员工成长，减少了优秀员工的离职率。

二、重视人力资本价值稀释大股东比例

　　华为公司刚开始所进行的股权激励是偏向于核心的中高层技术和管理人员，而随着公司规模的扩大，华为有意识地稀释大股东的股权，扩大员工的持股范围和持股比例，增加员工对公司的责任感。

　　华为对人力资本的尊重还体现在《华为基本法》中。该法指出："我们是用转化为资本这种形式，使劳动、知识及企业家的管理和风险的累积贡献得到体现和报偿；利用股权的安排，形成公司的中坚力量和保持对公司的有效控制，使公司可持续成长。"这说明股权激励是员工利用人力资本参与分红的政策之一。

三、有差别的薪酬体系

华为通过股权激励，不仅使华为成为大部分员工的公司，同时也拉开了员工工资收入水平的差距。随着近几年华为的发展，分红的比例有了大幅上升，分红对员工收入的影响因子达30%以上，这对员工而言很具有激励性。

股权激励除了薪酬结构需要有激励性，还需要绩效考察具有公平性。华为公司在对员工进行绩效考核上采取定期考察、实时更新员工工资的措施，员工不需要担心自己的努力没有被管理层发现，只要努力工作就行。华为的这种措施保证了科研人员比较单纯的竞争环境，有利于员工的发展。华为股权分配的依据是：可持续性贡献，突出才能、品德和所承担的风险。股权分配向核心层和中坚层倾斜，同时要求股权机构保持动态合理性。

为了减少或防止办公室政治，华为公司对领导的考察上也从三维角度进行，即领导个人业绩、上级领导的看法，以及领导与同级和下级员工的关系。领导正式上任前要通过六个月的员工考核，业绩好只代表工资高，并不意味着会被提升。这样的领导晋升机制从道德角度和利益角度约束了领导的个人权利，更加体现了对下级员工意见的尊重。

四、未来可观的前景

股权激励不是空谈股权，能在未来实现发展和进行分红是股权激励能否成功实施的关键。在行业内华为公司领先的行业地位和稳定的销售收入成为其内部股权激励实施的经济保证。根据 Informa 的咨询报告，华为在移动设备市场领域排名全球第三。华为的产品和解决方案已经应用于全球100多个国家和地区，服务全球运营商前50强中的36家。华为过去现金分红和资产增值是促使员工毫不犹豫购买华为股权的因素之一。2002年，华为公布的当年虚拟受限股执行价为每股净资产2.62元，到2006年每股净资产达到3.94元，2008年该数字已经进一步提高为4.04元。员工的年收益率达到了25%～50%。如此高的股票分红也是员工愿意购买华为股权的重要原因。

资料来源：孟琦. 一文读懂华为的股权激励. 华夏资本联盟网，2015.

根据案例回答以下问题。

（1）请结合激励理论分析华为的股权激励策略为什么会取得成功。

（2）除股权激励外，企业还常常采用哪些有效的激励方式？简要列举。

第十章

沟　通

教学目标： 企业犹如一部机器，良好的沟通就像润滑剂，企业这部机器有了足够的润滑剂才能快速运转。因此，掌握良好的沟通手段和方法是管理者必须具备的能力。通过本章学习，使学生掌握沟通的含义及其必须具备的条件，实现良好沟通的技巧；理解沟通过程的每一部分与良好沟通之间的相互关系；了解沟通的作用及重要性。

 **引导案例**

冷科长与牛先生

冷科长——某保险公司赔偿支付科科长，男，40岁，工作认真，性格内向。牛先生——某保险公司赔偿支付科赔偿分析员，男，42岁，业务能力强，脾气倔强。两年前某保险公司赔偿科的前任科长调离，有小道消息传来，说牛先生是新任科长的候选人。他也认为凭自己的业务能力和工作经验当之无愧。但是上级却从别的科室调来了冷先生当科长。冷先生对保险索赔业务完全是一个外行，性格也不像前任科长一样热情开朗。他总是冷冰冰的，一本正经、严肃认真，从来不开玩笑，也不善于跟科里的人来往，一副公事公办的样子。牛先生觉得冷科长一点也不喜欢他。他推测冷科长多半是提防着他这样一个经验丰富的人。而冷科长觉得牛先生没有当上科长对他充满了敌意，像牛先生这样一个业务能力强的人准会讨厌一个外行来领导他。前段时间发生了一件小事，更加深了他们之间的猜疑、隔阂。

事情是这样的：一天中午快下班的时候，公司打电话向冷科长布置了一项紧急任务，并特别强调一定要在下午两点以前办好。于是，冷科长拦住了正收拾东西、准备下班的牛先生，请他中午加班，以便把这项紧急任务赶出来。冷科长知道，这项工作对于牛先生这样一个业务熟练的老手来说很容易处理，只是需要时间；而对他自己和科里其他人来说，就难得多。但牛先生早已约好了儿子的班主任老师中午面谈，事关儿子高考不好推脱。所以，他拒绝了冷科长的安排。冷科长为此很不高兴，认为牛先生故意为难他。

又过了几周，公司给科里一个高级赔偿分析员名额。牛先生肯定自己完全可以胜任这个职位。于是，他向科长提出了申请。但冷科长告诉他："晋升，除了考虑一个人的工作能力之外，也得考虑一个人的责任感。你的确是这里最能干的分析员之一，但这个职位要求个人具有高度的责任心，而你在这方面还有欠缺。"这样，牛先生没有得到高级赔偿分析员名额。

科里的人都为牛先生打抱不平，让他去找公司提出申诉，不能就此罢休。牛先生生性倔强，因为自己的要求被置之不理，感到非常丢人，就什么也不想说了。他只希望冷科长在这里待不长，否则，他就要求调离，反正他是不能与冷科长共事了。

请根据案例回答以下问题。

1. 冷科长与牛先生之间有过沟通吗？造成两人冲突的原因有哪些？

2. 你认为冷科长应该如何利用上任之初这个时机与包括牛先生在内的下属进行有效的沟通？

3. 面对目前的僵局，冷科长该怎么办？

第一节 沟 通 概 述

管理过程是一个通过发挥各种管理功能，充分调动人的积极性，提高机构的效能，实现企业目标的过程。沟通，是管理中极为重要的部分。著名管理大师彼得·德鲁克就明确把沟通作为管理的一项基本职能。无论是计划的制定、工作的组织、人事的管理、部门间的协调、与外界的交流，都离不开沟通。管理离不开沟通，沟通渗透于管理的各个方面。

一、沟通的含义

对于什么是沟通，可以说是众说纷纭。《大英百科全书》认为，沟通就是用任何方法，彼此交换信息。即指一个人与另一个人之间用视觉、符号、电话、电报、收音机、电视或其他工具为媒介，所从事的交换信息的方法。《韦氏大词典》认为，沟通就是文字、文句或信息之交流，思想或意见的交换。本书采用苏勇、罗殿军在其《管理沟通》一书中对沟通的定义。沟通是指信息凭借一定的符号载体，在个人或群体间从发送者到接收者进行传递，并获取理解的过程。

根据这个定义，沟通应包含两个方面的内容：其一，沟通包含着意义的传递。如果意义或想法没有被传递到，则意味着沟通没有发生。也就是说，说话者没有听众、写作者没有读者都不能构成沟通。因此，哲学问题"丛林中的一棵树倒了，却无人听到，它是否发出了声响？"在沟通的背景下，其答案是没有。其二，完美的沟通，意义不仅需要被传递到，还需要被理解。如果写给我的信使用的是我本人一窍不通的语言，那么不经翻译就无法称之为沟通。沟通是意义的传递和理解。完美的沟通，应该是经过传递之后被接收者感知到的信息与发送者发出的信息完全一致。

二、沟通的过程

管理学意义上的沟通是一个复杂的过程，包括三大部分内容。这个复杂过程如图 10-1 所示。

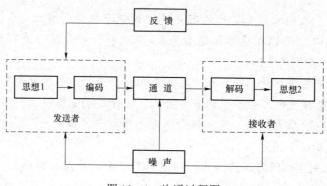

图 10-1　沟通过程图

第一部分是从发送者到接收者的过程。在这个沟通过程中，至少存在一个发送者和一个接收者，即信息发送方和信息接收方。思想 1，表示的是发送者欲传送给接收者的信息，诸如想法、观点、资料等。编码，是发送者将这些信息译成接收者能够理解的一系列符号，如文字等语言符号及其他形式的符号。为了有效地进行沟通，这些符号必须能够符合适当的媒体。例如，如果媒体是书面报告，符号的形式应选择文字、图表或者照片。通道，是由发送者选择的、借由传递信息的媒介物。口头交流的通道是空气，书面交流的通道是纸张。在信息被接收之前，必须先将其中包含的符号翻译成接收者可以理解的形式，这就是对信息的解码。思想 2，指的是接收者理解信息的内容。由于发送者编码和传递能力的差异，以及接收者接收和解码水平的不同，思想 1 和思想 2 经常存有差异。

第二部分是从接收者到发送者的过程。这个过程也叫反馈，是指把信息返回给发送者，并对信息是否被理解进行核实。这样，发送者通过反馈就能了解他想传递的信息是否被对方准确无误地接收，也就是思想 1 能否与思想 2 完全一致。

第三部分是噪声。所谓噪声指的是信息传递过程中的干扰因素，它存在于沟通过程的各个环节，并有可能造成信息的失真。典型的噪声包括难以辨认的字迹，电话中的静电干扰，接受者的疏忽大意，以及生产现场中设备的背景噪声。所有对传递和理解造成干扰的因素，无论是内部的（如说话人或发送者的声音过低），还是外部的（如办公室里有人在高声喧哗），都意味着噪声。

三、沟通的类别

（一）按照沟通方法分类

按照沟通方法的不同，沟通可以划分为口头沟通、书面沟通、非语言沟通、电子媒介沟通。这些沟通方式的比较如表 10-1 所示。

表 10-1　各种沟通方式的比较

沟通方式	举例	优点	缺点
口头沟通	交谈、讲座、讨论会、电话	快速传递、快速反应、信息量很大	传递中经过层次越多，信息失真越严重，核实越困难
书面沟通	报告、备忘录、信件、文件、内部期刊、公告	持久、有形、可以核实	效率低、缺乏反馈

续表

沟通方式	举例	优点	缺点
非语言沟通	声、光信号（红绿灯、警铃、旗语、图形、服饰标志）、体态（肢体动作、表情）、语调	信息意义十分明确。内涵丰富，含义隐含灵活	传送距离有限，界线含糊，只可意会、不可言传
电子媒介沟通	传真、闭路电视、计算机网络、电子信件	快速传递、信息容量大、远程传递、一份信息同时传递多人、廉价	单向传递，电子邮件可以交流，但看不见表情

（二）按照沟通渠道或途径分类

按照沟通的渠道或途径的不同，组织中沟通可以分为正式沟通和非正式沟通。

正式沟通是指在组织中依据规章制度明文规定的原则进行的沟通。例如，组织间的公函来往、组织内部的文件传达、召开会议、上下级之间的定期情报交流。

正式沟通一般沟通效果好，比较严肃，约束力强，易于保密，可以使信息沟通保持权威性。重要的信息和文件的传达、组织的决策等，一般都采用这种方式。其缺点在于，因依靠组织系统层层传递，所以很刻板，沟通速度很慢；此外也存在信息失真或扭曲的可能。

非正式沟通和正式沟通不同，它的沟通对象、时间及内容等各方面，都是未经计划和难以辨别的。非正式沟通是由于组织成员的感情和动机上的需要而形成的。例如团体成员私下交换看法，朋友聚会，传播谣言和小道消息等都属于非正式沟通。非正式沟通不拘形式，直接明了，速度很快，容易及时了解到正式沟通难以提供的"内幕新闻"。但是非正式沟通难以控制，传递的信息不确切，易于失真、曲解；而且，它可能导致小集团、小圈子，影响人心稳定和团体的凝聚力。

（三）按照是否进行反馈分类

按照是否进行反馈，组织中的沟通可分为单向沟通和双向沟通。单向沟通是指没有反馈的信息传递。双向沟通是指有反馈的信息传递，是发送者和接受者相互间进行的信息交流。单向沟通和双向沟通的特点比较如表10-2所示。

表10-2 单向沟通和双向沟通的特点比较

沟通类别	特点	适用的场合
单向沟通	沟通所需时间较短，接受者对信息理解的准确度较低，一般发送者比较满意单向沟通	问题比较简单，时间较紧；下属易于接受解决问题的方案；下属难以对解决问题提供有价值的信息或者建议；上级缺乏处理负反馈的能力
双向沟通	沟通所需时间较长，接受者对信息理解的准确度较高，一般接受者比较满意双向沟通	问题比较棘手，且时间充裕；下属对解决方案的接受程度至关重要；下属能对解决问题提供有价值的信息或者建议；上级习惯于双向沟通，并且能够有建设性地处理负反馈

第二节 正式沟通与非正式沟通

一、正式沟通

如前所述，正式沟通一般是指组织系统内，依据组织明文规定的原则进行的信息传递与交流。例如组织与组织之间的公函往来、组织内部的文件传达、召开会议、上下级之间的定期情报等。

（一）正式沟通方式

正式沟通有下向、上向、横向、外向沟通等几种方式。其中，前三种为组织内部的正式沟通方式，最后一种为组织外部的正式沟通方式，如图 10-2 所示。

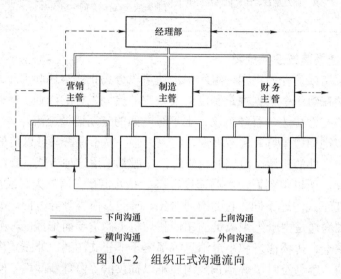

图 10-2　组织正式沟通流向

1. 下向沟通

这是在传统组织内最主要的沟通流向。一般以命令的方式传达上级组织或上级所决定的政策、计划、规定之类的信息，有时颁发某些资料供下属使用等。

下向沟通可以使下级主管部门和团体成员及时了解组织的目标和领导意图，增加员工对所在团体的向心力与归属感。下向沟通还可以协调组织内部各个层次的活动，加强组织原则和纪律性，使组织机器正常地运转下去。但是，如果组织结构包括多个层次，下向沟通往往使下向信息发生扭曲，甚至遗失，而且过程缓慢。

2. 上向沟通

上向沟通主要是指团体成员和基层管理人员通过一定的渠道与管理决策层所进行的信息交流。它有两种表达形式：一是层层传递，即依据一定的组织原则和组织程序逐级向上反映。二是越级反映。有时某些上级主管采取所谓"门户开放"政策，使下级人员可以不经组织层次向上报告。例如意见箱、建议制度，以及由组织举办的征求意见座谈会或态度调查等。这主要是指下属依据规定向上级所提出的正式书面或口头报告。

上向沟通可以使员工直接向领导反映自己的意见，使员工获得一定程度的心理满足；管理者也可以利用这种方式了解企业的经营状况，与下属形成良好的关系，提高管理水平。但是在沟通过程中，下属会因级别不同造成心理距离，形成一些心理障碍；会因为害怕"穿小鞋"，受打击报复，不愿反映意见。同时，向上沟通也会因为层层过滤，导致资讯曲解，出现适得其反的结局。

3. 横向沟通

横向沟通指的是沿着组织结构中的横向进行的信息传递，它包括同一层面上的管理者或员工进行的跨部门、跨职能的沟通。横向沟通中，不存在上下级关系，沟通双方均为同一层面的同事。如高层管理人员之间的信息沟通，中层管理人员之间的信息沟通，一般员工在工作和思想上的信息沟通。

横向沟通可以使办事程序和手续简化，节省时间，提高工作效率；可以使企业各个部门之间相互了解，有助于培养整体观念和合作精神，克服本位主义倾向；可以增加职工之间的互谅互让，培养员工之间的友谊，满足职工的社会需要，使职工提高工作兴趣，改善工作态度。当然，横向沟通也会产生一定的消极作用。横向沟通头绪过多，信息量大，易于造成混乱。此外，横向沟通尤其是个体之间的沟通也可能成为职工发牢骚、传播小道消息的一条途径，造成涣散团体士气的消极影响。

4. 外向沟通

外向沟通是指组织与其他组织之间发生的信息交流，构成了组织有机的外部社会关系，它与组织内部沟通紧密相连，它不仅有助于企业获得充分的外部支持及提高经济效益，也是企业回馈社会的重要途径。组织外部沟通主要包括组织与供应商、顾客、经销商、股东、社区及各种媒体组织之间的信息交流。

（二）组织内部正式沟通形态

正式沟通形态也叫正式沟通渠道，或者正式沟通网络。一种形态不同于另一种形态的基本特征在于渠道的数量、分布及单向还是双向。最基本的沟通形态如图 10-3 所示，其中●表示中心人物。

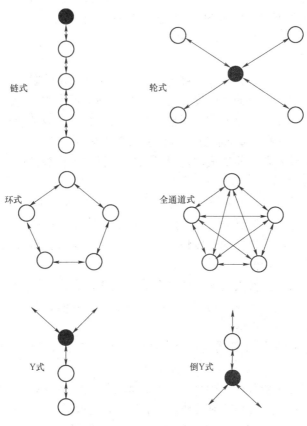

图 10-3 正式沟通形态

1. 链式沟通

这种沟通形态，信息逐级传递，只有上行沟通和下行沟通，居于两端的人只能与内侧的一个成员联系，居中的人则可分别与两人沟通信息。在这种沟通形态中，信息经层层传递、筛选，容易失真，各个信息传递者所接受的信息差异很大，平均满意程度有较大差别。此外，这个形态还可表示组织中主管人员和下级部属及中间管理者之间的组织系统，属控制型结构。

在管理中，如果某一组织系统过于庞大，且采用的是链式沟通渠道，为了尽量降低链式沟通的负面效应，需要实行分权授权管理。

2. 轮式沟通

在这种沟通形态中，其中一个成员是各种信息的汇集点和传递中心。在组织中，大体相当于一个主管领导与几个下级单独沟通，下级之间无沟通，属控制型结构。这种沟通形态的特点是：集中化程度高，传递速度快，解决问题的速度快；中心人员的预测程度高；而沟通的渠道很少，组织成员的满意程度低，士气低落。

轮式沟通是加强组织控制、争时间、抢速度的一个有效方法。如果组织接受紧急攻关任务，要求进行严密控制，则可采取这种网络。

3. 环式沟通

该形态可以看成是一个链式形态的封闭式控制型结构，表示若干人之间依次联络和沟通。其中每个人都可以同时与两侧的人沟通信息。在这个沟通网络中，组织的集中化程度和领导人的预测程度都很低；畅通渠道不多。组织中成员具有比较一致的满意度，组织士气高昂。

如果在组织中需要创造一种高昂的士气来实现组织目标，环式沟通是一种行之有效的措施。

4. 全通道式沟通

这是一种开放式的网络系统，其中每个成员之间都有一定的联系，彼此了解，没有明显的中心人物。此网络中，组织的集中度和主管人员的预测程度均很低。由于沟通渠道很多，组织成员的平均满意程度高且差异小，所以士气高昂，合作气氛浓厚。

这种沟通网络，对于解决复杂问题，增强组织合作精神，提高士气均有很大作用。但是，由于这种网络沟通渠道太多，易造成混乱且又费时，影响工作效率。

5. Y 式和倒 Y 式沟通

这是一种纵向沟通网络，其中一个成员位于沟通内的中心，成为沟通的媒介。在组织中，这一网络大体相当于组织中领导、秘书班子，再到下级主管人员和一般成员之间的纵向关系。这种网络集中化程度高，解决问题速度快，组织中领导人员预测程度较高。除中心人物外，组织成员的平均满意程度较低。

Y 式沟通网络适用于主管人员的工作任务十分繁重，需要有人选择信息，提供决策依据，以便节省时间而又对组织实行有效的控制。但此网络易导致信息曲解或失真，影响组织中成员的士气，阻碍组织提高工作效率。

倒 Y 式沟通表示一位领导者通过一个人或一个部门与下级进行沟通，与 Y 式沟通网络大同小异。

沟通形态对组织的活动有重大影响。一个高效的沟通网络能够调动职工的精神状态，鼓励创新，协调工作，指导员工的各项活动。一般来说，选择哪一种网络取决于外部环境和沟通的目的。例如，集权化的网络（轮式和 Y 式）在完成比较简单的工作中比分权化的网络（环式和全通道式）更快、更准确、也更有效，它们通过一个中心人物传递信息，以避免不必要的噪声并且可以节省时间。然而，分权化的网络适合完成比较复杂的任务，便于信息交换和充分地利用资源。另外，员工满意度也与网络的类型有关，一般普通员工比较满意分权化的网络。各种沟通形态的特点比较如表 10-3 所示。

表 10-3　五种正式沟通形态比较表

评价标准 ＼ 沟通形态	链式	环式	轮式	Y 式或倒 Y 式	全通道式
集中性	适中	较高	高	较高	很低
速度	适中	快	1. 快（简单任务） 2. 慢（复杂任务）	快	快
正确性	高	较高	1. 高（简单任务） 2. 低（复杂任务）	较高	适中
领导能力	适中	高	很高	高	很低
全体成员满意度	适中	较低	低	较低	很高

二、非正式沟通

非正式沟通渠道指的是正式沟通渠道以外的信息交流和传递。非正式沟通的途径是通过组织内的各种社会关系进行的沟通，这种社会关系超越了部门、单位及层次，是一种与组织内部明确的规章制度无关的沟通方式。

（一）非正式沟通的方式

由于非正式沟通的沟通对象、时间及内容等各方面，都是未经计划和难以辨别的，因此非正式沟通方式也与正式沟通方式不同。在美国，常常把这种途径形象地称为"葡萄藤"，以形容非正式沟通不拘形式、难以控制，并且传播迅速，像"葡萄藤"一样盘根错节，到处蔓延。组织内非正式沟通流向，如图 10-4 所示。

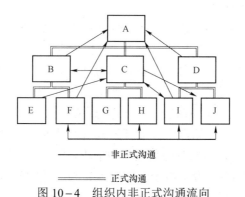

—— 非正式沟通

══ 正式沟通

图 10-4　组织内非正式沟通流向

（二）非正式沟通形态

在自然状况下，犹如"葡萄藤"一样的非正式沟通有哪些基本形态呢？人们发现四种形态，如图 10-5 所示。

依照最常见至最少见的顺序，非正式沟通的形态依次是：① 集群连锁。即在沟通过程中，可能有几个中心人物，由他转告若干人，而且有某种程度的弹性，如图 10-5（a）中的 A 和 F 两人就是中心人物，代表两个集群的转播站。② 密语连锁。即在沟通过程中，由一人告诉所有其他人，犹如其独家新闻，如图 10-5（b）中的 A。③ 随机连锁。即在沟通过程中，碰到什么人就转告什么人，并无一定的中心人物或选择性，如图 10-5（c）。④ 单线连锁。即在沟通过程中，由一人转告另一人，另一人也只再转告一个人，这种情况极为少见，如图 10-5（d）所示。

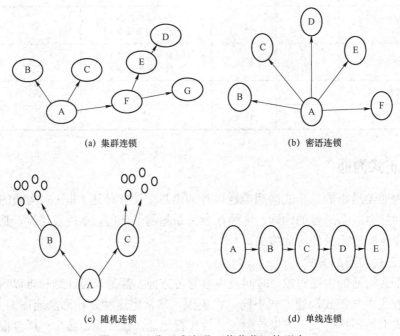

图 10-5　非正式沟通（葡萄藤）的形态

（三）非正式沟通的优点

在传统的管理及组织理论中，并不承认这种非正式沟通的存在，并且认为即使发现这种现象，也要将其消除或减少到最低程度。但是，当代的管理学者知道，非正式沟通现象的存在是根深蒂固、无法消除的，应该加以了解、适应和整合使其有效担负起沟通的重要作用。与正式沟通相比，非正式沟通有自己的优点，因而给管理带来了好处。

（1）可以满足职工情感方面的需要。非正式沟通的产生可以说是人们天生的需求。例如人们出于安全感的需要，乐于去刺探或传播有关人事调动或机构改革之类的消息；而好友之间彼此交流和沟通则意味着相互的关心和友谊的增进，彼此更可以获得社会需求的满足。

（2）可以弥补正式通道的不足。组织中的管理者为了某些特殊目的，往往不便于通过正式渠道传播信息，此时非正式渠道便可以发挥作用。

（3）可以了解职工真正的心理倾向与需要。通过正式的渠道，员工心中存有戒备，不便于透漏真实的想法。而通过非正式渠道，便可以在很大程度上解决这个问题。

（4）可以减轻管理者的沟通压力。

（5）可以防止某些管理者滥用正式沟通渠道，有效防止正式沟通中的信息"过滤"现象。

（四）非正式沟通的技巧

非正式沟通有许多优点，但也存在许多缺点。在非正式沟通中合理地利用相关技巧可以使沟通达到良好的效果。

1. 端正对待非正式沟通的态度

管理者应当充分认识到非正式沟通在企业管理中的作用。现代管理理论提出了一个新概念，称为"高度的非正式沟通"。它指的是利用各种场合，通过各种方式，排除各种干扰，来保持他们之间经常不断的信息交流，从而在一个团体、一个企业中形成一个巨大的、不拘形式的、开放的信息沟通系统。实践证明，高度的非正式沟通可以节省很多时间，避免正式场合的拘束感和谨慎感，使许多长年累月难以解决的问题在轻松的气氛下得到解决，减少了团体内人际关系的摩擦。另有资料表明，组织中扩散的 75% 的信息都是建立在事实基础上的。

2. 掌握非正式沟通的规律

心理学研究表明，非正式沟通的内容和形式往往是能够事先被人知道的。非正式沟通中存在以下规律：第一，消息越新鲜，人们谈论的就越多；第二，对人们工作有影响的，最容易招致人们谈论；第三，最为人们所熟悉的，最多为人们谈论；第四，在工作中有关系的人，往往容易被牵扯到同一传闻中去；第五，在工作上接触多的人，最可能被牵扯到同一传闻中去。对于非正式沟通的这些规律，管理者应该予以充分注意，以杜绝起消极作用的"小道消息"，利用非正式沟通为组织目标服务。

3. 掌握利用非正式沟通渠道的技巧

上面曾经提到，非正式沟通渠道就像"葡萄藤"一样，盘根错节，到处蔓延。有人把居于"葡萄藤"上的核心和"转播站"地位的人，形象地称为"飘浮者"。他们一方面从一串葡萄，飘到另一串葡萄，分享着关于组织事件及态度的最新消息；另一方面将最新消息从一个葡萄串传递到另一个葡萄串，直到整个葡萄藤都获得了信息。为了更大限度地利用非正式沟通，主管人员应当知晓哪些人是飘浮者，并与他们建立起友善的关系，以便能充分发挥非正式渠道的优势，避免其造谣生事，传播谣言，影响组织士气。

除此之外，主管人员还要增强工作透明度、公开性，做到光明磊落，正本清源，办事公道。

第三节 沟通的原则和方法

作为主管人员，除应知晓沟通的各种方式和方法外，还必须掌握沟通的原则。

一、沟通的原则

（一）准确性原则

当信息沟通所用的语言和传递方式能被接收者所理解时，才是准确的信息，沟通才具有价值。为此，沟通要求做到以下几点：一是信息发送者无论是笔录或是口述，都要求用容易理解的方式表达。这要求发送者有较高的语言或文字表达能力，并熟悉下级、同级和上级所用的语言，能对表达不当、解释错误、传递错误予以澄清。二是沟通渠道或路径应当尽可能短。这样可以降低信息损耗或曲解的可能性。例如，能面谈就无须叫人转告，设立总经理信箱以取代基层员工将信息通过中层管理者向上层层传递。三是接收者必须集中精力，才能正确理解信息。由于要注意的信息太多，人的注意力有限，所以信息接收者只有克服思想不集中、记忆力差等问题，才能够对信息有正确的理解。四是管理沟通过程不能缺少必要的反馈过程。为了保证信息的准确性，接收者应向发送者提供反馈，以检查自己是否理解了所接收的信息。

（二）完整性原则

完整性原则的目的在于确保当事人完成任务所需信息的完整性。为此要做到两点：一是信息的内容要完整。组织中的主管人员为了达到组织目标、实现和维持良好的协作，他们之间就要进行沟通，实现信息的共享。二是信息沟通的时间要完整。大多数管理沟通过程，尤其是例行管理沟通活动，并非一次沟通就可以一劳永逸地完成工作任务，而是要通过反反复复多次沟通，才能较好地履行和完成工作职责，为此沟通要具有时间上的完整性。但现实中，经常出现违背完整性原则的情况，如有些上级主管人员往往越过下级主管人员，而直接向有关人员发指示、下命令，这一行为就妨碍了下级主管人员的所掌握信息的内容完整性和时间完整性，不仅使下级主管人员处于尴尬境地，而且有可能导致其担负的任务难以完成。只有在时间不允许的情况下，如紧急动员完成某一项任务，下令撤离某一危险场所等，这种越级指挥才是必要的。

（三）及时性原则

在沟通过程中，不论主管人员向下沟通信息，还是下级主管人员或员工向上沟通信息，以及横向沟通信息，除注意到准确性、完整性原则外，还应注意及时性原则。沟通及时性的目的在于提高信息传递速度，提高发现问题、解决问题的速度，进而提高组织适应环境的能力。在实际工作中，信息沟通常因发送者不及时传递或接收者的理解、重视程度不够，而出现事后信息，或从其他渠道了解信息，使沟通渠道起不到正常的作用；也经常出现由于不是采用最近的沟通渠道，沟通的最终效果虽然达到了，但浪费了更多时间和精力，延误时机，给企业造成了巨大损失。当然，信息的发送者出于某种意图（如物价上涨时，调整员工的心理承受能力），而对信息交流进行控制也是可行的，但在达到控制目的后应及时进行信息的传递。

（四）非正式沟通策略性运用原则

这一原则的性质就是，只有当主管人员使用非正式的沟通来弥补正式沟通的信息沟通时，才会产生最佳的沟通效果。非正式沟通传递信息的最初原因，是出于一些信息不适合于正式沟通来传递。所以，在正式沟通之外，应该鼓励非正式沟通传达并接收信息，以辅助正式沟通做好组织的协调工作，共同为达到组织目标而努力。

一般来说，非正式渠道的信息，对完成组织目标有不利的一面。但是小道消息盛行，却反映了正式渠道的不畅通，因而加强和疏通正式渠道，在不违背组织原则的前提下，尽可能应用各种渠道把信息传递给员工，是防止那些不有利于或有碍于组织目标实现的小道消息传播的有效措施。

二、组织沟通的方法

组织沟通的方法，指的是组织沟通所采用的具体方式和手段，有时也称为沟通方式。组织在沟通过程中，可选择的方式有许多种，即使在同一沟通过程中，也可以组合多种方法或者不断变化方式方法。

（一）组织内部沟通的方法

在组织内部的沟通中，有指示与汇报、会议与个别交流、内部刊物与宣传告示栏、意见箱与投诉站等沟通方法。

1. 指示与汇报

指示是上级指导下级工作、传达上级决策经常采用的一种下行沟通方法，它可以使一个项目启动、更改或终止。而汇报则是下级在总结工作、反映情况、提出建议时而进行的一种上行沟通方法。

2. 会议与个别交流

组织沟通的本质就是组织成员之间交流思想、情感或交换信息。而采取开会的方法，就是提供能够交流的场所和机会。个别交谈则是指组织成员之间采用正式或非正式的方式，进行面对面谈话，以交流思想和情感，或征询谈话对象对组织中存在的问题和缺陷的看法，以及对其他员工的看法和意见等。

3. 内部刊物与宣传告示栏

对于许多规模较大的组织，各成员很难坐到一起召开会议，也很难通过个别交谈进行沟通，那么内部刊物就是一种很好的替代方式。内部刊物主要是反映组织最近的动向、重大事情及一些提醒成员、激励成员的内容。宣传告示栏则是另外一种类型的沟通方式，我们可以发现许多组织在公众场合都有海报栏、信息栏，这是一种非常有效的沟通方式。它具有成本低、沟通面广、沟通较为准确和迅速的优点。

4. 意见箱与投诉站

当组织中的沟通出现障碍时，下层员工的各种思想、意见很难反映到上层。即使组织沟通系统正常，也会因为沟通"过滤""扭曲"等原因而使员工的思想传递受阻，所以一般组织中都设有意见箱，以便高层领导能够直接收到下层传来的信息。当下级的正当权益得不到有效的保护，而通过沟通来解决又失败后，往往可以通过企业内部的投诉站来加以协调。

5. 领导见面会与群众座谈会

领导见面会是让那些有思想有建议的员工有机会直接与主管领导沟通，一般情况下，是由于员工的意见经过多次正常途径仍未得到有效回复。群众座谈会则是在管理者觉得有必要获得第一手的关于员工真实思想、情感资料时，而又担心通过中间渠道会使信息失真而采用的一种领导与员工直接的沟通方法。

除了以上所列的几种沟通方法以外，组织的沟通方法还有许多种，如郊游、联谊会、聚餐等各种正式或非正式的沟通方式。

（二）组织之间的沟通方法

组织生存于一定的环境中，除了要进行内部沟通外，还必须处理好与周围的公众、同业者、政府、供应商和消费者的相互关系，即要与其他组织进行沟通。其沟通方法大致可以分为公关、CI策划、商务谈判等。

1. 公关

公关作为组织对外沟通的一种最基本、最重要的方式，是组织处理好与顾客、供应商及新闻界关系的基本方法，是通过组织与顾客等其他公众之间的信息交流来实现的。这种方式又可以采用多种具体的方法来达到目的，如可以用产品展览会的形式向公众传递有关产品的性质，并接受顾客对产品的评价；可以利用电视、报刊等各种媒体进行广告；可以通过征答的形式接收公众的反馈；可以通过召开记者招待会的形式促进组织与新闻界的沟通。

2. CI（Corporate Identity）策划

CI 是一种有关公司个性特征、经营理念、经营风格的高度浓缩体，具有简洁明了、便于识别和记忆的特点，已经被许多公司和组织证明是一种非常有效的沟通方式。

3. 商务谈判

当组织与其他组织需要进行合作时，往往要相互摸清底细，并且相互交流各自的目的、需求，以便合作双方均有所收获。而这一切信息的交换在很大程度上都是通过商务谈判这种沟通方式来完成的。

三、选择沟通方法要考虑的因素

组织内沟通的内容千差万别，针对不同的沟通需要，应该采取不同的沟通方式。那么，当管理者面对不同的沟通内容时，究竟应当采取哪种沟通方式最为适当？这是一个十分复杂的问题，没有一种统一的模式。下面列出四个方面的因素，可以提供给主管人员沟通设计时参考。

（一）沟通的性质

所谓沟通的性质，是一种相当广泛的说法，因此我们可以按不同的标志对沟通的性质予以分类。

1. 按照沟通任务的复杂性分类

按照由简到繁的顺序，沟通的任务可以分为：① 传达命令；② 给予或要求信息资料；③ 达成一致意见或决定。当意见有分歧时，第③种任务中沟通尤为复杂。此时，应先行分析不同意见间有何共同点，通过非正式沟通先行协调，然后再将私下（非正式）商量的结果经由正式途径加以肯定；反之，如果一开始便企图经由正式途径讨论，可能使分歧意见公开化，即使勉强达成决议，也会因此造成关系上的裂痕，影响以后的合作。

2. 按沟通内容的合法性分类

按沟通内容的合法性，沟通可以分为两类：① 沟通内容是依照规章或惯例行事，大家视为当然；② 沟通内容与法规和惯例颇有出入，例如对于公司政策采取变通或弹性的措施之类，究竟应该采取正式还是非正式沟通、书面还是口头沟通也是颇有讲究的，但是并无一种标准答案。

3. 按照沟通所涉及资源动用的多少分类

如果一项要求、命令或决议涉及大量人力和财力的动用时，那么将来必须有人负责这项资源支出及其效果。因此，有关人员为求责任分明，就希望此种沟通能通过正式和书面的途径进行。当然，这种希望的程度，又和上述沟通的合法性有密切关系，越是属于变通或弹性的处理性质时，可能越是要求有正式和具体的根据。

（二）沟通人员的特点

所谓沟通人员，是指信息发出者、接受者、中间传达者（媒体），以及他们的上级主管人员。这些人的特点，也与沟通方法的选择有密切关系。

1. 目标或手段导向

有人做事的基本导向是以达成目标或任务为主。在这种导向下，可以变更或不顾规定及手续。但是，有人却坚持必须合乎规定或手续，甚至到后来，以规定及手续作为工作的目的。如果属于后类人员，则倾向于正式和书面的沟通；反之，对于目标导向的人，则比较愿意采用非正式和口头的沟通方式。

2. 能否信任的程度

这是指媒介的沟通者或接受者，对于所沟通的信息，能否正确解释并促成其有效沟通，甚至增添某些有用的信息。如果在沟通过程中能找到这些媒介，将可增进沟通效能；反之，如果媒介者不能正确了解和传达沟通信息，那么就要设法避开它，而要靠书面和口头并用加以补救。

3. 语言能力

沟通者的语文能力，是选择沟通方法的重要因素。除此之外，语言能力也影响到沟通的内容及其表现方式。

（三）人际关系的协调程度

这是指沟通过程所涉及的人群间存在怎样的关系。人际关系高度协调者，表示成员间接触频繁，关系密切，互助合作，在这种状况下，沟通常常采用口头而非正式的方法；反之，如果人与人之间极少来往，互不相干，则沟通只有依赖正式及书面的方法进行。

（四）沟通渠道的性质

1. 速度

不同渠道的沟通速度相差颇大，例如，一般认为，口头及非正式的沟通方法就较书面与正式的沟通速度为快。

2. 反馈

利用不同沟通方法，所得到的反馈速度和正确性也都不同。例如，面对面交谈可以获得立即的反应，而书面沟通有时却得不到反馈。

3. 选择性

这是指对于信息的沟通，能否加以控制和选择及其程度。例如，在公开场合宣布某一消息，对于其沟通范围及接受对象毫无控制；反之，选择少数可以信任的人，利用口头传达某种信息则富于选择性。

4. 接受性

同样的信息，却可能经由不同渠道，造成不同的被接受程度。例如，以正式书面通知，可能使接受者十分重视；反之，在社交场合所提出的意见，却被对方认为讲过就算了，并不加以重视。

5. 成本

选用不同渠道，也可能涉及不同的人力、物力、费用。例如，在地区相隔遥远而分散的情况下，利用口头亲自传达，就可能费用高昂；而利用网络则所费无几。

6. 责任建立

选用不同的渠道，常常也代表责任的付托，如动用资源完成任务之类。随着所使用渠道的不同，这种责任的建立或交待的严格程度也会不同。利用正式书面所传达的责任，严格与清晰程度最高，所以有时即使为了快速的需要，开始先利用非正式的口头沟通，接着仍需利用正式书面的渠道加以确定，这就是为了建立明确的责任。

第四节　有效沟通的障碍与克服

在沟通过程的讨论中，我们提到过沟通过程中会遇到噪声，从而造成信息的失真，并提出了哪些因素能够导致信息的失真。除了沟通过程中所指出的一般类型的信息失真之外，还有一些其他障碍也干扰了有效沟通。

一、有效沟通的障碍

（一）过滤

过滤指故意操纵信息，使信息显得对接受者更为有利。比如，某位管理者所告诉上司的信息都是这位上司想听到的东西，这位管理者就是在过滤信息。

过滤的程度与组织结构的层级和组织文化两个因素有关。在组织层级中，纵向层次越多，过滤的机会也就越多。组织文化则通过奖励系统或孤立或抑制这类过滤行为。如果奖励越注重形式和外表，管理者便越有意识按照对方的品位调整和改变信息。

（二）选择性知觉

在沟通过程中，接受者会根据自己的需要、动机、经验、背景及其他个人特点有选择地去看或去听信息。解码的时候，接受者还会把自己的兴趣和期望带进信息之中。如果一名面试主考认为女职员总是把家庭的位置放在事业之上，则会在女性求职者中看到这种情况，无论求职者是否真有这种想法。

（三）情绪

在接受信息时，接受者的感觉也会影响到他对信息的解释。不同的情绪感受会使个体对同一信息的解释截然不同。极端的情绪体验，如狂喜或抑郁，都阻碍有效沟通。这种状态常常使我们无法进行客观而理性的思维活动，代之以情绪性的判断。因此，最好避免在很沮丧的时候作决策，此时我们无法清楚地思考问题。

（四）语言

同样的词汇对不同的人来说含义是不一样的。年龄、教育和文化背景是三个最明显的因素，他们影响着一个人的语言风格及他对词汇的界定。另外，横向的分化使得专业人员发展了各自的行话和技术术语。在大型组织中，成员分布的地域十分分散（有些人甚至在不同的国家工作），而每个地区的员工都使用该地特有的术语或习惯用语。纵向的差异同样造成了语言问题。比如，像刺激和定额这样的词汇，对不同的管理者有着不同的含义。高层管理者常常把他们作为需要，而下级管理者则把这些词汇理解为操纵和控制，并由此而产生不满。

你我可能同说一种语言，但我们在语言使用上却并不一致。了解每个人如何修饰语言将会极大地减少沟通障碍。问题在于，组织中的成员常常不知道他所接触的人与自己的语言风格不同，他们自认为自己的语言或术语能够被其他人恰当地理解。但这往往是不正确的，而且导致了不少沟通问题。

（五）非语言提示

前面我们指出非语言沟通是信息传递的一种重要方法。非语言沟通几乎总是与口头沟通相伴，如果二者协调一致，则会彼此强化。比如，上司的语言告诉我他很生气，他的语调和身体动作也表明他很愤怒，于是我推断出他很恼火，这极可能是个正确的判断。但当非语言线索与口头信息不一致时，不但会使接受者感到迷茫，而且信息的清晰度也会受到影响。如果上司告诉你他真心想知道你的困难，而当你告诉他情况时，他却在浏览自己的信件，这便是一个相互冲突的信号。

二、沟通中障碍的克服

对于这些沟通障碍，管理者如何克服他们？以下的建议将帮助你使沟通更为有效。

（一）运用反馈

很多沟通问题是由于误解或不准确直接造成的。如果管理者在沟通过程中使用反馈回路，则会减少这些问题的发生。这里的反馈可以是言语的，也可以是非言语的。

当管理者问接受者："你明白我的话了吗？"所得到的答复代表着反馈。但反馈不仅仅包括是或否的回答。为了核实信息是否按原有意图被接受，管理者可以询问有关该信息的一系列问题。但最好的办法是，让接受者用自己的话复述信息。如果管理者听到复述正如本意，则可增强理解与精确性。反馈还包括比直接提问和对信息进行概括更精细的方法。综合评论可以使管理者了解接受者对信息的反应。另外，绩效评估、薪金核查及晋升都是反馈的重要形式。

当然，反馈不必一定以语言的形式表达。行动比语言更为明确。比如，销售主管要求所有下属必须填好上月的销售报告，当有人未能按期上交此报告时，管理者就得到了反馈。这一反馈表明销售主管对自己的指令应该阐述得更清楚。同理，当你面对一群人演讲时，你总在观察他们的眼睛及其他非言语线索以了解他们是否在接受你的信息。

（二）简化语言

由于语言可能成为沟通障碍，因此管理者应当选择措辞并组织信息，以使信息清楚明确，易于接受者理解。管理者不仅需要简化语言，还要考虑信息所指向的听众，以使所有的语言适合接受者。记住，有效的沟通不仅需要信息被接受，而且需要信息被理解。通过简化语言并注意使用与听众一致的言语方式可以提高理解效果。在所有的人都理解其意义的群体内，行话会使沟通十分顺利，但在本群体之外使用行话则会造成无穷问题。

与前面反馈的讨论一致，在传递重要信息时，为了使语言问题造成的不利影响减少到最低程度，可以先把信息告诉不熟悉这一内容的人。比如，在正式沟通之前让接受者阅读演讲词是一种十分有效的手段，其有助于确认含混的术语、不清楚的假设或不连续的逻辑思维。

（三）积极倾听

当别人说话时，我们在听，但很多情况下我们不是在倾听。倾听是对信息进行积极主动的搜寻，而单纯地听则是被动的。在倾听时，接受者和发送者双方都在思考。

我们中的不少人并不是好听众。为什么？因为做到这一点很困难，而且常常当个体有主动性时才会做得更为有效。事实上，积极倾听常常比说话更容易引起疲劳，因为它要求脑力的投入，要求集中全部注意力。我们说话的速度是每分钟 150 个词汇，而倾听的能力则是每分钟可接受将近 1 000 个词汇。二者之间的差值显然留给了大脑充足的时间，使其有机会神游四方。

通过发展与发送者的移情，也就是让自己处于发送者的位置，可以积极提高倾听的效果。不同的发送者在态度、兴趣、需求和期望方面各不相同，因此移情更容易理解信息的真正内含。一个移情的听众并不急于对信息的内容进行判定，而是先认真聆听他人所说。这使得信息不会因为过早的不成熟判断或解释而失真，从而提高了自己获得信息完整意义的能力。

（四）抑制情绪

如果认为管理者总是以完全理性化的方式进行沟通，那太天真了。我们知道情绪能使信息的传递严重受阻或失真。当管理者对某件事十分失望时，很可能会对所有的信息发生误解，并在表述自己的信息时不够清晰和准确。那么管理者应该如何行事呢？最简单的方法是暂停进一步的沟通直至恢复平静。

（五）注意非语言提示

我们说行动比语言更明确，因此很重要的一点是注意你的行动，确保它们和语言相匹配并起到强化语言的作用。非言语信息在沟通中占据很大比重。研究显示，人际沟通中，65%的信息传递是由非语言沟通来传递的。因此有效的沟通者非常注意自己的非言语提示，保证它们也同样传递了所期望的信息。

第五节　组织角色与沟通

组织沟通中往往受到组织成员地位或角色的影响，因为每一个人都会根据地位或角色，对于所流通的信息给予不同的理解或解释。

一、组织角色

角色是社会学的一个概念，一般是指对居于某种位置的人（不管是谁）所被期望表现的某类行为。例如，在组织中，常常会渐次发展出不同角色，由不同成员担任。有人担任创意者，有人担任附和者，有人担任质疑者，诸如此类。又如，一个经常唱高调、提反对意见的人，如果某天忽然附和一个非常现实的意见，其他人都会感到奇怪，因为这不符合他的角色行为。

我们常常把某人在组织中所处的位置叫作地位，即指某人在某一组织内的层次位置，常常表现在不同名衔、职位上面。严格来说，虽然地位、角色代表不同的概念，但在此讨论中，由于我们限于组织环境以内，为方便起见都称为组织角色。在组织内的每一个人，都有不同的组织角色。例如，在不同层次上的工作者，有上层管理者、中层管理者、基层管理者和一般员工；在不同职能部门的工作者，也会由于本身属于销售、生产或财务部门，表现为不同的组织角色。

二、组织角色对沟通的影响

不同的人，由于所担任的组织角色不同，就会产生不同的态度和观点与不同的利害关系。

每逢接触到什么新的信息时，人们就会从本角色加以估量，因而导致不同的意见和结论。组织角色对沟通影响的典型事实便是上下级之间沟通的问题和同级之间沟通的问题。

（一）下属方面

下属出于前途和安全性考虑，在向上沟通时，往往会发生障碍。因为下级在组织内的发展前途很大程度上操纵在上级手中，这使得下级在与上级沟通时，很自然地怀着一份特殊的心理状态。一方面，他不愿意在这上面发生对自己有什么不利的影响，因此对沟通的内容不免加以选择和控制。他可能会尽量掩盖对自己不利的事实，或者如果必须报告，就企图加以有力的解说；即使与自己没有直接相关的信息，为投上级所好，也倾向于只挑选上级喜欢知道的部分提出报告。这都使得其间沟通发生扭曲现象。另一方面，下属对于上级所传递的"下行沟通"也同样会因上级和下级的角色关系而发生扭曲。由于下级想从沟通中得到更多或更微妙的信息，往往会捕风捉影，自以为是，上级漫不经心的一句话，可能会被下属解释为带有特别意义的内容。

（二）上级方面

由于上级所接触的范围较广，知道的事情可能较多，因此在与下属进行接触的时候，往往一个人滔滔不绝，变成单向的沟通。甚至有些领导在心理就认为，在上级和下属之间，上级就应该扮演"讲"的角色，下属就应当担任"听"的角色，这种观念妨碍了有效沟通的进行。

（三）同级方面

由于处于不同的职能部门，对同一信息会得出不同的结论和意见，为此经常会在不同职能部门间产生那么多的争论。曾经有人利用一次中级主管训练场合，让 23 位经理人员就一个案例分析主要的问题所在。结果，83%的销售经理认为，问题出在销售方面，80%的生产经理则认为问题是在组织方面。这也显示了，虽然他们获得相同的信息，这些信息所代表的意义却因每人组织角色的影响而不同。

综合训练题

一、单项选择题

1. 单向沟通和双向沟通是按（ ）进行分类的。

  A. 按组织系统   B. 按照方向

  C. 按照是否进行反馈   D. 按照方法

2. 下列不属于有效沟通应遵循的原则的是（ ）。

  A. 及时性原则   B. 准确性原则   C. 完整性原则   D. 公开性原则

3. 适合于需要翻译或精心编制才能使拥有不同观念和语言才能的人理解的信息是（ ）。

  A. 书面沟通   B. 口头沟通   C. 工具式沟通   D. 感情式沟通

4. 公司质管部经理老吕在质量管理的总体目标、步骤、措施等方面与公司主要领导人有不同看法。老吕认为，质量管理的重要性在公司上下并未得到充分重视；公司领导则认为，他们是十分重视产品质量问题的，只是老吕的质量控制方案成本太高且效果不好。最近一段时间，这种矛盾呈现激化现象。一天上午，老吕接到公司周副总的电话，通知他去北京参加一个为期 10 天的管理培训班，而老吕则认为自己主持的质改推进计划正在紧要关头，一时脱不开身，公司领导应该是知道这个情况的，他们作出这样的安排显然是不支持甚至是阻挠自己的工作。因此，老吕不仅拒绝了领导的安排，还发了一通脾气；而公司周副总也十分恼火，认为老吕太刚愎自用，双方不欢而散。你认为这里出现的沟通失败的最主要原因是什么？（　　）。

  A. 周副总发送的信息编码有问题   B. 信息传递中出现了噪音

  C. 老吕对于周副总的反馈有问题 D. 老吕对于信息的译码出了问题

5. 最集权化的网络是（　　）。

  A. 轮型   B. 风车型   C. 环型   D. 星型

6. 最分权化的网络是（　　）。

  A. 轮型   B. 风车型   C. 环型   D. 星型

7. 组织对外沟通的功能是协调组织间的关系、创立和维护组织形象、为顾客提供服务、信息获取和（　　）获得。

  A. 能力   B. 财力   C. 知识   D. 盈利

8. 随着下属人员的成熟度由较低转为较高，管理者的领导风格以及其它相关的管理措施应作以下哪一种调整？（　　）

  A. 管理者可以赋予下属自主决策和行动的权力，管理者本人只起监督作用

  B. 管理者应通过双向沟通方式与下属进行充分交流，对下属工作给予更多的支持而不是直接指示

  C. 管理者应改进沟通以便更加有效地指导和推进下属的工作

  D. 管理者应采取单向沟通方式进一步加强对下属工作的检查、监督，使他们继续发展

9. 当冲突无关紧要的时候，或当冲突双方情绪极为激动，需要时间慢慢恢复平静时，可采用（　　）策略。

  A. 回避   B. 迁就   C. 强制   D. 妥协

10. 王先生前些年下岗后，自己创办了一家公司。公司开始只有不到十个人，所有人都直接向王先生负责。后来，公司发展很快，王先生就任命了一个副总经理，由他负责公司的日常事务并向他汇报，自己不再直接过问各部门的业务。在此过程中，该公司沟通网络的变化过程是（　　）。

  A. 由轮式变为链式   B. 由轮式变为 Y 式

  C. 由链式变为 Y 式   D. 由链式变为环式

11. 如果发现一个组织中小道消息很多，而正式渠道的消息较少，这意味着该组织（　　）。

  A. 非正式沟通渠道中信息传递很通畅，运作良好

  B. 正式沟通渠道中信息传递存在问题，需要调整

  C. 其中有部分人特别喜欢在背后乱发议论，传递小道消息

  D. 充分运用了非正式沟通渠道的作用，促进了信息的传递

12. 沟通过程中影响信息接收和理解的因素是（　　　）。

　　A. 选择性因素，功能性因素，结构性因素

　　B. 选择性因素，功能性因素，即时性因素

　　C. 选择性因素，功能性因素，延缓性因素

　　D. 选择性因素，功能性因素，突发性因素

13. 英国大作家肖伯纳曾经说过："你有一个苹果，我有一个苹果，彼此交换后，各人手里仍然还是一个苹果；你有一种思想，我有一种思想，彼此交流思想，那么我们每人便有了两种思想。"你认为这句话对当前企业管理工作的启示是（　　　）。

　　A. 企业之间的物质交换不如经验交流重要

　　B. 人各有所长，各有所需，但精神需要更为重要

　　C. 当前流行的请客送礼之风，与精神文明建设的要求格格不入

　　D. 促进企业内部人们的信息沟通可以提高企业的竞争能力

14. 人际沟通的障碍包括语言障碍、习俗障碍、观念障碍、（　　　）、个性障碍、心理障碍、情绪障碍。

　　A. 角色障碍　　　　B. 文化障碍　　　　C. 地域障碍　　　　D. 时间障碍

15. 管理沟通的构成要素包括（　　　）。文中没有提到沟通的构成要素

　　A. 沟通者　　　　B. 信息符号　　　　C. 沟通目标　　　　D. 反馈

16. 不属于人际沟通的动机是：（　　　）。

　　A. 支配动机　　　　B. 实用动机　　　　C. 探索动机　　　　D. 归属动机

17. 当必须对重大事件或紧急事件进行迅速处理时，可采用（　　　）策略。

　　A. 回避　　　　B. 合作　　　　C. 强制　　　　D. 妥协

18. 不是决定信息来源可靠性的因素（　　　）。

　　A. 诚实　　　　B. 能力　　　　C. 客观　　　　D. 权威

19. 下列说法不正确的是（　　　）。

　　A. 双向沟通比单向沟通需要更多的时间。

　　B. 接受者比较满意单向沟通，发送者比较满意双向沟通。

　　C. 双向沟通的噪音比单向沟通要大得多

　　D. 在双向沟通中，接受者和发送者都比较相信自己对信息的理解。

20. 下列关于非正式沟通的说法正确的是（　　　）。

　　A. 非正式沟通传播的是小道消息，准确率较低

　　B. 非正式沟通经常将信息传递给本不需要它们的人

　　C. 非正式沟通信息交流速度较快

　　D. 非正式沟通可以满足职工的需要

21. 沟通的目的是（　　　）。

　　A. 获得知识　　　　　　　　　　B. 做出最优决策

　　C. 获得更多新的信息　　　　　　D. 取得沟通对象的认同

22. 带有强制性意思的沟通联络方法是（　　　）。

　　A. 发布指示　　　　B. 会议形式　　　　C. 个别交谈　　　　D. 建立沟通网络

23. 当维持稳定和谐关系十分重要时，可以采用（　　）策略。
　　A. 回避　　　　　　B. 迁就　　　　　　C. 强制　　　　　　D. 妥协

24. 吴总经理出差二个星期才回到公司，许多中层干部及办公室人员，马上就围拢过来。大家站在那里，七嘴八舌一下子就开成了一个热烈的自发办公会，有人向吴总汇报近日工作进展情况，另有人向吴总请求下一步工作的指示，还有人向吴总反映公司内外环境中出现的新动态。根据这种情况，你认为下述说法中哪一种最适当地反映了该公司的组织与领导特征？（　　）。
　　A. 链式沟通、民主式管理　　　　　　B. 轮式沟通、集权式管理
　　C. 环式沟通、民主式管理　　　　　　D. 全通道式沟通、集权式管理。

25. "在你开口以前，你已经把什么都说了"领导者的形象作为"静默语"，不知不觉中向周围的人发出各种信息。你认为这是一种沟通吗？（　　）。
　　A. 是，属于视觉沟通
　　B. 不是，这属于视觉印象，是领导形象研究的问题
　　C. 是，属于非语言沟通
　　D. 不是，这属于沉默沟通

26. 如果某种渠道使用过多，会在下属中造成高高在上、独裁专横的印象，使下属产生心理抵触情绪，影响团体的士气。这种沟通渠道是（　　）。
　　A. 上行沟通　　　B. 下行沟通　　　C. 平行沟通　　　D. 斜向沟通

27. 单向沟通与双向沟通的区分标准是（　　）。
　　A. 是否通过正式的组织渠道
　　B. 是否有发送者与接收者之间地位的相互交换
　　C. 是否通过书面的形式来进行
　　D. 是否是上下级的一种沟通关系

28. 要突出某人的身份地位，与此人保持的距离称为（　　）。
　　A. 私人空间　　　B. 社交空间　　　C. 公共空间　　　D. 时间空间

29. 据学者统计，高达93%的沟通是非语言沟通，其中（　　）%是通过面部表情、形体姿态和手势传递的，38%通过音调。
　　A. 55%　　　　　B. 45%　　　　　C. 65%　　　　　D. 35%

30. 人际沟通的三个层次有（　　）。
　　A. 信息层次，情感层次，行为层次　　B. 信息层次，认知层次，情感层次
　　C. 信息层次，认知层次，行为层次　　D. 认知层次，接触层次，情感层次

二、多项选择题

1. 完整的沟通联络过程包括（　　）环节。
　　A. 主体与编码　　B. 媒体　　　C. 客体与译码　　D. 沟通效果
　　E. 反馈

2. 关于德鲁克沟通的四项基本原则有（　　）。
　　A. 沟通是一种受众期望的满足
　　B. 沟通能够激发听众的需要

    C. 沟通对象能感受到沟通的信息内涵

    D. 所提供的信息必须是有价值的

    E. 沟通可以是单向也可以是双向

3. 有效沟通应遵循的原则有（   ）。

    A. 明确性原则   B. 及时性原则

    C. 完整性原则   D. 准确性原则

    E. 战略上使用非正式组织原则

4. 在人际沟通中心理障碍是由（   ）等造成的判断失误、沟通困难等。

    A. 知觉偏差   B. 情感失控   C. 观念不同   D. 态度不端

    E. 思维偏差

5. 人际沟通强调沟通是在（   ）。

    A. 沟通者与沟通对象之间进行的   B. 沟通双方有共同的沟通动机

    C. 沟通双方都是积极的参与者   D. 沟通双方有相同的沟通能力

    E. 沟通双方有相同的理解能力

6. 实行有效沟通联络应满足（   ）。

    A. 表达清楚   B. 传递准确

    C. 避免过早评价   D. 消除下级顾虑

    E. 积极联络并加以控制

7. 组织中产生冲突的原因有（   ）。

    A. 文化差异   B. 沟通差异   C. 结构差异   D. 个体差异

    E. 整体差异

8. 管理沟通策略中的信息策略原则是（   ）。

    A. 从客观情况描述入手，引出一般看法，再就问题提出自己的具体看法

    B. 站在间接上司的角度来分析问题

    C. 就事论事，对事不对人

    D. 不对上司的人身作评论

    E. 客观分析问题

9. 提高倾听的效果的要点有（   ）。

    A. 保持目光交流   B. 捕捉内容要点

    C. 沉默无声地倾   D. 揣摩词语，体味言外之意

    E. 注意对方的表情、动作

10. 演讲者要分析听众心理，听众的心理特点有（   ）。

    A. 对信息的接受具有选择性   B. 首因效应

    C. 直观性理解   D. 独立意识和从众心理的矛盾统一

    E. "自己人"效应

11. 以下哪两种口头沟通的情况需要慎用（   ）。

    A. 信息量大   B. 与上司沟通   C. 与下属沟通   D. 传递环节多

    E. 文件

12. 完整的沟通联络过程环节包括（   ）。
    A. 主体与编码   B. 媒体
    C. 客体与译码   D. 沟通效果
    E. 反馈

13. 沟通联络的原则有（   ）。
    A. 明确性的原则   B. 方向性原则
    C. 可行性原则   D. 完整性原则
    E. 战略上使用非正式组织的原则

14. 对沟通的理解正确的有（   ）。
    A. 沟通的实质是传递
    B. 用语言沟通是人与动物的根本区别
    C. 沟通具有控制、激励、情绪表达和信息四大功能
    D. 在实际沟通中，一般非语言沟通比语言沟通表达的信息更真实
    E. 信息的传递

15. 人与人之间的沟通过程有不同于其他沟通过程的特殊性，包括（   ）。
    A. 人与人之间的沟通主要是通过语言进行的
    B. 人与人之间的沟通包括信息的交流
    C. 人与人之间的沟通过程中，生理因素有着重要意义
    D. 人与人之间的沟通还包括情感思想、态度、观点的交流
    E. 人与人之间的沟通过程有时会出现特殊的沟通障碍

16. 非语言与语言的关系有（   ）。
    A. 重复   B. 矛盾   C. 代替   D. 回避
    E. 强调

17. 非正式沟通包括（   ）。
    A. 小道消息，私下交谈   B. 网上跟帖
    C. 小组会议   D. 通知
    E. 平行沟通

18. 书面沟通的优点有（   ）。
    A. 读者可以以自己的方式，速度来阅读材料
    B. 易于远距离传递
    C. 易于存储并在做决策时可提供信息
    D. 可传递敏感的或秘密的信息
    E. 正式感

19. 沟通联络的作用之一是使组织中的人们认清形势，这包括（   ）。
    A. 使新来的人员认清形势   B. 不断认清形势
    C. 采取行动时认清形势   D. 使主管人员认清形势
    E. 汇报情况时认清形势

20. 沟通联络的形式按不同的标准可以分为（   ）。

  A. 正式沟通与非正式沟通　　　　B. 上行沟通、下行沟通和平行沟通

  C. 单向沟通和双向沟通　　　　　　D. 口头沟通和书面沟通

  E. 含蓄沟通及快速处置人员和联络人员

三、问答题

1. 简述管理沟通的内涵。

2. 影响有效沟通的障碍。

3. 沟通的的方式有哪些？

4. 克服沟通中障碍的一般准则。

5. 人际沟通的主要动因是什么？

6. 有人认为"非正式组织的沟通往往会造成不良影响的小道消息，因此应该尽量杜绝"对这种看法你是否同意？请说明理由。

7. 说明沟通的背景主要包括哪几个方面，内容是什么？

8. 如何克服沟通中的障碍？

9. 沟通的重要性。

10. 说明演讲构思主要包括哪些内容？

四、案例分析题

【案例一】沟通的中断

  李娜是一个有着三个孩子的单身妈妈，被一家卡车运输公司雇用，做订单录入员。头两周，她被送去参加一个特殊的培训课程，每天早上 8 点到下午 4 点，在那里她学习怎样对订单进行分类、编码和输入计算机。最初有老师给她大量的指导，逐渐地她越来越熟练，越来越自信，指导就逐渐减少。李娜为拥有这个新工作而高兴，也喜欢这个时间安排。培训结束以后，公司通知她下周一去订单录入部门报到。

  在她最初被招聘时，也许是李娜没有阅读和理解通知书上关于她工作的时间安排，也可能是招工的人忘了告诉她，她是被招来填补从早上 4 点到中午这一特殊工作时段的。不管什么原因，李娜第一天上班时没有按早班时间报到。当她 8 点来上班时，她的主管批评她没有责任感。李娜则反驳说，她不可能上早班，因为她要照顾孩子，她威胁说如果不能上晚班就辞职。由于公司业务紧张，劳动力市场上也很难找到合适的人选，主管很需要李娜做这份工作，但是早上 8 点到下午 4 点的班已经排满了。

  根据案例回答以下问题。

（1）析案例中出现的沟通障碍？

（2）说明你将如何处理这个案例中的问题？

【案例二】沟通的畅通度

  阳贡公司员工为何对工作不满意？阳贡公司是一家中外合资的集开发、生产、销售于一体的高科技企业，其技术在国内同行业中居于领先水平，公司拥有员工 100 人左右，其中的技术、业务人员绝大部分为近几年毕业的大学生，其余为高中学历的操作人员，目前，公司员工当中普遍存在着对公司的不满情绪，辞职率也相当高。

  员工对公司的不满始于公司筹建初期，当时公司曾派遣一批技术人员出国培训，这批技

术人员在培训期间合法获得了出国人员的学习补助金，但在回国后公司领导要求他们将补助金交给公司。技术人员据理不交，双方僵持不下，公司领导便找这些人逐个反复谈话，言辞激烈，并采取一些行政制裁措施给他们施加压力，但这批人员当中没有一个人按领导的意图行事，这导致双方矛盾日趋激化。最后，公司领导不得不承认这些人已形成一个非正式组织团体，他们由于共同的利益而在内部达成一致的意见：任何人都不得擅自单独将钱交回。他们中的每个人都严格遵守这一规定，再加上没有法律依据，公司只好作罢。因为这件事造成的公司内耗相当大，公司领导因为这批技术人员"不服从"上级而非常气恼，对他们有了一些成见，而这些技术人员也知道领导对他们的看法，估计将来还会受到上级的刁难，因此也都不再一心一意准备在公司长期干下去。于是，陆续有人开始寻找机会"跳槽"。一次，公司领导得知一家同行业的公司来"挖人"，公司内部也有不少技术人员前去应聘，为了准确地知道公司内部有哪些人去应聘，公司领导特意安排两个心腹装作应聘人员前去打探，并得到了应聘人员的名单。谁知这个秘密不胫而走，应聘人员都知道自己已经上了"黑名单"，估计如果继续留在公司，也不会有好结果，于是在后来都相继辞职而去。

　　由于人员频繁离职，公司不得不从外面招聘以补足空缺。为了能吸引招聘人员，公司向求职人员许诺住房、高薪等一系列优惠条件，但被招人员进入公司后，却发现当初的许诺难以条条兑现，非常不满，不少人干了不久就"另谋高就"了。为了留住人才，公司购买了两栋商品房分给部分骨干员工，同时规定，生产用房不出售，员工离开公司时，需将住房退给公司。这一规定的本意是想借住房留住人才，但却使大家觉得没有安全感，有可能即使在公司干了很多年，将来有一天被公司解雇时，还是"一无所有"，因此，这一制度并没有达到预期的效果，依然不断有人提出辞职。另外，公司强调住房只分给骨干人员，剩下将近一半的房子宁肯空着也不给那些急需住房的员工住，这极大的打击了其他员工人积极性，使他们感到在公司没有希望，既然没有更好的出路，因此工作起来情绪低落，甚至有消极怠工的现象。在工资奖金制度方面，公司也一再进行调整，工资和奖金的结构变得越来越复杂，但大多数员工的收入水平并没有多大变化，公司本想通过调整，使员工的工作绩效与收入挂起钩来，从而调动员工的积极性，但频繁的工资调整使大家越来越注重工资奖金收入，而每次的调整又没有明显的改善，于是大家产生了失望情绪。此外，大家发现在几次调整过程中，真正受益的只有领导和个别职能部门的人员，如人事部门。这样一来，原本希望公平的措施却产生了更不公平的效果，员工们怨气颇多，认为公司调整工资奖金，不过是为了使一些人得到好处，完全没有起到调动员工积极性的作用。

　　公司的技术、业务人员虽然素质较高，但关键职能部门，如人事部门的人员却普遍素质较低，其主管缺少人力资源管理知识的系统学习，却靠逢迎上级稳居这一职位。他制定的考勤制度只是针对一般员工，却给了与他同级或在他上级的人员以很大的自由度，如规定一般员工每天上下班必须打卡，迟到 1 分钟就要扣除全月奖金的 30%借机谋取私利，这样，就在公司内部造成一种极不公平的状况，普通员工对此十分不满，于是他们也想出了一些办法来对付这种严格的考勤制度，如不请假，找人代替打卡或有意制造加班机会等方法弥补损失。公司人员岗位的安排也存在一定的问题。这位人事主管虽然自己没有很高的学历，但却盲目推崇高学历，本可以由本、专科毕业生做的工作由硕士、博士来干，而有些本、专科生只能做有高中学历的人就能胜任的工作，这样，大家普遍觉得自己是大材小用，工作缺乏挑战性和成就感，员工们非常关心企业的经营与发展情况，特别是近来整个行业不景气，受经济形势的影响，企业连年亏损，大家更是关心企业的下一步发展和对策，但公司领导在这方面很少与员工沟通，更没有做鼓动人心的动员工作，使得大家看不到公司的希望。结果导致士气低下，人心涣散。

根据案例回答以下问题。

（1）阳贡公司员工不满意是因为公司不能满足他们的需要，从本案例中，员工最大的不满足在于什么？

（2）阳贡公司内部非正式群体形式的原因是什么？

（3）阳贡公司最缺乏的激励方法是？

第十一章

创　新

教学目标： 面对越来越激烈的市场竞争，任何一个企业都比以往更加深刻地意识到创新是企业竞争力的源泉，不仅如此，创新还是一个民族进步的灵魂，也是推动社会发展的动力。因此，创新活动已经逐渐成为管理的重要对象和内容。本章学习的要点是重点掌握创新的概念、作用；创新的类型；创新的基本内容；创新的过程。通过上述内容的学习，了解企业技术创新和企业组织创新的过程，认识到创新的重要性，掌握创新的基本知识点，为今后的工作奠定基础。

 引导案例

华为技术有限公司

崛起与发展

1987 年正式注册成立的华为技术股份有限公司，是全球领先的信息与通信技术解决方案供应商，专注于 ICT 领域，坚持稳健经营、持续创新、开放合作，在电信运营商、企业、终端和云计算等领域构筑了端到端的解决方案优势，并致力于构建更美好的全联接世界。

2013 年，华为首超全球第一大 ICT 爱立信，排名《财富》世界 500 强第 315 位。2016年，全国工商联发布"2016 中国民营企业 500 强"榜单，华为以 3 950 亿元的年营业收入成为 500 强榜首。2017 年《BrandZ 最具价值全球品牌 100 强》公布，华为名列第 49 位。2018年美国《财富》杂志发布了最新一期的世界 500 强名单，华为排名第 72 位。2018 年《中国500 最具价值品牌》华为位居第六位。

（1）截止到 2016 年，华为累计共获得专利授权 5 万余件，其中 90%以上为发明型专利。

（2）2016 年，华为公司的研发投入就高达 608 亿元人民币，占销售收入的约 11.7%。

（3）华为与世界排名领先的运营商成立近 34 个联合创新中心。

华为的成功

截止到 2016 年年底，华为有 17 万多名员工，华为的产品和解决方案已经应用于全球170 多个国家，服务全球运营商 50 强中的 45 家及全球三分之一的人口。2018 年，沃达丰和

华为完成首次 5G 通话测试。华为 2018 年全球销售收入 7 212 亿元，同比增长 19.5%；净利润 593 亿元，同比增长 25.1%。在研发投入上，华为 2018 年研发费用达 1 015 亿元，占销售收入比重为 14.1%。华为近十年投入研发费用总计超过 4 800 亿元。联合国下属的世界知识产权组织公布的数据称，2018 年华为向该机构提交了 5 405 份专利申请，在全球所有企业中排名第一。

资料来源： 丁正. 华为高校工作法. 北京：机械工业出版社，2014.

根据案例回答以下问题。

（1）创新的好处有哪些？

（2）上述案例说明了什么？

第一节　创新的概述

一、创新的内涵

（一）创新定义

一般来讲，创新是指新事物及产生新事物的过程，包括任何新的思想、新的实践或新的制造物。管理组织或者系统运行不仅仅是维持而更重要的是创新。创新也指人们在改造自然和改造社会过程中方法、手段和结果的质的飞跃。创新过程是指从创新构思产生到创新实践，直至创新投放市场后改进创新的一系列活动及其逻辑关系。创新活动是在一定的环境和条件下进行的，创新过程要受到各种因素和各种关系的激励和约束，这些环境、条件、激励和约束又是一定机制的产物。

在经济学和管理学领域，创新是有其特定含义的，在学术文献中，创新主要是指企业的创新，且基本等同于技术创新。首先在经济学领域中明确创新的作用的是美籍奥地利经济学家约瑟夫·熊彼特，在 1912 年他以德文出版的《经济发展理论》一书，是创新经济学诞生的标志。他使用"创新"这一概念建立起自己的经济理论体系，将创新定义为"新的生产函数的建立"，即"企业家对生产要素的新组合"，具体来说包括五种情况：① 引入一种新产品；② 引入一种新的生产方法；③ 开辟一个新的市场；④ 获得原材料或半成品的一种新的供应来源；⑤ 实现一种新的工业组织形式。

熊彼特的创新概念的含义是相当广泛的，它是指各种可以提高资源配置效率的新活动。但是，归纳起来，熊彼特意义上的创新主要是两大类，即技术创新和组织创新。在熊彼特的定义中，前四项内容主要涉及技术创新，包括产品创新和工艺创新，第五项内容则指组织创新，包括组织制度创新和组织结构创新。技术创新和组织创新是两类最基本的创新形式。

在熊彼特之后，特别是 20 世纪 60 年代之后，许多的学者和研究团队开始进行有关创新的研究，让创新的定义逐步成熟。1962 年伊诺思在《石油加工中的发明与创新》中从行为集合的角度定义技术创新行为"几种行为综合的结果，这些行为包括发明的选择、资本投入保证、组织建立、制定计划、招用工人和开辟市场等"；1974 年，厄特巴克在《产业创新与技术扩散》中认为"创新就是技术的实际采用或者首次应用"；美国国家科学基金会的研究报告《1976年：科学指示器》中，将创新定义为"将新的或改进的产品、新过程或服务引入市场"；弗里曼在1982年的《工业创新经济学》修订版本中指出，技术创新就是指新产品、新过程、新系统和新服务的首次商业化；中国清华大学傅家骥教授对技术创新的定义是企业家抓住市场的潜在盈利机会，以获取商业利益为目标，重新组织生产条件和要素，建立起效能更强、效率更高和费用更低的生产经营方法，从而推出新的产品、新的工艺方法，开辟新的市场，获得新的原材料或半成品供给来源或建立企业新的组织，它包括科技、组织、商业和金融等一系列活动的综合过程。

《现代汉语词典》对创新的解释是"抛开旧的，创造新的"或指"创造性及新意"，即创新就是创造新的东西或有新意的思想。需要说明的是，创新并不一定是全新的东西，旧的东西以新形式出现或以新的方式结合也是创新。彼得·德鲁克在《革新与企业家精神》中曾以集装箱的生产为例，指出"把卡车车身从车轮上取下，放到货船上，在这个行为中并没有包含多少新技术，可这是一项创新"，这一创新把远洋货船的生产效率提高了三倍左右，或许还节省了运费。

以上定义基本沿用了熊彼特的创新概念的思想，即强调技术的应用和商业化。可以看出，这些定义并没有明显的差异，都涉及了技术、首次应用、商业化几个要素，主要的差异点在于对技术本身含义及其技术应用领域的界定。值得强调的是，管理创新也属于创新范畴之内。管理创新是创造一种新的更有效的方法来整合组织内外资源，以实践既定管理目标的活动。管理创新强调在技术和观念创新的基础上创造出一套资源整合方式，具体包括企业战略的制定、企业文化建设、绩效考核与激励制度、公司治理模式、内部控制体系、业务流程重组、管理信息系统开发、营销管理、运维管理和客户服务管理等。

（二）创新管理的基本含义

（1）管理者是管理创新的主体，管理创新贯穿于管理者的管理活动过程中。

（2）管理创新包括创立新的管理方法、新的管理手段、新的模式，其实质是创立一种新的更有效的资源整合和协调模式。只要新的资源整合和协调模式能够使管理活动更有效，就属于管理创新的内容。

（3）管理创新的目的在于适应环境变化，实现组织目标，达到提高组织整体效率和效应的目的。企业要在动态多变的环境中成长，就要适应环境，管理创新是企业主动适应环境变化的途径。

创新是组织生命力的源泉，是组织获取持续竞争力的有效保证。企业要想在强大市场竞争中脱颖而出，立于不败之地，必须保证管理方法的先进性。而随着竞争压力的增大，企业现有的经验模式会被对手借鉴和模仿。所以，企业必须进行管理创新，以新的方法打造可持续的竞争优势。

二、创新的作用

（一）全方位提高企业素质

创新可以提高企业的经济效益，一是提高目前的效益，二是提高未来的效益，即企业的长远效益；降低交易成本，管理创新对企业发展和企业效益的提高作用重大；稳定企业，推动企业的发展；拓展市场，帮助竞争，管理创新若在市场销售方面进行，能帮助企业有力地拓展市场，展开竞争；有助于企业家阶层的形成，职业经理层的形成对企业的发展有很大作用。这样可以全方位提高企业的素质。

（二）能推动企业稳定健康发展

企业生产经营活动的协调性、有序性是推动企业稳定健康发展的重要力量。管理创新通过创立新的更有效的资源整合的方式与方法，不仅能为企业的健康发展奠定坚实的基础，而且能使企业产生更大的合力，从而为促进企业的快速发展创造条件。

（三）提高企业竞争力

随着科学技术的进步和信息技术的发展，企业之间的技术差别越来越小。企业增强核心竞争力的关键不再仅仅依赖于技术，而是越来越依赖于管理。海尔集团 CEO 张瑞敏认为："核心能力是企业持续高速增长有力的支撑。海尔的核心能力就是一种整合能力，这种整合能力既是企业机制和市场机制的整合，也是产品功能与顾客需求的整合，它可以使全世界的优势技术为我所用，可以让企业借力腾飞。"海尔的这种整合能力就是管理创新能力。可见，管理创新对企业创新能力的提升起着支持、整合和催化作用，是形成企业核心能力的前提和基础。

三、创新的特性

与创新的一般含义不同，管理学界对创新的定义特别强调以下 4 个方面的特性。

（1）创新的主体是企业。

（2）创新是一种经济行为，其目的是获取潜在的利润，市场实现是检验创新成功与否的标准。

（3）创新者不一定是发明家，而是能够发现潜在利润、敢于冒风险并具备组织能力的企业家。

（4）创新联结了技术与经济，是将技术转化为生产力的过程。

四、创新的类型

（一）目标创新

企业在一定的经济环境中从事经营活动，特定的环境要求企业按照特定的方式提供特定的产品。一旦环境发生变化，则要求企业的生产方向、经营目标及企业在生产过程中与其他经济组织关系进行相应的调整。在新的经济背景下，企业的目标必须调整为："通过满足社会需要来获取利润。"至于企业在各个时期的具体经营目标，则更需要适时地根据市场环境和消费需求的变化加以整合，每一次调整都是一种创新。

（二）技术创新

技术创新是企业创新的主要内容，企业中出现的创新活动大部分是有关技术方面的，因此，有人甚至把技术创新视为企业创新的同义语。技术水平是反映企业经营实力的一个重要标志，企业要在激烈的市场竞争中处于主动地位，就必须顺应甚至引导社会技术进步的方向，不断地进行技术创新。由于一定的技术都是通过一定的物质载体和利用这些载体的方法来体现的，因此企业的技术创新主要表现在要素创新、要素组合方法的创新及产品的创新等方面。

（三）制度创新

要素组合的创新主要是从技术角度分析了人、机、料的各种结合方式的改进和更新，而制度创新则需要从社会经济角度来分析企业各个成员间的正式关系的调整和变革。制度是组织运行方式的原则规定。产权制度、经营制度、管理制度这三者之间的关系是错综复杂的。一般来说，一定的产权制度决定相应的经营制度。但是，在产权制度不变的情况下，企业具体的经营方式可以不断进行调整；同样，在经营制度不变时，具体的管理规则和方法也可以不断改进。而管理制度的改进一旦发展到一定程度，则会要求经营制度做相应的调整，经营制度的不断调整，则必然会引起产权制度的革命。因此，反过来，管理制度的变化会反作用于经营制度；经营制度的变化会反作用于产权制度。企业制度创新的方向是不断调整和优化企业所有者、经营者、劳动者三者之间的关系，使各个方面的权力和利益得到充分的体现，使组织的各种成员的作用得到充分的发挥。

（四）组织创新

企业系统的正常运行，既要求具有符合企业及其环境特点的运行制度，又要求具有与之相应的运行载体，即合理的组织形式。因此，企业制度创新必然要求组织形式的变革和发展。从组织理论的角度来考虑，企业系统是由不同的成员担任的不同职务和岗位的结合体。这个结合体可以从结构和机构这两个不同层次去考察。所谓机构是指企业在构建组织时根据一定的标准，将那些类似的或为实现同一目标有密切关系的职务或岗位并到一起，形成不同的管理部门，它主要涉及管理劳动的横向分工的问题，即把对企业生产经营业务的管理活动分成不同部门的任务；而结构则与各管理部门之间，特别是与不同层次的管理部门之间的关系有关，它主要涉及管理劳动的纵向分工问题，即所谓的集权和分权问题。不同的机构设置，要求不同的结构形式；组织机构完全相同，但机构之间的关系不一样，也会形成不同的结构形式。由于机构设置和结构的形式要受到企业活动的内容、特点、规模、环境等因素的影响。因此，不同的企业有不同的组织形式；同一个企业，在不同的时期，随着经营活动的变化，也要求组织的机构和结构不断调整。组织创新的目的在于更合理地组织管理人员去努力提高管理劳动的效率。

（五）环境创新

环境是企业经营的土壤，同时也制约着企业的经营。企业与环境的关系，不是单纯地去适应，而是在适应的同时去改造、去引导，甚至去创造。环境创新不是指企业为适应外界变化而调整内部结构或活动，而是指通过企业积极的创新活动去改造环境，去引导环境朝着有利于企业经营的方向变化。例如，通过企业的公关活动，影响社区政府政策的制定；通过企业的技术创新，影响社会技术进步的方向等。就企业来说，环境创新的主要内容是市场创新。市场创新主要是指通过企业的活动去引导消费，创造需求。成功的企业经营不仅要适应消费者已经意识到的市场需求，而且要去开发和满足消费者自己可能还没有意识到的需求。新产品的开发往往被认为是企业创造市场需求的主要途径。其实，市场创新的更多内容是通过企业的营销活动来进行的，即在产品的材料、结构、性能不变的前提下，或通过市场的物理转移，或通过揭示产品新的使用价值，来寻找新用户，或者通过广告宣传等促销工作，来赋予产品以一定的心理使用价值，影响人们对某种消费行为的社会评价，从而诱发和强化消费者的购买动机，增加产品的销售量。

五、创新的要素

（一）资金

资金反映组织创新的经济实力，直接影响创新的规模和强度。创新资金包括研究开发活动所需的资金，也包括生产经营活动所需的资金。国外研究认为，在技术研究过程中，研究、开发、生产三个环节的资金投入比例大体为 1:10:100。企业在研究开发上投入的经费总量占其在销售收入中的比重越大，创新能力越强。他们认为，一个企业的技术研究开发投资若占销售收入的 1%，企业则难以生存，占 2% 才能勉强维持生存，占 5% 才具有较强的竞争能力。

（二）技术水平

对于制造型企业而言，企业现有的技术水平是影响创新能力的重要因素。技术水平体现为企业现有的研究成果、物质技术水平和管理技术水平。企业现有的研究成果，包括应用性科技论文、技术专利、技术诀窍、图纸资料、样品样机等，这些成果的数量、种类、水平等影响着企业的创新能力。物质技术方面，投入研究开发的物质技术手段的水平高，创新的水平也高，创新进程就可以缩短；生产装备水平优良，就能有效吸收和转化科技成果，迅速实现创新下的规模生产。在管理技术方面，水平越高，越有能力掌握市场动态，及时发现创新机会，也越有能力加快创新过程，提高创新水平，增强创新产出的市场实现能力。

（三）信息

信息是创新的资源和成果，创新过程是信息运动过程。作为资源的信息，既有来自组织外部的，也有来自组织内部的。越能掌握外部信息、沟通内部信息，组织的创新能力就越强。掌握外部信息，包括对外部信息的搜集整理、分析研究、消化吸收。只有灵敏地掌握外部信息，才能把握创新的外部机会和约束条件，以便形成正确的创新决策，并加快组织实施。随着创新的实施，内部信息的作用影响力逐步增强。要通过各种沟通方式，加强内部信息的流动，确保信息成为职工的共享资源，有效增强创新活动各环节的相互联系和整体协调，取得创新的最佳效果。

（四）人才

人才资源是组织创新的基本保证，是创新的决定性因素。作为管理创新活动的主体，人才资源主要由企业家、内企业家和知识员工等构成，他们各自在管理创新中扮演不同的角色，承担不同的职责和功能。企业家是指从事企业管理实践的高级管理人员。企业家在管理创新中扮演着重要的角色，他既是管理创新的激励者和组织者，也是创新活动的具体设计者和实施者。内企业家指的是那些在现行公司体制内，富有想象力、有胆识、敢冒个人风险来促成新事物出现的管理者。内企业家处于企业决策层与基层的中间接合部，是具有实际管理经验和业务专长的大量管理人员的集合。知识与智力是产生创意的源泉，而创意正是创新的开端，没有创意就不可能进行创新。拥有知识与智力的员工是管理创新的重要主体之一。知识员工作为一个群体而成为管理创新的主体是完全可能的。一方面，组织结构有扁平化趋势，企业管理的重心逐渐下移，使知识员工有了很多的机会接触企业管理的实际问题，另一方面，作为群体的知识员工，能够产生大量的管理创意，具有提炼、综合、实施的价值。

第二节 创新的过程及形式

一、创新的过程

（一）寻找机会

创新是对原有秩序的破坏。原有秩序之所以要打破，是因为其内部存在着或出现了某种不协调的现象。这些不协调对系统的发展提供了有利的机会或造成了某种不利的威胁。创新活动正是从发现和利用旧秩序内部的这些不协调现象开始的。不协调为创新提供了契机。旧秩序中的不协调既可存在于系统的内部，也可产生于对系统有影响的外部。可能成为创新契机的变化主要有四个因素。

（1）技术的变化。可能影响企业资源的获取、生产设备和产品的技术水平。

（2）人口的变化。可能影响劳动市场的供给和产品销售市场的需求。

（3）经济环境的变化。迅速增长的经济背景可能给企业带来不断扩大的市场，而整个国民经济的萧条则可能降低企业产品需求者的购买能力。

（4）文化与价值观的转变。可能改变消费者的消费偏好或劳动者对工作及其报酬的态度。

企业的创新，往往是从密切地注视、系统地分析社会经济组织在运行过程中出现的不协调现象开始的。

（二）提出构想

系统内外部的不协调，使创新主体产生了朦胧的创新意识、欲念和想法，这种意识、欲念和想法经过创新主体的梳理会逐渐形成比较清晰的创新愿望。

（1）创新愿望的形成阶段。产生方式主要分为主动型和环境诱发型。主动型创新意愿是由于企业自身的效益或发展问题而产生的内在创新冲动。环境诱发创新愿望是在企业"不创新即死亡"的外界压力下产生的，它源于企业的外部环境的变化，如竞争加剧、市场需求变化等给企业带来的生存威胁。

（2）创新的定位阶段。就是对企业创新领域、创新目标及创新方向进行确定的过程。创新涵盖了企业生产经营活动的全过程，每个环节、每个部门都会产生大量的创新愿望，每个创新愿望都有各自的关注点，并反映着不同的创新目标和方向，如不加以整理，就难以理清思路，难以把握创新的重点和方向。因此，企业必须在产生大量创新愿望的基础上，确定企业创新的领域、重点和创新的方向和目标。

（3）创新方案评价阶段。对提出的各种创新构想，在创新条件、创新目标的约束下，运用科学的理论与方法对其进行比较、筛选、综合及可行性分析，以形成具体又切实可行的、能使企业系统向更高层次发展的创新方案。

（三）创新实施阶段

创新成果的秘密主要在于迅速行动。组织内部环境瞬息万变，解决不协调的构想提出后要立即付诸实施。根据实施的先后顺序及内容不同，实施阶段又分为三个环节。

（1）实施准备。创新方案的实施需要响应的条件和各方面的配合，因此，在创新方案具体付诸行动前，要大力做好宣传工作和沟通工作，使企业成员深刻认识到创新的必要性和迫切性。

（2）初步实施。通过授权部门、各成员实施创新方案，制定短期内即可见效的绩效目标，以增强人们对创新的认同和信心。要遵循坚定性、稳定性和应变性原则。

（3）固定和深化。短期创新成果的示范作用，虽然能够增强人们对创新的认同和信心，形成新的态度和新的行为，但由于旧习惯势力的根深蒂固，以及企业内外环境的变化，还必须利用必要的强化手段，将人们对变革的新行为与新态度持久化，从而保证创新的持续发展。

（四）创新评价与总结阶段

在经过一段时期的强化、固定以后，创新的领域开始呈现新的范式，并日益稳定，创新效果也日益明显。因此，有必要对创新的效益性进行评价，并科学总结这一创新成果。评价与总结，一方面可在创新成果得到社会承认时对企业经营管理者和广大职工产生激励作用，并促进企业再次比较自身与外界的差距，形成新的创新热情和冲动，以进行更深层次的创新；另一方面也是为了使创新成果能够向更大范围扩散，影响并带动其他企业积极进行创新，以发挥企业创新成果的社会作用。

二、企业组织创新的典型形式

为了创新工作的开展和顺利进行，企业可以在组织结构上进行创新，用新型的组织结构形式加以保障。目前，企业组织创新的典型形式有新产品委员会、新事业发展部、创新小组、技术中心与虚拟创新组织等。

（一）新产品委员会

组建企业新产品委员会是推动企业创新或完成一定的创新项目的可行性办法之一，该委员会作为临时性或常设性机构，可以由企业高层管理者负责，由关键研究开发人员及各个职能部门代表组成。新产品委员会负责企业产品创新的全程管理，具体包括以下工作。

（1）负责企业产品创新策划。

（2）组织企业产品创新方案评价。

（3）协调新产品开发过程中的部门关系。

（4）组织新产品的鉴定和试销。

（5）组织企业相关部门，向市场推荐新产品。

（6）负责协调企业产品创新与常规经营之间资源配置的矛盾。

企业建立新产品委员会的主要优点包括：

可以集中创新关键人员的想法和专长；

创新方案较容易被企业高层管理者和各个职能部门所接受；

可以将产品创新的咨询过程与决策过程高度融合；

有利于协调企业产品创新与常规经营的资源配置矛盾，协调创新过程中各个职能部门之间的矛盾。

（二）新事业发展部

企业要进行技术创新，就要随时捕捉市场机会、技术机会和政策机会。一项对于企业生产与发展具有战略影响的技术创新，通常需要投入大量的人力、物力、财力，动用较多的职能部门。对于这类技术创新，企业需要建立新事业发展部。

新事业发展部由在企业中具有相当地位的人主要负责，从若干职能部门抽调专人组成。通常，新事业发展部拥有很多的决策权，只接受企业最高层主管的领导。一些国外学者甚至认为，新事业发展部是永久性独立于现有运行体系之外的分权组织，是企业进入新技术领域和产业领域的重要组织。由于重大的技术创新往往伴有很大的风险，建立新事业发展部是十分必要的。1980年，美国IBM公司注意到个人计算机市场连续5年保持持续增长，决定进入个人计算机市场。公司高层讨论后决定在佛罗里达州建立一个独立的分部，并赋予该分部主管极大的权力，负责个人计算机从研制到销售的全部过程，有权从公司任何部门挑选研发、制造、财务、销售等人员。一年后，IBM成功推出较其他品牌性能更优越的个人计算机，并很快成为市场霸主。

新事业发展部的具体作用主要有：

（1）提出产品创新目标建议；

（2）制定获取新产品设想的调研计划；

（3）筛选新产品设想；

（4）拟定新产品设计的技术规格；

（5）提出有关新产品试销的建议，并组织试销；

（6）进行产品创新过程的全程控制和协调。

（三）创新小组

如果企业所实施的技术创新规模居中，但创新任务较为繁杂，就可以通过建立创新小组来完成拟定的创新任务。通常，创新小组可以由企业研发、生产、营销和财务等职能部门人员组成，这些人在完成创新任务之前，都脱离原部门工作。创新小组具有制定新产品研发、产销政策的权力，有明确的创新目标和任务，自主决定工作方式。小组成员之间不应存在传统意义上的上下级关系，对小组的领导权被视为一种管理职能，与其他职能是一种协作关系、处于同等地位。创新小组的这些特点，比较容易使小组所有成员都有与自身任务相适应的信息传递分工，容易使小组成员对实现小组目标负有共同责任。一定意义上，创新小组成员更容易具有认同感、归属感和成就感，更能发挥每个成员的潜在能力，提高创新效率。

（四）技术中心

通常，大企业为实施重大关键技术和新一代产品的研发，需要专门设立技术中心。目前，企业的技术中心通常用矩阵式组织结构，组织由不同专业技术人员组成的跨部门的课题组，大部分研究项目实行项目经理负责制。为了保证研发成果最终容易转移到生产部门，在研发阶段要充分考虑工艺、装备和生产条件。企业技术中心有以下六个主要职能。

（1）着眼于企业长期发展，对重大关键技术进行自主开发。

（2）参与企业技术发展战略的制定、重大技术引进和技术改造项目的论证，为企业产品和技术决策提供咨询。

（3）与有关高等院校及国内外同行建立长期稳定的技术交流与合作关系，促进产学研合作创新。

（4）吸引国内外科技人才以各种形式来企业工作，通过研究开发实践为企业培养和造就大批高素质的科技人才。

（5）对企业内其他技术机构提供系统的指导、咨询和服务。

（6）对企业所有的科技成果进行技术经济评估，促进科技成果在企业内外的推广应用。

在国外，企业技术中心的研究项目大体分为三类：① 核心技术研究，主要针对企业多种多样产品共用的核心技术，着眼于建立与保持企业的竞争优势；② 进攻型技术研究，主要针对市场需要，开发新技术与新产品，着眼于占领市场，获取现实的创新收益；③ 防御型技术研究，主要是跟踪技术发展方向，着眼于企业未来发展需要。

第三节　企业技术创新

一、我国企业技术创新的宏观环境

1987 年，英国学者弗里德曼率先使用过"国家创新系统"概念。随后这一概念成为各国推进科技进步，经济与社会全面发展的政策工具。我国作为创新型国家，将以政府为主导，充分发挥市场配置资源的决定作用，建立各类科技创新主题紧密联系和有效互动的社会体系。合理的国家创新体系框架，应当包括结构合理的宏观调控与研究组织架构。

（一）以政府为主导的管理调控体系

包括政府宏观管理、科技投入、科技计划管理、评价监督、奖励等。政府要围绕重大战略目标，组织和集成社会创新资源，统筹规划。组织实施国家重大科研任务，推进科研基础设施建设。营造政策环境，创造并引导市场需求。制定标准，行使评估和监督职能，使有关部门、地方在研究开发活动中协调一致，提高效率，集中力量办大事。

（二）以企业为主体，产学研相结合的技术创新体系

技术创新体系主要包括大型骨干企业、民营科技企业、专业化中小型企业、外资企业及科研机构与大学中从事应用研究的力量。企业成为技术创新的主体，一是企业要成为先进科技成果主要的吸纳和应用者；二是企业要成为创新人才和资金主要投入者；三是企业要成为工业权的主要拥有者；四是企业要成为新技术的主要创造者；五是企业要成为产业发展先导技术的引领者；六是企业要成为先进管理模式的开拓者。

（三）以研究机构和大学为主的科学创新体系

我国的科学创新体系建设，是建设国家创新体系的重要内容，无论科学创新活动的自身价值还是其社会意义，都属于社会公益性范畴。它是属于市场机制失灵的领域，应按社会需求的模式以国家财政为主建立多元投入机制予以扶持推动。

（四）以各种中介机构为纽带的促进创新的服务体系

形成以专业服务中介机构、大学、职业培训机构为主体的知识传播和技术扩散体系。主要包括各类孵化器、生产力促进中心、评估机构、咨询机构、职业培训机构、科技信息中心等。组织网络化、产业规模化、服务社会化的中介服务网络，是联系各创新主体，促进互动的桥梁和纽带。

（五）具有地域特色的区域技术创新体系

区域技术创新体系是区域层次上，以区域的经济、社会发展为牵动力，以中心城市为枢纽，以技术创新和科技创业为主题，来聚集和整合创新要素，推动持续创新，提升竞争力的

社会网络组织和制度。区域技术创新体系是国家创新体系的重要组成部分，以有优势的重点高新区和特色产业集群为支柱。

（六）军民融合的科技创新体系

建立军民融合的科技创新体系，实质上是在全国范围内实现多种资源的优化组合。军民融合的科技创新体系，是国防科技工业与国家科技工业基础的有机结合的体系，是军民高新技术双向顺畅转移的体系，是大幅降低军事装备全寿命费用，尽快形成战斗力，实现跨越式发展的体系。

创新型国家的含义是指那些依靠提高自主创新能力，形成强大的国际核心竞争力的国家。按照学术界的看法，衡量一个国家是不是创新型国家，有几个硬指标，即科技研发投入占 GDP 的比例不低于 2%，科技进步贡献率超过 70%，对外技术依存度指标低于 30%。发展战略模式的选择，决定着一个国家的前途和命运。半个多世纪以来，世界各国围绕实现工业化和现代化，探索了不同的发展路径，形成了以下三种发展模式：第一是资源型。主要依托自身丰富的自然资源来增加财富，最典型的是中东的石油国家。第二是依附型。即不重视自主创新，主要依附于发达国家的资本、市场和技术，满足于技术引进的短平快，单纯拼资源、拼劳力和资本投入，因而形成了对国外技术、资本的严重依赖。典型的是巴西、阿根廷等一些南美国家。第三是创新型。把科技创新作为国家发展战略的创新型国家目前约有 20 个，比如美国、日本、德国、英国、法国等。我国是人均资源短缺的发展中国家，也是一个人口大国，特定的国情决定了我们不可能选择资源型的发展道路，更不可能选择依附型的道路。我们必须选择创新型国家的发展道路，实现发展方式从要素驱动向创新驱动的根本转变。

二、技术创新概述

技术创新是在经济活动中引入新产品或新工艺从而实现生产要素的重新组合，并在市场上获得成功的过程。技术创新的特征主要有创造性、先进性、主动性、实用性、经济性和高风险性等。技术创新是培育和增强企业核心竞争力的基础。一方面，通过降低成本而使企业产品在市场上更具有价格竞争优势。另一方面，通过增加用途、完善功能、改进质量及保证使用而使产品对消费者更具特色吸引力，从而在整体上推动企业核心竞争力不断提高。技术创新可以分为两类。

（一）按技术变化强度分类

渐进式创新是指通过对现有技术的改进而引起的渐进的、连续的创新。如洗衣机从半自动化到自动化。

根本性创新是技术有重大突破的技术创新，它常伴随着一系列渐进性的产品和工艺创新，并在一段时间内引起产业结构的变化。如黑白电视到彩色电视。

（二）按创新对象分类

产品创新是指技术上有变化的产品的商业化。产品创新也包括服务创新，如网上银行业务的推出。

过程（工艺）创新是指产品的生产技术的变革，它包括新工艺、新设备和新的组织管理方式。如早期福特公司采用的流水作业生产方式及现代化的计算机集成制造系统。

三、企业技术创新能力

从技术创新的内容来分析，企业技术创新能力是支持企业创新战略实现的产品创新能力和工艺创新能力的耦合，以及由此决定的系统的整体功能。企业技术创新能力的强弱反映在企业研究开发新产品的技术水平、产品满足顾客需要的程度、对创新产品投入生产的能力及产品市场化的能力。企业技术创新能力是企业技术能力的重要组成部分；是产品创新能力和工艺创新能力的整体功能；企业技术创新能力是由一系列要素构成的系统能力；企业技术创新能力与企业技术创新战略密切相联系，是通过技术创新表现出来的、显性化的能力。

国内学术界对技术创新能力的构成大多都认为包含创新资源投入、创新管理、创新倾向、研究开发、生产开发（制造）和市场开发（营销）六个要素。

企业创新技术能力演化的基本轨迹主要有能力形态的成长，即从技术引进到生产能力，再到创新能力。生产能力形成和创新能力形成构成了产业技术能力发展的阶梯，每上一个台阶都是技术能力的一次跃迁。能力实质的演化是从基础能力到亚核心能力，再到核心能力。随着企业的发展，企业能力不断增强。考虑到企业成长过程中的地域因素，即一般企业从当地市场起步，走向全国，然后走向世界，企业能力实质的一般成长过程是一个进化过程。

技术创新能力的本质是技术创新要素有机组合而形成的系统整体功能，既包括要素培育也包括结构培育。两者相辅相成，缺一不可。而技术创新能力要素的培育又包括要素供给和要素质量提高两部分。

要素供给就是保证足够数量的能力要素，具体包括人力、资金、设备和信息等要素。人力要素重要的是研发人员的供给，主要依靠高等学校培养，也可以通过吸引本企业、本行业、本地区甚至国外的人才来保证供给。资金要素主要依靠企业在资金分配中加大创新资金投入的比例。设备要素主要应该通过加快折旧和更新改造来进行。信息要素要求建立现代化的通信系统、信息网络和能快速分析、处理创新信息的企业科技信息跟踪系统。

要素质量的提高对于人力要素来说主要指提高研发人员的整体研究能力和创新实现能力。资金要素主要指在创新活动的各个环节合理地分配资金，提高创新资金的使用效率。提高设备要素的质量就是提高创新设备的性能和技术水平。信息要素主要指提高对创新信息的收集和处理能力。

在培育创新能力要素的基础上，要建立合理的技术创新能力结构，包括工艺创新能力和产品创新能力、支柱产业技术创新能力和非支柱产业技术创新能力、新兴产业技术创新能力和传统产业技术创新能力、大型企业技术创新能力和中小型企业技术创新能力的比例关系及先后发展次序关系。

创新能力建设的主要内容：① 具有创新精神的企业家；② 明确的创新方向目标；③ 人才结构合理；④ 创新机制有效；⑤ 研发投入舍得；⑥ 先进的研发、试验、检测平台；⑦ 利于创新的文化环境。

第四节　组 织 创 新

一、组织制度创新

（一）组织制度创新的概念

制度创新是指引入新的企业制度来代替原来的企业制度，以适应企业面临的新情况或新特点。制度创新意味着对原有企业制度的否定，是一个破旧立新的过程。制度创新的核心是产权制度创新，它涉及为调动经营者和员工的积极性而设计的一整套利益机制。企业制度的发展历程经历了两次重大的创新：一次是工厂制度取代手工作坊，一次是现代企业管理制度取代业主制和合伙人制度。只有先进的企业制度才能调动各类人员的积极性，推动技术创新和管理创新的发展。

（二）组织制度创新的内容

1. 产权制度创新

生产资料是企业生产的首要要素，产权制度主要指企业生产资料的所有制，是决定企业其他制度的根本性制度。产权制度规定着企业最重要的生产要素所有者对企业的权力、利益和责任。生产资料所有制的两大形式是私有制和公有制。企业产权制度的创新要朝着寻求生产资料的社会成员"个人所有"与"共同所有"的最适度组合的方向发展。国有企业所建立的现代企业制度，就是进行以产权制度为核心的企业基本制度的创新，建立适应市场经济体制要求的产权清晰、权责分明、政企分开、管理科学的企业制度。

2. 经营制度创新

经营制度是有关经营权的归属及其行使条件、范围、限制等的原则规定。经营制度表明企业的经营方式，明确企业的经营者，确定企业生产资料占有权、使用权和处置权的行使者，确定企业生产方向、生产内容、生产形式的决策者，明确谁来向企业生产资料的所有者负责及负何种责任。经营制度的创新方向应是不断寻求企业生产资料最有效的利用方式。

3. 管理制度创新

管理制度是行使经营权、组织企业日常经营的各种具体规则的总称，包括对人员、设备、材料及资金等各种要素的取得和使用的规定。分配制度是管理制度中极其重要的内容之一。分配制度是设计如何正确衡量成员对组织的贡献，并在此基础上提供足以维持这种贡献的报酬。提供合理的报酬以激发劳动者的工作热情，对企业的经营有非常重要的意义。

产权制度、经营制度和管理制度三者之间的关系错综复杂。制度创新是组织根据内外部环境需求的变化和自身发展壮大的需要，对组织自身运行方式、原则、规定的调整和变革。企业制度创新的方向是不断调整和优化企业所有者、经营者和劳动者之间的关系，体现各个方面的利益，充分发挥组织各成员的作用。

（三）组织制度创新的步骤

制度创新的一般过程可分为五个步骤：第一步，预见到潜在的利益，并认识到只有进行制度创新才能得到这种潜在利益；第二步，提出制度创新方案；第三步，按照最大利益原则对各种可选择的方案进行比较；第四步，在制度创新过程中给予资金、人力、物质资源等方面的帮助；第五步，实现制度创新。

对于现代组织制度的创新，要注意交易活动的规则是制度，由于交易活动成本的存在，制度运行是有成本的，制度创新也同样受到成本收益约束。制度创新要坚持收益大于成本的原则，若创新成本过高，制度创新活动则无价值，计划也将难以实施。

二、组织文化创新

利用制度结构来规范和制约参与者在企业活动中的行为，要求对这些关系和行为的范围和形式做事先的界定。然而，企业活动的复杂性决定了并非所有的关系或行为的范围和形式都是可以事先预测的。在工业社会中，企业文化的功能便是在企业制度不能触及的地方发挥作用，即用来调节不同成员在企业活动中的非正式关系。

（一）组织文化创新的概念

组织文化经常被定义为"企业成员广泛接受的价值观念及由这种价值观念所决定的行为准则和行为方式"。这种价值观和行为准则可能未被明确宣布，但它们通常隐含于企业成员作为其行为前提的思维模式的假设中，是已经被企业成员无意识地普遍认可的，他们的行为会自觉地，甚至是会不自觉地受到这些价值观和行为准则的影响，这些影响主要表现在行为导向、行为激励及行为协调等三个方面。

企业文化创新是指为了使企业的发展与环境相匹配，根据本身的性质和特点形成体现企业共同价值观的企业文化，并不断创新和发展的活动过程。企业文化创新的实质在于企业文化建设中突破与企业经营管理实际脱节的僵化的文化理念和观点的束缚，实现向贯穿于全部创新过程的新型经营管理方式的转变。

（二）组织文化的层次

一个能够落地的组织文化主要由三个层次组成。

第一层面是组织理念，它是组织文化最核心的层面，组织理念也可以被称为组织发展的定位和未来的愿景。

第二层面是组织的核心价值观。它是指明确的做事原则，也就是企业对待员工、对待客户、对待工作的准则。其中包含组织规定的员工价值趋向和做事情的行为态度等内容。例如，华恒智信对员工提出的"认真、敬业和共享"的价值观就是要求我们的员工在工作中以认真为准则，选人时以敬业为条件，日常工作中要能相互支持与实现信息共享等。还例如，有的组织提出的"以此为生，精于此道"的价值观就是对员工的规范要求和期望。

第三层次是组织的形象与标识。主要包括组织对外的形象，员工工作时着装和用语等一系列行为形象的规范。例如，华恒智信曾经协助过中国电信提出的"标准着装十八条，标准行为十二条，标准用语五不说"等。

（三）组织文化创新的要素

组织文化创新要以对传统组织文化的批判为前提，对构成组织文化诸要素包括经营理念、宗旨、管理制度、经营流程、仪式、语言等进行全方位系统性的弘扬、重建或重新表述，使之与组织的生产力发展步伐和外部环境变化相适应。

1. 组织领导者应当加强自身修养，担当组织文化创新的领头人

从某种好处上说，组织文化是企业家的文化，是企业家的人格化，是其事业心和职责感、

人生追求、价值取向、创新精神等的综合反映。他们务必透过自己的行动向全体成员灌输组织的价值观念。这正如我国著名企业家张瑞敏在他在海尔公司任总裁时所说的："第一是设计师，在企业发展中如何使组织结构适应企业发展；第二是牧师，不断地布道，使员工理解企业文化，把员工自身价值的体现和企业目标的实现结合起来。"

组织文化创新的前提是经营管理者观念的转变。因此，进行组织文化创新，经营管理者务必转变观念，提高素质。

2. 组织文化创新与人力资源开发相结合

人力资源开发在组织文化的推广中起到不可替代的作用。全员培训是推动组织文化变革的根本手段。组织文化对于组织的推动作用得以实现，关键在于全体员工的理解认同与身体力行。为此，在文化变革的过程中，务必注重培训计划的设计和实施，督促全体员工理解培训、学习。

相应的激励和约束机制是组织文化创新的不竭动力。强制性制度变迁过程往往会在下级组织招致变相的扭曲或其他阻力，况且价值观的构成是一种个性心理的累积过程，这不仅仅需要很长的时间，而且需要给予不断的强化。因而新的组织文化的建立和运行过程务必透过相应的激励和约束机制予以强化和保障，使之构成习惯稳定下来。

3. 建立学习型组织

如果说组织文化是核心竞争力，那么其中的关键是一个组织的学习潜力。建立学习型组织和业务流程再造，是当今最前沿的管理理念。为了在知识经济条件下增强企业的竞争力，在世界排行前 100 家企业中，已有 40％的企业以"学习型组织"为样本，进行脱胎换骨的改造。知识经济，知识资本成为企业成长的关键性资源，组织文化作为组织的核心竞争力的根基将受到前所未有的重视。成功的组织将是学习型组织，学习越来越成为组织生命力的源泉。组织要生存与发展，提高组织的核心竞争力，就务必强化知识管理，从根本上提高组织综合素质。

组织文化的创新与发展是一个大课题，需要有一个逐步探索，逐步深入的过程，要下狠功夫，才能实现质的突破，才能在现代组织制度的环境下，实现真正好处上的组织文化创新与发展，这是时代的要求。

三、组织结构创新

组织是两个以上的人为实现某个共同目标而在一起协调行动的集合体，为了有效整合这些对企业成员在不同时空的努力，使其转变成对企业有用的贡献，必须设计一个合理的框架来安排这些人的行动。层级组织就是这类框架中的一种。

从总体来看，组织结构的创新趋势将是以扁平化，柔性化，微创新和网络化等优秀的组织管理方式为主。

（一）组织结构创新的过程

1. 观察环境，掌握信息

创新观察是获取第一手资料的重要途径，通过观察来发现客观世界中存在的问题，发现事物之间的联系和规律。系统的思维、科学的观察方法，能有助于我们更快、更准确地发现事物之间的联系和规律。灵活地利用集中思维和发散思维，更有利于我们全面、客观地认识世界和改造世界。

通过观察来掌握环境信息能够有助于组织进一步确定发展方向，创新的原因在于组织的外部或内部出现了某些变化，形成了某些不协调。环境的了解就可以发现这些不协调对系统的发展是机会还是威胁，而创新活动正是以此为契机，因此应该从对环境的分析入手展开对系统管理工作的调整。

2. 产生创新动机

组织创新的动机一般都是源于对现状的不满，或是公司遇到危机，或者是商业环境变化，或是竞争对手出现而形成战略性威胁等。无论如何，进行创新的关键是形成渴望创新的动机，动机体现为好奇或者兴趣。

3. 寻找灵感

在强烈的好奇心和渴望动机的基础之上，组织可以开始着手准备酝酿创新方案。在这一阶段，组织成员将要收集有关的信息，归纳材料，进行具体的调查研究，从而找到问题之所在。然后将所有这些东西进行归纳、整理，并通过分类和分析，找出它们之间的关系，并结合已有的知识背景，对问题进行持续的思考，寻找创新的灵感。

4. 形成创新方案

创新方案是组织结构创新过程中最为复杂也是最为重要的一个环节。进行创新方案设计的过程，就是去伪存真、去粗取精的过程。在这个过程中，可能是将全面的问题分解为各种关键的影响要素，还可能是将各种影响要素重新组合，来探索解决问题的途径。组织成员将遇到的各种要素、灵感及解决方案组合在一起，利用相应的决策技术，形成创新方案。组合方式通常并非是一蹴而就的，而更有可能是重复和渐进式的。

5. 实施创新方案

在形成创新方案后，要尽可能迅速地执行计划。方案提出的构想可能还不完善，甚至不够完整，但哪怕是一个并非十全十美的构想，也必须立即付诸行动才有意义。没有行动的思想会自生自灭，这句话对于创新方案的实践尤为重要。同时，创新计划的实施需要与组织中有执行力的员工配合，它是汲取更多人才力量，汇集多方资源，扩展创新事业，借鉴先进技术的有效途径，是完善和发展创新过程的重要保障。创新行动是将构想与计划付诸实践的过程，也是克服组织中某些抗拒创新，抗拒变化的管理过程。

（二）组织结构创新的发展趋势

1. 由"高度集权"向"扁平化分权"发展的趋势

如何解决层级结构的组织形式，是现代环境下企业面临的一个重要难题。最有效的办法就是扁平化。当企业规模扩大时，原来的有效办法是增加管理层次，而现在的有效办法是增加管理幅度。当管理层次减少而管理幅度增加时，金字塔状的组织形式就被"压缩"成扁平状的组织形式。扁平化得以在世界范围内广泛应用的原因，一是分权管理成为一种普遍趋势，金字塔状的组织结构是与集权管理体制相适应的，而在分权的管理体制之下，各层级之间的联系相对减少，各基层组织之间相对独立，扁平化的组织形式更能够有效运作；二是企业快速适应市场变化的需要，传统的组织形式难以适应快速变化的市场环境，为了不被淘汰，就必须实行扁平化；三是现代信息技术的发展，特别是计算机管理信息系统的出现，使传统的管理幅度理论不再有效。在传统管理幅度理论中，制约管理幅度增加的关键，是无法处理管理幅度增加后指数化增长的信息量和复杂的人际关系，而这些问题在计算机强大的信息处理能力面前迎刃而解。

以产品销售渠道的扁平化为例，传统的销售渠道是多层次批发，渠道长，渠道链上的经销商数目呈指数级数发散，这是一种典型的层级结构组织形式。这是因为在因特网和计算机异地联网成为可能之前，市场信息的传递只能通过电话、传真、信函等方式进行，公司难以对众多经销商提供的来自市场的大量原始信息进行处理，企业的信息反应能力极度缓慢，在当时情况下，金字塔式的渠道结构有利于信息的处理。随着信息技术的发展，现代网络技术和功能强大的营销管理软件能够对众多经销商反馈的大量信息进行快速处理，并能通过因特网将企业的信息进行"集群式"处理，即在同一时间点向所有经销商传送信息。因此，渠道扁平化过程中所遇到的信息的传递与处理问题，能够通过现代信息技术解决，这极大地推动了渠道扁平化趋势的发展。所以当前大多数优秀企业已经摒弃了这种渠道形式，而代之以扁平化的渠道形式。

扁平化趋势表现在：渠道层级减少，渠道缩短，而渠道宽度大大增加。扁平化销售渠道最显著的特点：一是渠道直营化，二是渠道短宽化。

组织官僚化严重制约了企业发展。为了解决这一问题，必须打破层层审批的高度集权组织，增强组织的人性化和灵活性。越来越多的企业通过分权，实现职能下沉，把管理的触角延伸到每一个员工，让每个人都成为管理者，实现高效运营。

2. 由"僵化固定"到"柔性灵活"发展的趋势

扁平化的组织结构，强调企业内部的沟通、协作与学习创新，人的地位有所提高，面对市场的灵活性相对增值，但由于外部沟通的缺乏，应变力仍受到局限。而现代企业往往需要不同部门之间协调，这就要求企业根据不同的项目、重大事件灵活地设立新的组织机构，甚至有可能要求全体员工参与。传统"僵化固定"的组织模式的弊端日益显现，而以人为核心的企业"柔性组织"通过"以人为本"的人性化运营及管理，给人以更多的自由和创造空间，充分发挥了每一个人的智慧，因而具有更大的能动性、灵活性与应变力。

柔性管理从本质上说是一种对"稳定和变化"进行管理的新方法。柔性管理理念的确立以思维方式从线性到非线性的转变为前提。线性思维的特征是历时性，而非线性思维的特征是共时性，也就是同步转型。从表面混沌的繁杂现象中，看出事物发展和演化的自然秩序，洞悉下一步前进的方向，识别潜在的未知需要和开阔的市场，进而预见变化并自动应付变化，这就是柔性管理的任务，柔性管理以"人性化"为标志，强调跳跃和变化、速度和反应、灵敏和弹性，它注重平等和尊重、创造和直觉、主动和企业精神、远见和价值控制，它依据信息共享虚拟整合、竞争性合作、差异性互补、虚拟实践社团等，实现管理和运营知识由隐性到显性的转化，从而创造竞争优势。"柔性管理"是相对于"刚性管理"提出来的。"刚性管理"以规章制度为中心，用制度约束管理员工。而"柔性管理"则以人为中心，对员工进行人性化管理。柔性管理的最大特点，在于它主要不是依靠外力，如发号施令，而是依靠人性解放、权力平等、民主管理，从内心深处来激发每个员工的内在潜力、主动性和创造精神，使他们能真正做到心情舒畅不遗余力地为企业付出，成为企业在全球激烈的市场竞争中取得竞争优势的力量源泉。柔性管理的特征：内在重于外在，心理重于物理，身教重于言教，肯定重于否定，激励重于控制，务实重于务虚。显然，在知识型企业管理柔性化之后，管理者更加看重的是职工的积极性和创造性，更加看重的是职工的主动精神和自我约束。

　　3. 由"组织革命"到"微创新"发展的趋势

　　企业从手工作坊发展到有规范和制度的现代企业阶段，组织也不断进行变革。2008 年的金融危机背景下，企业面临战略转型的生死关头，也掀起了"组织革命"的高潮。企业组织架构相对成熟稳定时，却发现规范和制度造成了本位主义和山头现象。如果不能打破不同职能部门之间的壁垒，内部的摩擦、消耗将会赶跑客户，低效率将蚕食企业的利润，甚至拖垮企业。解决这个问题就需要某一个部门组织结构或某些流程的"微创新"来打通组织机体的微循环系统。

　　"微创新"是一个全新的名词，360 安全卫士董事长周鸿祎在 2010 年中国互联网大会"网络草根创业与就业论坛"上指出一个方向：用户体验的创新是决定互联网应用能否受欢迎的关键因素，这种创新叫"微创新"，"微创新"引领互联网新的趋势和浪潮。周鸿祎称："你的产品可以不完美，但是只要能打动用户心里最甜的那个点，把一个问题解决好，有时候就是四两拨千斤。"这种单点突破就叫"微创新"。

综合训练题

一、单项选择题

1. 下列不属于管理的"维持职能"的是（　　　）。
   A. 组织　　　　　　B. 创新　　　　　　C. 控制　　　　　　D. 领导
2. 从创新与环境的关系来分析，可将创新分为（　　　）。
   A. 自发创新与有组织的创新　　　　B. 消极防御型创新与积极进攻型创新
   C. 局部创新与整体创新　　　　　　D. 系统初建期的创新与运行中的创新
3. 从创新的规模及创新对系统的影响程度来考察，可将其分为（　　　）。
   A. 大规模创新和局部创新　　　　　B. 局部创新和整体创新
   C. 局部创新和个别创新　　　　　　D. 整体创新和个别创新
4. 最先给出创新的定义的人是（　　　）。
   A. 约瑟夫·熊彼特　　　　　　　　B. 菲利普·科特勒
   C. 彼得·德鲁克　　　　　　　　　D. 哈罗德·孔茨
5. 下列选项中，不属于创新活动的是（　　　）。
   A. 设备的更新改造　　　　　　　　B. 产品的开发
   C. 质量的检验　　　　　　　　　　D. 工艺的改进
6. 制度创新需要从（　　　）角度分析企业系统中各成员间的正式关系的调整和变革。
   A. 社会经济　　　B. 技术　　　　C. 社会文化　　　D. 组织结构
7. 不断寻找机会，通过创新满足需要，赋予资源以生产财富能力的人称为（　　　）。
   A. 开拓者　　　　B. 企业家　　　C. 企业家精神　　　D. 领导者
8. 经营制度的创新方向是（　　　）。
   A. 寻求生产资料的社会成员"个人所有"与"共同共有"的最适度组合
   B. 不断地追求和实现报酬与贡献率的更高层次上的平衡

  C. 不断调整和优化企业所有者、经营者、劳动者三者之间的关系，使各个方面的权力和利益得到充分体现

  D. 不断寻求企业生产资料最有效的利用方式

9. 经济大师（　　）早在 20 世纪上半叶就指出，资本主义的实质就是"破坏性地创造"。

  A. T.彼得斯   B. 彼得·德鲁克

  C. 约瑟夫·熊彼特   D. 菲利普·科特勒

10.（　　）是企业技术创新的核心内容。

  A. 要素创新   B. 产品创新

  C. 要素组合方法创新   D. 流程创新

11. 下列哪项不属于创新的要素（　　）。

  A. 资金   B. 技术水平   C. 信息   D. 资源

12. 在知识经济时代，各类组织为了快速应变日益复杂的环境，在竞争中求生存，就要善于学习，不断获取新的知识、新的技术，不断改进创新。这种类型的组织称为（　　）。

  A. 进取型组织   B. 学习型组织

  C. 进攻型组织   D. 知识型组织

13. 由于一定的技术都是通过一定的物质载体和利用这些载体的方法来体现的，因此企业的技术创新主要表现在要素创新、要素组合方法的创新和（　　）。

  A. 产品的创新   B. 制度的创新

  C. 管理方法的创新   D. 领导方法的创新

14. 根据熊彼特的观点，一个国家或地区经济发展速度的快慢和发展水平的高低，在很大程度上取决于（　　）。

  A. 资源的丰富程度

  B. 居民的教育程度

  C. 投资的多少

  D. 该国或该地区拥有创新精神的企业家数量及这些企业家在实践中的创新努力

15. 维持和创新是管理的本质内容，有效的管理在于（　　）的组合。

  A. 适度的维持、适度的创新   B. 产权制度与完全创新

  C. 产品创新与工艺创新   D. 制度创新与适度维持

二、多项选择题

1. 下列属于管理的"维持职能"的是（　　）。

  A. 组织   B. 创新   C. 控制   D. 领导

  E. 计划

2. 创新与维持的关系说法正确的是（　　）。

  A. 维持是创新基础上的发展

  B. 创新是维持的逻辑延续

  C. 维持是为了实现创新的成果

  D. 创新则是为更高层次的维持提供依托和框架

E. 创新与维持没有任何关系

3. 产品创新（　　）。

A. 是企业技术创新的核心内容　　　　B. 它受制于技术创新的其他方面

C. 影响其他技术创新效果的发挥　　　D. 产品创新会减少企业的收益

E. 往往要求企业利用新的机器设备和新的工艺方法

4. 经营制度确定了（　　）。

A. 谁是经营者，谁来组织企业生产资料的占有权、使用权和处置权的行使

B. 谁来确定企业的生产方向、生产内容、生产形式

C. 谁来保证企业生产资料的完整性及其增值

D. 谁来向企业生产资料的所有者负责及负何种责任

E. 管理制度的改进一旦发展到一定程度，则会要求经营制度作相应的调整

5. 产权制度、经营制度、管理制度这三者之间的关系是（　　）。

A. 一般来说，一定的经营制度决定相应的产权制度

B. 在产权制度不变的情况下，企业具体的经营方式可以不断进行调整

C. 在经营制度不变时，具体的管理规则和方法也可以不断改进

D. 管理制度的改进一旦发展到一定程度，则会要求经营制度作相应的调整

E. 一定的产权制度决定着一定的经营制度

6. 就系统的外部说，有可能成为创新契机的变化主要有（　　）。

A. 技术的变化　　　　　　　　　　　B. 人口的变化

C. 宏观经济环境的变化　　　　　　　D. 文化与价值观念的转变

E. 政府某项有利的政策

7. 关于机构的说法正确的是（　　）。

A. 它主要涉及管理劳动的横向分工的问题

B. 它主要涉及管理劳动的纵向分工的问题

C. 与不同层次的管理部门之间的关系有关

D. 它主要涉及管理劳动的纵向分工问题，即所谓的集权和分权问题

E. 组织机构完全相同，但机构之间的关系不一样，也会形成不同的结构形式

8. 下列属于环境创新的是（　　）。

A. 通过企业的公关活动，影响社区政府政策的制定

B. 通过企业的技术创新，影响社会技术进步的方向

C. 通过组织创新，提高管理劳动的效率

D. 通过市场创新去引导消费，创造需求

E. 通过行业协会的号召，影响整个产业的创新

9. 关于市场创新正确的是（　　）。

A. 它主要是指通过企业的活动去引导消费，创造需求

B. 新产品的开发是企业创造市场需求的唯一途径

C. 市场创新包括通过市场的物理转移，揭示产品新的使用价值，来寻找新用户

D. 市场创新包括通过广告宣传等促销工作，影响人们对某种消费行为的社会评价来

增加产品销量

E. 市场创新的更多内容是通过企业的营销活动来实现的

10. 创新的类型包括（　　）。

A. 目标创新　　　B. 制度创新　　　C. 技术创新　　　D. 组织创新

E. 环境创新

11. 产品创新指（　　）。

A. 必须在原理、技术水平和结构上有突破性的改变

B. 可以是利用新原理、新技术、新结构开发出的一种全新型产品

C. 开发出一个全新的产品

D. 也可以是在原有产品的基础上，部分采用新技术而制造出来适合新用途、满足新需要的换代型新产品

E. 还可以是对原有产品的性能、规格、款式、品种进行完善

12. 生产工艺和操作方法的创新要求（　　）。

A. 在设备创新的基础上，改变产品制造的工艺、过程和具体方法

B. 在不改变现有物质生产条件的同时，不断研究和改进具体的操作技术，调整工艺顺序和工艺配方

C. 不断地研究和采用更合理的空间布置和时间组合方式

D. 在原有产品的基础上，采用新技术制造出适合新用途、满足新需要的换代型新产品

E. 为降低废品、减少损失，企业工艺要在设计、工艺技术等软件方面和材料、设备等硬件方面进行协调配套创新

13. 生产过程的组织包括（　　）在空间上的布置和时间上的组合。

A. 设备　　　B. 工艺装备　　　C. 在制品　　　D. 劳动

E. 人口

14. 人口因素对企业经营的影响有（　　）。

A. 人口结构的变化直接决定着劳动市场的供给

B. 劳动市场的供给影响企业的生产成本

C. 人口的数量及其构成确定了市场的结构及其规模

D. 人口结构的变化可能为企业的技术创新提供契机

E. 人口的迁入迁出可能成为企业技术创新的契机

15. 技术创新主要涉及（　　）等不同方面。

A. 材料　　　B. 产品　　　C. 工艺　　　D. 手段

E. 思想

三、问答题

1. 在熊彼特的理论中，创新包括几个方面？

2. 创新的作用主要包括几个方面的内容？

3. 从创新的规模及创新对系统的影响程度来考察，可将其分为哪些类型？

4. 创新的特性包括哪几个方面的内容？

5. 创新职能的基本内容是什么？

6. 制度创新包括哪些内容？

7. 简述制度创新的步骤。

8. 技术创新的内含包括哪些方面？

9. 试述技术创新的贡献。

10. 试述技术创新的源泉。

四、案例分析题

【案例一】3M：一个以创新为生存方式的公司

近年来，跻身世界最具创新力公司榜单的多为典型的高科技公司，例如谷歌、苹果、三星和亚马逊。提及曾用一个又一个革命性的新产品在世界上掀起一次又一次潮流的公司，人们似乎很难想起这个 100 多年前起步于采矿业，形象普通的公司才是佼佼者。虽然 3M 公司并不像如今的高科技明星那般闪耀，但它一点也不平庸。

3M，明尼苏达矿物及制造公司是一个年销售额超过 300 亿美元的大型跨国集团。去年一年，就像机器般精准，3M 将 20% 的销售额最终转化成为运营利润，使股东的分红得以增长——已经持续了 56 年。

3M 公司是怎么做到的呢？与几十年来 3M 一直在做的一样，3M 成功的核心是其"通过创新和创造改变市场的产品，实现有机增长"的商业模式。这些改变市场的产品有时甚至会创造全新行业。3M 公司这么多年来始终通过促进深层次的创新文化、鼓励合作和持续加大研发投入保持这种创新。

创新文化

从一开始，3M 就在公司内部创造了一种允许团队成员在受保护的环境下冒险的创新文化。公司知道，一个新产品的成功往往需要经历多次的失败，尝试大量新产品构思。它的哲学是：如果你没犯错，很可能什么也没做。

说到这里，不得不提到 3M 的科学家斯宾塞·西尔维，他原本打算研发一种超强黏合剂，但是失败了，得到一种无法牢固粘贴的黏合剂，他把这个显然没有用途的东西给了公司其他研究人员，看看能不能找到别的用途。好几年过去了依然一无所获。突然，3M 的另一个科学家迸发出一个好点子，作为当地教堂合唱团的一位成员，他在赞美诗中做标记时遇到一个难题：用来做标注的小纸片总是会掉出来。于是，他在小纸片上涂了一点西尔维先生的弱黏合力胶水，结果它不但粘贴的很好，而且随后取下来时不损坏书本。就这样便利贴问世了，这个产品现在仍然是公司在全世界卖得最好的办公用品之一。

鼓励员工去寻找新产品是 3M 培养创新文化的一种方法。公司著名的"15%规定"允许员工将 15% 的工作时间用于一些秘密工作——开发个人感兴趣的项目，不管这些项目是否能够直接给公司带来好处。迄今为止，公司上下依旧保持着一种珍视这宝贵的"每周 6 小时"的氛围。

重视研发

很少有公司像 3M 那样重视和支持研发。多年来，该公司每年将销售额的 6% 投入到研发工作之中。公司相信研发"是这家公司的核心，也是竞争优势所在"。相比之下，美国公司的平均研发投入大约为销售额的3%。在最近这一年，苹果公司在研发上花费为45亿美元，仅占销售额的2.6%。3M公司在竞争中占据了主动的地位。

根据案例回答以下问题。

（1）结合3M公司的案例说明创新文化对企业发展的作用。

（2）3M公司对员工创新条件的提供取得了巨大成功，对此你的看法如何？

【案例二】美国吉列公司的技术

吉列公司是以刀片为主导产品的公司，它的产品能打入国际市场并持续较长时间，与它的技术创新关系十分密切，吉列公司的创始人是吉列。1891年当他遇到锯齿瓶塞的发明人彭特尔时，彭特尔向他建议，集中精力去开发顾客必须反复购买的产品，是一条成功的捷径。

这一观点虽然激起了吉列的兴趣和好奇心，但却一直缺少具体设想，直到1895年一个夏日之晨，他要刮胡子时却发现其刮胡刀很钝，不能使用，只有等磨刀师磨利后才能再用，为此他很生气，突然，他想到得有一个很薄的非常锋利的刀片。他觉得非常兴奋，因为这种产品可以让顾客反复购买，这正是他几年来梦寐以求的新产品。

1901年，他的好友将吉列刮胡刀的设想告诉了麻省理工学院毕业的机械工程师尼克逊，尼克逊同意研究吉列的设想，数周后，尼克逊成为吉列的合伙人，为了筹措所必需的5 000元生产设备费用，公司的名称改为美国安全刮胡刀公司。

公司在芝加哥物色了一家代销机构，并规定其安全刮胡刀套件（一支刀体和20片刀片）的售价为每套5美元。刀片每20片为一包，每包1美元。当年10月，首次广告提供30天退款保证，并在《系统》杂志上刊登。至1901年底，共售出51万套安全刀体和168万片刀片。

公司在1906年首次发放股票。在以后的10年中继续以每年30万套至40万套的销量出售安全刮胡刀，刀片的销售从45万包增加到7亿包。至1911年，公司的南波士顿厂雇用了1 500个员工，3年后，由于尼克逊发明了全自动磨刀机，使其生产能力迅速增强。这些新设备比尼克逊以前发明的机器先进很多，既大大地降低了生产成本，又提高了刀片的质量。

原来的安全刮胡刀的专利权于1921年10月到期，吉列公司早就为此做好了准备。在当年5月，使其竞争对手吃惊的是，吉列同时推出了两种新产品：一种按原价出售的新型改进吉列安全刮胡刀和另一种售价1美元的银朗安全刮胡刀。1923年公司再推出镀金刮胡刀，售价仍为1美元，当妇女盛行短发的时候，吉列又推出称为得伯特的女用安全刀，而售价仅为79美分。

1934年，公司又推出第一种单面安全刮胡刀和Probak Junior刀片，且刀片的售价为4片1美分。1936年，公司推出安全刀片系列以外的产品即吉列无刷刮胡膏，售价为98美分。

1938年秋，公司又推出吉列薄刀片，吉列电动刮胡刀也于当年圣诞节问世。电动刮胡刀是在数年前发明的，但直至20世纪30年代后期才被接受，对公司来说，这一年的最重要发展是史攀出任公司的总经理，在他的领导下，开始了许多新的管理政策。公司仍然保持低价销售策略，但十分强调产品质量，以保持产品的信誉。公司采用了本企业研究的新工艺，以便在制造过程中严格保证刀片的质量，在 1920 年至 1945 年间，公司没有推出新产品，这是由于战争的影响。尽管如此，公司的研究开发人员在此期间还研制成功了第一台双刃片分配机，并改进了过去的包装。

"二战"后，吉列公司开始实行对外兼并和内部创新，以便形成世界性的多样化经营。经过认真分析之后，公司于 1948 年决定扩大市场。同年购进托尼家用烫发器制造公司，1955 年兼并在加利福尼亚生产圆珠笔和刮胡膏的梅特公司。

1946 年公司重新调整了产品组合，形成两大类产品并由两个事业部分管：吉列产品组，负责刮胡刀产品和男士用品；多样化产品组，负责其他所有产品。吉列产品组负责人吉格勒任公司总经理后的 10 年，是公司销售和产品发展最迅速的时期。在他领导下的前几年，公司连续推出盒式刮胡刀组、多笔尖圆珠笔、Hok-One 刮胡膏、可调盒式刮胡刀、超级不锈钢刀片、增塑刀片、微孔笔和几种止汗剂，这些产品的市场投放都取得了成功。

1971 年，公司重新调整了产品组合和管理机构。这样，公司在 20 世纪 70 年代初期开发和营销了许多新产品。1974 年以前，公司一半以上的销售额来自近 5 年内的新产品。安全刮胡刀部推出的新产品 Tacn 型刮胡刀系列一上市便迅速成为市场上的最畅销品，继而其又推出女用 Daisy 发刀及男用 Good News 刮胡刀。保健用品部也营销了多种新产品，如柠檬洗发精、碱洗发精。1972 年吉列进入个人用具市场，如开发和营销 Max 手提式烘发机。

资料来源：唐敬仙，腾德川. 管理学原理与实践. 北京：清华大学出版社，2015.

根据案例回答以下问题。

（1）吉列公司技术创新的源泉是什么？

（2）你从吉列公司的技术创新中受到何种启发？

参 考 文 献

[1] 周三多, 陈传明. 管理学. 2 版. 北京: 高等教育出版社, 2005.

[2] 周三多. 管理学: 原理与方法. 4 版. 上海: 复旦大学出版社, 2003.

[3] 王成荣. 企业文化学教程. 北京: 中国人民大学出版社, 2003.

[4] 肯尼迪, 迪尔. 西方企业文化. 北京: 中国对外翻译出版社, 1989.

[5] 佟国光, 邵喜武. 管理学. 延吉: 延边人民出版社, 2004.

[6] 康青. 管理沟通. 北京: 人民大学出版社, 2006.

[7] 苏勇, 罗殿军. 管理沟通. 上海: 复旦大学出版社, 1999.

[8] 杨文士, 焦叔斌等. 管理学原理. 2 版. 北京: 人民大学出版社, 2004.

[9] 周祖城. 企业伦理学. 北京: 清华大学出版社, 2005.

[10] 德鲁克. 有效的管理者. 北京: 工人出版社, 1989.

[11] 普罗克特. 管理创新精要. 北京: 中信出版社, 2003.

[12] 杨洁. 企业创新论. 北京: 经济管理出版社, 1999.

[13] 高闯. 管理学前沿理论. 沈阳: 辽宁大学出版社, 2002.

[14] 黄速建. 现代企业管理: 变革的观点. 北京: 经理管理出版社, 2001.

[15] 韩岫岚. MBA 管理学: 方法与艺术. 北京: 中共中央党校出版社, 1998.

[16] 郑美群. 管理学: 原理·方法·前沿理论. 长春: 吉林人民出版社, 2002.

[17] 徐日福, 佟国光. 现代企业管理原理. 石油大学出版社, 1997.

[18] 金玉阶, 孙宁华. 现代企业管理原理. 3 版. 广州: 中山大学出版社, 2003.

[19] 芮明杰. 管理学. 北京: 高等教育出版社, 2000.

[20] 王凯. 管理学基础. 北京: 高等教育出版社, 2000.

[21] 陆沪根. 领导案例. 上海: 华东师范大学出版社, 2000.

[22] 张岩松. 企业公共关系危机管理. 北京: 经济管理出版社, 2000.

[23] 希斯. 危机管理. 北京: 中信出版社, 2001.

[24] 许湘岳, 徐金寿. 团队合作教程. 北京: 人民出版社, 2011.

[25] 姚裕群. 团队建设与管理. 北京: 首都经济贸易大学出版社, 2011.

[26] 苗青. 团队管理理念与实务. 杭州: 浙江大学出版社, 2010.

[27] 肖剑锋. 团队与个人管理实务. 北京: 中国财政经济出版社, 2010.

[28] 曾坤生. 管理学. 北京: 清华大学出版社. 2009.

[29] 沈平. 管理学: 概念、案例与实训. 北京: 清华大学出版社, 2018.

[30] 张智光. 管理学原理: 领域、层次与过程. 3 版. 北京: 清华大学出版社, 2002.

[31] 倪杰. 管理学原理. 北京: 清华大学出版社, 2006.

［32］李胜，郑小丽．管理学．北京：化学工业出版社，2008.

［33］沈平，王丹．管理学．北京：中国电力出版社，2015.

［34］佟国光，李树超．管理学原理．北京：中国农业出版社，2013.

［35］王娜，邢鹤，吴安平．管理学原理．长春：吉林人民出版社，2012.

［36］唐敬仙，滕德川．管理学原理与实践．北京：清华大学出版社，2015.